十字

中国元代叙利亚文景教碑铭文献研究

（增订版）

牛汝极 著

莲花

上海古籍出版社

本书为国家社科基金冷门绝学项目“叙利亚文回鹘文所记东方教会在高昌回鹘地区的传播”(23VJXG055)的阶段性成果

牛汝极，现任喀什大学国家民委中华民族共同体研究基地首席专家；历任第十二、十三届全国政协常委，第十、十一届全国人大代表，是第七届国务院学位委员会学科评议组成员；获法国高等研究实践学院（EPHE）历史文献学博士学位，先后任新疆大学和新疆师范大学教授、博导；目前是新疆专家顾问团文化润疆组组长。学术研究方面，出版多部学术著作并获省部级以上一、二、三等奖；主持完成联合国教科文组织丝绸之路项目、国家社会科学基金项目及省部级科研课题十余项；研究成果发表于《法兰西亚洲学报》（*Journal Asiatique*）、《中国社会科学》等国内外权威期刊，累计以中文、英文、法文发表民族学、宗教学、语言学、历史学领域学术论文逾百篇。

目　　录

增订版说明……1

代序：敦煌景教文献的发现及其对丝路宗教研究的启示……1

前言……1

元代景教碑铭和文献中的叙利亚文回鹘语语音系统描述……1

第一章　中国叙利亚文景教碑铭文献的发现和研究……1

阿力麻里古城……4

吐鲁番遗址……5

奇台县唐朝墩遗址……12

敦煌千佛洞……12

内蒙古黑城……14

内蒙古鄂尔多斯景教徒铜器……14

内蒙古百灵庙……15

1. 敖伦苏木古城……16

2. 木胡儿索卜嘎古城……21

3. 毕其格图好来陵园……22

内蒙古王墓梁……22

内蒙古呼和浩特市东郊白塔题记……25

内蒙古赤峰……26

北京的景教遗物和遗址……26

江苏扬州……31

福建泉州……33

附录　海外中国景教研究简述……43

第二章　敦煌发现的两件叙利亚文景教写本残片 …… 53
写本残片一 …… 53
写本残片二 …… 56
回鹘文部分 …… 56
叙利亚文部分 …… 61

第三章　新疆阿力麻里发现的叙利亚文景教徒碑铭 …… 68
阿力麻里墓碑 1 …… 68
阿力麻里墓碑 2 …… 69
阿力麻里墓碑 3 …… 70
阿力麻里墓碑 4 …… 71
阿力麻里墓碑 5 …… 73
阿力麻里墓碑 6 …… 74
阿力麻里墓碑 7 …… 75
阿力麻里墓碑 8 …… 76
阿力麻里墓碑 9 …… 76

第四章　内蒙古百灵庙和王墓梁叙利亚文碑铭 …… 78
墓碑 1 …… 78
墓碑 2 …… 83
墓碑 3 …… 86
墓碑 4 …… 87
墓碑 5 …… 88
墓碑 6 …… 89
墓碑 7 …… 91
墓碑 8 …… 92
墓碑 9 …… 93
墓碑 10 …… 94
墓碑 11 …… 95

墓碑 12 …… 96
墓碑 13 …… 98
墓碑 14 …… 99
墓碑 15 …… 100
墓碑 16 …… 101
墓碑 17 …… 102
墓碑 18 …… 103
墓碑 19 …… 104
墓碑 20 …… 105
墓碑 21 …… 106
墓碑 22 …… 107
墓碑 23 …… 108
墓碑 24 …… 109
墓碑 25 …… 110
墓碑 26 …… 111
墓碑 27 …… 112
墓碑 28 …… 113

第五章 呼和浩特白塔和赤峰发现的景教徒铭文 …… 114
白塔内壁叙利亚文题记 …… 114
白塔题记 1 …… 114
白塔题记 2 …… 115
白塔题记 3 …… 116
赤峰发现的景教徒墓砖铭文 …… 117

第六章 内蒙古发现的十字莲花铜镜图像考 …… 125
一、内蒙古发现的叙利亚文十字莲花铜镜 …… 125
二、中国发现的相关元代十字莲花图像 …… 127
三、大量景教徒遗物发现于内蒙古地区的原因 …… 129

第七章　扬州发现的叙利亚文和拉丁文碑铭 …… 132
扬州叙利亚文铭文 …… 132
扬州景教和墓碑主人问题 …… 136
扬州拉丁文铭文 …… 139
扬州拉丁文天主教徒墓碑 1 …… 139
扬州拉丁文天主教徒墓碑 2 …… 140

第八章　泉州叙利亚文和回鹘文景教碑铭 …… 142
叙利亚文铭文 1 …… 142
叙利亚文铭文 2 …… 145
叙利亚文铭文 3—4 …… 148
叙利亚文铭文 5 …… 154
叙利亚文铭文 6 …… 157
叙利亚文铭文 7—8 …… 158
叙利亚文铭文 9 …… 168
叙利亚文铭文 10 …… 170
回鹘文铭文 …… 174
八思巴文铭文 1 …… 176
八思巴文铭文 2 …… 177
八思巴文铭文 3 …… 178
八思巴文铭文 4 …… 179

第九章　中亚七河地区的景教信仰 …… 181
一、成吉思汗及其家族对景教的态度 …… 183
二、有关中亚景教徒的历史记录 …… 186
三、中亚七河地区景教徒墓志铭的发现 …… 190
四、七河地区叙利亚文景教徒墓志铭研究 …… 192
墓碑 1 …… 194
墓碑 2 …… 195

墓碑 3 …… 196

墓碑 4 …… 197

墓碑 5 …… 198

碑铭 6 …… 200

墓碑 7 …… 201

附录一　History Is a Mirror …… 204

附录二　The Uighur Inscription at the Mausoleum of Mār Behnam, Iraq …… 215

附录三　基督教在中亚和远东的早期传播 …… 223

一、历史背景 …… 223

1. 史学家 …… 226

2. 宗教会议和主教辖区 …… 237

3. 遗迹和碑铭 …… 246

二、叙利亚文写本说明 …… 255

三、叙利亚文写本译文 …… 262

附录四　敦煌吐鲁番文献所记粟特语和突厥语基督徒 …… 272

附录五　丝绸之路上的基督教艺术 …… 281

中日文参考文献 …… 292

缩略语(Abbreviations) …… 308

西文参考文献 …… 310

牛汝极论著目录 …… 347

专名索引 …… 360

Table of Content

Explanation of the Revised and Enlarged Edition 1

Preface in Lieu: The Discovery of the Nestorian Documents in Dunhuang and Their Implications for the Study of Religions along the Silk Road 1

Preface 1

Description of the Syriac-Uyghur Phonetic System in Nestorian Inscriptions and Documents of the Yuan Dynasty 1

Chapter Ⅰ The Discovery and Studies on Nestorian Inscriptions and Documents in Syriac Script Found in China 1

Chapter Ⅱ Two Fragments of Nestorian Manuscripts in Syriac from Dunhuang 53

Chapter Ⅲ Nestorian Inscriptions in Syriac from Almaliq, Xinjiang 68

Chapter Ⅳ Inscriptions in Syriac Script from Bailingmiao and Wangmuliang, Inner Mongolia 78

Chapter Ⅴ Nestorian Inscriptions from White-Pagoda of Huhhot and Chifeng 114

Chapter Ⅵ A Study on the Image of the Bronze Mirror with Cross-Lotus Discovered in Inner Mongolia 125

Chapter Ⅶ Inscriptions in Syriac and Latin Scripts Found in Yangzhou 132

Chapter Ⅷ Inscriptions in Syriac and Uighur Scripts Found in Quanzhou 142

Chapter Ⅸ The Nestorian Belief in the Seven Rivers Region of Central Asia 181

[**In English**] **Appendix Ⅰ** History Is a Mirror: On the Spread of Nestorianism in China from the Newly Discovered Bronze Mirror with Cross-Lotus and Syriac Inscriptions 204

[**In English**] **Appendix Ⅱ** The Uighur Inscription at the Mausoleum of Mār Behnam, Iraq 215

Appendix Ⅲ The Early Spread of Christianity in Central Asia and the Far East: A New Document (By A. Mingana) ······ 223
Appendix Ⅳ Sogdian and Turkish Christians in the Turfan and Tunhuang Manuscripts (By N. Sims-Williams) ······ 272
Appendix Ⅴ Christian Art on the Silk Road (By H.-J. Klimkeit) ······ 281

Chinese and Japanese Bibliography ······ 292
Abbreviations ······ 308
Western Language Bibliography ······ 310

Catalogue of Niu Ruji's Works ······ 347
Index of Proper Names ······ 360

图 版 目 录

图版 0－1：《大秦景教三威蒙度赞》写本 …… 2
图版 0－2：《志玄安乐经》写本 …… 2
图版 0－3：粟特文书信 Or. 8212: 86 …… 3
图版 0－4：粟特文书信 Or. 8212: 89 …… 4
图版 0－5：粟特文景教占卜书 …… 4
图版 0－6：敦煌耶稣基督绢画原件 …… 5
图版 0－7：敦煌耶稣基督绢画复原图 …… 5
图版 0－8：叙利亚文使徒保罗书信残片 …… 6
图版 0－9：黑城出土叙利亚文祈祷书残片 …… 6
图版 0－10：敦煌叙利亚文《诗篇》残叶 …… 7
图版 0－11：北京午门发现的叙利亚文《诗篇》 …… 7
图版 0－12：榆林窟第 16 窟叙利亚文题记 …… 8
图版 0－13：莫高窟北区 B105 窟出土铜十字架 …… 8
图版 0－14：鄂尔多斯博物馆藏铜十字架 …… 9

图版 1－1：汉文-叙利亚文双语《大秦景教流行中国碑》正面和侧面拓片 …… 1
图版 1－2：《大秦景教宣元至本经》经幢残石整体和文字部分 …… 3
图版 1－3：《大秦景教宣元至本经》残石上端十字莲花和飞天型天使图像部分 …… 3
图版 1－4：中国发现的景教徒叙利亚文碑铭文献及铜十字遗址示意图 …… 4
图版 1－5：七河流域景教碑铭发现地及阿力麻里方位示意图 …… 5
图版 1－6：吐鲁番古遗址分布示意图 …… 6
图版 1－7：吐鲁番布拉依克出土的叙利亚文写本残片 …… 7
图版 1－8：吐鲁番库鲁特喀出土的叙利亚文写本残片 …… 8
图版 1－9：高昌景教寺院壁画 …… 9
图版 1－10：高昌景教寺院壁画复原图 …… 9

图版 1－11：吐鲁番出土叙利亚语和回鹘语景教写本情况表…… 10
图版 1－12：唐朝墩景教寺院遗址回鹘文题记…… 12
图版 1－13：唐朝墩景教寺院遗址叙利亚文牌匾残迹…… 12
图版 1－14：敦煌莫高窟北区外景…… 13
图版 1－15：鄂尔多斯出土铜十字和铜鸽子…… 15
图版 1－16：鄂尔多斯出土铜鸽子、铜十字和铜印 …… 15
图版 1－17：内蒙古达尔罕茂明安联合旗百灵庙文管所藏石刻…… 16
图版 1－18：敖伦苏木古城示意图…… 17
图版 1－19：牛汝极于 1999 年 5 月访问敖伦苏木古城 …… 18
图版 1－20：敖伦苏木古城城墙遗迹…… 19
图版 1－21：敖伦苏木古城遗迹…… 19
图版 1－22：带有叙利亚文和十字架、莲花等图案的景教徒墓顶石 …… 19
图版 1－23：木胡儿索卜嘎古城示意图…… 21
图版 1－24：木胡儿索卜嘎古城出土带十字架塔顶石…… 21
图版 1－25：木胡儿索卜嘎古城出土景教徒石塔…… 22
图版 1－26：景教徒墓室大型彩色石版画，绘有人物和花鸟 …… 23
图版 1－27：四子王旗耶律氏王墓梁陵园内景教徒墓石…… 24
图版 1－28：景教徒带十字墓顶石和墓顶石的石基…… 24
图版 1－29：万部华严经塔…… 25
图版 1－30：白塔内回鹘文题记…… 26
图版 1－31：白塔内汉文八思巴文题记…… 26
图版 1－32：房山发现的景教寺方形十字-盆花石刻 …… 27
图版 1－33：《敕赐十字寺碑记》碑额 …… 28
图版 1－34：《三盆山崇圣院碑记》拓片 …… 28
图版 1－35：景教徒带十字架和花草图案的方形石刻…… 29
图版 1－36：扬州一清真寺内所藏景教石刻…… 32
图版 1－37：泉州（刺桐）景教徒墓碑分布图 …… 34
图版 1－38：泉州景教徒祭坛式石墓外观…… 35
图版 1－39：泉州穆斯林祭坛式石墓外观…… 35
图版 1－40：景教徒坟墓式石墓外观…… 36

图版 1－41：景教徒坟墓式石墓一侧…………………………………………………………… 36
图版 1－42：穆斯林坟墓式石墓平面图…………………………………………………………… 37
图版 1－43：穆斯林坟墓式石墓外观…………………………………………………………… 37
图版 1－44：牛汝极在泉州海外交通史博物馆内临摹叙利亚文墓碑铭文……………… 39
图版 1－45：泉州海外交通史博物馆存景教徒和穆斯林石墓………………………………… 39
图版 1－46：景教徒带莲瓣、云浪饰纹和十字架的墓顶石 ……………………………… 40
图版 1－47：泉州海外交通史博物馆存带十字架、莲花、云浪、华盖和天使的景教徒墓顶石刻…………………………………………………………………………………… 40
图版 1－48：泉州海外交通史博物馆存带天使、云纹和十字架的景教徒墓葬石刻 …… 41
图版 1－49：厦门大学人类学博物馆藏泉州景教徒墓葬石刻………………………………… 42

图版 2－1：敦煌研究院藏叙利亚文景教徒礼仪书残片之背面 ………………………… 53
图版 2－2：叙利亚文写本正面 ……………………………………………………………… 57
图版 2－3：叙利亚文写本 …………………………………………………………………… 63

图版 3－1：阿力麻里叙利亚文碑铭 1 ………………………………………………………… 68
图版 3－2：阿力麻里叙利亚文碑铭 2 ………………………………………………………… 69
图版 3－3：阿力麻里叙利亚文碑铭 3 ………………………………………………………… 71
图版 3－4：阿力麻里叙利亚文碑铭 4 ………………………………………………………… 72
图版 3－5：阿力麻里墓碑 5 ………………………………………………………………… 73
图版 3－6：阿力麻里墓碑 6 ………………………………………………………………… 74
图版 3－7：阿力麻里墓碑 7 ………………………………………………………………… 75
图版 3－8：阿力麻里墓碑 8 ………………………………………………………………… 76
图版 3－9：阿力麻里墓碑 9 ………………………………………………………………… 77
图版 3－10：内蒙古石柱子梁十字架莲花座残石…………………………………………… 77

图版 4－1：百灵庙-王墓梁墓碑 1 ………………………………………………………… 79
图版 4－2：百灵庙-王墓梁墓碑 2 ………………………………………………………… 84
图版 4－3：百灵庙-王墓梁墓碑 3 ………………………………………………………… 86
图版 4－4：百灵庙-王墓梁墓碑 4 ………………………………………………………… 88

图版 4－5：百灵庙-王墓梁墓碑 5 …… 89
图版 4－6：百灵庙-王墓梁墓碑 6 …… 90
图版 4－7：百灵庙-王墓梁墓碑 7 …… 91
图版 4－8：百灵庙-王墓梁墓碑 8 …… 92
图版 4－9：百灵庙-王墓梁墓碑 9 …… 94
图版 4－10：百灵庙-王墓梁墓碑 10 …… 95
图版 4－11：百灵庙-王墓梁墓碑 11 …… 96
图版 4－12：百灵庙-王墓梁墓碑 12 …… 97
图版 4－13：百灵庙-王墓梁墓碑 13 …… 98
图版 4－14：百灵庙-王墓梁墓碑 14 …… 99
图版 4－15：百灵庙-王墓梁墓碑 15 …… 100
图版 4－16：百灵庙-王墓梁墓碑 16 …… 101
图版 4－17：百灵庙-王墓梁墓碑 17 …… 102
图版 4－18：百灵庙-王墓梁墓碑 18 …… 103
图版 4－19：百灵庙-王墓梁墓碑 19 …… 104
图版 4－20：百灵庙-王墓梁墓碑 20 …… 105
图版 4－21：百灵庙-王墓梁墓碑 21 …… 106
图版 4－22：百灵庙-王墓梁墓碑 22 …… 107
图版 4－23：百灵庙-王墓梁墓碑 23 …… 108
图版 4－24：百灵庙-王墓梁墓碑 24 …… 109
图版 4－25：百灵庙-王墓梁墓碑 25 …… 110
图版 4－26：百灵庙-王墓梁墓碑 26 …… 111
图版 4－27：百灵庙-王墓梁墓碑 27 …… 112
图版 4－28：百灵庙-王墓梁墓碑 28 …… 113

图版 5－1：白塔、赤峰铭文 1 …… 114
图版 5－2：白塔、赤峰铭文 2 …… 115
图版 5－3：白塔、赤峰铭文 3 …… 116
图版 5－4：白塔、赤峰铭文 4 …… 118

图版 6－1：铜镜正面…………………………………………………………………… 125
图版 6－2：铜镜背面…………………………………………………………………… 125
图版 6－3：南京博物院藏北京房山元代十字寺景教刻石…………………………… 127
图版 6－4：赤峰出土元代叙利亚文-回鹘文景教墓砖 ……………………………… 128
图版 6－5：两方百灵庙出土十字莲花带叙利亚文墓顶石…………………………… 128
图版 6－6：百灵庙出土十字莲花带叙利亚文墓顶石………………………………… 129
图版 6－7：内蒙古出土镶嵌蓝宝石的圆形黄金十字架饰品………………………… 129
图版 6－8：鄂尔多斯铜十字…………………………………………………………… 130
图版 6－9：和田出土“大元”残缺十字架 ……………………………………………… 131

图版 7－1：扬州叙利亚文景教徒墓碑………………………………………………… 132
图版 7－2：扬州拉丁文天主教徒墓碑………………………………………………… 140
图版 7－3：扬州拉丁文天主教徒墓碑………………………………………………… 141

图版 8－1：泉州叙利亚文铭文 1 ……………………………………………………… 142
图版 8－2：泉州叙利亚文铭文 2 ……………………………………………………… 146
图版 8－3：泉州叙利亚文铭文 3—4 …………………………………………………… 148
图版 8－4：泉州叙利亚文铭文 5 ……………………………………………………… 155
图版 8－5：泉州叙利亚文铭文 6 ……………………………………………………… 157
图版 8－6：泉州叙利亚文铭文 7 之墓碑全貌………………………………………… 159
图版 8－7：泉州叙利亚文铭文 7 之拓片……………………………………………… 159
图版 8－8：泉州叙利亚文铭文 8 之墓碑全貌………………………………………… 164
图版 8－9：泉州叙利亚文铭文 8 之拓片……………………………………………… 164
图版 8－10：泉州叙利亚文铭文 9 …………………………………………………… 169
图版 8－11：泉州叙利亚文铭文 10 …………………………………………………… 171
图版 8－12：泉州回鹘文铭文 ………………………………………………………… 174
图版 8－13：泉州八思巴文铭文 1 …………………………………………………… 177
图版 8－14：泉州八思巴文铭文 2 …………………………………………………… 177
图版 8－15：泉州八思巴文铭文 3 …………………………………………………… 179
图版 8－16：泉州八思巴文铭文 4 …………………………………………………… 179

图版 9－1：阿力麻里墓碑…… 194
图版 9－2：内蒙古石柱子梁十字架莲花座残石…… 195
图版 9－3：七河地区墓碑…… 195
图版 9－4：七河地区墓石…… 196
图版 9－5：阿力麻里叙利亚文碑铭…… 198
图版 9－6：七河地区叙利亚文景教徒墓碑…… 199
图版 9－7：阿力麻里墓石…… 200
图版 9－8：七河地区发现的叙利亚文景教徒墓石…… 201

Fig. 1：The Uyghur Inscription from Quanzhou …… 205
Fig. 2：A Round-Shaped Bronze Mirror with Syriac Inscription from Inner Mongolia (front) …… 206
Fig. 3：A Round-Shaped Bronze Mirror with Syriac Inscription from Inner Mongolia (back) …… 206
Fig. 4：The Two Sculptures with Crosses, Flowers and Syriac Inscriptions from Fangshan, Preserved in Nanjing Museum …… 209
Fig. 5：The Tomb Brick with Uyghur and Syriac Inscriptions from Chifeng …… 209
Fig. 6：The Stones on the Top of the Tomb from Bailingmiao …… 210
Fig. 7：The Stones on the Top of the Tomb from Bailingmiao …… 211
Fig. 8：A Gold Cross-Shaped Ornament Inlaid with Sapphires from Inner Mongolia …… 211
Fig. 9：Bronze Cross-Shaped Ornaments from Ordos …… 212
Fig. 10：The Capital Stone with a Cross …… 213
Fig. 11：The Fragmented Bronze Cross Discovered in Hotan …… 213

Fig. 1：The Mausoleum of Mār Behnam Position of the Uighur Inscription …… 215
Fig. 2：The Uighur Inscription in the Mausoleum of St Behnam …… 221
Fig. 3：Syriac Inscription Describing the Mongol Raid of 1294 …… 221
Fig. 4：The Façade of the Mausoleum of St Behnam …… 222

附录图版 3－1：叙利亚文写本……………………………………………………………………… 261

附录图版 5－1：粟特文和梵文题记旁的三个景教十字架……………………………………… 284
附录图版 5－2：房山发现的带十字架和莲花座的石雕………………………………………… 284
附录图版 5－3：泉州第一个景教十字架………………………………………………………… 284
附录图版 5－4：泉州水陆寺的十字架石刻……………………………………………………… 285
附录图版 5－5：发现于七河流域的叙利亚文景教徒墓碑……………………………………… 285
附录图版 5－6：发现于七河流域的叙利亚文景教徒墓碑……………………………………… 286
附录图版 5－7：钱币的背面……………………………………………………………………… 287
附录图版 5－8：粟特银盘………………………………………………………………………… 288
附录图版 5－9：粟特银盘………………………………………………………………………… 289
附录图版 5－10：波斯风格的景教徒碗状物 …………………………………………………… 290
附录图版 5－11：粟特景教徒浮雕 ……………………………………………………………… 291

增订版说明

学术在不断发展,认知也在持续更新。原版中的一些表述,如"景教"、"聂斯脱利派"等概念已不合时宜,"景教"一名应以"东方教会"(或"东叙利亚基督教会")代之,"聂斯脱利派"一名是误解,是其他教派给予的错误认知。考虑到增订版不宜修改原版过多的内容,基本保留原版的大体面貌和表述。故另撰文,介绍作者的一些新的认识,仅供参考。

基督教世界有几大传统,一是"拉丁西方",即天主教世界;二是"希腊东方",即东正教世界;三是"叙利亚东方",就是以塞琉西亚-泰西封和巴格达为中心的东方教会及其向东的传教发展;四是新教,大约于16世纪之后兴起,主要分布在英国、德国、瑞士、北欧和北美、澳大利亚、新西兰等地。

历史很少善待那些"异教徒",对"异端"更是如此。那些被指责为异端之人的故事通常都不是由他们自己讲述,而是由他们的对手讲述的。在这个过程中,他们因质疑宗教现状或为神学问题提供创新解决方案而受到谴责。他们的信仰受到细致的审查,以诋毁他们的观点;他们经常被指责有不道德的行为,这又成为攻击他们异端思想的进一步证据。由于那些战胜异端的人经常摧毁他们的大部分或全部作品,因此只能通过对手的镜头来评估他们[1]。

一、东方教会及其神学

"东方亚述教会",也称"东方使徒教会",简称"东方教会",学术界也有称之为"东叙利亚基督教会"的,它在罗马帝国之外传播,是西方基督教世界最不知名的教会。然而,在欧洲中世纪,东方教会的传播区域比任何西方教会都要辽阔得多。公元1—2世纪美索不达米亚就有了基督教社区,当时那里在帕提亚(安息)帝国的治下。基督教于2世纪在奥斯罗恩(Osrhoene)获得了立足点。直到4世纪初,随着主教的出现,基督教才成为教会历史所知道的规范意义上的正统教。第一批基督徒在波斯的埃德萨

〔1〕 DICKENS, MARK, 2010.

(Edessa,今土耳其乌尔法)呈现出极其多样的状态。最早将基督教带到东方的是那些从地中海到波斯湾和穿越中亚到中国的商人。由于埃德萨位于重要贸易路线的交汇处,而地中海上的安提阿(Antioch,也称"安条克")是罗马叙利亚省最具影响力的大都市,福音书从耶路撒冷经过安提阿和埃德萨到达美索不达米亚。3世纪时,该地区被波斯萨珊王朝控制。大约在325年,在塞琉西亚-泰西封举行了一次会议,以处理主教之间的管辖权冲突。410年,在塞琉西亚-泰西封的以撒(Isaac)会议上,美索不达米亚的基督教社团宣布不再服从安提阿,于是一些"西方"主教和塞琉西亚-泰西封的主教分别获得了宗主教教廷的地位。该会议也变成了东叙利亚教会成为独立教廷的历史起点。通过这次会议,东方教会不仅重组和集中了,而且与西方的信仰和谐一致。东方教会大纲中恪守尼西亚大公会议(325)的信条。除了强调要与罗马帝国教会信仰保持一致,本次会议也调整了教规,以满足东方教会的需要,并根据当地的波斯信经修改了信条[1]。

由于431年君士坦丁堡的都主教聂斯脱利被误解和陷害,东方亚述教会从西方教会中分离出来。二者分道扬镳,更根本的原因还是西方教会的神学思想和礼仪日益希腊化,严重地削弱了东方亚述教会的东叙利亚传统。不过,东方亚述教会的神学不能被定义为聂斯脱利派。聂斯脱利是莫普苏埃斯提亚的狄奥多若(Theodore of Mopsuestia)的学生,他因为拒绝称圣母玛利亚为"上帝之母"(theotokos)而受到谴责。聂氏认为,玛利亚只能被称为"基督之母"(christotokos)。东叙利亚基督教主张基督二性论,他的对手亚历山大的西里尔(Cyril)指责他把基督分成两个位格,但聂氏显然否认了这一点。

5—6世纪,东叙利亚基督徒从美索不达米亚沿着丝绸之路经呼罗珊、河中和七河地区穿越粟特人和突厥汗国的突厥人居住地,在伊索亚布二世(Ishoyahb II,628—645)期间,东方教会的传教士是已知的第一批到达长安的基督徒。公元10—14世纪,中亚和中国的突厥语-蒙古-鞑靼部落的部分民众成为了基督徒。西亚一些国家的东叙利亚基督教传统一直保持到今天,许多东叙利亚基督徒近几十年还在欧洲、北美和澳大利亚找到了新家[2]。

阿拉美语东方方言是亚述语,后来被称为叙利亚语,起源于埃德萨。叙利亚文主要

---

〔1〕 BAUM, WILHELM & WINKLER, DIETMAR W., 2000, pp. 15－17.

〔2〕 BAUM, WILHELM & WINKLER, DIETMAR W., 2000, pp. 1－2.

有三种字体：一是早期的福音体（Esṭrangelā），二是记录叙利亚语西部方言的线体或简体（Serṭā），三是记录叙利亚语东部方言的迦勒底体（Chaldean 或者 Madenḥāyā，有的地方称为聂斯脱利体）[1]。叙利亚基督教遗产通过叙利亚语传播，起初在安提阿，由于安提阿希腊化日益严重，东方教会与安提阿渐行渐远。东叙利亚基督教圣经被称为《佩希塔》（*Peshitta*，"简单的"、"常用的"），是东方教会的官方圣经，大概在5世纪最终形成[2]。吐鲁番发现的《佩希塔》写本残片的年代，大约在9—14世纪之间。东叙利亚基督教的祈祷书被称为《胡德拉》（*Ḥudhrā*，"循环"、"周期"），是东方教会的正式礼拜仪式文本，最早的文本是10—11世纪的，定型于12世纪，保存下来的写本多为16—17世纪的文献。

东方教会的奠基人主要有戴奥多若（Diodore of Tarsus）及其学生狄奥多若（Theodore of Mopsuestia），他们是东方教会之父。东方教会的神学家争论基督教信条的主要是安提阿学派和亚历山大学派的信徒。前者的支持者从历史上耶稣的人性出发，就像其在福音书中所描述的那样，然后试图理解作为人的耶稣如何能同时成为上帝。相比之下，后者从《约翰福音》序言中的上帝的"道"（Word）开始，并试图理解"道成为肉身"意味着什么。前者重视耶稣的人性，而后者则强调他的神性。因为安提阿学派提到了基督的两种完整的本性，他们被称为"基督二性论"（Dyophysites，来自希腊语 dyo 和 physis，"两种"、"性质"）；亚历山大学派则被称为"基督一性论"（Monophysites，"单一"或"自然"）或"基督一体论"（Miaphysites），因为他们倡导这两种性质的结合。尽管戴奥多若强调了耶稣的人性和他的灵魂的完整性，但他也保持了完全的神性。对他来说，这两种本性是同时存在的，没有混合。戴奥多若的学生狄奥多若进一步发展了安提阿的基督论，并成为东叙利亚教义之父。跟随他的老师，狄奥多若试图理解基督的神性和人性的统一，即作为上帝的"道"的居所。和戴奥多若一样，狄奥多若区分了三位一体的第二位格，基督是父神的独生子，是玛利亚的儿子和大卫家的耶稣。由于这种区别，对玛丽亚定义的讨论爆发了，聂斯脱利成为这次争论的牺牲品[3]。东方教会的著名神学家还有大巴拜（Babai the Great）、圣纳尔赛（Mar Narsai）、圣阿岱（Mar Addai）、圣阿盖（Mar Aggai）、圣马里（Mar Mari）、圣伊巴斯（Mar Ibas）等，

[1] THACKSTON, WHEELER M., 1999, pp. vii – xxvii.
[2] BAUM, WILHELM & WINKLER, DIETMAR W., 2000, 其中第六章内容。
[3] BAUMER, CHRISTOPH, 2008, pp. 40 – 42.

他们都是东方教会的神学家和大学者，对东方教会的神学思想均有建树[1]。

二、“波斯教”、“景教”还是“也里可温”抑或其他？

据历史典籍和《大秦景教流行中国碑》可知，唐贞观九年（635），第一批以阿罗本为首的传教士受东方亚述教会牧首伊索亚布二世（Ishoyahb II）的派遣[2]，来到长安，受到唐太宗的礼遇。唐太宗不仅派宰相房玄龄“总仗西郊，宾迎入内”，而且让阿罗本“翻经书殿，问道禁闱”。贞观十二年（638），唐太宗通过翻译的《圣经》，并亲自询问福音的道理后，“深知正真，特令传授”。诏令说：“道无常名，圣无常体，随方设教，密济群生。波斯僧阿罗本远将经教，来献上京。详其教旨，玄妙无为，生成立要，济物利人，宜行天下。所司即于义宁坊建寺一所，度僧廿一人。”（《唐会要》卷四十九）这个诏令称其为“波斯僧”，也就是官方首次定名为“波斯教”，因为当时作为东方亚述教会的东叙利亚基督教所在的美索不达米亚属于波斯萨珊王朝（224—651）统治范围，该王朝首都和东方教会教廷同在塞琉西亚-泰西封。651 年阿拉伯人从南方推进并开始征服美索不达米亚，波斯萨珊王朝就此解体。到唐玄宗时代，此宗教已入中国超百年，朝廷终于得知此宗教并非出自波斯，而是出自更遥远的大秦（今叙利亚）[3]，于是有了官方“正名的行动”。《唐会要》（卷四十九）所收天宝四载九月（约 745 年 10 月）诏曰：“波斯经教，出自大秦，传习而来，久行中国。爰初建寺，因以为名，将欲示人，必修其本，其两京波斯寺，宜改为大秦寺，天下诸府郡置者，亦准此。”

由 638 年定名“波斯寺”，到 745 年改为“大秦寺”，共历时 107 年。大约从 745 年开始，官方正式使用“大秦景教”一名。东叙利亚基督徒来到中国，为何选择以“景教”作为教名？《大秦景教流行中国碑》：“真常之道，妙而难名，功用昭彰，强称景教。”这里显示了东叙利亚基督教传教士定教名为“景教”也很为难，也未获得东方教会的许可。任何一个名称都会限制其玄妙广阔的意义，但又不得不为了在中国传教而确立一个名称，从其功用对世人“明显昭著”，故称其为“景教”，或许回应了教主弥施诃对世人的宣言：“我在世上的时候，是世上的光。”关于景教的“景”字，笔者赞同朱东华先生的观点，“景”凡三义：光也，大也，仰也。如果说“景”的“光”、“大”内涵立足于信仰对象的维度，那么相应地可以说，“景”字的“景仰”内涵则立足于信仰行为的维度，关注这两个方

[1] BROCK, SEBASTIAN P., 1997, pp. 8 – 59.

[2] BAUM, WILHELM & WINKLER, DIETMAR W., 2000, p. 41.

[3] 林悟殊翻译增订，1995，第 98—100 页。

面彼此呼应、相辅相成的辩证关系，对全面理解景教的名义具有重要意义[1]。845 年武宗灭佛，包括景教在内的其他宗教也受牵连被禁。东叙利亚基督教在唐代传播了大约 210 年，"波斯教"一名在唐朝使用了 107 年，"景教"一名使用了整整一百年[2]。元代的"也里可温"也大约使用了近百年。景教在关中-中原等地区消失后，作为东方教会的东叙利亚基督教在中亚和高昌回鹘地方政权统治（866—1284）[3]区域仍然有序传播发展并与美索不达米亚的东方教会保持着密切接触。在中亚和高昌回鹘地区遗存的大量考古遗物和叙利亚文基督教文献，以及近年在吐鲁番北部奇台县唐朝墩发现的一东方教会修道院遗址（遗址的高台[bēma]入口右侧有回鹘文题记 ärkägün bäg，"也里可温长老"）[4]，都充分证明了东方教会在该区域的活动。

在中国，无论是唐代的"波斯教"或"景教"，抑或元代的"也里可温"，都不足以指代中国从 635 年至元代结束之前的东方教会或东叙利亚基督教会。东方教会的神学不能被简单定义为聂斯脱利派，东方教会也不接受聂斯脱利教派这个指称[5]。根据目前学界共识，合适的名称只有两个：一是"东方教会"（即"东方亚述教会"或"东方使徒教会"的简称）；二是"东叙利亚基督教会"。这两个名称才是其名正言顺的指称[6]。

三、"聂斯脱利派"是对东方教会的误解

直到今天，在神学和教会历史中东方教会最常见的名称是"聂斯脱利教会"、"聂斯脱利派"，通过这种方式，基督教世界的其他地方认为东方教会是一个可以追溯到 5 世

---

[1] 朱东华，《景教名义新解》，待刊，感谢清华大学朱东华教授在大作刊发前与作者分享并给予多方指导。

[2] 吴昶兴，2015，"导论"。

[3] JAMES HAMILTON, 1988, pp. 1 - 18.
华涛译，2010，第九章。
von GABAIN, A., 1973, pp. 9 - 13.
陈怀宇，2012，《高昌回鹘景教研究》。
余太山，1996，第 224—300 页。

[4] 任冠、魏坚，2022，第 106—113 页。该文将此回鹘文题记翻译为"也里可温大人"。在吐鲁番出土的叙利亚文写本和泉州回鹘文也里可温教徒墓碑上都发现有元代经叙利亚语借自希腊语的词汇 ärkägün，"领袖"、"教主"，后来用于指东方教派及其教徒，中文多用"也里可温"表达。参见：JAMES HAMILTON et NIU RUJI, 1994, pp. 147 - 164；哈密顿、牛汝极，1995，第 70—281 页；ZIEME, PETER, 2019, pp. 167 - 180。

[5] DICKENS, MARK, 2010.
Mar Aprem Mooken, "Is the Theology of the Assyrian Church Nestorian?" cf: https://bethkokheh.assyrianchurch.org/articles/225.

[6] BAUM, WILHELM & WINKLER, DIETMAR W., 2000, pp. 3 - 4.

纪的“异端教派”。然而，聂斯脱利到底是异端还是教会政治的受害者[1]？东方教会又是如何看待聂斯脱利的呢？

公元5世纪，基督教世界被一个困难的神学问题所撕裂，即耶稣基督是否可以既是真神又是真人，同时又是单一个体。亚历山大的西里尔主持的以弗所会议（431）认为聂斯脱利主义是异端邪说，因为他们认为聂斯脱利教导耶稣基督“是两个人”。但事实是，聂斯脱利没有教导过任何这样的异端邪说。他只是持“二性论”立场，主张基督具有神性与人性的双重本性。他像他那个时代的所有主教一样相信在基督那里，神性和人性合而为一。进入新世纪后，越来越多的学者们在深入研究和反思后认为：“根据目前现有资料的立场，我们可以得出结论，聂斯脱利并不支持这一学说，聂斯脱利本人也不是‘聂斯脱利派’。”[2]因此，可以说聂斯脱利并不是异端，也不应该被贴上异端的标签[3]。他的观点被曲解，部分是因为他的对手亚历山大的西里尔有较高的地位。

东方教会对聂斯脱利的态度是什么呢？摆在首位且非常重要的是，在486—612年之间，东方教会举行过8个主教会议，聂斯脱利的名称从来没有出现过一次，而狄奥多若在一些场合被视为教义问题上的权威和正统信仰的典范。当然，这并不是否认聂斯脱利是东方教会所尊敬的人，他是三位“希腊博士”之一（另外两个是戴奥多若和狄奥多若）。此外，他也是东方教会的三个圣人之一（另有一说，认为三位圣人是使徒圣阿岱和圣马里以及圣狄奥多若）[4]。确实有一部聂斯脱利的作品在叙利亚语翻译中流传下来，通常被称为《赫拉克里德斯的集市》。不过，这部作品直到539—540年才被翻译成叙利亚语，在5世纪末的半个世纪之后，东方教会就被冠以“聂斯脱利教”之名[5]。

在历史上，东方教会经常被其他基督教会误解，有时是故意的，有时是由于无知。今天，大量中东基督徒移民到欧洲、美洲和澳大利亚。东方亚述教会尽管规模很小，但其民众社区却分散在世界各地[6]。因此，更需要消除古代的偏见和误解。我们必须尝

---

[1] DICKENS, MARK, 2010.

[2] BAUM, WILHELM & WINKLER, DIETMAR W., 2000, p. 4.

[3] DICKENS, MARK, 2010.

[4] BROCK, SEBASTIAN, 1996a, pp. 23 - 25.

[5] W. de Vries, “Die syrisch-nestorianische Haltung zu Chalkedon”, *Das Konzil van Chalkedon, I* (Wurzburg: Echter Verlag, 1951)，在第603页写道：“聂斯脱利派于486年在塞琉西亚举行的宗教会议上被波斯教会正式接纳。”

[6] YONAN, G., 1978, pp. 150 - 215.

试从东方亚述教会自己的角度来看待它的基督教教义。

1976年，东方亚述教会当时的牧首马尔丁哈在伦敦祝圣时发表演说，他特意指出，给他们教会贴上“聂斯脱利”的标签是相当不合理的，他说：聂斯脱利与我们无关，他是一个希腊人。早在650多年前，中世纪东方教会的圣典学者索巴（尼西比斯）的阿布迪肖都主教，就提出了同样的观点[1]：

> “至于东方人（即东方教会），因为他们从没有改变他们的信仰，而是保留他们从使徒那里得到的信仰，他们被不公正地称为‘聂斯脱利派’，因为聂斯脱利既不是他们的牧首，也不懂他们的语言（即叙利亚语）。”

阿布迪肖和马尔丁哈是完全正确的，东方教会和聂斯脱利教会之间的联系是非常脆弱的，从历史上来看，继续称该教会为“聂斯脱利教会”，是完全误导和不正确的[2]。

聂斯脱利在《赫拉克里德斯的集市》上的话对教会历史上的这一迫害做了恰当回答：“因此，我殷切的愿望是，上帝可以在地上得到祝福，就像在天上一样。但至于聂斯脱利，就让他被诅咒吧……愿上帝让所有人通过诅咒我来与上帝和解；因为对我来说，没有什么比这更伟大或更珍贵的了。”[3]

---

〔1〕 见他的神学著作《珍珠》（也叫《玛格尼塔》），III. 4；文本见 ASSEMANI, J. S., 1725, pp. 354－355；英文译本见 BADGER, G. P., 1852, pp. 380－422。

〔2〕 BROCK, SEBASTIAN, 1994, pp. 69－85.

BROCK, SEBASTIAN, 1996, pp. 159－179.

〔3〕 BETHUNE-BAKER, 1908, p. 190.

DRIVER & HODGSON, 1925, p. 372.

代序：敦煌景教文献的发现及其对丝路宗教研究的启示

基督宗教入华，在中国历史上大致有四次，且前后四次之间并无实质性联系，可以说都是独立的事件：一是唐代的景教，为“基督教传入中国的第一幕”，信众基本都是“胡人”；二是元代的也里可温教，是一次“有限的辉煌”，信徒都是“色目人”；三是明代的天主教；四是清代的基督教。丝绸之路上的敦煌是个神奇而神秘的地方，前后接待了两次基督教的入华，而且留下了重要的写本和文物。下面拟通过对敦煌景教文献文物的发现来谈谈其对于丝绸之路上宗教问题研究的启示意义。

一、敦煌景教文献文物的发现

1. 20 世纪初在敦煌莫高窟藏经洞发现的唐代景教经典汉文写本[1]

(1)《大秦景教三威蒙度赞》。即现在基督教教会仍在使用的《普天颂赞》的第二首。是基督教对圣父、圣子、圣灵“三位一体”的歌颂。可能是当时受洗时所诵的经文。伯希和在藏经洞所获，现藏巴黎法国国家图书馆(图版 0－1)。

(2)《尊经》。内容是向“三位一体”礼赞，并向景教圣徒和高僧们致敬，列景净译经 35 部并加以“敬礼”，还列举了 22 位圣徒和高僧的名字。

(3)《志玄安乐经》。其内容是基督与使徒西门、彼得的对话，主题是教导人们如何获得安乐。全文共 2 660 字(图版 0－2)。

(4)《序听迷诗所经》。这是现存汉文景教文献中最古的一种，大约是景教传入中国

[1] 郝镇华译，1984。
朱谦之，1993。
罗香林，1966。
杨森富，1968c。
江文汉，1982。
佐伯好郎，1935。
林悟殊，2003。
荣新江，2014，第 268—289 页。
徐晓鸿，2020。

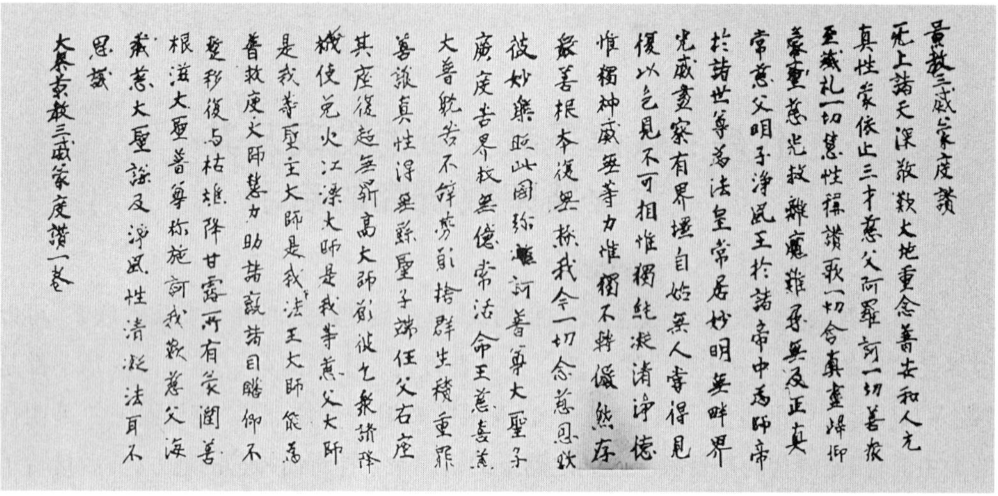
景教三威蒙度讚
无上諸天深敬歎大地重念普安和人元
真性蒙依止三才慈父阿羅訶一切善衆
至誠礼一切慧性稱讚歌一切含真盡歸仰
蒙聖慈光救離魔難尋無及正真
常慈父明子淨風王於諸帝中為師帝
於諸世尊為法皇常居妙明無畔界
光威盡察有界疆自始無人嘗得見
復以色見不可相惟獨絕凝清淨德
惟獨神威無等力惟獨不轉儼然存
衆善根本復無極我今一切念慈恩歎
彼妙樂照此國彌施訶普尊大聖子
廣度苦界救無億常活命王慈喜羔
大普耽苦不辭勞願捨群生積重罪
善護真性得無繇聖子端任父右座
其座復超無鄰高大師願彼乞衆請降
筏使免火江漂大師是我等慈父大師
是我等聖主大師是我法王大師能為
普救度大師慧力助諸羸諸目瞻仰不
暫移復與枯燋降甘露所有蒙潤善
根滋大聖普尊彌施訶我歎慈父海
藏慈大聖謙及淨風性清凝法耳不
思議
大秦景教三威蒙度讚一卷

图版 0－1：《大秦景教三威蒙度赞》写本。

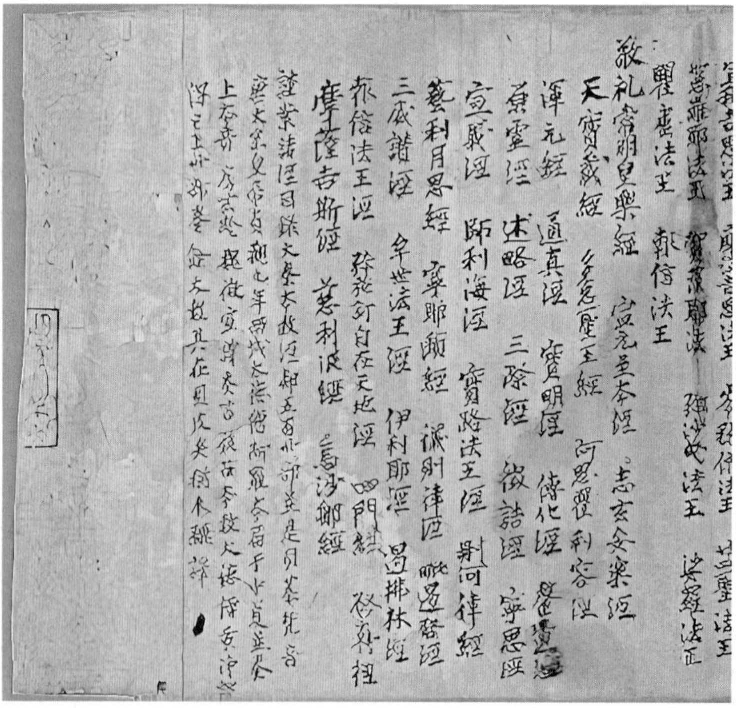

图版 0－2：《志玄安乐经》写本。

后不久的作品，汉文不大通顺。全经分两部分，前一部分叙述教理，后一部分叙述耶稣事迹。

（5）《一神论》。由三部分组成：《喻第二》、《一天论第一》和《世尊布施论第三》。

用种种比喻来说明世界万物都由唯一的神所创造，《第三》多处引用《马太福音》内容。

（6）《大秦景教宣元本经》。经文的内容为耶稣对信徒的训诫，有人怀疑这是一件伪经[1]。

2. 斯坦因在敦煌藏经洞所获约公元9世纪的粟特文景教徒书信和景教占卜书及耶稣基督绢画残卷

（1）粟特文景教徒书信。由西木斯-威廉姆斯（Nicholas Sims-Williams）和哈密顿（James Hamilton）整理刊布的《敦煌9—10世纪突厥语-粟特语文献》[2]中至少有两件书信提及景教徒人名及其在敦煌和西域的商业活动，这两件粟特文书信编号分别为 Or. 8212: 86（图版 0-3）、Or. 8212: 89（图版 0-4），保存在大英图书馆。前者信件开头写有"此为薛里吉斯（Sargis）神甫写给我友 El Bars QutluγAlp 达干的问候信"，信尾还提到"请向大卫教士表达敬意！"后者是一位叫泰麦儿·库西（Tämär Quš）的人写给其父乔治（Yiwarges = Giwarges）将军的一封信。这两封信中的人名出现了景教徒人名"薛里吉斯"和"乔治"。

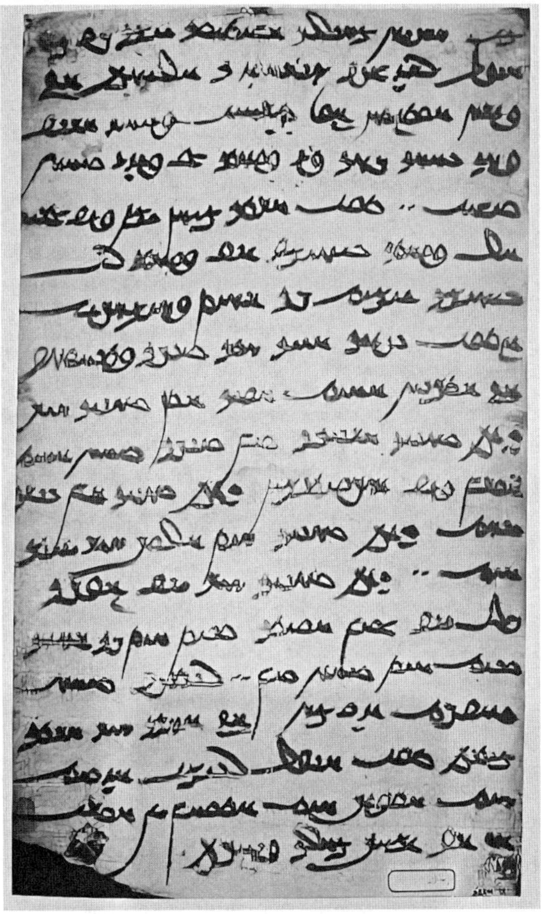

图版 0-3：粟特文书信 Or. 8212: 86。

（2）粟特文景教占卜书。该文书最早由西木斯-威廉姆斯整理刊布[3]，根据其英文译文，我们翻译如下：

"使徒西门这样说：'你就像

[1] 林悟殊、荣新江，1992，第19—34页。荣新江，2014，第268—289页。

[2] DTS.

[3] SIMS-WILLIAMS, 1976, pp. 63-64.

从牛群中走失的母牛。一头狮子躺在路上,又饿又渴,狮子这样想:“我要吃了她。”(但是)上帝把这母牛从狮子口中救了出来。上帝也会救你脱离……降临在你身上的事物。'”

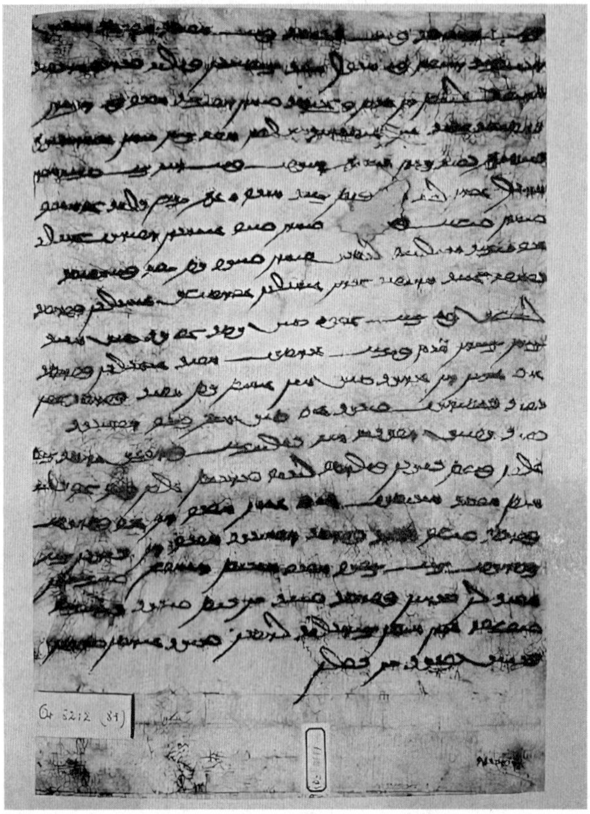

图版 0－4：粟特文书信 Or. 8212:89。

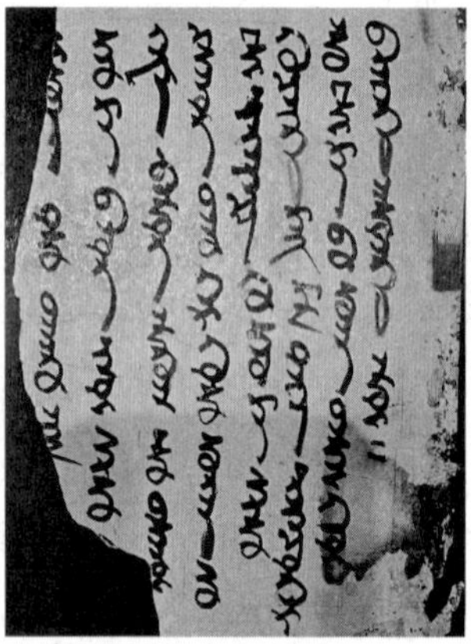

图版 0－5：粟特文景教占卜书。

如果是占卜书,结语处应有“此为吉”或“此为凶”的表述(图版 0－5)。

斯坦因曾在藏经洞获得突厥文占卜书(或占梦书)写本(Or. 8212:160),即 Ïrq bitig,该写本内容包括 65 种预兆和一则题记,其内容是否与景教有关还需要研究[1]。

(3) 敦煌藏经洞所出耶稣基督绢画残卷。该残卷保存在大英博物馆,残卷破损严

〔1〕 JAMES HAMILTON, 1975, pp. 7－19.
TEGIN, TALAT, 1993.
张铁山、赵永红,1993,第 31—42 页。
杨富学,1997,第 104—105 页。
耿世民,2005,第 285—302 页。

重，有人做了复原图，从复原图可以看出，敦煌景教绢画的基督像大概受到佛教影响，比如画中人物的姿态可能受到菩萨施法印姿态的影响，画中两手指拈花的方法与敦煌的菩萨和供养人的方法也是一致的。敦煌景教绘画有可能受唐代佛画的影响。有人认为，敦煌景教绢画体现了波斯艺术、佛教艺术和基督教艺术的融合，是丝绸之路上中西文化交流的结晶（图版0－6、0－7）。

图版0－6：敦煌耶稣基督绢画原件（藏大英博物馆）。

图版0－7：敦煌耶稣基督绢画复原图。

3. 1986—1995年在敦煌北区发现的元代也里可温教叙利亚文写本和后来在敦煌榆林窟第16窟发现的也里可温教徒叙利亚文题记

（1）元代也里可温教叙利亚文写本：使徒保罗书信残片。叙利亚文残片正面为圣经中的语句，内容为使徒（Apostle）保罗（Paulus）写给加拉太（Galatia）教会的信件第3段第7行至第10行之间的部分（3，7b—10a）；背面的内容为科林斯教堂圣经，按规定它只用于耶稣受难日中午的祈祷。这前后相随的教堂经文都来源于同一本保罗颂经诗文的弥撒书，这件残叶是一个关于耶稣受难日和耶稣复活节前星期六的颂经。首先对该残片进行整理的是克莱恩（Wassilios Klein）和土巴奇（Jürgen Tubach），并讨论了经文的来源和东叙利亚教堂的礼拜仪式等相关问题，其成果刊布于德国东方学杂志上（图版 0－8）[1]。由此可知，在敦煌的教堂里曾使用叙利亚文，至少在礼拜仪式上如此。另外，在黑城也发现有元代也里可温教祈祷文书残叶（图版 0－9）[2]。

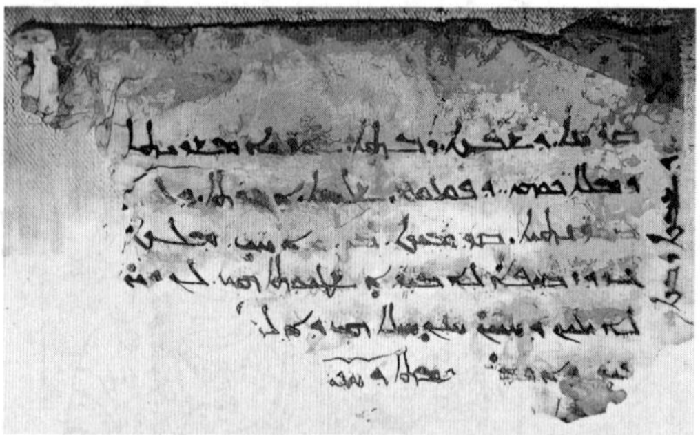

图版 0－8：叙利亚文使徒保罗书信残片。

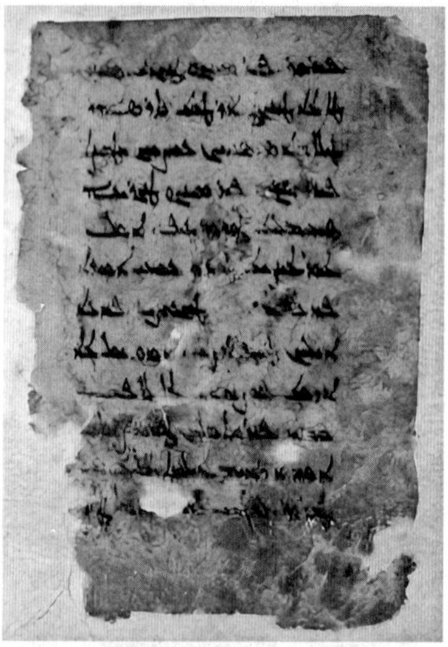

图版 0－9：黑城出土叙利亚文祈祷书残片。

（2）元代也里可温教叙利亚文写本：《圣经・诗篇》的片段。一件出自北区第 53 窟的折子式双折 4 面叙利亚文写本，其中第 1 面为叙利亚语－回鹘语双语隔行交替书写，回鹘文存 16 行，内容似乎与基督教无关，可能是佛教赞美诗或佛典的一个片段。叙利亚文每面均存 15 行，内容为《圣经・诗篇》的片段。国内最早刊布者是段晴教授[3]，牛汝极作了进一步研究（图版 0－10）[4]。还可以比较在北京故宫午门发现的元代叙利亚文《圣经・诗篇》写本（图版 0－11）[5]。

〔1〕 KLEIN, WASSILIOS & TUBACH, JÜRGEN, 1994, pp. 1－13. 赵崇民等汉译文刊于敦煌研究院编《敦煌研究文集：敦煌研究院藏敦煌文献研究篇》，甘肃民族出版社 2000 年版，第 493—508 页。

〔2〕 PIGOULEWSKY, N., 1935－1936, pp. 3－46.

NIU RUJI, 2010, pp. 133－145.（牛汝极：《十字莲花：中国出土叙利亚文景教碑铭文献研究（公元 13—14 世纪）》［法文版］，上海古籍出版社 2010 年版。）

〔3〕 段晴，2000a，第 382—389 页。

段晴，2000b，第 120—126 页。

〔4〕 牛汝极，2002，第 56—63 页。又见本书第二章。

〔5〕 P. Y. SAEKI, 1937.

TAYLOR, W. R., 1941, pp. 91－97.

NIU RUJI, 2010, pp. 121－132.

图版 0－10：敦煌叙利亚文《诗篇》残叶。

图版 0－11：北京午门发现的叙利亚文《诗篇》。

（3）敦煌榆林窟第 16 窟发现的元代也里可温教徒叙利亚文题记。这则叙利亚文景教徒题记书写于榆林窟第 16 窟前室甬道南壁，存 7 行，最早研究刊布此题记的是日本学者松井太（图版 0－12）[1]，题记内容为：

〔1〕 王平先译，2018，第 34—39 页。

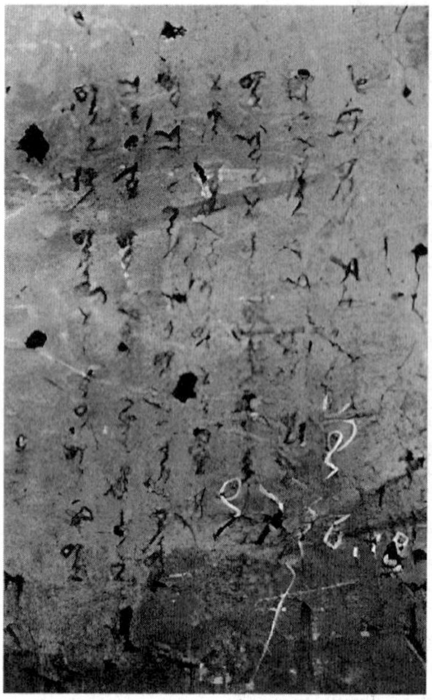

图版 0－12：榆林窟第 16 窟叙利亚文题记。

“申年五月十五日。我们瓜州的普颜帖木儿、纳丹因、岳忽难来到这个瓜州的山寺，两天游历(石窟)，以三(瓶?)酒和一只羊餐食跪拜，返回出发了。愿人们怀念吧！阿门！直到永远！阿门!”

4. 1988 年 11 月 16 日在莫高窟北区 B105 窟发现一件元代铜十字架

1988 年 11 月 16 日，彭金章先生在莫高窟北区 B105 窟发现一件铜十字架，系用青铜铸造而成，横竖交叉的十字，高、宽各 6. 6 厘米，中间有一圆环，十字四端呈燕尾状，与传统景教十字架形状同，十字四端相连的四角各有一左向鸽头，共计 4 个，其中 1 个有残损(图版 0－13)[1]。这里曾发现过若干带十字架或鸽子造型的景教徒铜器(又称铜饰牌)。目前所发现的几乎所有这类铜器物没有一对是完全相同的，这一点很重要，这为我们给这类器物定名提供了依据。英人尼克森(F. A. Nixon)20 世纪上半叶利用在中国工作的机会收集了大量鄂尔多斯铜器，数量多达一千数百枚，后全部捐献给香港大学冯平山博物馆。伯希和(P. Pelliot)、明义士(James M. Menzies)、韩百诗(L. Hambis)和巴克斯塔尼(S. Baghestani)等都对此遗物有过报道或研究[2]。1999 年 12 月 17 日我访问东胜市(现为鄂尔多斯市东胜区)时在博物馆见到该馆收藏有 40 余枚此类铜器(图版 0－14)[3]，并见到一些古玩商贩收藏有不少此类铜器。我曾于

图版 0－13：莫高窟北区 B105 窟出土铜十字架。

〔1〕 彭金章，2013，第 51—57 页。
〔2〕 明义士，1934a，第 169—186 页。
明义士，1934b，第 163—168 页。
明义士，1934c，第 115—162 页。
Pelliot, P. , 1931b, pp. 1－3, pl. 8.
Hambis, L. ,1954, pp. 483－525.
Baghestani, Susanne, 1997, p. 427.
〔3〕 参见本书第一章。

2014 年造访冯平山博物馆，敦煌发现的这件铜十字架，在形制、图案、大小等方面，与现藏香港大学冯平山博物馆的近千枚在内蒙古鄂尔多斯发现的景教铜十字架基本一致，应为元代景教遗物[1]。

图版 0－14：鄂尔多斯博物馆藏铜十字架。

二、敦煌景教文献对丝路宗教研究的启示

(1) 丝绸之路上作为中西文化交流汇聚之地的敦煌地位独特。基督宗教在中国有四次入华，敦煌就占了两次，而且是前两次，这在中国文化史和宗教史研究方面几乎是独一无二的。如果没有敦煌汉文景教文献的发现，仅靠西安出土的《大秦景教流行中国碑》、《米继芬墓志铭》、《李素与卑失氏墓志铭》和洛阳出土刻石《景教经幢》、《阿罗憾墓志铭》、《花献及其妻安氏墓志铭》，我们将很难窥见中国唐代基督教的整体面貌，更别说去全面了解景教经典的文本了，我们将无从了解景教教义及其本土化过程，从而也很难复原中国唐代景教史。由此可见敦煌作为丝绸之路上中西文化交流汇聚之地的独特地位。

(2) 敦煌汉文景教文献借鉴仿效了儒释道，尤其是借用了大量佛教经典的词语和观念。在唐代中国，佛教词汇是一套主流的宗教语言符号，景教经文借用佛教术语无法避免，因为基督宗教还没有形成一套可资利用的宗教语言系统，第一批入华的基督徒只能采用佛教这种主流宗教的语言符号，这也是外来宗教本土化的过程。外来宗教要在中国落地，必须借助本土文化的土壤和营养来吸引民众。汉文景教文献可以作为基督宗教在非基督宗教环境中被塑造甚至被改造的明证，借用一些佛道语言词汇是在多元

[1] 郑炜明、罗慧，2015。

宗教文化环境下基督徒表达基督宗教信仰的有效方法。当然，借用佛教术语并不意味着信仰的融合，而是在相似的观念背景下对其教义的一种表述，这也是基督徒在中国表达基督教信仰的唯一方式。

举例来说，如《大秦景教三威蒙度赞》中：

“无上”：至高，《荀子·君子》：“尊无上矣。”

“诸天”：天界，佛家术语。

“重念”：再思，王安石《答司马谏议书》：“重念蒙君实视遇厚，于反复不宜卤莽。”

“三才”：天地人，《易传·系辞下》：“有天道焉，有人道焉，有地道焉。兼三才而两之，故六。六者非它也，三才之道也。”

“阿罗诃”：上帝、耶和华，来自佛家术语，为佛的名字，也作“阿罗汉”。巧妙地把希伯来语 Elohim 译作阿罗诃。

“世尊”：法皇，佛家术语，佛陀十号之一。

如《尊经》中：

“妙身”：玄妙之身，道教术语。

“应身”：道成肉身，原为佛家术语。

“法王”：圣人，佛教对佛的尊称。

如《志玄安乐经》中：

“至言”：玄妙精深之讲述，《庄子·知北游》：“至言去言，至为去为。”

“善哉”：感叹词，儒家、佛家、道家常用语。

“恶报”：恶的报应，佛家术语。

“功德”：功业和德行，佛家术语。

“无碍”：没有障碍，佛家术语。

“无始”：没有开始，道家术语。

也可能在景教经典的翻译过程中有佛教徒的参与，这样更容易借鉴佛家术语和理念。从敦煌藏经洞发现的耶稣基督绢画残卷也可以看到耶稣基督图像的本土化痕迹和色彩。总之，不同背景来源的文化之间是可以相互交流借鉴的，同时，外来宗教也理应“入乡随俗”。

（3）把唐代景教入华描绘为“昙花一现的初传”能给我们留下哪些“不可忘却”的启迪和反思呢？首先，外来宗教初传本土可以借鉴本土宗教和文化的语言符号系统，但终究要为建立起自己的宗教认知体系和符号系统努力。景教徒既不能依靠自己的力量翻译输入经典,也不能输入经典哲学或创造新文体吸引中国的士大夫,得不到任何阶层的支持。从文献来看,中国的景教徒在这方面几乎没有多少建树,这些信徒始终游离于中国主流文化之外,几乎不为大众知晓。其次,景教传入中国后没能吸引本土主流人群汉人及其精英人士,只在有限的西域胡人群体里传承,既不能让景教"入乡随俗",也不能避免"水土不服",武宗灭佛后,三夷教也随之荡然无存,也就不足为奇了。第三,景教入华缺乏中亚、西亚景教教会的"后援",基本处于"孤军作战"、"自生自灭"的状态,一遇到政治环境的变化,很容易"一蹶不振"。第四,景教初传中国,一些景教徒喜欢卷入唐朝政治生活,参与唐朝政治军事冒险,使景教发展丧失独立性而成为牺牲品[1];也有人认为,三夷教在中国的失败很大程度上取决于统治者的好恶[2]。《大秦景教流行中国碑》有言:"惟道非圣不弘,圣非道不大。道圣符契,天下文明。"这很好地解释了外来宗教与统治者的关系。

(4) 成吉思汗及其继任者倡导多元宗教政策,依靠皇室支持,也里可温教曾有过一段"有限的辉煌"。"也里可温",回鹘语记作 ärkägün,该词在中亚和蒙元时代指"基督教"[3],早年伯希和(P. Pelliot)和多尔佛(G. Doerfer)认为该词词源是蒙古语[4],哈密顿(J. Hamilton)认为,叙利亚文中的 'RKYGWN 和拉丁文中 archaon 这个指 13 世纪基督教的词源自希腊文的 αρχηγός 或 αρχηγόν,意为"领袖"、"教主"、"上帝"等,回鹘语和蒙古语间接地来自希腊语[5]。据元史记载,忽必烈执政期间,景教在甘州、宁夏、天德、西安、大都等地都设有主教区,其主教驻地"掌教司"数目达 72 所之多,反映了元代景教的繁荣。蒙元时代的宗教自由政策有利于团结色目人,尊崇自然崇拜的成吉思汗不仅容忍景教的存在,而且对其他宗教同样给以礼遇,直到元亡为止,蒙古汗庭对各种宗教采取兼容并蓄的政策,佛教、道教、景教、伊斯兰教等都可以自由传教,僧人、道士、伊斯兰教"答失蛮",也里可温(景教)大师同样享受免除赋役的特权。成吉思汗有几位妃子也是聂派基督徒,她们来自克烈部、蔑儿乞部和乃蛮部,为此成吉思汗在其营内还建有景教寺,专门供皇室成员礼拜用。元代的克烈、汪古、乃蛮、蔑儿乞、畏吾儿等部落民众多数都皈依基督教,克烈部首领的三个女儿还分别嫁给蒙古帝国三位重要人

[1] 陈怀宇,2012,第 57 页。
[2] 林悟殊,1997,第 93 页。
[3] JAMES HAMILTON et NIU RUJI, 1994, p. 159.
[4] PELLIOT, P., 1959, p. 49.
DOERFER, G., 1967.
[5] JAMES HAMILTON, 1972, pp. 163 – 164; 另参见上引 JAMES HAMILTON et NIU RUJI 文,pp. 159 – 160。

物，其长女亦巴哈做了成吉思汗的妻子，二女别土出迷失成了术赤的正妻，三女唆鲁和帖尼则嫁给了托雷。而托雷与唆鲁和帖尼所生的长子蒙哥又出任蒙古帝国第四任大汗，次子旭烈兀征服阿拉伯帝国，彻底改变西亚历史格局，三子忽必烈则以蒙古帝国第五任大汗身份成为中国元代的皇帝。元朝持续的时间不足百年，元代也里可温教存在的时间比唐代景教传播的时间要短得多，除了信众只局限于色目人的原因之外，其经典也没有翻译为当地的主流文字汉文，因此也就很难在中土传播开来。

（5）元代也里可温信众都是"色目人"，远离占多数的汉族人群，随着元朝的结束，也里可温教也就"灰飞烟灭"。元代的也里可温教经典在中国的遗存大多是叙利亚文-叙利亚语书写的《圣经·诗篇》或教堂使用的祈祷书残卷（黑城发现有个别残卷存在混杂叙利亚文-叙利亚语/回鹘语的情况），发现地点有三处：敦煌、黑城和北京故宫午门。这说明，元代也里可温教徒在教堂使用叙利亚文-叙利亚语诵经或祈祷，其使用的叙利亚文《圣经》版本也和基督教东方教会的版本一致，没有看到其本土化改造的情况，也未发现任何汉文译本。在内蒙古百灵庙、四子王旗等，福建泉州[1]，江苏扬州等地发现的也里可温教徒墓志铭多为叙利亚文-回鹘语书写[2]；在赤峰和泉州发现的墓志铭各有1件为回鹘文-回鹘语写成[3]；在泉州还发现有4件是八思巴字写成[4]；中亚七河流域[5]、新疆阿力麻里等地发现的也里可温教徒墓志铭多为叙利亚文-叙利亚语书写[6]，其中少量为叙利亚文-回鹘语书写。说明元代的也里可温教徒多少都懂一些叙利亚语文，其信众基本上是元代的"色目人"，如汪古、畏吾儿、克烈等部族，目前没有发现有汉人信徒的迹象。由此可知，元代也里可温信众不多，也远离占多数的汉族人群，随着元朝的结束，也里可温教也就终结了。也里可温教叙利亚文《圣经·诗篇》和祈祷文及也里可温教徒墓志铭的发现和研究可以增添元代也里可温教徒的宗教生活资料，结合元史汉文资料可以丰富中国元代也里可温教史。

（6）外来宗教很难在中国扎根，因为传统中国是一个以人为本的"人本"国家，周孔教化非宗教，以道德代宗教，中国没有成为"神本"的国家[7]。大体上说，中国是一

〔1〕 牛汝极，2007a，第1—48页。
〔2〕 参见本书第七章。
〔3〕 JAMES HAMILTON et NIU RUJI，1994，pp. 147－164.
〔4〕 参见本书第八章。
〔5〕 牛汝极，2012，第163—181页。
〔6〕 牛汝极：2007b，第74—80页。
〔7〕 梁漱溟，2010，第39—49页。

个宗教缺位的国家，也就是说缺乏有神的宗教。梁漱溟曾感叹中国文化："除了信赖人自己的理性，不再信赖其他。这是何等精神！人类便再进步一万年，怕亦不得超过罢！"[1]我们知道，"华夏共同体"是以"人"为中心的复杂体系，能容纳他人，遂成其大，能尊重自己，遂成其久。早期"中国人"这个共同体，从夏、商、周三代经春秋战国（诸子百家），共同体的演变趋向乃是逐渐从"属人"的群体，转变为"属地"的地缘共同体，乡党邻里成为个人主要的归属[2]。到春秋战国时代，北方黄河文化孕育了循规蹈矩的儒家，南方长江文化培育了思辨型的道家，两者相互交流影响形成中国型早期思想的核心，这个核心属于"中华民族的共同文化"，也可以定位为"中华文化的共同基因"[3]。这个基因后来又吸收周边诸文化，不断壮大丰富了原有文化的内涵。儒、道两大系统在秦汉时期逐渐综合成为庞大的文化体系，这个互相可以弥补，但又具有庞杂性，不是宗教而是政治的庞大文化体系[4]。那些先秦诸子大师有一个共同点：信人不信神，也不信邪，并铸成了汉唐"中国共同体"的政治基础，也使得这个共同体在文化上有一个基本的价值体系。汉代，佛教始传中国，虽经过两千年的发展，但佛教很难被称为严格的宗教，因为佛祖是觉悟者，是人不是神，所以佛祖才伟大，他并没有多少神力，他只是想通过启迪人们的智慧觉悟，他没有魔法能让人心想事成、点石成金、健康长寿等。总之，佛教千言万语化作一句话：向内求，自己度自己。费尔巴哈在《宗教本质讲演录》中说"惟有人的坟墓才是神的发祥地"，又说"若世上没有死这回事，那亦就没宗教了"，宗教总脱不开生死鬼神这一套，孔子偏不谈它，这就证明孔子推崇的不是宗教[5]。

唐代景教和元代也里可温教入华，无论是宗教经典的翻译，还是在教堂的祈祷，都没有吸引中国主流人群和士大夫上层人士的关注，这大概也与中国文化信人不信神的传统和心理有密切关系吧！

真正的信仰不是让人匍匐在地，不是让人下跪求福，不是让人相互敌视，不是让人画地为牢，不是让人固守教条；真正的信仰能让人站立，让人开明，让人友善，让人自主，让人通达。

---

〔1〕 梁漱溟，2010，第46页。
〔2〕 张传玺，2019。参见《从华夏和蛮夷戎狄等族名谈到汉民族的形成》一章，第35—57页。
〔3〕 许倬云，2017。参见第一章《古代以前：中国地区考古略说》、第二章《中国文化的黎明》，第1—108页。
〔4〕 许倬云，2015。参见第十五、十六章《中国共同体的发展》（上、下），第269—286页。
〔5〕 参见梁漱溟，2010，第42页。

前　言

基督教是世界三大一神宗教之一。基督教的景教教派，也称聂斯脱利派，中国元代史书中称为也里可温教，属于基督教的叙利亚东方教派，该派源起于小亚细亚与叙利亚，其创始人是聂斯脱利。聂斯脱利是君士坦丁堡早期主教之一。其父母均为波斯人，他曾在安提阿学习，受神职为长老。428 年受东罗马帝国皇帝狄奥多西二世委任为君士坦丁堡主教。他随身有一名宅第司铎，名阿纳斯塔修斯，在讲解教义时表示反对称玛利亚为"神之母"。聂斯脱利支持他的说法。430 年 11 月亚历山大主教西里尔召请各主教到亚历山大，并写信要求聂斯脱利谴责他自己言论中的 12 点，否则予以绝罚。但早在信使抵达君士坦丁堡以前，皇帝狄奥多西二世已宣布将于 431 年圣灵降临节以前在以弗所召开会议。会议原定于 6 月 7 日开幕，由于支持聂斯脱利的安提阿主教约翰等人未及时到达而延期。西里尔担心约翰发言对他们造成不利影响，就拉拢当地主教门农于 6 月 22 日召开第一次会议。聂斯脱利拒绝出席，受到缺席谴责。4 天后约翰到达，开会决定废黜西里尔和门农。7 月 10 日罗马主教切莱斯廷(422—432)的 3 名使者到达，西里尔再次采取主动，恢复对聂斯脱利的谴责。双方都向狄奥多西二世申诉。聂斯脱利曾开罪于狄奥多西二世之妹普尔切里亚，狄奥多西二世在她的影响下将聂斯脱利押回安提阿附近他原属的隐修院，会议结束。后来约翰与西里尔两派达成协议，不因教义问题影响对聂斯脱利的处置。约翰认为聂斯脱利继续留在安提阿附近使他难堪，遂进言皇帝将他放逐。皇帝先下令将他流放到阿拉伯境内佩特拉，后又感到处分过宽，乃再将聂斯脱利驱往利比亚沙漠中的大绿洲(今哈里杰绿洲)。匪人将他劫往帕诺普利斯(今艾赫米姆)，后一度迁往赛伊尼(今阿斯旺)对岸的埃利潘蒂尼。450 年，狄奥多西二世去世，新皇帝马西安似曾决定将他召回，但消息传来时他已死去。当时人们认为，聂斯脱利的教义坚持基督的人性，甚至宣称基督有两个位格：一人一神。实际上，聂斯脱利反对这种观点，西里尔纯属误解。聂斯脱利主张的是：圣子利用人格以表现自己，人格包括在他的扩充位格之中，因而圣子是单一的表现体。聂斯脱利还认为，玛利亚是人不是神，耶稣之母只能是人之母，而不是神之母[1]。

---

〔1〕《不列颠百科全书》(国际中文版)第 12 卷，中国大百科全书出版社 1999 年版，第 76—77 页；朱谦之，《中国景教》，东方出版社 1993 年版，第 35 页。

起初，以弗所会议（431）和卡尔西顿会议（451）先后谴责聂斯脱利及其教义，随后这个派别就脱离正统教义另立门户。该派强调基督的神人二性各自独立，两个位格若即若离。现代该派的代表是东方教会，亦称波斯教会，西方通称之为叙利亚东方教会或聂斯脱利派教会。该派信徒约有 17 万人，大多居住在伊拉克、叙利亚、伊朗和印度。原来基督教在波斯不断受迫害，424 年波斯教会正式宣告与外界基督教会断绝关系，自此才摆脱里通外国之嫌而免受迫害。486 年波斯教会承认聂斯脱利派神学权威狄奥多若为正道卫士。巴拜任牧首时期（497—502），波斯教会再次肯定狄奥多若的地位，于是正式成立聂斯脱利派组织。波斯教会从 521 年前后到 539 年前后发生内部分裂，自 540 年至 545 年遭受迫害，但仍能屹立不倒。637 年阿拉伯人征服波斯，当局承认东方教会为分立宗教团体并予以法律保护。到 10 世纪末，波斯国内共有 15 个都主教区，在国外，包括印度和中国，也有 5 个都主教区。聂斯脱利派也传到原有基督一性派教会的埃及。自 7 世纪至 10 世纪聂斯脱利派教会在中国十分兴旺，称大秦景教。元代（13—14 世纪）景教始称也里可温教。回鹘语记作 ärkägün，该词在中亚和蒙元时代专指“基督教”[1]。早年伯希和（P. Pelliot）和后来的多尔佛（G. Doerfer）认为该词词源是蒙古语[2]，哈密顿（J. Hamilton）认为，叙利亚文中的 ’RKYGWN 和拉丁文中的 archaon 这个用于指称 13 世纪景教的词均源自希腊文的 *αρχηγός* 或 *αρχηγόν*，意为“领袖”、“教主”、“上帝”等，所以回鹘语和蒙古语也应经叙利亚语间接地来自希腊语[3]。蒙元时代，中亚有些部族，如克列、乃蛮、汪古等几乎全体为此派信徒。该派甚至把基督教传到西伯利亚东部的贝加尔湖附近。元代进入蒙古统治区的西方旅行家发现聂斯脱利派在蒙古境内很有根基，连大汗朝廷中也颇有人信奉该派。14 世纪中，帖木儿袭击波斯一带，东方教会实际全被摧毁，美索不达米亚少数城镇尚存聂斯脱利派教会，主要集中于底格里斯河与凡湖、乌尔米耶湖之间跨土耳其、波斯两国的库尔德斯坦地区。聂斯脱利教义在罗马帝国境内被消灭，但在其他地方保存下来。波斯教会承认聂斯脱利学说，今日伊拉克、印度、伊朗、叙利亚和南美洲、北美洲等地都有信奉聂斯脱利教义的教会[4]。

---

〔1〕 JAMES HAMILTON et NIU RUJI，1994， p. 159.

〔2〕 P. PELLIOT，1959， p. 49； G. DOERFER， 1967.

〔3〕 JAMES HAMILTON，1972，pp. 163－164； 另参见上引 J. HAMILTON et NIU RUJI 文，pp. 159－160。

〔4〕《不列颠百科全书》（国际中文版）第 12 卷，中国大百科全书出版社 1999 年版，第 76—77 页。

随着景教徒的来华,他们使用的叙利亚文也被带到了中国,现在西安市存有一方公元781年(唐建中二年)所立的《大秦景教流行中国碑》,是叙利亚文-汉文双语碑铭。在敦煌和新疆还发现过《圣经》的回鹘语译本片段。在中亚七河流域、喀什、阿力麻里古城(在今霍城县)等地区景教遗址中发掘出了大量叙利亚文写成的回鹘语景教碑铭。在吐鲁番附近还发现有10世纪左右的用叙利亚文和回鹘文拼写回鹘语的景教经典残片。另外,在高昌古遗址曾发现描写欢迎基督进入耶路撒冷城的复活节前的星期日仪式的壁画和当时译成回鹘语的景教内容的文献。由此,学者们推测,景教大约于公元6世纪时就由波斯和叙利亚传入西域。中外学者普遍认为,回鹘人在宋末元初时曾信奉过景教,尤其在元初此信仰更为兴盛。回鹘语景教文献多用叙利亚文和回鹘文写成,其发现地分布在中国南北各处,如: 新疆的霍城、奇台〔1〕、吐鲁番〔2〕,内蒙古百灵庙的敖伦苏木古城〔3〕、四子王旗的王墓梁、赤峰市,江苏扬州和福建泉州〔4〕等地。在吐鲁番绿洲也出土了不少粟特语的基督教文献〔5〕。中亚及远东元代以前的景教传播,尤其是回鹘人的景教信仰情况,已由明甘纳(A. Mingana)作了详细论述,他在文中还译释了一篇新发现的大约写成于公元680—1000年的叙利亚文文献。这件文献提及回鹘语民众只用叙利亚语阅读《圣经》,并将《圣经》翻译成回鹘语;文中还提及高昌亦都护汗王〔6〕。

蒙古人西征打开了中国与欧洲交往的道路,导致罗马教廷不断向蒙古大汗遣使。在梵蒂冈秘密档案中曾发现几件13—14世纪回鹘式蒙古文、叙利亚文回鹘语和波斯语文献。其中一件印有回鹘式蒙文的方形印玺的文献中有"长生天气力里,大蒙古民族之海内汗圣旨。颁到臣服的民族,敬之畏之"〔7〕;一件为《贵由答因诺曾爵四世书》的

---

〔1〕 王瑟,2021。

〔2〕 德国第三次中亚探险(1905—1907年)曾在吐鲁番获得过几件叙利亚文回鹘语文献。其中一件编号为TⅢ Kurutka 1857的正背两面为一景教文献,曾由德国回鹘文专家Peter Zieme刊布: Ein Hochzeitssegen Uigurischer Christen, *Scholia Beitrage zur Turkologie und Zentralasienkunde*, A. von Gabain zum 80. Geburtstag am 4. Juli 1981, dargebracht von Kollegen, Freunden und Schlern, Otto Harrassowitz. Wiesbaden. pp. 221 - 232。该文献正背两面存36行,首尾残缺。

〔3〕 参见盖山林,1992,第120—129页及所附图版。

佐伯好郎(YOSHIRO SAEKI),1939, pp. 49 - 89。

〔4〕 参见上引J. HAMILTON et NIU RUJI文及《中国景教》一书中的图版3、5、6、7、9、10等。罗香林,1966,第182—186页。

〔5〕 NICOHOLAS SIMS-WILLIAMS, 1992, pp. 43 - 61.

〔6〕 D. D. A. MINGANA, 1925, pp. 297 - 371; 汉文译文参见附录三。

〔7〕 冯承钧译,1994,第25页。

波斯语译文,其中第一句为回鹘语:"长生天气力里,大民族全体的海内汗圣旨",文中夹写大量回鹘语[1];而在聂斯脱利大主教马尔·雅巴拉哈三世于 1302 年和 1304 年写给罗马教皇的两封书信(编号为 A. A. Arm. Ⅰ-XⅧ,1800, 1 和 2)中发现了四枚带有十字架的叙利亚文记回鹘语的朱色方印,其中的叙利亚文和所记回鹘语与七河流域发现的景教铭文十分相似,其前两句意为"长生天气力里,蒙哥可汗圣旨"。[2]

据笔者搜集,内蒙古达尔罕茂明安联合旗和四子王旗约有 30 件带叙利亚文铭文的墓碑(实际发现者,应至少有 40 余件),除了 5—6 件存字较多外,大多比较简单,只刻写 1 行文字。在内蒙古赤峰市松山区曾出土一方叙利亚文-回鹘文双语合璧景教徒瓷制白釉墓砖[3]。

在扬州只发现一件叙利亚文墓碑,两件拉丁文墓碑。

福建泉州出土过 20 余方元代景教徒墓碑或石刻,其中带叙利亚文的墓碑至少有 10 方[4],带有回鹘文的墓碑至少有 1 方[5],带有八思巴文的墓碑至少有 4 方[6]。

上述景教徒碑铭的发现,有的已历半个多世纪,有的在二十多年或三十多年前,但至今少有人对此进行系统研究译释。为了获得第一手资料,1993 年笔者曾去内蒙古赤峰调查,1995 年访问北京房山,1999 年走访了内蒙古呼和浩特、达尔罕茂明安联合旗、四子王旗、包头、东胜,福建厦门、泉州、福州,2000 年访问新疆的霍城、伊宁和新疆维吾尔自治区博物馆,2002 年访问西安和周至县等;在国外走访了大英博物馆、德国科学院吐鲁番文献中心和印度艺术博物馆、法国卢浮宫、国立图书馆和吉美国立亚洲艺术博物馆等。同时,还收集了大量有关中国和中亚景教研究的中文、西文和日文文献,为后来的课题研究作了扎实的前期准备。

中国发现的叙利亚文景教碑铭的文字属迦勒底体字母,其记录的语言是中世纪叙利亚语和回鹘语。大部分铭文都是叙利亚语-回鹘语双语性质的。这些铭文中的叙利

[1] 冯承钧译,1994,第 19、24 页。
[2] J. HAMILTON, 1972, pp. 155-170.
[3] 哈密顿、牛汝极,1996,第 78—83 页。
[4] 吴文良,1957,景教图版;NIU RUJI,2005,pp. 51-67.
朱谦之,1993,图版 3、7、6、9、10。
[5] 哈密顿、牛汝极,1996,第 78—83 页。
[6] 照那斯图,1994,第 119—124 页。

亚文和叙利亚语及回鹘语与中亚七河流域发现的叙利亚文景教徒墓碑大致相同。本书作者对七河流域发现的景教徒墓碑也进行过系统的译释研究[1]。

在中国和中亚七河流域发现的数百件叙利亚文景教墓石中普遍使用双重纪年体系,即希腊历(亚历山大帝王纪年)和中国十二生肖纪年[2]。铭文中的桃花石纪年,即中国生肖纪年,与回鹘(生肖)纪年基本相同,这与回鹘等古代民族和中原历代王朝保持密切的政治、经济和文化联系不无关系[3]。在个别的铭文中出现了叙利亚纪年系统。

关于墓碑的族属,我们认为应为元代的畏吾儿、汪古、乃蛮、少部分蒙古人等,其中多数为畏吾儿,这也包括泉州发现的墓碑。有一方墓碑的铭文提及"高昌城人图克迷西・阿塔・艾尔之子塔斯汗神甫在他六十七岁时,来到刺桐城并完成了上帝的使命。他的灵魂将在天国安息"。前不久有学者根据泉州在元代是世界著名的海港及一些叙利亚文景教徒墓碑铭文断定,景教传入泉州曾经由不同路线——陆路和海路汇聚于刺桐港[4]。我们认为,泉州景教经南印度由海路来自波斯的根据不充分。从泉州和扬州出土叙利亚文回鹘语景教碑铭看,这些景教徒大多为古代操回鹘语的部族,准确地讲主要是回鹘人的后裔畏吾儿人。从《元史》可知,元代有大量的畏吾儿人被元朝政府重用,其中有不少是在南方做官。除了一部分回鹘人信奉景教外,汪古、乃蛮、克列等部族也信仰景教。汪古(回鹘语称作 öngüt,由 öng"东方"+ 名词复数词尾 üt 构成)原属回鹘东支,是回鹘后裔的一部分,后东迁河西、内蒙古、辽东,后又迁居内蒙古阴山一带。泉州和扬州出土叙利亚文景教碑铭的语言是回鹘语,与新疆、敦煌、内蒙古等地发现的大量回鹘语文献和碑铭的语言相同。不仅泉州景教深受畏吾儿的影响,而且泉州伊斯兰教也与西域畏吾儿等民族关系密切。泉州伊斯兰教石刻中的《重立清净寺碑》提及西域高昌及高昌达鲁花赤畏吾儿后裔契玉立与泉州伊斯兰教的密切关系[5]。一件阿拉伯文墓碑上记有"这是最尊贵、伟大、受人尊敬的殉教者——哈只・本・艾欧伯克・本・哈只・玛利卡(Haji b. Aubek b. Haji al-Malaq)。时 689 年 8 月 27 日(公元 1290 年 9 月 4 日)"[6],其中人名中的 al-Malaq,是否与阿力麻里有关还需探讨;"伯

---

〔1〕 牛汝极,2012,第 163—181 页。

〔2〕 参见本书 D. CHWOLSON 和牛汝极相关论述。

〔3〕 参见上引 J. HAMILTON et NIU RUJI,1994,pp. 147–164。

〔4〕 参见杨钦章,1984a,第 100—104 页;杨钦章,1992,第 49—55 页。

〔5〕 参见陈达生,1984,图 21,第 9 页。

〔6〕 同上,图 32–1,第 16 页。

克”是回鹘语 bek“官吏”之译音，大概是来自西域的畏吾儿人。

这批景教徒石刻还具有艺术史方面的价值，其取材、造型、图案、雕刻技艺、墓葬结构等各具特色，反映了几种不同的文化来源，是外来文化与中国本土文化相结合(如：十字架下配莲花座，其两侧配天使或飞天，头戴乌纱帽，十字架上配华冠等)的见证，为考古学和艺术史研究提供了绝好的素材。

这一批叙利亚文景教徒墓碑的发现和解读对研究也里可温教在中国元代的传播和发展具有极高的史料价值和学术意义，为基督教在中国北方少数民族，尤其是操回鹘语部族传播的研究提供了弥足珍贵的第一手资料。此外，这批碑铭文物是我国珍贵的文化遗产，抢救、整理并尽快研究这批文物，不仅对学科建设和文物保护有积极促进作用，对当地的文化旅游资源开发也有重要的现实意义。

借本书再版修订的机会，将作者近年在国内外发表的有关景教的研究文章修改后收入本书，如代序《敦煌景教文献的发现及其对丝路宗教研究的启示》(原刊于《世界宗教研究》2021 年第 1 期)、第一章尾部的《海外中国景教研究简述》(原刊于《宗教学研究》2011 年第 3 期)、第六章《内蒙古发现的十字莲花铜镜图像考》(原刊于《西域研究》2017 年第 2 期)、第九章《中亚七河地区的景教信仰》(原刊于《中国社会科学》2012 年第 7 期)、附录一“History Is a Mirror”(原刊于 *The Church of the East in Central Asia and China*, edited by Samuel N. C. Lieu and Glen L. Thompson, 2020, Brepols Publishers n. v., Turnhout, Belgium)等。书中有些地方作了修订，还增加了专名索引，方便读者检索。

考虑到中亚回鹘人的基督教信仰、敦煌和吐鲁番发现的基督教文献及丝绸之路的基督教艺术等与本书主题关系密切，因而翻译了明甘那的《基督教在中亚和远东的早期传播》、西木斯-威廉姆斯的《敦煌吐鲁番文献所记粟特语和突厥语基督徒》和克林凯特的《丝绸之路上的基督教艺术》三篇文章，作为本书的附录，以弥补本书未能涉及或涉猎较少的内容。作者日后将对基督教在中亚回鹘语民族等人群中的传播情况作进一步的探讨。

本书涉及的也里可温教叙利亚文碑铭文献资料得以顺利获得，首先要感谢原内蒙古文物考古研究所副所长、现中央民族大学特聘教授魏坚先生，内蒙古百灵庙文管所所长邓宏伟先生，原包头市博物馆馆长刘幻真先生，原内蒙古钱币学会贾克佳女士，原在内蒙古博物馆、后在北京首都博物馆工作的黄雪寅女士，泉州海外交通史博物馆原馆长王连茂先生和该馆李玉昆先生，新疆霍城县原文管所所长马合木提先生和原副所长张旭先生等，他们给予作者许多慷慨的帮助，使作者得以对大量墓碑铭文拍照临摹。作者在海外期间，为顺利解读叙利亚文碑铭，曾先后得到法国学者 Georges-Jean Pinault，James Hamilton（已故），Alain Desreumoux 和吴其昱，德国学者 Werner Sundermann（已故），Peter Zieme，Marianne Yaldiz，Kauz Ralph，英国学者 N. Sims-Williams 和 Carol Michaelson 等先生或女士的指点和帮助。当然，本书的不足之处，全由作者本人自负其责。

本书旧版获 2021 年度国家社科基金中华学术外译项目立项，特此鸣谢。

最后，还要感谢上海古籍出版社给作者再版修订的机会。

作　者

2007 年 6 月于新疆乌鲁木齐

2021 年 12 月 10 日修订

元代景教碑铭和文献中的叙利亚文回鹘语语音系统描述

20世纪初以来，中国境内屡有发现元代景教石刻或文献，其中不乏叙利亚文回鹘语，也偶有回鹘文铭文。叙利亚文景教徒墓碑在中国发现50余件，自发现以来，虽有不少学者讨论景教的存在与发展、历史与艺术等问题，但很少有学者解读、译释和研究叙利亚文铭文。

叙利亚语是闪-含语系的语言，叙利亚文与阿拉伯文一样属辅音文字，从右至左横写，多数字母有词首、词中、词尾的连字变化字体和独立体形式。叙利亚文字体有福音体（Esṭrangelā）、雅各派体或线体（Jacobite 或者 Serṭā）和迦勒底体（Chaldean 或者 Madenḥāyā）三种，字母约有22个。福音体是叙利亚文最古老的字体，是一种传统字体，该字体与后期的字体相比，特点是比较方正，从5世纪一直使用到13世纪，东部叙利亚语使用到15世纪；雅各派体主要用于罗马帝国时期的东正教徒，也称为线体（Serṭā）、印度马若尼特（Maronite）字体、欧洲雅各派字体等；迦勒底体主要用于波斯帝国时期。叙利亚语有东西两支，迦勒底体多用于东支叙利亚语，雅各派体多用于西支叙利亚语，这两支在语法和发音上有许多区别。由于景教的传播，叙利亚文也被用于拼写不同的景教徒语言，如波斯语、粟特语、阿拉伯语、回鹘语等。

中国发现的叙利亚文景教碑铭多属叙利亚语-回鹘语双语，其中以回鹘语为主。根据我们的研究分析，叙利亚文基本的元音字母有三个：Ōlaph［a］，Waw［o/u］和 Yūdh［i］，回鹘语有八个元音，为了拼写和适应回鹘语，借鉴回鹘文的拼写规则，通过对叙利亚文基本的三个字母的不同组合来表示回鹘语不同的元音。如：Ōlaph ＝［a/ä］，Ōlaph + yūdh ＝ 词首的［i/ï］，Ōlaph + waw ＝［u/o/ü/ö］，Ōlaph + waw + yūdh ＝ 词首的［ü/ö］，Waw + yūdh ＝ 词中的［ü/ö］等。叙利亚文的五个辅音 Bēth［b］，Hē［h］，Qūph［q］，'Ē［'］和 Taw［t］只用于书写叙利亚语，基本不用于拼写回鹘语。Pē［p］表示［p/b］两个音。Kōph［k］用两种不同的字母表示，一种是叙利亚文传统的字母，另一种频繁出现的是借自阿拉伯语［k］的字形，表示前后清浊三个音：［k/q/γ］，参见下文的字母表和例词。

元音字母表

叙利亚文字母	名　称	标音	转写	例　　词
ܐ	Ōlaph	’	*a/ä*	ܐܠܛܝ ’lṭy/*altï*“六”；ܩܒܪܐ qbr’/*qabra*“墓”；ܟܐܢ k’n/*qan*“汗王”；ܟܐܠܝܒ k’lyb/*kälip*“来”；ܐܛܘܝܙ ’ṭ-wyz/*ät-öz*“自己”
ܐܝ	Ōlaph yūdh	’y	*i/ï*	ܐܝܠܝܓ ’ylyg/*ilig*“国王”
ܐܘ	Ōlaph waw	’w	*u/o/ü/ö*	ܐܘܠ ’wl/*ol*（系词）；ܐܘܟ ’wč/*üč*“三”
ܐܘܝ	Ōlaph waw yūdh	’wy	*ü/ö*	ܐܘܝܙܘܛܝ ’wyzwṭy/*özüti*“灵魂”
ܘܝ	Waw yūdh	wy	*ü/ö*	ܒܘܝܛܘܪܕܝ bwyṭwrdy/*bütürdi*“完成了”
ܘ	Waw	w	*u/o/ü/ö*	ܐܪܟܝܕܝܩܘܢ ’rkydyqwn/*arqïdiaqon*“主教代理”；ܟܘܛܠܘܟ kwṭlwk/*qutluq*“有福的”
ܝ	Yūdh	y	*i/ï*	ܦܝܠܟܐ pylk’/*bilgä* 智慧；ܙܐܝܛܘܢ z’yṭwn/*zaïton*“刺桐”；ܝܐܪܠܝܟܝ y’rlyky/*yarlïγï*“使命”

辅音字母表

叙利亚文字母	名称	标音	转写	例　　词
ܒ	Bēth	b	*b*,*β*	ܩܒܪܐ qbr’/*qabra*“墓”
ܓ	Gōmal	g	*g*	ܓܝܘܪܓܝܣ gywrgys/*giwargis*“乔治”
ܕ	Dōlath	d	*d*	ܐܘܘܕ ’wwd/*ud*“牛”
ܗ	Hē	h	*h*	ܗܢܐ hn’“这”（叙利亚语）
ܙ	Zain	z	*z*	ܙܐܝܛܘܢ z’yṭwn/*zaïton*“刺桐”
ܚ	Ḥēth	ḥ	*ḥ*	ܝܘܚܢܢ ywḥnn/*yoḥnan*“约翰”
ܛ	Ṭēth	ṭ	*t*	ܛܐܒܟܐܟ ṭ’bk’č /*tabγač*“桃花石”
ܟ, ܟ	Kōph	k	*k*, *q*, *γ*	ܒܝܠܟܐ bylk’/*bilgä*；ܐܘܟܠܝ ’wkly/*oγlï*“儿子”；ܟܘܫܛܐܟ kwšṭ’č/*quštač*“女牧师”

（续表）

叙利亚文字母	名称	标音	转写	例　　　　词
ܠ	Lōmadh	l	*l*	ܐܠܟܣܢܕܪܘܣ'lksndrws/*alqsandros*“亚历山大”
ܡ	Mīm	m	*m*	ܡܫܡܫܢܐ mšmšn' “信徒”（叙利亚语）
ܢ	Nūn	n	*n*	ܐܡܢ 'mn/*amen*“阿门”；ܟܐܢ k'n/*qan*“汗王”
ܣ	Semkath	s	*s*	ܣܐܟܝܫܝ s'kyšy/*saqïšï*“纪年”
ܥ	ʿĒ	ʿ	ʿ	ܥܠܡܐ ʿlm'“生命”（叙利亚语）；ܥܢܕ ʿnd“离去”（叙利亚语）
ܦ	Pē	p	*b*，*p*	ܦܝܠܝܦܘܣ pylypws/*pilipus*“飞利浦”；ܦܐܠܝܟ p'lyk/*balïq*“城”
ܨ	Ṣōdhē	č	*č*	ܐܘܝܨ 'wyč /*üč*“三”
ܩ	Qūph	q	*q*	ܩܒܪܐ qbr'/*qabra*“墓”
ܪ	Rīš	r	*r*	ܐܪ 'r/*är*“男人”；ܝܐܪܠܝܟ y'rlyk/*yarlïq*“使命”
ܫ	Šīn	š	*š*	ܐܘܫܛܡܐܟ 'wšṭm'k/ *uštmaq*“天堂”
ܬ	Taw	t	*t*	ܬܠܝܬܐ tlyt' “姑娘”；ܒܫܢܬ bšnt“年”

第一章 中国叙利亚文景教碑铭文献的发现和研究

中国出土年代最早的景教石碑是汉语-叙利亚语双语《大秦景教流行中国碑》。该碑为唐代德宗建中二年(781)所立,于明代天启五年(1625)在西安西郭门外俗称金胜寺的宗仁寺内发现,光绪三十三年(1907)为防外人偷盗移于西安碑林[1]。关于此碑的发现和研究已有较长的历史,并已取得丰厚的学术成果,可资参考的文献极

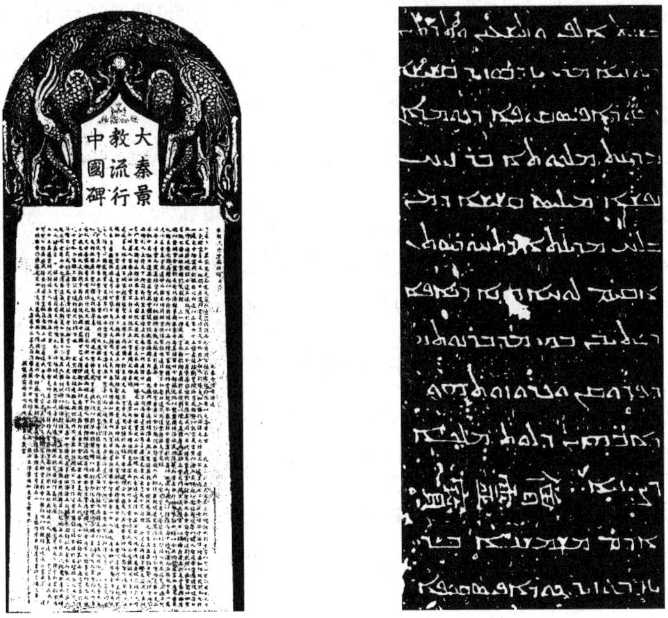

图版 1-1:汉文-叙利亚文双语《大秦景教流行中国碑》正面(左图)和侧面(右图)拓片。

---

〔1〕 关于该碑出土地点、出土时间等在国际学术界一直存在争议,请参阅以下较有代表性的论著:

P. Y. SAEKI, 1937, pp. 3-51.

A. C. MOULE, *Christians in China before the Year 1550*, London, New York and Toronto 1930, reprinted 1972, 汉译本《一五五〇年前的中国基督教史》由郝镇华翻译,中华书局 1984 年版, 第 34—58 页。

朱谦之,1993,第 73—89 页。

周祯祥,1944,第 42—50 页。

多[1]，这里不再赘述。

2006年因盗墓在洛阳出土一件唐朝元和九年（814）《大秦景教宣元至本经》经幢，经幢底部已残损，但大部完好，为一石灰岩质青石制成的八棱石柱，残存有汉文景教经文和经幢记，以及完整的十字架图像，内容十分丰富[2]。经幢上勒刻唐景净所撰《大秦景教宣元至本经》，与该经敦煌残本可互补。我们知道，经幢，源于中国古代仪仗中的旌幡，是在竿上加丝织物做成，又称幢幡。由于佛教的传入，特别是唐代中期佛教密宗的传入，起先将佛经或佛像书写在丝织的幢幡上，后改刻在石柱上，因刻的主要是《陀罗尼经》，称为经幢，用于保佑亡灵。林悟殊教授指出："无论是塔还是石经，都不是基督教之物。基督教讲究牧师讲经，在马丁·路德后才主张普通信徒手持读诵《圣经》。谁能想到早在唐朝，中国基督徒就已将经典刻于墓葬礼仪的经幢上保佑亡灵呢！"[3]经文与经幢记之上则雕刻两组以十字架为中心的四尊"天使"图像，与佛教造像中的"飞天"极其接近。由此不难看出，这件景教经幢，明显从佛教同类文物中汲取了营养，说明当时诸多宗教之间存在着相互吸收、相互融会的现象。

该《经幢记》显示，此墓的墓主为"安国安氏太夫人"。主持并参与、见证此事的景教神职人员，有"大秦寺寺主法和玄应——俗姓米"、"威仪大德玄庆——俗姓米"、"九阶大德志通——俗姓康"等。按照当时的惯例，中亚、西亚的来华胡人，均以本国汉文国名的第一个字为姓，而康、安、米等都是西域粟特人建立的城邦国家的名字，可见当时洛阳景教信士多为西域来洛阳的华化胡人。石刻中"大秦寺寺主"的出现，印证了史料上有关唐时洛阳就有景教"波斯胡寺"的记载[4]。景教经文中大量借用佛家道家的术语，如经文开头语"清净阿罗诃 清净大威力 清净（大智慧）"，相当于说"圣父、圣子和圣（灵）"。景教经幢的发现无疑具有重大的意义。有人说它是基督教传播史上最重大的发现之一，有人说它是近年来世界级的文化发现之一，还有人说它是洛阳丝绸之路起点最宝贵的力证等。

---

〔1〕 A. MINGANA, 1925, pp. 297－371.
P. PELLIOT, 1973.
佐伯好郎，1938。
P. Y. SAEKI, 1937, pp. 3－51.
龚方震，1983。
〔2〕 张乃翥，2007。
罗炤，2007。
冯其庸，2007。
〔3〕 林悟殊、殷小平，2008。
〔4〕 殷小平、林悟殊，2008。

图版 1 - 2:《大秦景教宣元至本经》经幢残石整体(左图,取自网络)和文字部分(右图,取自葛承雍主编:《景教遗珍——洛阳新出土唐代景教经幢研究》书中图版)。

a.

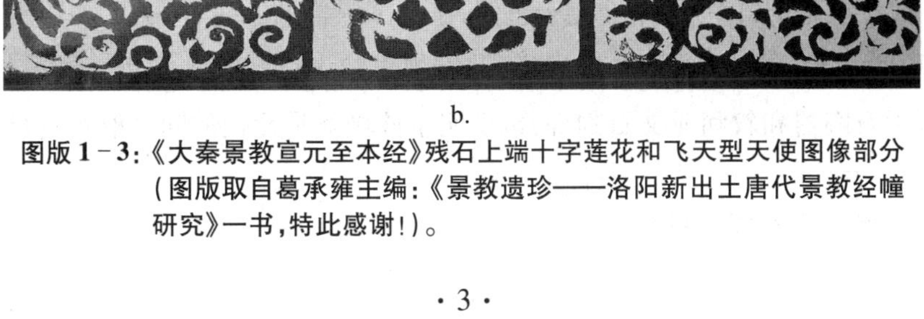

b.

图版 1 - 3:《大秦景教宣元至本经》残石上端十字莲花和飞天型天使图像部分(图版取自葛承雍主编:《景教遗珍——洛阳新出土唐代景教经幢研究》一书,特此感谢!)。

20世纪初以来，中国境内发现不少带有叙利亚文或回鹘文铭文的景教石刻或文献。为行文方便，我们根据出土地的方位自西向东，由北而南叙述。

图版1-4：中国发现的景教徒叙利亚文碑铭文献及铜十字遗址示意图。

（说明：符号✠代表叙利亚文景教碑铭遗址；符号✚代表叙利亚文写本遗址；符号⊞代表景教徒铜十字遗址。）

阿力麻里古城

新疆维吾尔自治区伊犁地区霍城县城东约13公里处有一古城，据说方圆约有25公里，被称为“阿力麻里”，元代时曾是景教活动的中心之一。阿力麻里古城位置为近人拟测，或不知其所在，第一位确定古城位置的是中国著名考古学家黄文弼先生。他于1958年赴伊犁地区考古，根据自己的实地探察，结合历史文献，如《长春真人西游记》、定谦《西游录》、徐松《西域水道记》、《新疆图志》等记载以及民间传说等，确定了阿力麻里古城的方位：北抵克干山南麓，南至克干色依，东至图黑鲁帖木尔汗玛扎，西达卡纳威，东西5公里，南北当不止此数，据本地人说，此城规模甚大，周约25华里。该城曾出土许多金银铜币及陶器和叙利亚文石刻等，也证明了该城就是元代的阿力麻里古城[1]。中

〔1〕 黄文弼，1963，第555—561页。

国“西北文物考察团”曾于1953年在霍城发现1件叙利亚文景教墓石,目前存于乌鲁木齐新疆博物馆。1958年,黄文弼在霍城考古调查时发现了3件叙利亚文景教墓石[1],目前可能存于北京中国国家博物馆。1980年,兵团61团2连职工在阿力麻里古城旧址耕作时发现1件叙利亚文墓石[2],现藏霍城文管所。作者曾于1999年7月访问霍城,并在霍城文管所见到两件叙利亚文墓石,其中一件就是前述1980年发现的,据该文管所负责人马合木提介绍,另一件是于20世纪80年代在阿力麻里古城发现的。此外,作者曾在伊宁市伊犁地区博物馆内见到另一件叙利亚文景教墓石,以前未见报道;还在新疆博物馆见到2件出自阿力麻里古城的叙利亚文景教墓石,不知其中是否有一件是1953年发现的。以上合计至少有8件叙利亚文墓石。

虽然上述墓碑的图版早已刊布,但这些墓碑的叙利亚文铭文至今未有人整理译释。

七河流域出土600余件叙利亚文景教墓石,其中至少有7件墓碑铭文注明墓主的籍贯为阿力麻里,说明七河流域的景教徒与阿力麻里有着密切的联系,因为这两地距离不远,而且当时没有今天的国界限制,故在元代应属一个景教教区。

下面是七河流域景教碑铭发现地及阿力麻里方位示意图。

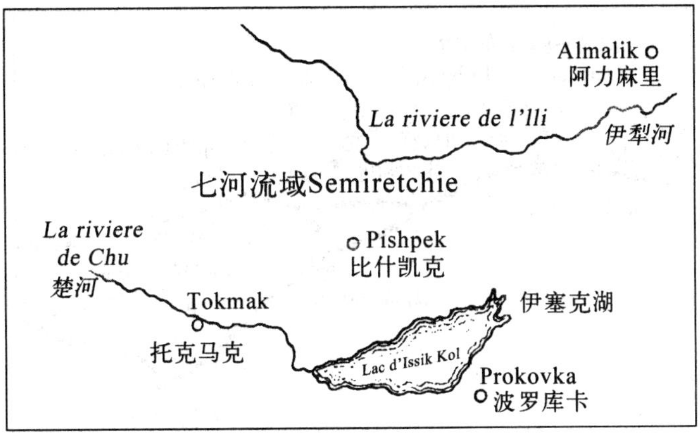

图版1-5: 七河流域景教碑铭发现地及阿力麻里方位示意图。

吐鲁番遗址

吐鲁番的布拉依克和库鲁特喀遗址是景教文献写本发现较多的地方。布拉依克是

〔1〕 黄文弼,1963,第555—561页;黄文弼,1983,第16—17页,图版Ⅷ之6(石刻1523)、7(石刻1524)、8(石刻1525)。

〔2〕 成振国,1985,第50页。

位于吐鲁番市北10公里左右的天山脚下葡萄沟附近的一个古代遗址，德国第二次中亚探险时记录当地维吾尔语地名为 Shüi-pang，此地名可能是汉语 Shui-fang“水房”(Water House)的译音(维吾尔语没有f音，汉语f音译为维吾尔语时均变为p音)。勒柯克(A. von Le Coq)率领的德国第二次中亚探险队1905年曾在这个古代遗址发现了一个基督教文献残片图书馆。吐鲁番发现的绝大部分基督教文献都出于同一地点，即位于吐鲁番北部的布拉依克附近的废墟[1]。德国的第二和第三次中亚探险队在这里发掘的残片，无论从其内容上还是从对叙利亚文字的使用上判断，其中的大部分都显然是基督教文献。笔者曾于2001年3月访问过德国科学院吐鲁番文献中心，查阅过一些写本原件。目前保存在该吐鲁番文献中心的叙利亚文粟特语景教文献约500个编号，主要由宋德曼(Sundermann)、西木斯-威廉姆斯(Sims-Williams)整理研究。吐鲁番写本中使用的主要文字是叙利亚文迦勒底体，其记录的语言是粟特语和叙利亚语，但也有约40—50件回鹘语(文字为叙利亚文和回鹘文)残片以及用其他几种语言书写的《诗篇》(*Psalms*)的部分章节：一篇使用中古波斯语(巴列维字母)[2]，一篇使用叙利亚语和新波斯语双语(叙利亚文字)[3]，甚至还有一篇的第一行用了希腊语，写在它的粟特

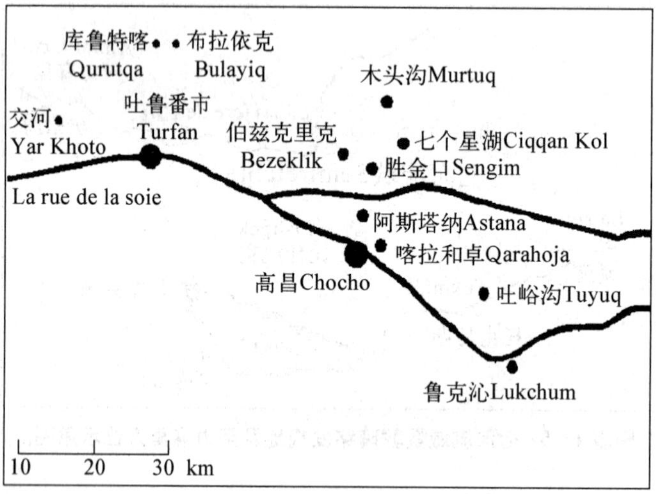

图版1-6：吐鲁番古遗址分布示意图。

---

[1] Le Coq, 1926, p. 88.

[2] F. C. Andreas and Kaj Barr, 1933, pp. 91-152.

[3] Sundermann, 1974a.

语译文上方[1]。景教传教士的活动有一个显著的特点,他们总是将叙利亚语用作宗教仪式中的主要语言,只在一些特殊方面如赞美诗诗篇和圣经读物中才使用当地居民的语言[2]。

叙利亚语理所当然地是布拉依克的宗教仪式中使用的主要语言,在那里已发现了一些叙利亚语的诗篇、赞美诗集和祈祷书[3]。

下面是两件勒柯克在吐鲁番布拉依克发现的叙利亚文景教写本残叶:

图版 1－7: 吐鲁番布拉依克出土的叙利亚文写本残片。

在吐鲁番绿洲的其他地方,如阿斯塔那、高昌故城、库鲁特喀和吐峪沟等地还出土

〔1〕 SIMS-WILLIAMS, 1981, p. 442.

〔2〕 HAGE, 1978.

〔3〕 SUNDERMANN, 1974a, p. 442; SACHAU, 1905, pp. 964－973.

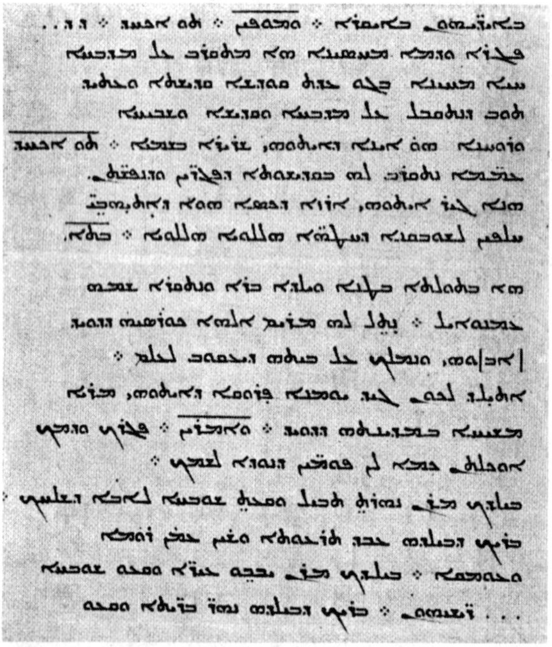

图版 1－8：吐鲁番库鲁特喀出土的叙利亚文写本残片。

了极少的一部分叙利亚语、粟特语、回鹘语和波斯语的基督教文献。在吐鲁番古代洞窟中还发现过一些与景教有关的壁画。

吐鲁番发现的景教文献主要由德国学者缪勒(Müller)[1]、勒柯克[2]、邦格(Bang)、葛玛丽(von Gabain)[3]、茨默(P. Zieme)[4]以及西木斯-威廉姆斯(Sims-Williams)和马罗特(Maróth,匈牙利人)[5]等整理刊布。缪勒整理刊布了编号为 T. Ⅱ, B. 29 的回鹘文写本《巫师的崇拜》,1926 年邦格也对此进行了研究,此后,拉德洛夫(Radloff)[6]、

〔1〕 MÜLLER, F. W. K., 1908, pp. 3－10, pl. Ⅰ－Ⅱ.
LE COQ, ALBERT von, 1909, pp. 1202－1211.
〔2〕 LE COQ, ALBERT von, 1909, pp. 1202－1211.
〔3〕 BANG, W., 1926, pp. 41－75 u. 5 Tafeln.
BANG, W. & von GABAIN, A., 1929, p. 241.
〔4〕 ZIEME, P., 1974, pp. 661－668.
ZIEME, P., 1977, pp. 271－272.
ZIEME, P., 1981, pp. 221－232.
〔5〕 MARÓTH, M., 1983, pp. 283－287.
MARÓTH, M., 1984, pp. 115－125.
〔6〕 RADLOFF, W., 1928, pp. 160－162.

图版 1－9：高昌景教寺院壁画（现藏德国柏林印度艺术博物馆）。

马洛夫（Malov）[1]和李经纬[2]均进行了译释。勒柯克整理刊布了 1905 年在布拉依克所获编号为 T. Ⅱ, B. Ⅰ.（U 320）的回鹘文景教写本，纸张尺寸 13.5 厘米×9.5 厘米，他认为，该写本译自叙利亚文。据报道，勒柯克 1905 年 6 月曾在高昌古城附近发现 4 页叙利亚文写本（编号：T Ⅱ B 55），其中 3 页 6 面为祈祷文残片，沙绍（Sachau）首先研究刊布[3]，后又有佐伯好郎和西木斯-威廉姆斯等学者对此进行了研究[4]，另一件残页内容未解。茨默刊布了一件出自吐鲁番库鲁特喀遗址的 1 页两面约 36 行叙利亚文写卷《回鹘基督徒婚礼上的颂词》（编号为 T Ⅲ Kurutka 1857）；三件回鹘文景教徒

图版 1－10：高昌景教寺院壁画复原图。

〔1〕 Malov, S. E., 1951.

〔2〕 李经纬，1983，第 143—151 页。

〔3〕 Sachau. E., 1905, pp. 964－965.

〔4〕 Sims-Williams, N., 1985, pp. 71－72, 75－77.

佐伯好郎，1935，第 774—790 页。

（祈祷文？）残片，编号分别为：T Ⅲ B 99c（U 321）、T Ⅱ B 28（U 4910）、U 323；1 件出自库鲁特喀遗址的叙利亚文残件，双面书写，编号为 T Ⅲ Kurutka（U 332）；1 件布拉依克出土回鹘文小残件，双面书写，编号为 T Ⅱ B 62/512（U 5179），但没有完整的语句，其中有 Matay "马太"，ptγamvri "使徒"（来自粟特语）等词，因而可以断定这是一件景教写本残片。马罗特刊布了三件叙利亚文叙利亚语的写卷残片，编号分别为：T Ⅱ B 17 N°4/1656（纸张 16.5 厘米×10.5 厘米），T Ⅱ B 18（正、反两面，21.8 厘米×14.5 厘米），T Ⅱ B 62（正、反两面）。前一件的年代在 9—10 世纪间，后两件的年代在 10—11 世纪间，其语言带有粟特语的特点。目前已知，德国吐鲁番文献中心藏有下面至少 20 余件写卷，见下表：

序号	编　号	尺寸	年代	出土地	刊布情况	内　容	文种、行数
1	T Ⅱ B 29		9—10 世纪	布拉依克	Müller, Bang, Radloff, Malov, 李经纬	圣乔治殉难记	80 行 回鹘文
2	T Ⅱ B 1 (U 320)	13.5 cm× 9.5 cm	9—10 世纪	布拉依克	勒柯克、Bang	路加福音/使徒教规	
3	T Ⅲ Kurutka 1857		9—10 世纪	库鲁特喀	Zieme	婚礼祝词	36 行 回鹘文
4	T Ⅲ B 99c (U 321)		9—10 世纪	布拉依克	Zieme		19 行 叙利亚文
5	T Ⅱ B 28 (U 4910)		9—10 世纪	布拉依克	Zieme		16 行 回鹘文
6	U 323		9—10 世纪	布拉依克	Zieme		15 行 回鹘文
7	T Ⅲ Kurutka (U 332)		9—10 世纪	库鲁特喀	Zieme		23 行 回鹘文
8	T Ⅱ B 62/512 (U 5179)	5 cm× 5 cm	9—10 世纪	布拉依克	Zieme		19 行 回鹘文
9	T Ⅱ B 17 N°4/1656	16.5 cm× 10.5 cm	9—10 世纪	布拉依克	Maróth	医学文书？	14 行 叙利亚文

（续表）

序号	编　号	尺寸	年代	出土地	刊布情况	内　容	文种、行数
10	T Ⅱ B 18	21. 8 cm× 14. 5 cm	10—11 世纪	布拉依克	Maróth	医学文书?	24+20 行 叙利亚文
11	T Ⅱ B 62		10—11 世纪	布拉依克	Maróth	医学文书?	14 行 叙利亚文
12	T Ⅱ B 55		10—11 世纪	布拉依克	Sachau，Saeki， Sims-Williams	祈祷文	叙利亚文
13	T Ⅱ B 41 （338）	7×6 cm		布拉依克			4 行 叙利亚文
14	T Ⅲ B （3890）			布拉依克			32 行叙 利亚文;16 行回鹘文
15	T Ⅱ B 28 （U 4910）			布拉依克			16 行 回鹘文
16	T Ⅲ B （U 5831）			布拉依克			2 行叙利 亚文;10 行回鹘文
17	T Ⅱ B 17 （U 5538）			布拉依克			26 行 回鹘文
18	T Ⅲ B （U 5837）			布拉依克			3 行 回鹘文
19	T Ⅱ B 21 （U 5328）			布拉依克			12 行 回鹘文
20	T Ⅱ B 53 （U 5539）			布拉依克			3 行 回鹘文
21	T Ⅱ B 66 （U 7252）			布拉依克	勒柯克、 Bang	圣乔治殉 难记尾部	41 行叙 利亚文;8 行回鹘文

图版 1－11：吐鲁番出土叙利亚语和回鹘语景教写本情况表。

奇台县唐朝墩遗址

中国人民大学和新疆文物考古研究所联合组成的考古队，2020 年在奇台县城内东北部一片黄土高台，当地人称之为“唐朝墩”的地方发现一处据称是元代大型景教寺院遗存[1]。景教寺院本体坐东朝西，布局规整复杂，其中发现有大量彩绘壁画，在寺院大门两侧上端有叙利亚文牌匾残迹，在大门右侧墙壁上保存有回鹘文题记：“也里可温长老”（ärkägün bäg）。同时也发现有多处典型的景教十字架图像，年代大致属于蒙元时期。

图版 1－12：唐朝墩景教寺院遗址回鹘文题记（牛汝极摄于 2020 年 10 月）。

图版 1－13：唐朝墩景教寺院遗址叙利亚文牌匾残迹（牛汝极摄于 2020 年 10 月）。

敦煌千佛洞

20 世纪初，在敦煌曾发现粟特文和汉文景教文献写卷。大约在 1986—1990 年间，敦煌发现一件叙利亚文写本残片，关于该残片的发现经过没有任何报道。该残页双面书写，每面存 6 行文字，残片正面为圣经中的语句，内容为使徒（Apostle）保罗（Paulus）写给加拉太（Galatia）教会的信件。该残片背面第一行第一句话“用于伟大的星期六”、第二行第二句话“在第六段里，我的兄弟们”和第三行第一句话“十字架”这几个词均为朱书。首先对该残片进行整理的是克莱恩（Wassilios Klein）和土巴奇（Jürgen

〔1〕 王瑟，2021。

Tubach),其成果刊布于德国东方学杂志上[1],之后,考夫诰德(Hubert Kaufhold)纠正了前文的几处错误[2]。

1988 年至 1995 年在敦煌莫高窟北区的 248 个元代洞窟,考古工作者曾进行大规模的清理,出土大批汉文、西夏文、回鹘文等写本和印本文献,其中有一件出自北区第 53 窟的折子式双折 4 面叙利亚文写本,其中第一面为叙利亚语-回鹘语双语隔行交叉书写,回鹘文存 16 行,内容与基督教无关,叙利亚文每面均存 15 行文字,内容为《圣经·诗篇》的片段。文献保存完整且字迹清晰,该写本使用的是白麻纸,略泛黄,纸质厚硬,纸高 19.8 厘米,纸宽 30.8 厘米,文字高 10.9 厘米,文字宽 16 厘米[3]。段晴研究刊布了这件文献,但是其汉文译文若干处尚可商榷[4]。其中的回鹘文部分由张铁山刊布,但转写和翻译有待完善[5]。

图版 1-14: 敦煌莫高窟北区外景。

在敦煌还曾发现过一些汉文、回鹘文等文字的景教文献。也曾发现一件丝织物上的耶稣基督画像残件(参见图版 0-6、0-7),现藏大英博物馆东方古物部。

〔1〕 KLEIN, WASSILIOS & TUBACH, JÜRGEN, 1994, pp. 1-13. 赵崇民等汉译文刊于敦煌研究院编《敦煌研究文集:敦煌研究院藏敦煌文献研究篇》,甘肃民族出版社 2000 年版,第 493—508 页。

〔2〕 KAUFHOLD, HUBERT, 1996, pp. 49-60.

〔3〕 彭金章、王建军,2000,第 154—159 页。

〔4〕 段晴,2000a,第 382—389 页。

段晴,2000b,第 120—126 页。

〔5〕 张铁山,2000,第 391—392 页。

内蒙古黑城

在内蒙古自治区额济纳旗境内额济纳河支流纳林河东面的巴丹吉林沙漠边缘有一座古城遗址，蒙古语称喀拉浩特(Hara-hoto)，黑城之意，西夏语叫亦集乃，意为黑水，因而又有黑水城之称。元至元二十三年(1286)在此设亦集乃路，天元年间(1379—1388)废，该地是元代自河西走廊通往漠北地区驿站上的重要枢纽。1908 年 3 月和 1909 年 5 月，俄国考古学家科兹洛夫率领的考察队曾两度来黑城发掘，并获得大量文物和西夏文、汉文、蒙古文、回鹘文、波斯文(如著名的《七智者》)等文字的文献，还发现了三件叙利亚文景教写本残叶，其中一件的语言为回鹘语，类似于吐鲁番发现的写本情况，伊万诺夫(Ivanoff)对这些写本做了初步研究[1]。20 世纪初曾有俄国的奥登堡和科特维奇，以及英国的斯坦因等率领的考察探险队也分别对该城进行过发掘，获得了一些文物。1930 年年末和 1931 年年初，瑞典的斯文赫定、贝格曼和中国的徐炳昶和黄文弼等率领或参加的西北科学考察团来此探访和发掘过。1963—1984 年，我国内蒙古考古工作者对黑水城进行了发掘，获得多语种古代写本残片，其中叙利亚文写本约有 5 叶 10 面，至今未被研究刊布。

内蒙古鄂尔多斯景教徒铜器

内蒙古东胜市、包头市及其附近地区地处鄂尔多斯高原，因而早先西方人士多称此地为“鄂尔多斯”(Ordos)，这里曾发现过大量带十字架或鸽子造型的景教铜器(又称铜饰牌)。目前所发现的几乎所有这类铜器物没有一对是完全相同的，这一点很重要，为我们给这类器物定名提供了依据。有人认为，作为饰牌或饰物可以是相同的，可以用一个范模铸制无数器物，因为这样经济，不必每次重新设计打铸，耗时费力。但是，印玺就要求有特点和个性以便区别于他类，否则，印玺就不成其为印玺了。当然，这类器物同时还具有装饰或显示景教信仰的功能和作用，但这是否是其主要目的还有待考证。英人尼克森(F. A. Nixon)在 20 世纪上半叶利用在中国工作的机会收集了大量鄂尔多斯铜器，数量多达一千数百枚，后全部捐献给香港大学冯平山博物馆。1999 年 12 月 17 日牛汝极访问东胜市(现为鄂尔多斯市东胜区)时在博物馆时见到该馆收藏有 40 余枚此类铜器，并发现一些古玩商贩收藏有不少此类铜器。伯希和(P. Pelliot)，明义士(James M. Menzies)，韩

[1] IVANOFF, 1913, p. 813.

百诗(L. Hambis)和巴克斯塔尼(S. Baghestani)等都对此类遗物有过报道或研究。

图版 1-15: 鄂尔多斯出土铜十字和铜鸽子(L. Hambis 发表于 1954 年,图 LXIII-VII 和 LX-IV)。

图版 1-16: 鄂尔多斯出土铜鸽子、铜十字和铜印(牛汝极 1999 年 12 月拍摄于鄂尔多斯博物馆)。

内蒙古百灵庙

内蒙古达尔罕茂明安联合旗境内主要有三处景教古城遗址: 敖伦苏木、木胡儿索卜嘎和毕其格图好来。下面分别简要介绍在这三个古城内景教遗物发现的情况。

a. b. c. d.

图版 1－17：内蒙古达尔罕茂明安联合旗百灵庙文管所藏石刻（牛汝极摄于 1999 年 5 月）。

1. 敖伦苏木古城

敖伦苏木古城位于达尔罕茂明安联合旗政府所在地百灵庙镇之北三十多公里处艾布盖河北岸冲积平原上。城南的艾布盖河，据说古称黑水。从河边断面看，河水已大大北移，现在河水已逼近南垣。城垣平面呈长方形，南北 970—951.5 米，东西 582—565 米[1]。四面开门，门外加筑的瓮城犹存。城墙四角各有一圆形土丘，似为当年角楼遗址，现高 6—8 米[2]。城内建筑遗迹较多，街道布局整齐，各城门的大街通至城中部相交。在靠近城内南部有一处大院落。此院内有一组建筑遗址，其中一组建筑在高台基之上，台基高约 3 米，残砖断瓦遍地，还残存有石柱础等遗物。据说城垣在清代之前保存甚好，但在清代修建百灵庙和达尔汗王府时，对古城破坏严重，将拆下的砖石等做建

〔1〕 EGAMI NAMIO, 1952, pp. 155－156.

〔2〕 盖山林，1991，第 96—97 页。

筑材料。城垣西、北、东三面保存较好,西北角城墙高5米,以西墙中段保存最好,现高达7米以上,南墙已坍塌,高出地面约1—2米[1]。城内高大的建筑物遗址多达50余处,一般寺庙均修建于高大土台上。第一个发现敖伦苏木古城景教遗迹的是黄文弼先生,他作为西北科学考察团成员之一于1927年在敖伦苏木古城发现了著名的汉文景教墓碑《王傅德风堂碑记》[2]和一方蒙古文残碑,其成果《西北科学考察概要》发表于1931年。另有1931年《燕京学报》(自第1610页起)上署名余逊、容媛发表的《西北科学考察团之工作及其意义》,对百灵庙的发现有所报道。最早造访敖伦苏木的西方人士是拉铁摩尔(Owen Lattimore),他于1932年访问中国时考察过敖伦苏木古城,1934年在《地理杂志》上发表了《内蒙古一座景教古城遗址》[3]一文。1935年日本学者江上波夫考察敖伦苏木,后出版《蒙古高原横断记》一书并对敖伦苏木景教遗址作了报道(见该书第276—294页)。1936年马丁(Desmond Martin)在10—11月间探察敖伦苏木和王墓梁,对古城及其景教遗迹进行了拍照、绘图,描述较为详尽,其论文《绥远归化北部的景教遗迹初步报道》发表在《华裔学志》第3卷(1938年)第232—249页上并附照片和绘图说明,至今仍是西方有关内蒙古景教遗迹报道最详尽的文章。此后,江上波

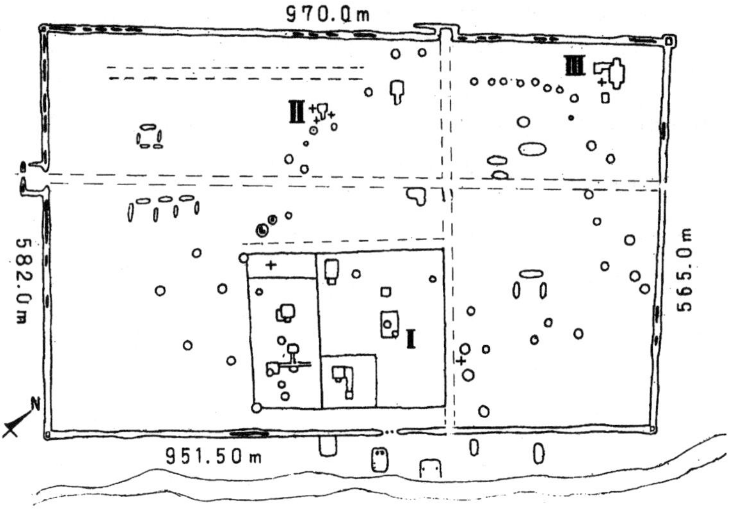

图版1-18:敖伦苏木古城示意图。

〔1〕 盖山林,1991,第96—97页。

〔2〕 CHEN YUAN, 1938, pp. 250-256.

〔3〕 OWEN LATTIMORE, 1934, pp. 481-497; the same paper also in the book of his collected papers: *Studies in Frontier History Collected Papers 1928-1958*, Paris Mouton & co la Haye 1962, pp. 221-240.

夫又于 1939 年对敖伦苏木再次考察并作了详细记录,拍了许多照片并作了 11 方叙利亚文墓石的拓片,交予佐伯好郎研究[1]。上述全部发现合计约有 11 方景教墓石。江上波夫[2]和榎一雄[3]也对该古城的考古发现做了较详细的报道。

图版 1－19：牛汝极于 1999 年 5 月访问敖伦苏木古城
(牛汝极摄于 1999 年 5 月)。

20 世纪 70—80 年代,内蒙古考古研究所和百灵庙文管所的考古工作者先后数次赴敖伦苏木古城调查探访,测量清理并妥善保护。景教徒墓顶石多出自古城东北的墓地。有一古墓,地表用石块围成圆圈,直径 3.2 米,墓北有一石碑,高 1.2 米,宽 0.4 米,上刻“亡化年三十六岁,泰定四年六月二十四日”两行字。此碑之旁,有一残碑,碑文为叙利亚文-回鹘文-汉文三语。该碑发现时墓穴已被盗,墓碑倒地,下压长方形青砖数块,由此可知,墓穴底可能原筑有长方形砖室。从铭文得知,死者名为阿兀剌编帖木剌思,生前为怯连口都总管府副都总管。另有一件断为两节的带有 13 行叙利亚文铭文的石碑出自古城内西北部的一座古建筑遗址废墟中。对此,盖山林先生的《阴山汪古》一

〔1〕 佐伯好郎,1941,第 160—175 页。

〔2〕 EGAMI NAMIO, 1952, pp. 155－167.

〔3〕 ENOKI, K., 1964, pp. 45－77 u. 83, Tafeln Ⅰ－Ⅸ, Karten Ⅰ－Ⅱ, pp. 45－81. 关于该遗址出土文物研究的现状,请参：中见立夫,《内蒙古鄂伦苏木遗址及其出土文物的研究》,郝时远、罗贤佑主编《蒙元史暨民族史论集——纪念翁独健先生诞辰一百周年》,北京：社会科学文献出版社 2006 年版,第 436—448 页。

图版 1－20：敖伦苏木古城城墙遗迹（牛汝极摄于 1999 年 5 月）。

a.

b.

图版 1－21：敖伦苏木古城遗迹（牛汝极摄于 1999 年 5 月）。

a.

b.

图版 1－22：带有叙利亚文和十字架、莲花等图案的景教徒墓顶石。

书有较详细的报道[1]。包括早期的发现,敖伦苏木古城共发现13件墓石,这些石刻均带叙利亚文铭文、十字架和莲花图案。

江上波夫认为,城西有两处教堂遗址,其中一处似为古罗马教堂废墟[2]。他曾把有一群景教墓石的一个建筑遗址,看作是一座景教寺废墟,但经挖掘,它不是景教寺而是喇嘛庙遗址。他根据这座建筑废墟及其附近发现的两种砖,进而推测这座建筑原先是景教寺院,后来才改建作喇嘛庙。这两种景教砖,其一是较薄的灰色方砖,"中央有莲花或宝相花图纹。其周围围着由六个梯形成正六角形的图形,每个梯形都吸收了云纹或唐草纹在内。以这种花纹的正六角形图纹是用范型按捺的,现出薄浮雕的样子";其二是更薄更华丽的砖,"其图纹是在伊斯兰建筑上经常看到的,即由按捺型出现的所谓火灯窗形","火灯窗形乃汪古部景教墓石的特征"[3]。江上波夫所说的那座建筑今天已无法确定。

古城内遗留许多建筑物构件[4],灰瓦当,有龙纹和兽面,面径6.5—14厘米,滴水的花纹以龙纹和凤鸟最多,还有花草纹等。重唇板瓦头印有不同形式的绳纹、波浪纹或沟纹。陶饰件残块上,有忍冬、莲花等花纹。各遗址瓦脊兽残件,悉作张口、拱舌、面目狰狞之状,造型生动有力。还有白釉筒瓦。龙纹或花草纹的滴水施以黄绿两彩。龙纹琉璃残瓦当面径宽大,施绿彩。各类琉璃制品,釉色艳丽,造型美观,具有较高的工艺水平。在城内建筑废墟的上下,散置着石龟、石柱础、角石、带孔方石、圆宝石、景教徒墓顶石、石刻、汉文或叙利亚文石碑、石构件石臼、雕着各种精美花纹的建筑石刻,以及石碾轮等。古城内北部一处建筑遗存西侧有汉白玉碑首一块,上刻"王傅德风堂记"篆文二行,据说碑身被百灵庙种羊场拉走。黄奋生著《百灵庙巡礼》一书中曾抄录碑文。此碑原有九百多字,是前净州路儒学教授三山林子良奉赵王怀都之旨撰写的,由王傅都事刘德彰篆额。碑文内容为赞扬赵王历任王傅而作,而其前半截则叙述赵王世德,故东边第一石似可补《元史》赵王世家所未备。据碑载,术安后袭赵王者为阿剌忽都,尚赵国公主剌实思,二子：长马札罕,次怀都。马札罕卒,世子八都帖木儿幼,由母弟怀都袭赵王位。因此这通石碑对研究汪古部首领世系和政治情况有重要意义。

---

〔1〕 盖山林,1991,第96—103,270—272页,图157—159。

〔2〕 EGAMI NAMIO, 1952, pp. 155 - 156.

〔3〕 江上波夫,1951。

〔4〕 盖山林,1991,第99页。

2. 木胡儿索卜嘎古城

达尔罕茂明安联合旗东南金代界壕之南，有一座破顶塔似的小山，当地蒙古人称此山为"木胡儿索卜嘎"（平顶塔之意），山南有一座元代古城，因为此城在木胡儿索卜嘎附近，后来当地居民便以木胡儿索卜嘎来称呼这座古城了。古城大致坐北朝南，略呈方形，每面长500米左右。四周的城垣高矮不一，时断时续，城西北隅已被河水冲毁。城垣最高处约6米，基宽十余米。城墙四角各有一个圆形土墩，应是角楼残址。门址已不清楚，门外似有瓮城。城内建筑废址遍布各处，不过一些主要建筑物遗址还是分布于由南往北的中轴线上。城北偏西有一高大的建筑废址，修建在一个边长三十余米，高五六米的高土台上。其上原有两块经过加工的石块，上有浮雕的装饰和十字架。据当地居民说，在高台还挖出过景教墓顶石数块。现在台上残砖断瓦成堆，有兽面残瓦当、重唇板瓦、残花砖。在一块残砖上，有一残十字架，看来这里原是一座规模宏大的十字寺。城内东北部还有几处较大的建筑遗存，上有柱础和砖瓦等物。此外，城内还有一些较明显的建筑物废墟，上有瓦当、滴水、花纹砖、石磨、石臼等物。城内的街道、建筑群依稀可辨。最明显的是一条南北大街，此街由南门直往北去。东西向也有一些街道的痕迹[1]。

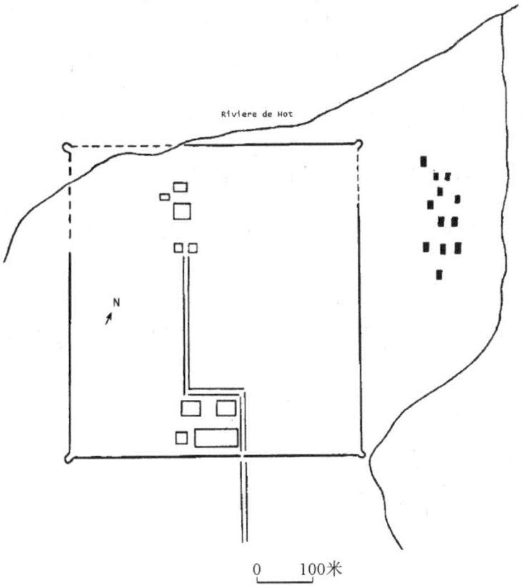

图版1－23：木胡儿索卜嘎古城示意图（引自盖山林书，1991年，图版第29）。

图版1－24：木胡儿索卜嘎古城出土带十字架塔顶石（牛汝极摄于1999年5月）。

〔1〕 盖山林，1991，第120—122页。

图版 1 - 25：木胡儿索卜嘎古城出土景教徒石塔（牛汝极摄于 1999 年 5 月）。

位于达尔罕茂明安联合旗东部的木胡儿索卜嘎古城东北约 100 米高地的景教徒墓地，据说曾发现有约 30 件墓石，但考古工作者只记录了 13 块，其中有叙利亚文的墓石仅 2 件。有不少墓石被附近村庄的农牧民运到自己家里了。此地出土的墓石比较粗糙、简单。在这个墓地发现了别处少见的景教石塔的顶石，由 6 块石构件组成。在达尔罕茂明安联合旗乌兰图格苏木昭河庙附近发现了一座完整的石塔。

3. 毕其格图好来陵园

1974 年盖山林对毕其格图好来陵园进行了发掘，这个陵园位于达尔罕茂明安联合旗白彦敖包苏木毕其格图好来，在德宁路故城西北十五公里。陵园围墙残失殆尽，仅有微迹可察，土垣最高处约 30 厘米。陵园内有石墓 19 座，另有 4 座在陵园外，其中三座在陵园北，一座在陵园南。墓表悉用石块围成圆形，有些墓顶立着高大而扁平的尖石或石板，一般立石高可达 1 米，墓表直径 5 米左右。从墓表石块放置情况看，这个陵园曾被盗掘过，以致墓顶石块全被放到了墓穴的周围。这个陵园没有发现其他地方常见的挪亚方舟式的墓顶石，但在墓旁立着刻有古叙利亚文的石碑。从墓表情况看，陵园内的坟墓悉被盗掘。

敖伦苏木古城西北约 30 公里处有一古代陵园遗址，名为毕其格图好来，1974 年内蒙古考古工作者在这里发现了 9 件景教徒墓石残片，其中 5 件有叙利亚文，3 件有十字架，4 件有莲花图案。发现这些墓石时其墓室已被盗掘。

此外在达尔罕茂明安联合旗其他地方也发现有不多的景教徒墓石。

内蒙古王墓梁

四子王旗“王墓梁”耶律氏家族陵园，位于该旗西南大黑河乡丰收地村东北高地上，20 世纪初西北科学考察团就调查过。那次的考察发现了陵园内的《耶律公神道之碑》，并拍摄了墓地的景教墓顶石，但没有进行发掘。这个陵园位于锡拉木伦河之东高地上，西距河甚近，左、右、后为高地，是一片所谓“四神”备具的地方。这是一处修建整

图版 1－26：景教徒墓室大型彩色石版画，绘有人物和花鸟（牛汝极摄于 1999 年 5 月）。

齐的陵园，四周土垣至今犹存。南墙中段设门。陵园作正方形，每边长 75 米。四角立有石柱，其内有龟趺墓碑、翁仲（文官武吏各一个）、石羊、石猪、石狮、石供桌、景教墓顶石 17 个等。但在 1973 年发掘时仅有龟趺 1 个、景教墓顶石 7 个和陈放墓顶石的底座以及其下的石条。1975 年当地居民又在陵园西部挖出石羊和石猪各一个，应是原在陵园中陈放的石羊和石猪埋入土中之物。陵园四角立的石柱，在发掘时出土一个，并出土一个雕有莲瓣的残石刻，可能原来是陵园地表立的石像残块[1]。

王墓梁耶律氏陵园位于四子王旗西部，西与达尔罕茂明安联合旗接壤。1936 年马丁曾在此发现 7 块景教徒墓顶石和一方汉文《耶律公神道碑》等遗物。目前已知，除

〔1〕 盖山林，1991，第 191 页。

《耶律公神道碑》外，已发现有17件墓顶石，其中约有12件带叙利亚文铭文，但都仅存一行文字。根据《耶律公神道碑》可知，该陵园是耶律子春后裔的陵园，而不是佐伯好郎所说的苏尔图·火思丹之墓。

有关该地的考古发现主要见于马丁[1]、江上波夫[2]、榎一雄[3]、盖山林[4]等学者。其中有2件墓碑铭文经佐伯好郎研究，但存在的错误甚多。

a.

b.

图版1－27：四子王旗耶律氏王墓梁陵园内景教徒墓石随处可见，盗墓也猖獗（牛汝极摄）。

a.

b.

图版1－28：景教徒带十字墓顶石（左图）和墓顶石的石基（牛汝极摄于1999年5月）。

上述内蒙古地区共有至少60件景教墓石，其中带有叙利亚文铭文的至少有30多件，多数为叙利亚文回鹘语铭文，大多未被研究。对百灵庙和王墓梁发现的叙利亚文墓碑铭文进行研究者不多，主要有佐伯好郎和格伦贝克（K. Groenbech）。前者在连续两篇文章中释读了8件墓碑铭文，遗憾的是因不得要领，对这8件墓碑铭文的释读没有一

[1] MARTIN, D., 1938, pp. 232－249.

[2] EGAMI NAMIO, 1952, pp. 155－167.

[3] ENOKI, K., 1964, pp. 45－77 u. 83, Tafeln Ⅰ-Ⅸ, Karten Ⅰ-Ⅱ, pp. 45－81.

[4] 盖山林，1991，第191—199，276—278页，图161。

条完全正确[1]，如其中一条的转写和翻译为：Pū Khabira Surta Koshtanz si，Amen！"苏尔图·火思丹之墓，阿门"，该转写中的人名和语尾均有问题[2]，他把所有句末的系词 *ol*"是"均读作 *amen*"阿门"，把属格-*nïŋ*"的"读作人名，其他人名的释读和拟测牵强附会，也多有误，看来他不得要领大概导源于不懂回鹘语的缘故。格伦贝克在一篇短文中简要讨论了百灵庙出土景教徒墓碑铭文的结构，他说，所有铭文均为一种句式结构：*bu qwra... ning ol*，"这是某某人之墓"，但是，他没有释读任何一条铭文，而且，百灵庙发现的墓碑铭文也还有另外的不同句式结构[3]。

墓顶石上的叙利亚文回鹘语铭文多为一句话，大多由 *bu qabra*"此碑"+墓主人名+*nïŋ*"的"（属格词尾）+ *ol*"是"（系词）构成，意为"此为某某人之墓"。比较少见的另一种句型是：*bu*"这"+墓主人名 + *nïŋ*"的"（属格词尾）+ *qabra-sï*"墓"（-*si*/*sï* 为第三人称领属词尾）+*ol*"是"（系词），与前一种句型所表达的意思相同。

内蒙古呼和浩特市东郊白塔题记

在今呼和浩特东郊（距市区 20 公里）平原的辽代丰州万部华严经塔内存有汉文、回鹘文、八思巴文、叙利亚文、契丹文、蒙古文和女真文题记共三百多条，汉文题记最多，约二百余条。叙利亚文题记有的虽已漫漶，但仍有几条保存较完整，多题在塔内阶梯门洞外壁，短的存 1 行，长的存 7 行，应属元代汪古或畏吾儿人的手笔[4]。这些铭文题记至今未被译释研究。

图版 1－29：万部华严经塔（俗称"白塔"），位于呼和浩特市东郊，建于辽代，高 42 米（牛汝极摄于 1999 年 5 月）。

---

〔1〕 佐伯好郎，1939，第 49—89 页。
佐伯好郎，1941，第 160—175 页。
另见：佐伯好郎，1943，第 414—473 页。
〔2〕 佐伯好郎，1939，第 49—89 页；1941，第 160—175 页。
〔3〕 GROENBECH，K.，1939－1940，pp. 305－308.
〔4〕 李逸友，1977，第 55—64 页。

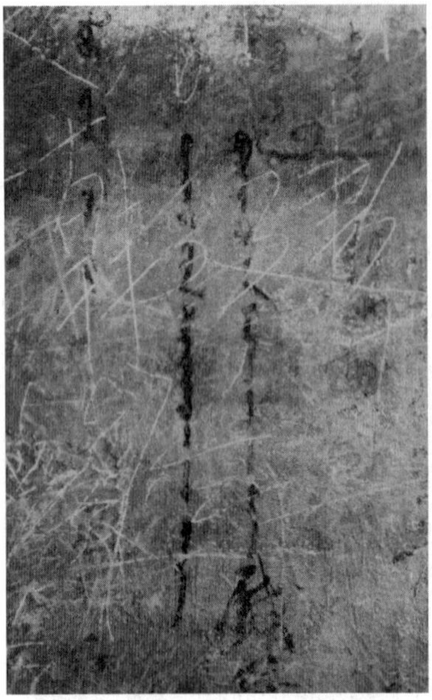

图版 1-30：白塔内回鹘文题记（牛汝极摄）。

图版 1-31：白塔内汉文八思巴文题记（牛汝极摄）。

内蒙古赤峰

在内蒙古赤峰市松山区城子乡一山坡下，大约 1984 年的一场大雨过后，一位姓赵的农民发现了一方叙利亚文-回鹘文合璧景教徒瓷制白釉墓砖，重约 14 公斤，高 47.2 厘米，宽 39.5 厘米，厚 6 厘米，叙利亚文两行分列上方两边，回鹘文共 8 行分列下方两边，中间是一希腊式十字架，十字架下为莲花座。叙利亚文保存两行，与房山十字寺出土的刻于十字架墓石上的两行叙利亚文大体相同，左上方叙利亚文：ܚܘܪ ܠܘܬܗ（*ḥūr lwteh*）“仰望之”；右上方叙利亚文：ܣܒܪܘ ܒܗ（*sbarū beh*）“希望之”，此句出自《圣经·旧约全书》的《诗篇》第 34 节第 6 行。下方存 8 行回鹘文业已由哈密顿和牛汝极共同刊布[1]。

北京的景教遗物和遗址

目前所知，在北京至少有 3 处景教遗址[2]：

---

〔1〕 参见 James Hamilton et Niu Ruji, 1994, p. 159. 另见哈密顿、牛汝极，1996，第 78—83 页。

〔2〕 徐苹芳，1986，第 309—316 页。

徐苹芳，1992，第 184—189 页。

1. 北京房山十字寺,位于房山区周口店西北的车场村西北,1931 年时十字寺有山门(天王殿)一座,门额上"古刹十字禅林"石匾尚存,山门内有东西配殿厢房,中央为大雄宝殿,殿前月台两侧各有一棵银杏树,左侧银杏树之外立一辽代石碑,右侧银杏树之外立一元代石碑。两块刻有也里可温十字架和盆花的石刻置于殿前石基上,据说是从天王殿附近挖掘出来的。现在十字寺的建筑已被拆毁无存,仅余大殿基址和少许刻莲花瓣的覆盆柱基。辽碑尚完整,中断为二,碑首作梯形,横雕二龙戏珠饰,碑额横书,双沟,题为《三盆山崇圣院碑记》。元碑亦断为二,分置两处,碑首雕两垂龙,碑首上方正中两龙尾相交处雕圆形宝珠,珠面上雕十字架和变形火焰文,额题为《勑赐十字寺碑记》,纵书,双沟篆书。这两碑在明代嘉靖十四年二月,由寺僧德景和镌字匠张宝重新镌刻,两碑碑阴皆为明代重镌时出资的功德主题名。但此碑铭文的内容与佛教有关,而与景教无涉。可能是明代刻碑人将辽和元碑上的铭文去除打磨后又重新刻上去的,因而已不是原碑的内容。1923 年有人在房山十字寺发现景教徒 2 方砖刻,后常有外国人造访,欲出资 5 000 元购石运往德国。1931 年北平古物保管委员会庄尚严、王作宾前往调查,该年 11 月间两块也里可温石刻运回北京,由历史博物馆收藏陈列。抗日战争前

图版 1－32: 房山发现的景教寺方形十字-盆花石刻(徐苹芳发表于 **1992** 年,图版 **2－5**)。

a.

b.

图版 1－33：《勅赐十字寺碑记》碑额（左图：双龙戏珠，徐苹芳发表于 1992 年），碑额额顶的珠宝上有十字架和莲花的图案（右图，F. Hauter 发表于法国的《费加罗报》2000 年 12 月 26 日第 2 版，作者误将此碑当作《大秦景教流行中国碑》）。

a.

b.

图版 1－34：《三盆山崇圣院碑记》拓片（左图，曾毅公发表于 1959 年，图版 7）和《勅赐十字寺碑记》拓片（右图，佐伯好郎发表于 1938 年，图版 15）。

不久从北京运至南京，存于朝天宫，今存南京博物院。这两块石刻皆中空，一面有缺口，两石缺口相接合则成一中空的长方形石刻。两石高宽尺寸相同，高 68.5 厘米，两端面有十字架，宽 58.5 厘米，厚 22 厘米，两侧面刻盆花或瓶花，宽 58 厘米，厚 14 厘米，两石相接全长 116 厘米。两石虽都刻有十字架和盆花，但图案并非完全相同，其中一方刻有十字架配莲花座，十字架上方左右两边各存一行叙利亚文。左上方：ܚܘܪ ܠܘܬܗ（*ḥūr lwṭeh*）"仰望之"；右上方：ܣܒܪܘ ܒܗ（*sbarū beh*）"希望之"[1]。十字架下雕刻两层仰莲，仰莲下刻两朵相对的如意头式朵云，由仰莲和朵云组成云莲座，侧面刻瓶花。另一石刻端面十字架中央刻宝相花瓣，外层四个花瓣瓣尖上各刻出圆点，横出的十字架两端各刻一桃形饰物。十字架下雕束腰莲座，束腰上雕仰莲莲瓣两层，侧面刻盆花。这些盆花和瓶花的雕刻都是在宋金及以后才流行的。这两块石刻，应为元代初年的遗物。

2. 在 20 世纪 20 年代，在北京广安门外莲花池西南旧跑马场附近发现景教徒墓石，曾藏辅仁大学，1931 年日本人佐伯好郎（Y. Saeki），在辅仁大学见到该碑，并摄影发表了这方景教刻石的图版[2]，该石碑现下落不明。

图版 1－35：景教徒带十字架和花草图案的方形石刻，曾藏于辅仁大学内，现下落不明（佐伯好郎发表于 1938 年，图版 16）。

〔1〕 A. C. MOULE, 1930, pp. 86－88.
〔2〕 佐伯好郎，1935，图版第 16。
佐伯好郎，1943，第 1 卷，第 507 页。

3. 今北京地安门外猫儿胡同西口路北明清时代的显佑宫是旧元大都城内靖恭坊也里可温十字寺。中国史籍有关元代大都城内也里可温十字寺的记载是很少的，仅发现在熊自得《析津志》的佚文中有两条较短的材料，但对考证元大都也里可温十字寺的位置十分重要。第一条材料见赵万里先生藏徐氏铸学斋藏山阴李宏信小李山房旧藏的《永乐大典·顺天府》某卷，此卷"桥梁"条"无名桥"项下引《析津志》云："十字寺前一。"这条材料本来是说元大都有一座无名桥在十字寺前，但它却告诉我们元大都某十字寺的地理要素是寺前有一条河，河上有一座无名桥。第二条材料最为重要，《永乐大典》卷一万七千八十五庙字韵"原庙"条下所引的《析津志》云："唐妃娘娘阿吉剌，也里可温寺，靖恭坊内，世祖亲母。"这条材料在中华书局影印的《永乐大典》中缺，但在中国社会科学院考古研究所图书室藏的该卷的传抄本中却保存了这上面的引文[1]。

《析津志》提供的第二条材料是很重要的，首先，元世祖的亲生母亲唐妃娘娘的原庙在也里可温寺。唐妃娘娘即睿宗拖雷的皇后唆鲁和帖尼（或作莎儿合黑塔泥），她是宪宗蒙哥和世祖忽必烈的亲生母亲，拖雷早卒，她与太宗窝阔台的关系极好，是个很有才智的女人。在定宗贵由死后，她凭借着智虑明达的声誉，以机警和富有经验的手腕，帮助她的长子蒙哥取得了皇位。死后谥为显懿庄圣皇后。她和睿宗的神御殿在真定玉华宫，因为真定是唆鲁和帖尼的汤沐邑。《元史》卷三十九《顺帝纪》载，顺帝去真定玉华宫祭睿宗帝后时，就称唆鲁和帖尼为唐妃，这个称呼并未引起人们的注意，后来被误认为是顺帝的母亲贞裕徽圣皇后的称呼。现在根据《析津志》的记载，可以肯定唆鲁和帖尼确曾被称为唐妃。唆鲁和帖尼是信奉基督教的克烈部（Kerait）人，她本人也是基督教徒。到中国来的传教士如普兰诺·加宾尼（Plan Carpini）和威廉·鲁布鲁克（William of Rubruck）都曾提到过她，无疑她对基督教在中国的传播是起过作用的。因此，她的原庙设在也里可温寺内，是很自然的事情。除大都以外，在甘州（今甘肃张掖）城内的十字寺中也供奉唆鲁和帖尼。对她的祭祀往往由也里可温承担，可见她与也里可温的关系是非常密切的。第二，这座也里可温寺在元大都靖恭坊内。根据徐苹芳先生的考证，元大都靖恭坊内也里可温十字寺的具体方位大概在今帽儿胡同西口路北，豆角胡同以西，方砖厂胡同以南，地安门外大街以东的这个地区。再具体一点可能就是明清以来显佑宫的地方。

此外，1925 年在北京午门城楼清朝内阁档案中发现叙利亚文景教赞美诗写本 8 叶[2]。

---

〔1〕 徐苹芳，1986，第 311—314 页。

〔2〕 P. Y. Saeki，1937，pp. 315－333.

江苏扬州

元代的扬州有景教徒和景教寺，中外史籍均有记述。马薛里吉思（Mar Sargis）是中亚撒马尔罕（Samarkant）的一个医生，1278年由元世祖忽必烈委派为“镇江府路总管府副达鲁花赤”。他是一个景教徒，曾在镇江建有教堂4所，丹徒2所，杭州1所，其次子马天民，元初曾随军攻宋，授太平江州等路达鲁花赤。马天民长子奥剌罕，曾任扬子县与丹徒县达鲁花赤，父子都曾在扬州提倡景教。《元典章》卷三十六曾记载淮东廉访司反对送酒醴与居住在扬州的奥剌罕之事，云：

“延祐四年七月，行省准中书省咨，御史台呈，淮东廉访司申，延祐四年正月三十日，有御位下彻彻都苫思丁起马四匹，前来扬州也里可温十字寺降御香，赐与功德主段疋酒等。照得崇福院奏，奉圣旨奥剌憨、驴驴各与一表里段子，别无御赐酒醴。彼奥剌憨者，也里可温人氏，素无文艺，亦无武功，系扬州之豪富，市井之编民，乃父虽有建寺之名，年已久矣。今崇福院传奉圣旨，差苫思丁等起马四匹，赍酒醴二瓶，前来扬州，传奉圣旨恩赐，是乃无功受赏。”

“奥剌憨”亦记作“奥剌罕”，乃基督教所尊先贤Abraham之译音。《至顺镇江志》卷十六载，丹徒县达鲁花赤马奥剌憨也里可温人，忠翊校尉，实同一人名[1]。

据载，至元三十年前数年，乃颜之女直残党四百户移居扬州，乃颜是曾受浸礼之景教徒，此四百户即数千人移住者，说明景教徒之存在[2]。

约在1322年至1328年间来中国旅行的意大利天主教传教士鄂多立克在其东方《游记》中曾提及扬州有景教寺：“然后我过了那条河，来到称为扬州的一个城市，城内有所房屋是我会修士的，另外，景教徒有三所教堂。”[3]

在《元典章》卷三十六中曾提及，1317年8月，有一项关于《铺马驮酒》的法令，其中谈到扬州的也里可温十字寺，此寺据说早先为一名叫奥剌憨的人所建，并重复提到崇福司。崇福司是一个掌管基督教教士等事的政府部门，对此，《元史》是这样记述的：

---

〔1〕　参见朱谦之，1993，第182页。

〔2〕　参见朱谦之，1993，第204页。

〔3〕　参见《东域纪程录丛》第2册第317页，转引自阿·克·穆尔《一五五〇年前的中国基督教史》，郝镇华译，中华书局1984年版，第276页。但据“*The Eastern Parts of the World Described by Friar Odoric the Bohemian, of Friuli in the Province of Saint Anthony*”, in Sir Henry Yule: *Cathay and the Way Thither*, Vol. Ⅱ，何高济译本，在谈及扬州时，并未说有三所景教教堂，只说“这里也有聂思脱里派的教堂”。参见何高济译《海屯行纪、鄂多立克东游录、沙哈鲁遣使中国记》，中华书局1981年版，第70页。记述略有差异可能是所据鄂多立克《游记》的抄本不同所致，据说藏于欧洲的不同语言的抄本有76种之多。

“崇福司，秩（从）二品。掌领马儿哈昔（mar hasia 或称主教）和列班也里可温（rabban ärkägün）十字寺祭享等事。司使四员，从二品；司知二员，从三品；副司二员，从四品；司丞二员，从五品；经历一员，从六品；都事一员，从七品；照磨一员，正八品；令史二人，译史、通事、知印各一人，宣使二人。至元二十六年（1289）置。延祐二年，改为院[1]，置领院事一员，省并天下也里可温掌教司七十二所，悉以其事归之。七年，复为司，后定置已上管员。”[2]

1981 年在扬州曾出土一方叙利亚文-汉文景教墓碑[3]。这是已知扬州发现的唯一一件带叙利亚文的景教徒墓碑。该碑下段右侧存三行汉文，其中墓主人名“也里世八”对应的叙利亚文回鹘语为：Ališbaγ，亦即 Elizabeth “伊丽莎白”，基督教女教徒名。该碑下段左侧有 12 行叙利亚文，其中第 1 和第 12 行为叙利亚文记叙利亚语。对此碑的译释研究，分别见耿世民、Klimkeit 和 Laut 的文章[4]，及西木斯-威廉姆斯和牛汝极合写的文章[5]。

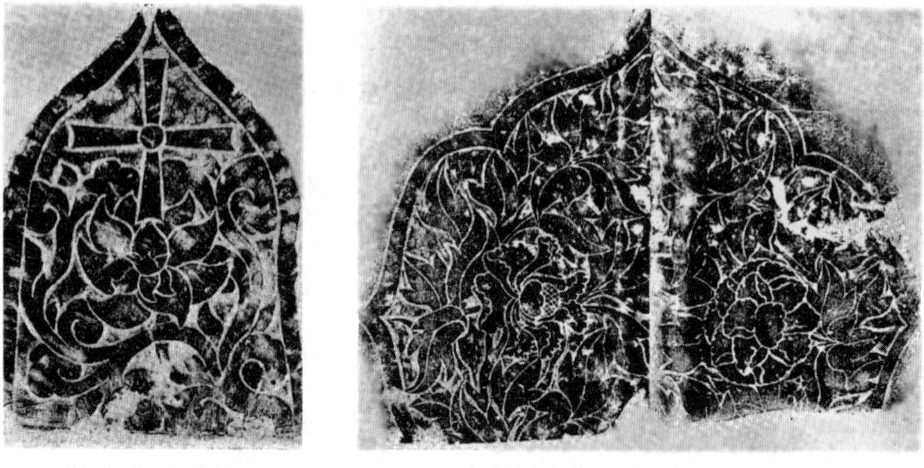

a.　　　　　　　　　　　　b.

图版 1 - 36：扬州一清真寺内所藏景教石刻，左图十字架和莲花造型与泉州发现的景教石刻大致相同（佐伯好郎发表于 1937 年，图版 19）。

〔1〕 参见《元史》卷十五，第 320 页：“诏立崇福司，为从二品”，1289 年 3 月 6 日；卷二十五，第 570 页：“升崇福院秩正二品”，1315 年 8 月 19 日。

〔2〕 参见《元史》卷八十九，第 2273 页；《元史》卷二十七，第 600 页；郝镇华译，1984，第 255—256 页。

〔3〕 据王勤金，1989，第 553 页；朱江只报道该碑出土于 1981 年而未说明何月何日，见朱江，1986，第 68 页。

〔4〕 GENG，SHI-MIN，KLIMMT，H.-J.，LAUT，P.，1996，pp. 164 - 175.

〔5〕 西木斯-威廉姆斯、牛汝极，1997，第 357—379 页。

20世纪初，在江苏的江都县曾出土带十字架和莲花座的景教徒墓石残片，后移入扬州一清真寺内[1]。其墓石图案与泉州景教石刻有许多相似之处。

扬州原有新旧两城，旧城筑于宋代，改建于元代，新城建于明代嘉靖间。两城相连，旧城在西，新城在东，旧城之东也即两城之间隔处。1952年夏，在旧城南门水关之外侧附近发现一横卧墓石。数日后，在附近又发现一墓碑。这两碑上部均有图像，分别为描写基督教的死者保护神“圣喀特林”的殉教故事图和“末日审判图”，下部应各有6行拉丁文，但其中一碑下残，仅存5行铭文。这两碑的墓主是意大利兄妹（或姐弟），一个叫喀特林（Katerin），一个叫安东尼（Antonius），他们的父亲叫多米尼（Domini），来自意大利热那亚的伊利翁尼（Ilionis），分别死于1342年和1344年[2]。

福建泉州

泉州位于福建东南沿海，地当福州和厦门之间，东南临泉州湾，地处晋江下游，又当闽海要冲，水陆交通便捷，故为中古时期中外交通要地和中心。最早记录泉州有基督教十字架者为17世纪耶稣会士阳玛诺（Emmanuel Diaz），他在书中刊布了三个泉州十字架图版[3]。1906年塞拉菲·莫雅（S. Moya）发现了另一个带十字架和天使的景教徒石刻[4]。第一位系统收集并整理编辑泉州宗教石刻者为吴文良先生。他从1928年开始收集遗存于泉州的各类宗教石刻，并于1957年编辑出版了《泉州宗教石刻》（科学出版社1957年版）一书。这是一部极有价值的图录资料集，为后人研究整理泉州宗教墓志铭文提供了弥足珍贵的史料。根据吴文良的报道及后人的新发现可知，泉州有伊斯兰教石刻约百件，基督教包括景教石刻大约有30余方，其中带叙利亚文的墓碑至少有10方[5]，带有八思巴文的墓碑至少有4方[6]。20世纪80年代在泉州还发现了几方

〔1〕 佐伯好郎，1935，第178图。

〔2〕 夏鼐，1979，第532—537页，572页。

夏鼐译，1983。

〔3〕 原刊于《唐景教碑颂正诠》，1878年上海再版，转引自郝镇华译，1984，第85—89页。

〔4〕 郝镇华译，1984，第88—89页。

〔5〕 吴文良，1957，景教墓碑图版。

朱谦之，1993，图版3、7、6、9、10。

罗香林，1966，第182—186页。

〔6〕 照那斯图，1994，第119—124页。

景教石刻，其中有回鹘文景教墓碑1方[1]。

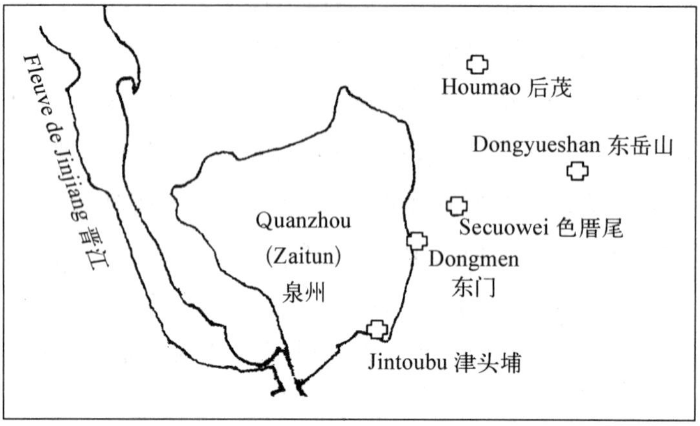

图版1－37：泉州（刺桐）景教徒墓碑分布图。

泉州发现的须弥座石墓主要分为祭坛式和坟墓式两种[2]。祭坛式石墓通常是由数十方青或白色花岗石经雕琢后砌成的。墓座的正面作长方的祭坛式，长360厘米，侧面阔90厘米。上下石板伸出中部的束腰石约25厘米，突出部分都刻莲瓣或菩提树叶图案，中央束腰部分一般是五节或三节，每节有青岗石垛五方或三方，但三方的居多，每方石垛的衔接地方都隔以间柱。如座为五垛刻石，则其正中及其左右的三方石垛，都各刻该教教门文字与信仰的标志，其首尾的石垛，通常刻中国美术上常见的牡丹花或莲花。如墓是伊斯兰教徒的，则座的正中一石垛，常是刻一个伊斯兰教徒最重视的"云月"，其他两垛多刻阿拉伯文字。石座的背后，才是真正墓葬的所在，墓葬突出石座面约90厘米。石座上的后方，也就是墓葬的前面，竖立一方尖拱形墓碑，碑上刻一大型的"云月"，云月两旁，出现两道很长的火焰，或者在云月中刻阿拉伯文字，叙述死者的姓名及生卒年月。如墓是基督教徒的，则墓座前的须弥座束腰部分，其正中的一方石垛刻天使、十字架，左右两方石垛多刻聂斯脱利叙利亚文字（Nestorian Syriac），石座上后方也竖立一方形式相同的尖拱形墓碑，碑上刻密云、莲花与基督教徒最重视的天使、十字架。总之，伊斯兰教徒的须弥座祭坛式石墓的主要特征是"云月"及阿拉伯文字，而基督教徒石墓的基本标志是十字架与叙利亚文字，除此以外，他们的墓式大体相类似。

〔1〕哈密顿、牛汝极，1996，第78—83页。
〔2〕吴文良，1957，第39—40页。

图版 1－38：泉州景教徒祭坛式石墓外观（吴文良发表于 1957 年，图版 100）。

图版 1－39：泉州穆斯林祭坛式石墓外观（吴文良发表于 1957 年，图版 101）。

坟墓式石墓的琢制是由须弥座祭坛式石墓形式演变而成的，它和今日西欧国家的石墓有相似的地方，但墓型的巨大及雕刻的精致则远胜之。这种石墓通常是由一方整块的花岗石雕琢而成，分五级，自底部起算，第一级最长 906 厘米，最宽 90 厘米，渐向上则渐狭小，一直到第五级为止。第一级的四周，雕刻有一种略似如意状的花纹，互相环扣着，作为石墓的六个墓柱脚。第二级四周，雕刻有各种各样的连续转接的图案花纹。第三级四周，雕刻有莲瓣或菩提树叶的图案。如为伊斯兰教徒的石墓，则第四级的四周，往往刻有阿拉伯文字的《古兰经》经文。如为基督教徒的石墓，则其第四级多刻一种水波状的图案花纹。第五级通常是用另一石雕成的长形尖拱或圆形拱石，叫“墓顶石”，放置在石墓的第四级上面。在伊斯兰教的墓顶石前端有浮雕的“云月”，在基督教徒的墓顶石前端则刻一朵莲花，上竖立十字架。此外，伊斯兰教徒的石墓，一般由墓底至墓顶，内部都凿空。因此，这种中空的石墓多被后人移用为石碑座。今日在泉州城内外明、清时代的寺廊及各公署中的大石碑座，大多是用古时阿拉伯人的石墓做碑座，这都是因其美观又适用的缘故。如 1936 年东街前晋江县公署大堂内改建时所移出的十多方大石碑中，其碑座中即有七方是用古阿拉伯人石墓缀成的。他处如东门外的明、清时代官僚的神道碑，以及城内的明伦堂、百源川放生池石碑，碑座多用阿拉伯人石墓做代用品，其中有的阿拉伯文字尚明显可见，有的已把阿拉伯文字琢去，但遗留的字迹仍可看出。基督教的石墓中心多不凿空，因而被挪移的较少。

图版 1－40：景教徒坟墓式石墓外观（吴文良，1957 年，图版 104）。

图版 1－41：景教徒坟墓式石墓一侧（吴文良，1957 年，图版 90）。

今日遗留在泉州的古时外国人石墓的分布范围很广，从通淮门外的津头埔一直延

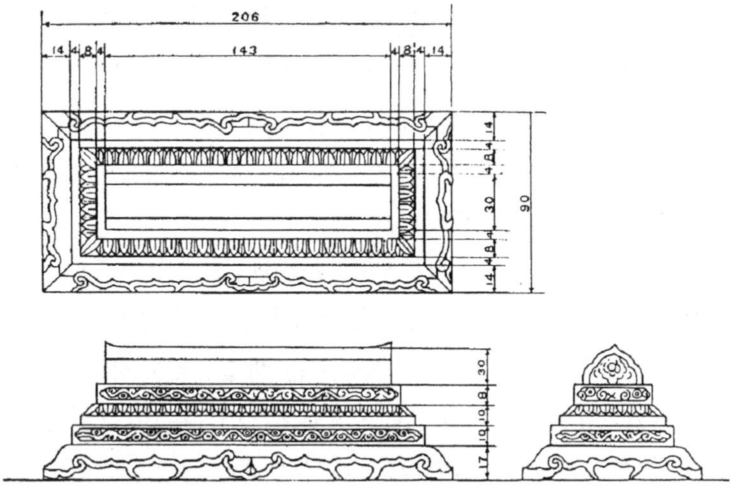

图版 1－42：穆斯林坟墓式石墓平面图(吴文良,1957 年,图版 102)。

图版 1－43：穆斯林坟墓式石墓外观(牛汝极摄于 1999 年 9 月,厦门大学人类学博物馆)。

伸至东门外的仁凤街左右两旁,以至夏厝山、金厝尾、鱼厝尾等处,并一直向东伸延至灵山下的圣墓,以达福厦公路左侧的乐园各地。其中尤以乐园区墓地为最大,所遗留的阿拉伯人石墓也最多。据吴文良的报道[1]和过去 20 多年的新发现,景教信徒石墓多发现于津头埔区、东门区、色厝尾区、东岳山区和后茂区。

津头埔区：这里又可再分为二小区。一区在街道内,1945 年该地乡民在一间破屋内掘土,发现四座刻有阿拉伯文字的石墓,每墓的距离各一米左右,排列很整齐,现仍埋

〔1〕 吴文良,1957,第 41—42 页。

没在地下。另一区是在街道以外的埔尾乡。在这里有三口池塘,冬天池水干涸时,可以看到三十多座石墓横卧在池内及池畔。其中有一座搁在一株大榕树根上的,最为完整。又有一口池,水很浅,池边的泥土断面有铺地古青砖一层,砖层上横着一根大石柱,还有一根石柱础,其圆径可二人合抱,距地面有一米左右。这石柱可能为古时景教寺庙的建筑物,因为这里发现了若干景教徒墓碑。

东门区:1939 年,吴文良在东门城楼外挖掘城基时曾获十字石刻[1]。1987 年,又在东门外获得十字架墓顶石石刻[2]。据吴文良报道,在东门外仁凤街的左边,居民屋后,有两座完整的阿拉伯人凿空石墓,为丛草所掩盖,两座都刻有阿拉伯文字。在街的右边,也有阿拉伯人石墓六座,最完整,其中有三座墓顶石仍存在,但早年被破坏的痕迹,仍斑迹可见。在街中的水沟底也有六座较完整的基督教墓石。明代耶稣会传教士阳玛诺所著《唐景教碑颂正诠》中刊载的三方泉州十字架摹本,明言出自泉州城仁凤门外三里许东湖畔,旧有东禅寺[3]。1988 年又发现一件极精美的带天使和云纹的景教徒墓顶石[4]。

色厝尾区:这区可再分为南北二小区,北叫色厝尾,南叫色厝头。北区是基督教徒的坟地,有基督教白石墓四座,两座埋没在地下,仅露出其第四级的石面,其旁尚有圆拱形墓顶石一条,刻有莲花十字架;另两座则全埋入地下,解放前也多被破坏了,迄今尚残存两座,其中有刻十字架的尖拱形墓顶石一段。南区为伊斯兰教徒色姓墓地,在此尚残存有古阿拉伯人石墓五座,中有一座是小孩的墓,大小五座很齐整地排列在那里,墓顶石都已遗失,五座墓中都凿空,其中有一座墓碑,仍坚固地竖立在石墓上,阿拉伯文字的下面,还刻一朵大莲花,以承全碑。1948 年夏,墓葬被破坏,墓碑及基石被盗卖一部分,现仅残存三座不完全的墓葬。

东岳山区和后茂区也有景教徒墓石的发现,但数量不多。

以上所举不同信徒的古代石墓,由今日残存的遗迹,可以想象当时不同宗教信徒的坟墓之众。20 世纪中叶在这里耕种的农户掘地时经常掘到整个的石墓。因其过于巨大,无法将其挖起,故再用土掩盖,并在上面种作物。可见宋、元时代的石墓,其数必有数十倍于今日者。从 1920 年至 1948 年二三十年间,拆卸城垣,挖掘城墓,单单吴文良

[1] 吴文良,1957,第 71 页。
[2] 杨钦章,1988,第 72、74 页。
[3] 转引吴文良,1957,第 36 页。
[4] 杨钦章,1988,第 71—74 页。

个人所亲眼看到挖出的完整石墓及残石不下千座。所有这么多的石墓,大部是在元末的回民起义与明初反蒲运动时被破毁作为石材,或被埋入城基底下的。

图版 1-44:牛汝极在泉州海外交通史博物馆内临摹叙利亚文墓碑铭文,1999 年 10 月。

图版 1-45:泉州海外交通史博物馆存景教徒和穆斯林石墓(牛汝极摄于 1999 年 10 月)。

关于中世纪基督教堂遗址所在地问题,多年来为历史学家所注意。泉州所出十字

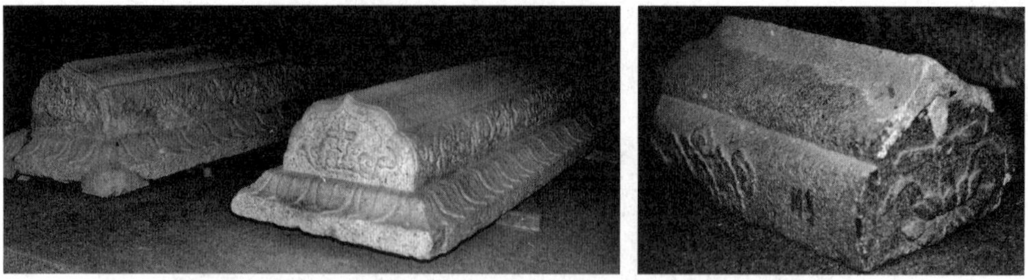

a.　　　　　　　　b.

图版 1－46：景教徒带莲瓣、云浪饰纹和十字架的墓顶石（牛汝极摄于 1999 年 10 月）。

a.　　　　b.　　　　c.

d.　　　　e.　　　　f.

图版 1－47：泉州海外交通史博物馆存带十字架、莲花、云浪、华盖和天使的景教徒墓顶石刻（牛汝极摄于 1999 年 10 月）。

架碑刻及石墓，多得之于泉州城的东隅与北隅，特别是在城垣的东隅与北隅交界处所得最多。色厝尾这一个坟地，很可能就是元代基督教教堂遗址。吴文良认为可能是圣方济各会主教在城外所建的教堂，他列举理由如下[1]：

〔1〕 吴文良，1957，第 42—43 页。

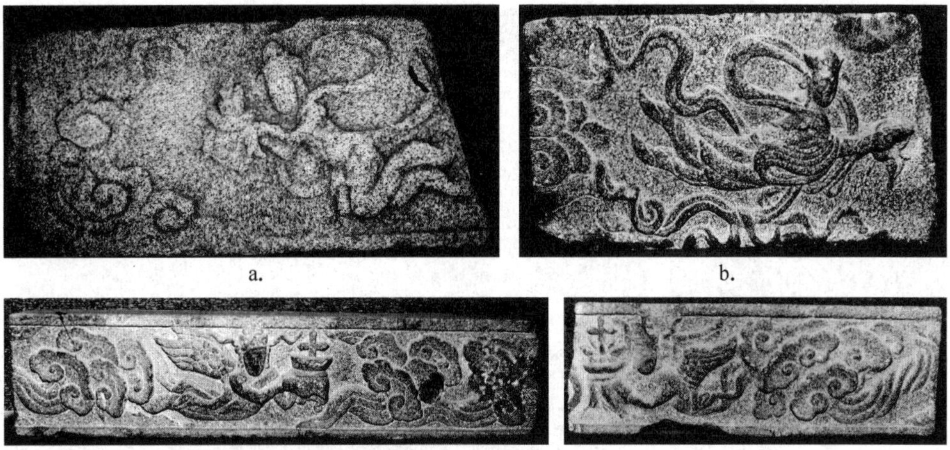

a.　　b.

c.　　d.

图版1－48：泉州海外交通史博物馆存带天使、云纹和十字架的景教徒墓葬石刻(牛汝极摄于1999年10月)。

1. 1326年驻泉州意大利籍主教安德肋·贝鲁亚(Andrew of Perugia)致其本国僧正瓦尔敦的遗书中说：他所自建的华丽教堂，是在距东城250米的一个小树林内。若以今日色厝尾坟地所处的地点看，其距城的远近正与安德肋·贝鲁亚信中所说的符合。

2. 以前所获的十字架碑石多在城墙的东隅与北隅交界处，色厝尾的位置，恰好就在这一个地点。而且我们所发现的两座刻有十字架的墓顶石石墓，也呈露在这个地方。

3. 1943年，吴文良曾在这一地点发现一层铺地的青砖及零星石板。询之该地乡民，据说此地本为古时大厝(大厦)，后因"犯罪"，被明朝官兵进剿拆毁，所以变为坟地。当地居民在这一地点种园掘地时，也经常掘到砖石这一类的建筑物。

4. 色厝尾的北隅，20世纪前半叶，还一直是泉州天主教徒的墓葬地，20世纪50年代泉州天主教徒还把这一地方叫作"圣山"。

不过，我们认为，从出土的景教徒墓碑的数量来看，景教教堂存在的可能性更大，因为属于圣方济各会的遗物在泉州发现的并不多。

泉州景教徒墓碑自发现以来，虽有不少学者讨论泉州景教的存在与发展、历史与艺术等问题，但很少有学者解读、译释和研究出土的叙利亚文铭文。其中仅有一方叙利亚文-汉文双语铭文得到了较好的整理。这方叙利亚文-汉文双语合璧景教碑铭，1954年发现于泉州通淮门外，汉文两行，叙利亚文两行[1]。汉文为："管领江南诸路明教秦教

〔1〕 吴文良，1957，第108图。
MURAYAMA, S., 1964a, pp. 394－396。

图版 1－49：厦门大学人类学博物馆藏泉州景教徒墓葬石刻（牛汝极摄于 1999 年 10 月）。

等也里可温马里失里门阿必斯古八马里哈昔牙。皇庆二年岁在癸丑八月十五日（1313 年 9 月 5 日）帖迷荅扫马等泣血谨志。”其叙利亚文回鹘语的转写和译释先由村山氏刊布，后由夏鼐先生译介为汉文[1]。他们的转写和译文仍存在一些问题，尤其是墓碑主人问题，他们认为此碑是献给两个人甚至三个人的，恐不妥。John Foster 曾发表了一篇题为《刺桐城墙的十字架》的文章，他依据吴文良先生未发表的书稿，介绍了这批石刻的发现情况，讨论了相关问题，并试图译释其中两件叙利亚文铭文，除了这两方墓碑铭文的前两行叙利亚文叙利亚语铭文部分的译释基本正确外，其余部分均未译释[2]。泉州发现的唯一一件回鹘文景教墓碑铭文 1994 年由哈密顿和牛汝极研究发表[3]。牛汝

〔1〕 夏鼐，1981，第 59—62 页。
〔2〕 Foster，J.，1954，pp. 1－25.
〔3〕 James Hamilton & Niu Ruji，1994，pp. 147－164.

极 1999 年发表了一篇完整译释叙利亚文景教墓碑铭文的文章，从铭文得知，该墓墓主的父亲来自西域高昌城，即今之吐鲁番[1]。

除上述地区外，在辽宁鞍山曾发现过瓦十字架等遗物[2]。

补记：

吴文良先生所著《泉州宗教石刻》于 1957 年出版后，极受国内外学者重视，原拟进行增订，但不幸作者在“文革”中被迫害身亡。“文革”后的 1980 年，著名考古学家夏鼐先生请作者哲嗣吴幼雄先生赴京进行全面增订，经数十年曲折，本书增订本终于在 2005 年由科学出版社出版。增订本实物图片比原著增加三倍多，文字增加四倍多。第二部分为“泉州古基督教”（第 365—440 页），资料非常丰富，请读者参看。饮水思源，在此谨对参与《泉州宗教石刻》及其增订本的写作、编辑和出版事宜的已故吴文良先生、郑振铎先生、夏鼐先生、陈梦家先生表示深切怀念；对吴幼雄先生、黄展岳先生和其他有关同志及机构表示崇高敬意。

附录　海外中国景教研究简述

下面对 2000 年以来海外与中国景教研究相关会议、机构和学者的研究进行简单介绍。

海外的中国景教研究呈现活跃的态势，研究成果与 2000 年之前的状况相比，不仅数量多且有深度，这为国内学术界提供了有益的借鉴，也为我国该领域的深入研究拓宽了视野。

1. 海外中国景教研究系列专题国际会议

由奥地利萨尔斯堡大学、德国《华裔学志》杂志社、维也纳 PRO ORIENTE 基金会等主办的与中国景教研究相关的国际学术会议自 2003 年起已连续举行了多次，会议地点均在萨尔斯堡市郊的 St. Virgil 召开，本书作者应邀参加了前三次会议并做大会发言。

---

[1] 牛汝极，1999a，第 33—34 页。

[2] 佐伯好郎，1935，第 984—993 页，第 185 图。

第一次会议

会议召开的时间是在2003年5月20日至26日,主题是"中国景教研究"。来自澳大利亚、奥地利、比利时、中国、法国、德国、中国香港、印度、意大利、吉尔吉斯斯坦、荷兰、英国、美国的38位学者参加了会议并发言。有耿世民、牛汝极、唐莉、谢必震、霍兰兰、侯欣等6位中国学者参加了此次会议,林悟殊、周良宵、盖山林、刘迎胜、魏坚、黄夏年等6位中国学者因当时的非典疫情未能参会。会上交流的文章主要围绕中国唐代景教经典文献和碑铭、元代景教徒叙利亚文写本和墓碑铭文释读、景教在华传播和重要人物、宗教间的相互影响、景教艺术等内容展开讨论。大会首先安排了两位学者作大会主题发言：一是印度来的主教 Mar Aprem Mooken 作了题为"叙利亚文文献中有关中国的著述"的发言;二是中国学者牛汝极作了题为"中国发现的叙利亚文景教碑铭和文献(13—14世纪)"的发言。在会议上发言或为大会提交论文的主要有下列学者及其论文：

一是有关唐代中国景教经典的研究：唐莉《阿罗本文献的神学研究》、葛承雍《唐代景教传教士入华的生存方式与流产文明》、黄兰兰《景教僧的波斯寺》、侯欣《阿罗本经海路来华的吗?》、Wassilios Klein《唐代中国基督教对当今吉尔吉斯斯坦的影响》、Jürgen Tubach《大秦景教碑属于申命记神学吗?》、Max Deeg《关于景教文献的重新翻译》、Matteo Nicolini-Zani《唐代景教文献的今昔研究概况》、Penelope Riboud《波斯教到底是什么意思?》、Stephen Eskildsen《8世纪中国景教经典的道教影响》、Gunnar Mikkelson《汉文景教经典研究中的问题：以〈至宣安乐经〉为例》等。

二是有关元代景教碑铭文献及其遗存：澳大利亚马夸尔大学 Samuel Lieu《南中国刺桐的景教遗存》、Peter Zieme《一杯冷水：黑水城出土回鹘语景教残叶》、耿世民《扬州叙利亚文景教碑再研究》、Maurizio Paolillo《西方和中国文献中的汪古景教城》、Erica C. D. Hunte《中亚的基督教》、谢必震《泉州景教探踪》、Majella Franzmann《泉州新发现的景教墓碑》、Tjalling Halbertsma《戈壁沙漠中发现的基督教墓石》。

三是有关基督教艺术及相关内容：Roman Malek《中国基督教艺术："耶稣的中国面孔"展览说明》、王丁《柏林吐鲁番收藏品中的若干基督教十字架及其历史背景》、Lionel Goh《关于香港的景教十字架》、Beniot Vermander(魏明德)《景教对当代中国神学的影响》、Philipp Rott《中亚的基督教十字架》、Michel van Esbroeck《高加索十字架与中国的相似性》等。

这次会议大概是第一个有关中国景教的国际学术会议。其一,让中国学者了解了国外对中国景教研究的广度和深度;其二,让国外学者了解了中国学者在景教研究方面的进展和成果;其三,结识了众多朋友,增进了中国与国外学者的友谊和合作。

第二次会议

会议时间是在2006年5月30日至6月5日,主题是"中国与中亚景教研究国际学术研讨会"。大会安排了一个主题发言: Dietmar W. Winkler"伊拉克的东叙利亚基督教:从第一次世界大战到当今的历史考察"。有6位中国学者参会并交流发言。大会根据内容安排了四个方面的交流:

一是在景教历史研究方面有: Jürgen Tubach《阿罗本与波斯教会》、Erica C. D. Hunter《中亚对基督教向中国传播的贡献》、Wassilio Klein《大丝绸之路上景教徒的国家与教会关系》、唐莉《景教信仰的乃蛮与大汗有关的中世纪资料》、Maurizio Paolillo《汪古部乔治:中西文史料中内蒙古的一位13世纪景教国王》、Ken Parry《再访光明城:南中国的也里可温》、Jacob Tekeparampil《中国与(印度的)马拉巴尔》、米纳瓦尔·阿布都热依木《景教在新疆》、晏小靖《中国景教艺术的东西方融汇》、葛承雍《唐元时期中国景教圣歌音乐的传播和影响》、Garry Moon Yuen Pang《中文景教碑赞美诗:一首非凡的中国圣歌》。

二是在景教文献研究方面有:陈怀宇《晚唐两件景教和佛教文献间的联系》、殷小平《江南基督教的来源:以〈至顺镇江志〉中的大兴国寺的描述为依据》、Perter Zieme《吐鲁番布拉伊克出土的双语祈祷书研究》、Matteo Nicolini-Zani《7世纪耶稣会传教士对唐代基督教"拨款"的考察》、侯欣《阳玛诺对西安景教碑的考证》、Gunner Bjerg Mikkelsen《西安景教碑和其他景教文献对佛教术语的使用情况考述》、Max Deeg《唐代景教文献语境下的可行与不可行之道》等。

三是在景教碑文研究方面有: Mark Dickens《塔什干历史博物馆的叙利亚文墓碑》、牛汝极《七河、内蒙古和泉州的景教铭文比较研究》等。

四是在考古方面有: Christoph Baumer《乌兹别克斯坦乌尔古特的 Wazkarda 景教修道院考察》、Marian Galik《我对中国大秦寺的"朝拜"》、Tjalling Halbertsma《内蒙古景教遗址石刻雕像笔记和图像》、Garry Pang M. Y.《西安周至大秦寺唐三彩瓷器遗存研究》、Pierre Marsone《房山十字寺何时成为"基督教寺"的?》、李肖《吐鲁番洋海地区考古新发现》等。

第三次会议

会议时间是在2009年6月4日至9日,主题是"第三届中国与中亚景教研究国际学术研讨会”。来自奥地利、德国、中国、英国、法国、意大利、美国、加拿大、土耳其、印度等国的30余位学者参会,其中有牛汝极、葛承雍、张乃翥、王媛媛等中国学者参会。开幕式上主办方和赞助方讲话之后,由来自德国哥廷根大学的 Martin Tamcke 作了题为“辉煌昔日：20世纪作为东叙利亚基督教象征的中国东方教会的历史”的报告。报告之后召开了新书发布会,介绍了在萨尔斯堡举行的第二届中国与中亚景教研究国际学术研讨会的论文集《隐藏的珍宝与跨文化交往：中国与中亚东方叙利亚基督教研究》(*Hidden Treasures and the Intercultural Encounters: Studies on the East Syria Christianity in China and Central Asia*, Lit Verlag. 2009),由 Dietmar W. Winkler 与唐莉编辑。

大会首先由 Christoph Baumer 作了题为“从木鹿(Meru)到吐鲁番：中亚丝绸之路教会文物图说”的报告,Ken Parry 作了题为“新疆吐鲁番早期基督教绘画”的报告。

会议的主题之一是讨论中国洛阳新发现的景教经幢石刻的内容。唐莉首先介绍了洛阳景教石刻的基本情况和经文内容,葛承雍作了题为“西安和洛阳两件景教石刻比较研究”的报告,张乃翥作了题为“唐代洛阳的外国人与洛阳景教石幢”的报告,Matteo Nicolini-Zani 作了题为“洛阳景教石刻提及的基督教神职人员”的报告。

会议的另一主题是叙利亚文景教碑铭和写本的研究。如：Erica C. D. Hunter 作了题为“吐鲁番的 HT99 号叙利亚文写本与其祈祷者”的报告,Mark Dickens 作了题为“吐鲁番藏品中的叙利亚语祈祷书”的报告,牛汝极作了题为“一件中亚叙利亚语景教墓石铭文研究”的报告,Majella Franzman 作了题为“扬州和泉州叙利亚语-回鹘语铭文”的发言,Pier Giorgio Borbone 作了题为“白塔中的薛里吉思神父再研究：丰州叙利亚语-回鹘语题记”的发言。

研讨会围绕着景教神学、历史、图像、考古等方面展开了讨论。Glen L. Thompson 作了题为“景教如何变成聂斯脱利：西方构想与东方现实”的报告,Garry M. Y. Pang 作了题为“唐代中国景教神学对社会的贡献”的报告,D. H. Williams 作了题为“东方教会中前尼西亚神学的革命”的报告,王媛媛作了题为“唐代景教灭绝说质疑”的报告,Samuel N. C. Lieu 作了题为“大秦景教碑的‘古罗马精神’”的报告,Penelope Ribout 作了题为“蛮人宗教适合蛮人：重新审视845年对外来宗教的法令”的报告,Max Deeg 作了题为“伊斯：一个交战的神父和他的政治环境”的报告,谢必震作了题为“元代泉州景教的兴衰”的报告,Mehmet Tezcan 作了题为“13世纪成吉思汗帝国中的一位贵族妇女及其与景教的关系”的报告,A. S. Watson 作了题为“东方教会的一个道德传统？Tashitha Dhemar Yabhallaha 初探”的报告,Pierre Marson 作了题为“两幅画像一个人：

乔治——汪古汗王”的报告，Mauzigio Paolillo 作了题为“白韃靼：来源及其与畏吾儿的关系”的发言。

会议还讨论了印度和亚美尼亚基督宗教方面的内容。Baby Vazghese 作了题为“15 世纪东叙利亚教会去马拉巴的传教”的报告，Jasmine Dum-Tragut 作了题为“亚美尼亚的东叙利亚教会：亚美尼亚的亚述及其宗教组织和信仰”的报告。会议讨论热烈，气氛活跃，话题广泛而深入，对于了解唐元中国和中亚的景教和聂斯脱利的学术研究很有意义。

2. 海外景教研究相关机构

奥地利萨尔斯堡大学神学系，其负责人是 Dietmar W. Winkler，其前任负责人是 Peter Hofrichter。其研究领域以基督教叙利亚东方教会史及其神学研究为主，对中国基督教史多有涉及。中国学者唐莉目前受聘该机构。另外，奥地利萨尔斯堡大学还设有《圣经》研究与教会史系。

意大利比萨大学叙利亚语研究系，Pier Giorgio Borbone 领导的一个小组主持了一个“中国与中亚发现的叙利亚文景教碑铭文献数据库”的建设，计划将每一个碑铭和文献的语言词汇和字形都做成数字资料。

德国的《华裔学志》编辑部在 Roman Malek 的领导下陆续编辑出版了中国基督教研究的系列丛书，值得参考关注。

法国国立科研中心叙利亚研究中心在 Alain Desreumaux 的主持下完成了许多项目，其中有的涉及中国和中亚出土的叙利亚文景教碑铭的研究成果和会议。

加拿大多伦多大学叙利亚语研究学会在 Amir Harrak 的主持下每年举行一次有关东方叙利亚基督教方面的学术会议，不定期地召开小型研讨会，每年出版一本《加拿大叙利亚语研究学会杂志》，其中也有涉及中国景教方面的文章。

3. 海外景教研究相关论著评述

一是由 Roman Malek & Peter Hofrichter 编的《景教：中国和中亚东方教会》(*Jingjiao: The Church of the East in China and Central Asia*, ed. by Roman Malek & Peter Hofrichter, Collectanea Serica, Institut Monumenta Seriaca · Sankt Augustin, 2006, ISBN 3－8050－0534－2)，是萨尔斯堡第一次国际会议的论文集，本书分为五部分，第一部分有两篇文章：Matteo Nicolini-Zani《唐代景教文献的今昔研究概况》、T. H. Barrett《佛教、道教和八世纪中文术语有关基督教的称呼——回应安东尼和其他人的近期著述》。第二部分有若干篇涉及唐代景教的文章：Stephen Eskildsen《中国的景教与

中世纪道教的对应》、陈怀宇《晚唐景教与佛教文本的联系》、Max Deeg《唐代中文景教文献的重新翻译》、林悟殊《再议富冈谦藏和高楠顺次郎景教写本的可靠性》、Gunner B. Mikkelsen《关于羽田亨和佐伯好郎的中文景教〈志玄安乐经〉文本——对林悟殊近期研究的评述》、王丁《中国新疆中世纪基督教遗存》、Bennoit Vermander（魏明德）《景教对当代中国神学的影响》等。第三部分有十二篇涉及元代景教的文章，包括周良宵《金元时期中国的景教》、牛汝极《13—14 世纪中国景教碑铭研究》、Ken Parry《中国东方教会艺术》、唐莉《唆鲁和帖尼：蒙古汗庭的第一位景教妇女》、Maurizio Paolillio《景教的多城传说：根据中西史料对元代汪古部城市结构的确认》等。第四部分有七篇文章，包括 Philipp G. Rott《中亚的基督教十字架》、Michel van Esbroeck《高加索十字架与中国的相似性》等。第五部分是有关中国和中亚基督教的中西文文献题录。

二是由 Dietmar W. Winkler 与唐莉编辑的《隐藏的珍宝与跨文化交往：中国与中亚东方叙利亚基督教研究》（*Hidden Treasures and the Intercultural Encounters: Studies on the East Syria Christianity in China and Central Asia*, Lit Verlag. 2009），是萨尔斯堡第二次国际会议的论文集，该书内容如下：

早在公元 1 世纪，基督教迅速传播到叙利亚、埃及、小亚细亚、希腊、意大利、西班牙，它冲破罗马帝国的边界和语言壁垒到达美索不达米亚。公元 2 世纪，基督教传教团远达尼罗河谷，而且在高卢、不列颠以及罗马的非洲领地也能找到他们的踪迹。以往的基督教历史研究多集中在罗马帝国境内、地中海和欧洲，毕竟基督教最终成为这个地区多数人的宗教。很少有人考虑乌浒水（阿姆河）、粟特、回鹘语部众以及印度马拉巴海岸在近古时期的事实。东叙利亚基督教在阿拉伯半岛站稳了脚跟，而且在 7 世纪时到达中国（唐朝）境内。作为东方教会执行传教使命的结果，东方叙利亚与基督教会传播到了罗马帝国以外的世界，之前它是作为"聂斯脱利教会"为人所知的。本书收入了学者们有关中国和中亚教会最新的研究成果。来自中国、印度、欧洲、北美等地大学和研究机构的世界知名学者所提交的新研究成果掀开了基督教历史研究的新篇章。

本书开头有编者导言，之后文章分为四部分：碑铭部分、文本部分、历史部分、礼仪与艺术部分。碑铭部分收有若干篇文章：Mark Dickens 的《塔什干历史博物馆的叙利亚文墓碑》介绍了该博物馆景教叙利亚文墓碑的来龙去脉并详细解读了四件叙利亚文墓碑铭文，Tjalling Halbertsma 的《内蒙古景教遗址石刻雕像笔记和图像》介绍了王墓梁、敖伦苏木等地景教遗址中的一些佛教、道教等中国文化遗存，Erica C. D. Hunter 的《波斯对中国基督教的贡献：反思西安景教叙利亚文碑铭》对碑文中的叙利亚文部分进行了全面探讨，Wassilios Klein 和 Kuvatbek Tabaldiev 的《吉尔吉斯斯坦新发现的两件叙利亚文墓碑》对两个碑中的铭文进行了译释，牛汝极的《七河、内蒙古和泉州的景教铭文比较研究》探讨了三地的景教铭文中的共性特点，唐莉的《洛阳景教碑文初探：文本分析、注释和英文翻译》对 2006 年在洛阳发现的汉文《大秦景教宣元至本经幢记》进行了初步译释。

文本部分收有三篇文章：Max Deeg 的《唐代景教文献语境下的可行与不可行之道》评述了汉文景教文献中一些词语的英译，姚志华的《汉文景教文献的四福音合参阅读》分析了四福音合参的标准、死亡与复活、禁欲的规则、犹太基督徒的倾向、汉文的福音和谐等内容，Peter Zieme 的《一件出自布拉依克的双语祈祷书的说明》介绍了吐鲁番布拉依克的回鹘语-叙利亚语写本情况。

历史部分有十一篇文章：Mar Aprem Mooken 的《叙利亚语资料中的中国文献》提出阿罗本可能是叙利亚语 Malpan（Malpana 的缩写）“教师”的音转；陈怀宇的《中世纪中国聂斯脱利基督教与藏密佛教相遇》涉及对中世纪中国的印度-伊朗宗教的评论、藏密佛教与景教的跨文化翻译、藏密佛教和景教中的天文学知识、藏密和景教经文石幢、敦煌和西藏的景教与藏密佛教等；Pierre Marsone 的《房山十字寺何时成为“基督教寺”的?》对前人的几种观点进行了归纳；Matteo Nicolini-Zani 的《景教耶稣会：7 世纪耶稣会传教士对唐朝基督教的“拨款”》通过《大秦景教流行中国碑》等碑铭材料探讨了景教传教在经费方面的“石头背后的故事”；Maurizio Paolillo 的《探寻乔治王》讨论了蒙元时代汪古部首领乔治王的事迹；唐莉的《景教信仰的乃蛮与大汗有关的中世纪资料》根据辽金元史料梳理了乃蛮及其王子作为基督徒的事迹；Glen L. Thompson 的《阿罗本是一个传教士吗?》对阿罗本是否是一个纯粹的传教士提出了质疑；Alexander Toepel 的《13 世纪末朝鲜的基督徒》根据前人的研究对朝鲜半岛 13 世纪末的基督徒状况进行了简要描述；Jürgen Tubach 的《使徒托马斯的传道地域》探讨了使徒托马斯 5 世纪时在泰西封（波斯帝国的大城，萨珊王朝的首都，在今伊拉克境内）等地的活动情况；殷小平的《根据〈至顺镇江志〉（1329—1332）看元代江南的基督徒》介绍了大兴国寺与马薛里吉思，比较了唐元二代景教的状况，探讨了江南的景教等问题；Dietmar W. Winkler 的《伊拉克的东叙利亚基督教：从第一次世界大战到当今的历史考察》对近一个世纪的伊拉克境内东方叙利亚基督教的发展情况进行了概括。

礼仪与艺术部分有三篇文章：葛承雍的《中国唐元时期的景教歌咏音乐考述》探讨了音乐与宗教的关系（原文为中文，附英文提要），Garry Moon Yuen Pang 的《中文景教碑赞美诗：一首非凡的中国圣歌》介绍了《大秦景教流行中国碑》的背景、内容和意义，闫小晶（译音）的《中国景教艺术中的东西方影响》探讨了景教艺术中的东西方特色和风格。

三是由 Martin Palmer 著的《序听迷诗所经：遗失的道教色彩的基督教经卷的再发现》（*The Jesus Sutras：Rediscovering the Lost Scrolls of Taoist Christianity*，16+267 页，40 幅插图，The Ballantine Publishing Group，New York，ISBN 0－345－43424－2）。基督教的产生似乎源于西方文化，但是令人惊奇的是，古老而又丰富的基督教信经却产生于东方。Martin Palmer 首次发现了这一重大历史，并翻译了此教派遗失已久的经文，对于死海经卷具有重要的比较意义。通过专家学者对有关文献的收集、辨认、译释，可以确认，这些宗教内容写本绝大部分属于基督教礼仪文献。本书分为九章：消失的教堂；中国教会的发端：第一部经典；早期基督教徒世界的概述；东方教会；七世纪中国的多元文化局面；中国的早期教会；教会的成果：礼拜经典；光明的道路：碑铭的教导；教会的命运等。

四是由 Roman Malek 等主编的"《华裔学志》专论系列"（Monumenta Serica Monograph Series）中的《耶稣基督的中国面孔》（*The Chinese Face of Jesus Christ*，Volume 1，391 页，L/1，ISBN 3－8050－0477－X，2002 年）。许多学者参与了该书的写作。绪论部分陈述了在中国文献中耶稣基督的面孔与形象问题，提出了"耶稣基督是否需要变革形象"的问题，道—逻各斯—耶稣之间的关系和耶稣与佛教之间的关系问题都有论及。该书第一部分"唐元基督教的面像"主要有下面一些文章，如 Yves Raguin，S. J.《7 世纪至 8 世纪东方叙利亚修道士传入中国的首部基督教经典——基督教传统的首次中文表达及相关问题》、Steve Eskildsen《中文景教文献中的基督教与基督神学》、Gunner B. Mikkelsen《"快引我去净土"：中文摩尼教赞美诗中的基督教和佛教术语》、Hans-Joachim Klimkeit《耶稣的"涅槃"：中亚佛教徒的摩尼教认同》及《中亚宗教的十字象征》等。书后附有一些重要的中文景教文献和吐鲁番高昌出土叙利亚文写本的新的英文译本。

五是由 Christopher Baumer 编的《东方教会：亚述基督教历史图说》（*The Church of the East: An Illustrated History of Assyrian Christianity*，I. B. Tauris 2008，ISBN 978－1－84511－115－1），其中不少篇幅涉及中国和中亚景教史方面的内容并附大量精美图版。

六是由 Ken Parry 编的《东方基督教》（*Eastern Christianity*，Blackwell Publishing 2007），该书的特点是图文并茂，内容也多有涉及中国景教。

七是由吉田顺一、齐木德道尔吉编的《黑水城出土蒙古语文书研究》（日文，雄山阁 2008，日本），该书收有黑水城出土中国元代叙利亚文叙利亚语和叙利亚文回鹘语景教礼仪文书的研究成果。

八是由 D. D. Leslie 和 K. H. J. Gardiner 编的《中文史料中的罗马帝国》(Studies Orentali, Volume XV, Bardi Editore, Roma 1996),书中也有涉及景教或基督教的内容。

九是由 Erica C. D. Hunter 主编的《伊拉克的基督教遗产：第一至五届伊拉克基督教会议论文选》(*The Christian Heritage of Iraq: Collected papers from the Christianity of Iraq I－V Seminar Days*, Gorgias Eastern Christian Studies, Gorgias Press 2009, ISBN 978－1－60724－111－9),书中收有多篇涉及中亚和吐鲁番地区叙利亚语景教碑铭和文献的论文。

十是由 Piercing Giorgio Borbone 编的《阿鲁浑汗王派往西方的大使：主教雅巴拉哈三世与拉班·扫马的历史(公元 1281—1317 年)》(*Un ambassadeur du Khan Argun en Occident: Histoire de Mar Yahballaha III et de Rabban Sauma (1281－1317)*, Peuples et Cultures de L'Orient, L'Harmattan 2008, ISBN 978－2－296－06147－7),是专门涉及元代中国景教与西方教会关系的法文著作。

十一是由吴小欣编的《相遇与对话：16 世纪至 18 世纪中西交流视角的转变》(*Encounters and Dialogues: Changing Perspectives on Chinese-Western Exchanges from the Sixteenth to Eighteenth Centuries*),收入"《华裔学志》专论系列"(Monumenta Serica Monograph Series)。

十二是由 Iain Gardner、Samuel Lieu 和 Ken Parry 著的《从帕尔米拉到刺桐：碑铭学与图像学研究》(*From Palmyra to Zaytong: Epigraphy and Iconography*, Silk Road Studies X, Brepols 2005,13 页+278 页+26 幅彩图,ISBN 2－503－51883－4)。该书第二部分追溯了基督教和摩尼教在泉州(刺桐)的发展,其次对泉州基督教碑文及图像进行了选析,可供参考。

十三是由 Wassilios Klein 著的《14 世纪吉尔吉斯斯坦发现的基督教景教墓碑研究》(*Das Nestorianische Christentum an den Handelswegen durch Kyrgyzstan bis zum 14. Jh.*, Silk Road Studies III, Brepoles 2000, ISBN 2－503－51035－3),对七河流域发现的 41 件叙利亚文景教徒墓碑铭文进行了释读和翻译。

十四是牛汝极在海外发表的若干论文,其在法国高等研究实践学院的博士论文题为《中国发现的叙利亚文景教碑铭文献研究(13—14 世纪)》(*Inscriptions et manuscrits nestoriens en écriture syriaque découverts en Chine* [XIIIe－XIVe *siècles*], 420+12 p., Paris 2003。内容可参中文版《十字莲花：中国元代叙利亚文景教碑铭文献研究》,上海古籍出版社 2008 年，ISBN 978 - 7 - 5352 - 4908 - 5/K · 1087）。此外，牛汝极在海外用英文或法文还发表了下列一些文章：

1. "A New Syriac-Uighur Inscription from China：(Quanzhou, Fujian Province)", in：*Journal of the Canadian Society for Syriac Studies*, Vol. 4, 2004, University of Toronto, Canada, pp. 60 - 65.

2. "The Uighur Inscription in the Mausoleum of Mar Behnam (Iraq)" (in English), with Amir Harrak, in：*Journal of the Canadian Society for Syriac Studies*, Vol. 4, 2004, University of Toronto, Canada, pp. 66 - 72.

3. "Les inscriptions syriaques de Chine" (in French), Dans：*Etudes Syriaques*, Paris, France, Nov. 2004.

4. "Nestorian Grave Inscriptions from Quanzhou (Zaitun), China", in：*Journal of the Canadian Society for Syriac Studies*, Vol. 5, 2005, University of Toronto, Canada, pp. 51–67.

5. "Nestorian Inscriptions from China (13th - 14th Centuries)" , in：*Jingjiao: The Church of the East in China and Central Asia*, Germany, 2006.

6. "A Comparative Study on the Nestorian Inscriptions from Semirechie, Inner Mongolia and Quanzhou", in：*Hidden Treasures and Intercultural Encounters: Studies on East Syriac Christianity in China and Central Asia*, edited by Dietmar W. Winkler and Li Tang, Lit Verlaine GmbH & co. KG Wien 2009, pp. 101 - 108.

7. "A Nestorian Tombstone with Syriac Inscriptionsfrom Central Asia", in：*From the Oxus River to the Chinese Shores: Studies on East Syriac Christianity in China and Central Asia*, edited by Li Tang and Dietmar W. Winkler, Lit Verlaine GmbH & co. KG Wien 2013, pp. 93 - 98.

8. "History Is a Mirror：On the Spread of Nestorianism in China from the Newly Discovered Bronze Mirror with Cross-Lotus and Syriac Inscriptions", in：*The Church of the East in Central Asia and China*, ed. in chief by Samuel N. C. Lier and Glen L. Thompson, Brepols Publishers n. v. Thunhout, Belgium 2020, pp. 177 - 188.

总之，海外中国景教研究成果多，研究得也较深入。首先是在景教叙利亚语文献研究方面有较好的传统和积淀；其次，在景教教义和祈祷仪规的研究方面有许多优势；第三是在景教与其他宗教的相互影响方面的研究成果较多，值得关注。

第二章　敦煌发现的两件叙利亚文景教写本残片

写本残片一

前文提到，在1986—1990年间，敦煌发现一件叙利亚文写本残片，内容为使徒(Apostle)保罗(Paulus)写给加拉太(Galatia)教会的信件第3段第7行至第10行之间的部分(3,7b—10a)。该残片背面为赞美诗片段。首先对该残片进行整理的是克莱恩(Wassilios Klein)和土巴奇(Jürgen Tubach)，讨论了经文的来源和东叙利亚教堂的礼拜仪式等相关问题。[1] 之后，考夫诰德(Hubert Kaufhold)对前文中的三四

图版2-1：敦煌研究院藏叙利亚文景教徒礼仪书残片之背面(牛汝极摄于2000年7月)。

---

〔1〕 KLEIN, WASSILIOS & TUBACH, JÜRGEN, 1994, pp. 1-13. 赵崇民等汉译文刊于敦煌研究院编《敦煌研究文集：敦煌研究院藏敦煌文献研究篇》，甘肃民族出版社2000年版，第493—508页。本文中的许多观点均来自这篇文章，下文不再一一注明，特此说明。

个词的转写和译释提出了不同的看法[1]。

原文模拟：

正面：

1. [ܗܢܘܢ] ܐܢܘܢ ܒܢܝܐ ܕܐܒܪܗܡ ܡܛܠ ܓܝܪ ܕܩܕܡ
2. [ܝ]ܕܐ ܐܠܗܐ ܕܒܗܝܡܢܘܬܐ ܗܘ ܡܙܕܕܩܝܢ
3. ܥܡܡܐ ܩܕܡ ܣܒܪ ܠܐܒܪܗܡ ܐܝܟ
4. ܕܐܡܪ ܟܬܒܐ ܩܕܝܫܐ ܕܒܟ ܢܬܒܪܟܘܢ
5. [ܟܠܗܘܢ ܥ]ܡܡܐ ܡܕܝܢ ܡܗܝܡܢܐ ܗܘ
6. [ܡܬܒܪܟܝܢ ܒܐ] ܒܪܗܡ [ܡܗ]ܝܡܢܐ ܐܝܠܝܢ

纵书的边注：

ܕܫܒܬܐ ܪܒܬܐ

背面：

1. ܩܪܝܬ ܕܫܒܬܐ ܪܒܬܐ ܥܪܘܒܬܐ ܕܨܠܒܘܬܐ
2. ܕܡܠܐܟܘܗܝ ܕܦܘܠܘܣ ܫܠܝܚܐ ܐܓܪܬܐ ܕܠ[ܘܬ]
3. ܩܘܪܢܬܝܐ ܩܕܡܝܬܐ ܡܢ ܦܐܣܩ ܡܠܬܐ
4. ܓܝܪ ܕܙܩܝܦܐ ܠܐܒܝܕܐ ܫܛܝܘܬܐ ܗܝ ܠܢ ܕܝܢ
5. ܠܐܝܠܝܢ ܕܚܝܝܢ ܚܝܠܐ ܗܝ ܕܐܠ[ܗܐ ܟܬܝܒ]
6. ܓܝܪ ܕܐܘܒܕ [ܚ]ܟܡܬܐ ܕܚܟ[ܝܡ]ܐ [ ]

标音：

正面：

1. hnwn 'nwn bny' d'brhm mṭl gyr dqdm

2. yd' 'lh' dbhymnwt' hw mzddqyn

3. ʿmm' qdm sbr l'brhm 'yk

4. d'mr ktb' qdyš' dbk ntbrkwn

5. k1hwn ʿmm' mdyn mhymn' hw

6. mtbrkyn b'brhm mhymn' 'ylyn

---

[1] KAUFHOLD, HUBERT, 1996, pp. 49–60.

纵书的边注：*dšbt' rbt'*

背面：

1. qry'n' dšbt' rbt' šwry' mšryt'

2. dml'kwhy dpwlws šlyḥ' 'grt' dlwt

3. qwrnty' qdmyt' bṣ w-'hy mlt'

4. gyr dzqyp' l'byd' šṭywt' hy ln dyn

5. l'ylyn dḥyyn ḥnn ḥyl' hy d'lh' ktyb

6. gyr d'wbd ḥkmt' dḥkym'

翻译：

正面：

“……[故而我们应知道，]亚伯拉罕的子孙是那些依仗信仰的人。圣经预见了，天主将通过信德之路赐予外邦人真正的正义。亚伯拉罕领受了此恩许：‘万邦都将因你获得祝福。’因此，那些[走信德之路的人和有信德的亚伯拉罕同受祝福……]”

纵书的边注：“用于伟大的星期六。”

背面：

“用于伟大的星期六诵读。赞美诗云：一群天使。使徒保罗写给科林斯人的第一封信。在第六段里，我的弟兄们，关于十字架这个词，对于那些走向灭亡的人来说是愚蠢的；但是，对于我们这些被拯救的人来说，它是上帝的力量。这儿不是写着吗：我要消灭聪明人的智慧……”

正面部分的内容属加拉太书信 3：7b—10a，因而不是礼拜堂圣经的开头。但东叙利亚教堂的礼拜颂经用的是加拉太书信 2：17—3：14 之间的内容。沃莫兰（P. Vermeulen）认为，在耶稣受难日所作的用于耶稣复活节前礼拜六的晚祈祷就是上面的祷文[1]。这段文字涉及的是十字架的意义，即耶稣之死的意义，据经典的证据来论述信仰与法则的矛盾。在耶稣受难日朗诵这篇礼拜经文，其意不言自明。根据宋德曼（W. Sundermann）研究刊布的出自吐鲁番的相同内容的叙利亚文粟特语写本可知[2]，这件残片的原稿大概为每页 20 行文字。该残片背面的内容为科林斯教堂圣经，按规定它只用于耶稣受难日中午

〔1〕 VERMEULEN, P., 1967, Teil Ⅰ: pp. 211 - 240; Teil Ⅱ: pp. 371 - 388; Teil Ⅲ: pp. 525 - 548.

〔2〕 SUNDERMANN, W., 1974, pp. 169 - 225.

的祈祷,因而对教堂圣经规则的发展与传播来说,是为数不多的早期证据。根据叙利亚文的书体,可大致将这件写本断代为1250年至1368年之间。可以肯定,这前后相随的教堂经文都来源于同一本保罗颂经诗文的弥撒书,因为该残页两面书写,加上开头部分就是加拉太教堂圣经的中间部分,所以,此叶之前至少还应有一叶双面书写的经文。可以认为这是一册收录了保罗书信的非福音派的弥撒书。只是不太清楚,书中包含的仅仅是用于节日期间的经文,还是可用于一年中所有日子的经文。这只能期待来日有新的发现。至于敦煌是否曾经存在过一个操叙利亚语的或者是一个双语的景教教区或教堂,目前还不清楚。但我们可以知道,在敦煌的教堂里曾使用叙利亚文,至少在礼拜仪式上如此。在敦煌曾发现过不少汉文的景教文献,同时也发现有粟特文和回鹘文景教写本。这件残叶用一个关于耶稣受难日和耶稣复活节前星期六颂经规则的实例丰富了我们对东叙利亚教堂颂经规则的知识。因此可以说,该写本除了具有教会史方面的价值之外,还具有礼拜仪式史方面的价值。

写本残片二

一件出自北区第53窟的折子式双折4面叙利亚文写本,其中第1面为叙利亚语-回鹘语双语隔行交替书写,回鹘文存16行,内容似乎与基督教无关,可能是佛教赞美诗或佛典的一个片段。叙利亚文每面均存15行文字,内容为《圣经·诗篇》的片段[1]。段晴首先研究刊布了这件文献的叙利亚文部分[2],回鹘文部分由张铁山刊布,他们的研究还存在一些问题,因此,我们拟对这两种文献再作进一步研究。

回鹘文部分

标音:

1. *pwlwr 'wyc t'rdyny t'kw s'β n'kw typ*

2. *ywr'k 'wyn'r ''rky*

3. *qwld' kwynk t' twqm'qw*

4. *qwlw tyn 'rync pwlm'qw*

---

〔1〕 彭金章、王建军,2000,第154—159页。

〔2〕 段晴,2000a,第382—389页。

段晴,2000b,第120—126页。

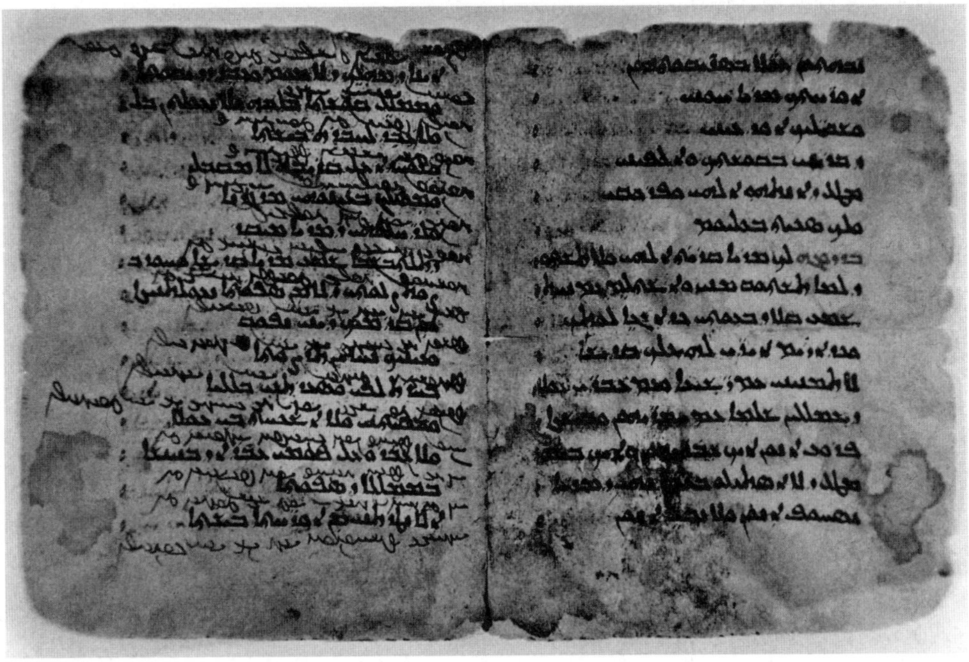

图版 2－2：叙利亚文写本正面，左栏为第 1 叶的正面，为叙利亚文－回鹘文双语，但两种文字的内容不同。叙利亚文部分为《圣经》的《诗篇》第 15 节第 2—4 行，第 17 节第 1—4 行；回鹘文部分为回鹘语佛教诗歌的片段。右栏为第 2 叶的背面，叙利亚文的内容是《圣经》的《诗篇》第 25 节第 3—5 行，第 28 节第 1—5 行（牛汝极摄于 2000 年 7 月）。

5. *qwlwp qwrdq'ryp ''lm'qw*

6. *qwly: nwm t's qwdynk'*

7. *qwpy s'yyl ''dlyq yyl'r t'*

8. *qwrqwp qwdy twypwn s'c'rt'*

9. *pwy'n lyq 'ysl'r nynk kwycynd'*

10. *pwrwn qy y'qsy l'r nynk swyzynd'*

11. *pwswrmn t'syk nynk 'ysynd'*

12. *pwlwr mw 'rky 'wz'qy y'qsy l'r nynk twysynd'*

13. *'lp pwlqw lwq y'lynkwq ''swnyn t'*

14. *''z qy 'pwy'n qylqw lwq kwycynyn t'*

15. *''z t' s'q 'syr 'nwm n'yng twsyn t'*

16. *''s'nky p'rqwlwq 'ys l'r nynk ywlynd'*

转写(按诗歌形式排序):

1. *bolur üč (t) ärtini tägü saw nägü tip*
2. *yörük ünär ärki*

3. *qulda küŋ-tä tuγmaγ-u*
4. *qolu-tin ärinč bolmaγ-u*
5. *qolup qurtgarip almaγ-u*

6. *qulï nom-taš qutïŋa*
7. *qop-i kayil(?) adlïγ yirlär-tä*
8. *qorqup qudï töbün(?) sačar-ta*

9. *buyan-lïq išlär-nïŋ küčindä*
10. *burunqï yahšï-lar-nïŋ bu söz-indä*
11. *bušurmn(busurmn) täšik(tažik)-nïŋ išindä*
12. *bolur-mu ärki uz-a-qï yahšï-lar-nïŋ tüšindä*

13. *alp bulγu-luq yalïŋuq azunïn-ta*
14. *az-qi-a buyan qïlγu-luq küčinin-tä*
15. *aš-ta-sah-a-sir-a nom-nïŋ tušin-ta*
16. *asanki barγu-luq iš-lär-niŋ yolïn-ta*

注释:

第 1 行: *üč ärtini* "三宝",即,佛、法、僧。*Ärtini* "宝",通过间接渠道借自梵语的 *ratna*。

第 1 行: *tägü*, *täg*"到达"的副动词形式。

第 1 行: *nägü* "什么"、"为何"。

第 2 行: *yörük* "说明、解释"。参见 Hamilton 1986, p. 47。

第 2 行: *ünär* 由 *ün-*"发音、说"+*-är* (动名词词尾)构成。

第 2 行: *ärki* 由系动词 *är-* + 解说格词尾*-ki* 构成。

第 3 行：*qul-da küŋ-tä* <*qul küŋ*“（男女）奴隶”，其中的*-da/-tä* 为从位格词尾，参见 *EDPT*，p. 615；*qulïm küŋim*“我的奴隶”参见 Inscription Shine-usu，E1。

第 3 行：*tuγmaγ-u* 由 *tuγ-*“出生”+ 否定副动词词尾*-maγ*（<*-maq*）+副动词词尾 *-u* 构成。

第 4 行：*qolu-tin* <*qolu*“沉思、冥想”+ 从格词尾构成。

第 4 行：*ärinč* 系动词 *er-* 的动名词形式。

第 4 行：*bol-maγ-u* 动名词 *bol-*“成为”+*-maq-*（动名词词尾）+ *u*（副动词词尾）> *-maγu*。

第 5 行：*qol-up* <*qol-*“请求”+*-up*（副动词词尾）。

第 5 行：*qurtgar-ip* <*qurtgar-*“拯救”+*-ip*（副动词词尾）。

第 5 行：*almaγ-u*，由 *al*“拿”+否定副动词词尾*-maγ*（<*-maq*）+副动词词尾 *-u* 构成。

第 6 行：*nom*“法”。

第 6 行：*qut-ïŋa* <*qut*“福”+ *ïn-ga*（第三人称向格词尾）。

第 7 行：*qop*“全部”，参见 *EDPT*，p. 579。

第 7 行：*kayil*（?）该词转写不能肯定：*qayïn/qadïn/sayil/sayin?*，词义不清楚，待考。

第 7 行：*adlïγ* = *atlïγ*“名为”。

第 8 行：*qudï töbün*，“低高、下上”参见 *EDPT*，p. 441 et p. 436。如：*nomta örüsi qudisï bultuqmaz* 法无高下，参见 Zieme 2000：p. 90。

第 8 行：*sačar*“散落”、“飞溅”，参见 G. Clauson，*An Etymological Dictionary of Pre-Thirteenth-Century Turkish*，Oxford at the Clarendon Press 1972，p. 794；P. Zieme，“Zwei uigurische Gedichte aus Dunhuang-ein Deutungsversuch”（sous presse）。

第 9 行：*buyan*“功德”+形容词构词词缀*-lïq* 构成。*Buyan* 来自梵语 *puṇya*“宗教功德”。*Buyanlïq*“有功德的”，参见 *EDPT*，p. 387。

第 10 行：*burunqï* < *burun*“以前的”。

第 10 行：*yahšï*“好的”。G. Clauson 认为，在回鹘语中，该阿拉伯语借词出现于 11 世纪之后，即出现于 *Mahmut-al Kashgar* 的《突厥语词典》之后，词义与 *ädgü* 可互换，参见 *EDPT*，p. 908。P. Zieme 把该词读作来自汉语的 *vahšï*“法师”，参见其即将发表的论文“Zwei uigurische Gedichte aus Dunhuang-ein Deutungsversuch”。但是，以往回鹘文中的“法师”多写作 *v'psy* 或者 *b'qsy*，参见 Hamilton 1986，p. 142；*DS*，p. 238。

第 11 行：*bušur-*“烦恼”, G. Clauson 认为该词来自词根 *buš-* “烦恼、使烦恼”，参见 *EDPT*, p. 384。Peter Zieme 把该词读作 *busurman* “穆斯林”, 我不同意他的读法，因为在佛教诗歌中出现“穆斯林”和“塔吉克”不大符合情理。

第 11 行：*tašik* “外面的”。P. Zieme 读作 *tažik* “塔吉克”。

第 12 行：*tüšin* = *tüzün* “善妙”参见 *EDPT*, p. 576；Zieme 2000, p. 130, 108。

第 13 行：*alp bulɣu-luq* “难得”参见 Zieme, 2000, p. 104。

第 13 行：*yalïŋuq* = *yalaŋuq*/*yalŋuq*“人”, *azunïn* < 粟特语 *’’jwn*, *āžon* “出现、生命” *yalïŋuq azunïn* “人世、人界”。

第 14 行：*az-qi-a* “少许”。

第 15 行：*aš-ta-sah-a-sir-a* <梵语 *aṣṭasahasra* “八千”，等于“八千颂般若”；*aṣṭasahasra prajñāpāramitā* 相当于《小品般若经》，参见《佛光大辞典》, p. 4093, 924；P. Zieme, “Zwei uigurische Gedichte aus Dunhuang-ein Deutungsversuch”。

第 15 行：*tüšin* <*tüš-ïn* <*tüš* “报、果报”，参见 P. Zieme 2000, p. 118; *EDPT*, pp. 558 – 559。

第 16 行：*asanki*< 梵语 *asaṃkhyeya* “无数、阿僧祇”，相当于 *ülgüsüz üküš*, *ülgüsüz sansïz* “无量、无数”，参见 Willian Edward Soothill and Lewis Hodous, *Dictionary of Chinese Buddhist Terms*, London 1930, p. 379；《佛光大辞典》, p. 3666; P. Zieme, “Zwei uigurische Gedichte aus Dunhuang-ein Deutungsversuch”。

译文：

1. 三宝为何物？
2. 细听如是述：
3. 莫当男女奴，
4. 勿对静思疏忽，
5. 莫要寻求救渡！
6. 法奴之外是福禄，
7. 尽在努力之处。
8. 深感忐忑畏惧，
9. 功德之举有效力。
10. 前世善举在言语里，

11. 我为恶行而烦恼。
12. 持久的善妙，
13. 人世间难得到。
14. 少许的功德也有神效，
15. 《八千颂般若经》有业报，
16. 万事万物有法道。

叙利亚文部分

对应于叙利亚文《诗篇》Ps 15，2—4a；Ps 17，1—4；Ps 21，2—5；Ps 23，1—4；Ps 24，1—5；Ps 28，1—5 的段落，其中个别词句与叙利亚文原文有些出入。该残片的第一折正面为叙利亚文-回鹘文双语文献，回鹘文 16 行，与叙利亚文交错隔行书写，回鹘文在前叙利亚文在后，但这几行双语文字的内容并不对应。纯叙利亚文部分有三面，文中三个日期："礼拜二"、"礼拜三"、"礼拜四"和 brzwg-h"同伴、同事"等词均不是《诗篇》中的内容，为朱笔，起提示作用。红字标出的不同的日子用于在不同的礼拜日期由使徒吟诵的部分，红字标出的 brzwg-h 共出现三次，分别出现在用于这三个不同礼拜日期诵读段落的中段。红字标出 brzwg-h 以下的部分，表示使徒颂唱之后全体做礼拜的景教徒合唱吟诵的段落。

标音和原文模拟〔1〕：

第一栏　正面：

1. 'yn' dmhlk dl' mwm w-ʿbd zdyqwt':

2. w-mmll qwšt' b-lb-h wl' nkwltn〔2〕 *b-l*［*šnh*］〔3〕*:*

3. wl' ʿbd l-ḥbr-h byšt':

4. w-šwḥd''l qryb-h l' mqbl:

5. w-mslyn b-ʿyn-why mrgzn' :

6. w-l-dḥlw-hy d-myry' myqr〔4〕*:*

〔1〕 标音符号采用国际通用的叙利亚文标音体系，符号 ' 表示 Ālaph，符号 ʿ 表示 Ē，方括号［　］中的内容是根据相关文献补加的，黑体字表示这几个字母在原文中使用红笔书写。

〔2〕 段晴转写为：nqwltn。

〔3〕 该词保存不完整，段晴补作：*b-l*［*šn'*］。

〔4〕 段晴转写为：myqz。

7. ***d-tlt-bšb'*** *šm 'mry' qdyš' w-ḥwr b[b'wty]:*

8. *šwt*〔1〕 *šlwt-y dl' mn spwt'*〔2〕 *nkwltnyt':*

9. *mn qdmyk dyny npwq*〔3〕*:*

10. *w-'ynyk nḥzn tryšwt':*

11. *bḥrt lb-y w-s 'rt-ny b-lly':*

12. *w-bqyt-ny w-l' 'skḥt*〔4〕 *b-y 'wl':*

13. *w-l' 'brw 'l pwm-y 'bd' d-bnynš':*

14. *b-mmll' d-spwt'*〔5〕*:*

15. *'l' nṭrt-ny mn 'wkḥt'*〔6〕 *byšt':*

第一栏　背面

1. ***brzwg-h*** *mry' b-ḥyl-k nhd' mlk':*

2. *w-b-pwrqn-k ndwš*〔7〕 *rwrb' yt:*

3. *rgt' d-lb-h yhbt l-h*

4. *w-ṭwyb'*〔8〕*,d-spwt-h*〔9〕 *l' klyty-hy*〔10〕*:*

---

〔1〕 段晴认为,该词前应有一个 w 字母,即为：wṣwt。因为她所依据的本子是 *The Old Testment in Syriac* According to the Peshitta Version by the Peshitta Institute Leiden，此外,其他本子,如：ܟܬܒܐ ܕܕܝܬܩܐ ܥܬܝܩܬܐ ܘܚܕܬܐ(Trinitarian Bible Societn，London，W. C. 1，出版年代不详)也有 w 字母。但是,我们在另一叙利亚文本：ܟܬܒܐ ܕܕܝܬܩܐ ܥܬܝܩܬܐ ܘܚܕܬܐ(Syriac Bible 63 DC，United Bible Societies 1979，UBS-EPF 1979 - 5M)中就发现没有 w 字母,因而,敦煌本叙利亚文抄本的原件,与后一叙利亚文本更接近。

〔2〕 段晴转写为：sftw'，并认为,其中的 f 经过了抄写者的涂改,但是,叙利亚文一般通行的字母表中并没有 f 音,而是 p 字母：P。我个人认为,这个字母并未经过涂改,而是抄写者写这个字母时所蘸的墨较重所致,别处也没有发现涂改的痕迹。

〔3〕 段晴转写为：nfwq。

〔4〕 段晴转写为：'sqḥt。

〔5〕 段晴转写为：d-sfwt'。

〔6〕 段晴转写为：'wrḥt。'wrḥ' "路",其复数形式为 'wkḥt'。文中的 'wkḥt' byšt' 意为："两路交汇处"、"三岔路口"、"十字路口",参见：PAYNE SMITH，*A Compendious Syriac Dictionary*，Oxford University Press 1903，reprinted 1998 by Eisenbrauns，Winona Lake，Indiana，U. S. A.，第 8 页。

〔7〕 段晴转写作 ndwṣ，但前文用了 š,即字母 v。

〔8〕 段晴认为：ṭwyb' 可能应写作 ṭwb "祝福"(复数形式)。该词本应写作ܛܘܝܒܐ ṭwyb',意为"准备"、"意愿",参见：PAYNE SMITH，*A Compendious Syriac Dictionary*，Oxford University Press 1903，reprinted 1998 by Eisenbrauns，Winona Lake，Indiana，U. S. A.，第 169 页。段晴对这句话的翻译为"并且你没有拒绝他的唇的准备",可是文中没有"唇"这个词。准确的翻译大概为："你没有拒绝他的请求。"

〔9〕 段晴写作：d-sfwt-h。

〔10〕 段晴写作：klyty-hi。

5. *mṭl d-qdmty-hy*[1] *brkt'ṭkt':*

6. *w-smt*[2] *d-ryš-h klyl' mšbḥ':*

7. *ḥy' š'l-k w-yhbt l-h:*

8. *nwgr' d-ywmt' l-'lm 'lmyn:*

9. ***d-'rb '-bšb'*** *mry' nr 'y-ny w-mdm l'* [*nḥsr ly*][3]*:*

10. *w-'l mrg' d-'wšn' nšry-ny:*

11. *w-'l my' nyḥ' ndbr-ny:*

12. *npšy 'pn-y*[4] *w-dbr-ny b-šbyly qwšt*[']*:*

13. *mṭl šm-k 'pn*[5] *'hlk:*

14. *b-nḥly ṭlly mwt':*

15. *l' 'dḥl mn byšt' mṭl d'nt 'm-y:*

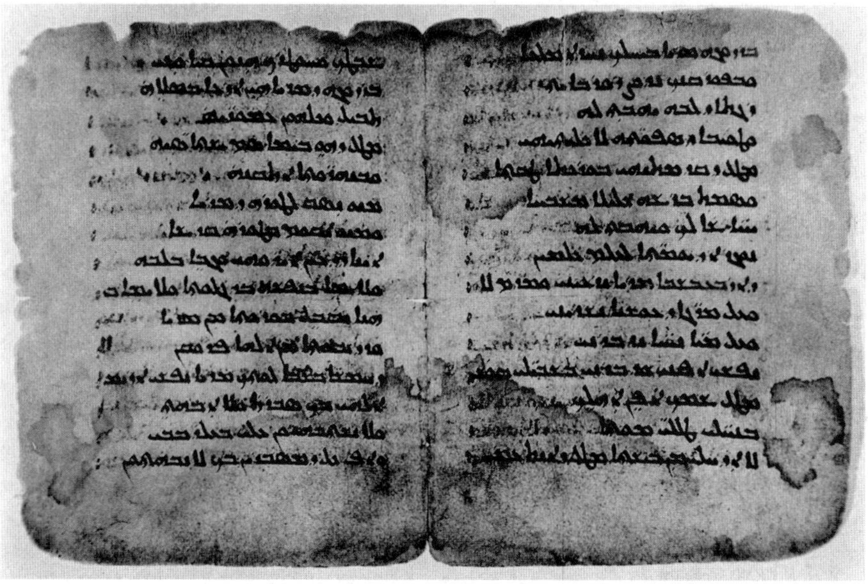

图版 2－3：叙利亚文写本，左栏为第 1 叶的背面，内容为《圣经》的《诗篇》第 21 节第 2—5 行，第 23 节第 1—4 行；右栏为第 2 叶的正面，内容是《圣经》的《诗篇》第 23 节第 4 行，第 24 节第 1—5 行和第 25 节第 1—3 行（牛汝极摄于 2000 年 7 月）。

〔1〕 段晴写作：qdmty-hi。

〔2〕 段晴认为该词转写中的 t 下应有一点，即 mṭl。按，该词原写作：ܘܣܡܬ，并非写作：ܘܣܡܛ，因而可能并不是第一人称完成时形式。

〔3〕 这一行文字，在有的叙利亚文本中居《诗篇》第 23 颂第 1 行，但在有的文本中是第 2 行。

〔4〕 段晴写作：nfšy 'fn-y。

〔5〕 段晴写作：'fn。

第二栏　正面：

1. *šbt-k w-hwtr-k hnwn by'w-ny:*

2. ***brzwg-h*** *d-mry' hy 'r'' b-ml'-h:*

3. *tbyl w-klhwn 'mwry-h:*

4. *mṭl dhw bym' sm št'sy-h:*

5. *w-b-nhrwt' 'tqn-h:*

6. *mnw nsq l-ṭwr-h d-mry':*

7. *w-mnw nqwm b-ṭwr-h qdyš:*

8. *'yn' ddkyn 'yd-why w-gb' blb-h:*

9. *w-l' ym' b-npš-h*[1] *bdglwt' w-l' ym' b-[nkl']:*

10. *hn' nqbl bwrkt' mn mry':*

11. *w-zdyqwt' mn 'lh' prwqn:*

12. ***d-ḥmš' b-šb'*** *lwt-k mry' nfš-y 'rym[t]:*

13. *'lh-y b-k sbrṭw-l' 'bht:*

14. *w-l' nštb-rwn*[2] *'ly b'ldbby:*

15. *w-'p kl*[3] *d msbryn b-k l' nbhtwn:*

第二栏　背面：

1. *nbhtwn 'wl' b-sryqwt-hwn:*

2. *'wrhṭ-k mry' hw-ny:*

3. *w-šbyly-k 'wd'y-ny:*

4. *dbry-ny b-qwšt-k w-'lpy-ny*[4]*:*

5. *mṭl d'nt hw 'lhy w-prwqy:*

6. *w-l-k skyt b-klywm:*

7. ***brzwg-h*** *l-k mry' qryt 'lhy w-l' tštw[q mny]:*

8. *dlm' tštwq mny w-'štlm 'm nḥt[y gwb']:*

9. *šm' ql' b-d 'wt-y kd 'g'' lwt-k:*

---

〔1〕 段晴写作：b-nfš-h。

〔2〕 段晴写作：nštb-hnwn。

〔3〕 段晴写作：w-'f'l。

〔4〕 段晴写作：w-'lfy-ny。

10. *w-kd 'rym 'yd-y l-hykl-k qdyš':*

11. *l' tmny-ny 'm ršy'' w-'m 'bdy 'wl'*[1]*:*

12. *d mmllyn šlm' 'm ḥbry-hwn w-byšt'[b-lb-hwn]:*

13. *prw' 'nwn 'yk 'bd-yhwn w-'yk byšw[t-hwn]:*

14. *mṭl dl' 'stklw b-'bd-why d-mry' [w-b-'bd 'ydwhy]:*

15. *ns ḥwp 'nwn w-l' nbn' 'nwn:*

汉文译文[2]**：**

新译文

第一栏 正面

1. (他)就是行为端正,以天主旨意行事的人,
2. 他说话诚实,
3. 从不口出恶语,恶待同伴,
4. 也从不仗势危害邻人;
5. 他鄙视恶毒猖狂者,
6. 深深敬重天主的仆人,
7. **礼拜二：**天主,倾听我正义的呼求,聆听我的申诉,
8. 侧耳垂听我诚心的祷告。
9. 你会审判我的行为,
10. 用你明察秋毫的眼睛,
11. 你在黑夜中来探寻我的心;
12. 在烈火中熬炼我的坚韧。
13. 发现我是清白的,
14. 我不曾口出恶言造谣中伤。
15. 我谨行遵守你的训导。

〔1〕 段晴写作：'bdy d 'wl', 经查,原文中似无中间的 d 字母。

〔2〕 重新翻译的汉文译文参考了下列书籍：《牧灵圣经》,香港,1998 年;吴经熊译《圣咏译义》,台湾商务印书馆 1975 年版;*La bible*, *L'Ancien Testment et le Nouveau Testment*, nouvelle édition revue, Paris 1996; *The New Jerusalem Bible*, Study Edition, London 1994; *Holy Bible*, The New King James Version, Thomas Nelson 1982; *Neues Testment und Psalmen*, Internationaler Gideonbund 1967。

第一栏　背面

1. **同伴齐颂**：上主，君王为你的威能而欢欣，
2. 你救赎的大举使君王快乐狂喜！
3. 你满全了他心中的渴望，
4. 你赐给他许
5. 多的福宠，
6. 你用纯金的华冠为他加冕。
7. 他只向你乞求确保性命，你却慷慨
8. 赐予他长生。
9. **礼拜三**：上主是我的善牧，我什么都不缺乏。
10. 他让我歇息在青草的地上，
11. 领我到幽静的溪水旁，
12. 他使我的心灵复生。他为了自己的圣名，
13. 引我走上正直的坦途，纵使我走过
14. 死亡的幽谷，
15. 我也不惧怕，因为你与我同在。

第二栏　正面

1. 你的牧杖引领我，你的牧杖是我的护佑。
2. **同伴齐颂**：大地和其中万物都归属上主，
3. 世界和其中的一切都属于他。
4. 是他在海洋上奠定了陆地，
5. 是他在水面上建造了普世。
6. 谁能登上上主的圣山？
7. 谁能站在他的圣所？
8. 是那些两袖清风、心地廉洁的人，
9. 是那些不慕虚荣、不发假誓的人。
10. 上主的主复必降到他们的身上，
11. 他们会得到求主天主的奖赏。
12. **礼拜四**：上主，我举心向着你，
13. 我全心信赖你。求你不要让我蒙羞受耻，

14. 也不要让我的仇敌欢喜。
15. 期望你的人决不会失去尊严，

第二栏　背面

1. 唯有背叛你的人要遭受侮辱。
2. 上主，求你教导我认识你的道，
3. 求你给我指明你的路，
4. 求你引导我追求你的真理。
5. 因为唯你是我的天主，我的救主，
6. 我日夜期待你。
7. **同伴齐颂**：上主，我呼唤你；我的磐石，不要对我充耳不闻。
8. 你若对我沉默不语，我将堕入地狱。
9. 我呼求你，上主，向着你的圣殿高举我的手，
10. 求你垂听我的恳求。
11. 不要将我与作恶的人一同毁灭，
12. 这些阴险的人口说平安，心里却满布阴险。
13. 给予他们邪恶奸诈的行为应得的报应；
14. 依照他们的罪恶，还报起身。他们藐视上主和他手造的一切，
15. 上主必来毁灭他们，永不再兴。

第三章　新疆阿力麻里发现的叙利亚文景教徒碑铭

阿力麻里墓碑 1

此碑为灰色自然砾石，1958 年黄文弼在阿力麻里古城获得，墓石尺寸不详。墓碑两边各一行叙利亚文，中间是一中空十字架图案，十字架的上下左右四条肢体内窄外宽，顶端为三角带圈状，文字和图案均为阴刻。墓石底部残断。

原文模拟：

ܦܝܠܟܐ .1

ܚܘܫܛܐ ܓ̰ .2

图版 3 - 1：阿力麻里叙利亚文碑铭 1，黄文弼发表于 1963 年，图版 3 之 2。

标音：

1. pylk’
2. ḥwšt’ č

转写：

1. bilgä
2. quštač

翻译：

“毗伽女牧师”。

注释：

第 1 行：人名ܦܝܠܟܐpylk’/bilgä “智慧的”、“毗伽（官号、人名）”，多写作 ܦܝܠܓܐ，pylg’/bilgä，曾出现于七河流域出土的叙利亚文景教徒墓碑中（参见 Chwolson，1897， n° 121)。

第 2 行：ܩܘܫܛܐܨ kwšt’ č/quštač 似为 ܩܘܫܛܐܢܨ kwšṭ‘ nč,/quštanč“女牧师”之缩写。该词及其变体屡见于七河流域发现的景教徒叙利亚文碑铭中，参见 Chwolson 1890, n° 19,42, 61, 65, 80,85, xxvi 和 Chwolson 1897, n° 5, 28, 32, 40, 71,104, 155, 195,310, 312 等。据 Werner Sundermann 研究，叙利亚文的 ܩܘܫܛܐܢܨ kwšṭ’nč,/quštanč 来自粟特语* xwšt’a(n)č,“女牧师”，参见 Werner Sundermann, Soghdisch* xwšt’a(n)č,“Lehrerin”, *AOH*, t. 48, 1995, pp. 225－227。该词在回鹘文中也写作 qoštranči，参见 P. Zieme, *Manichäisch-türkische Texte*, Berliner Turfantexte Ⅴ, 1975, p. 84。

阿力麻里墓碑 2

灰色自然砾石，减地阳刻，发现于阿力麻里古城，图版由成振国发表于《文物》1985 年第 4 期，第 50 页。牛汝极曾于 1993 年 10 月 29 日在新疆博物馆举办的新疆文物精品展中见到此碑，作了描摹。1999 年 7 月 26 日牛汝极访问霍城县文管所时又见到此碑，并得到许可为此碑作拓片。此碑无编号。此墓石的尺寸为 24×19 厘米。不规则自然石的中央为减地不规则长方形平面，长方形平面上有 3 行叙利亚文，中间是十字架和莲花座，均为阳刻。长方形平面高 14 厘米，上宽 11 厘米，下宽 9 厘米。此碑制作技术与阿力麻里碑铭 8 同。十字架尺寸为 6. 5×5. 5 厘米，十字架与莲花座的总高度

a.　　　　b.

图版 3－2：左图：阿力麻里叙利亚文碑铭 2。右图：该碑文字拓片，牛汝极拓于 1999 年。

为 11 厘米。左边一行叙利亚文高 13 厘米，右边两行叙利亚文高度分别为 12 厘米和 4 厘米。

原文模拟：

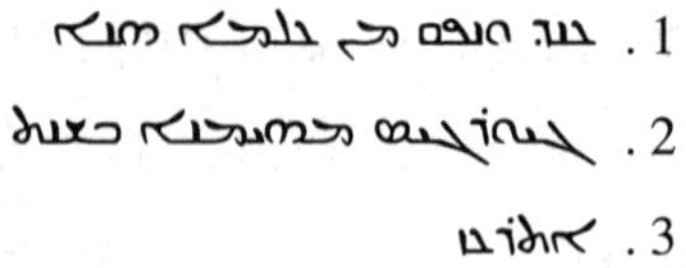

标音：

1. ‘nd wnfq mn ‘lm’hn’
2. gywrgys mhymn’ bšnt
3. ’tr‘z (’tr‘d)

转写：

1. ‘nad wanfaq men ‘lmā hānā
2. giwārgis mhaimnā bašnat
3. ’tr‘z (’tr‘d)

翻译：

“基督徒乔治于 1677 年（或 1674 年）逝世”。

注释：

第 1 行：是叙利亚文碑铭中常见的套语格式：“逝世、死亡并离开此世。”

第 2 行：人名 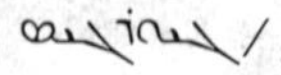/ gywrgys/ giwārgis 相当于现在的 Georges“乔治”，其写法在中世纪东叙利亚教堂中极为普遍，是景教徒最常用的人名之一。bašnat：“年”。

第 3 行：有两种可能的读法：’tr‘z 或者’tr‘d，因为最后一个字母的写法不太清楚，或者是 z 或者是 d，因而可以是 1365—1366 年，或者是 1362—1363 年。

阿力麻里墓碑 3

此碑为灰色自然砾石，1958 年黄文弼在阿力麻里古城获得，墓石尺寸不详。墓碑两边各一行叙利亚文,中间上方是一中空十字架,其下是莲花图案,文字和图案均为阴刻。

原文模拟:

ܩܠܟ̰ܐ .1

ܛܠܝܐ .2

标音:

1. qlč’
2. ṭly’

转写:

1. qalča
2. ṭalyā

翻译:

“青年男子喀勒恰(Qalča)[之墓]”。

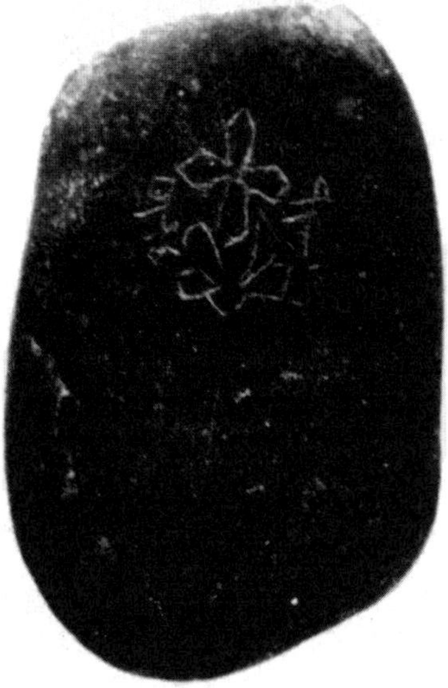

图版 3 - 3: 阿力麻里叙利亚文碑铭 3,黄文弼发表于 1963 年,图版 3 之 3。

注释:

第 1 行: 人名 Qalča,此名不见于 Chwolson 刊布的七河流域发现的叙利亚文景教碑铭中,其语源和发音不清楚。

第 2 行: 图片不太清楚,该词可能是ܛܠܝܐ“青年男子”,但也可能是ܛܠܝܬܐ“青年女子”。

阿力麻里墓碑 4

此碑为灰色自然砾石,1958 年黄文弼在阿力麻里古城获得,墓石尺寸不详。石面上阴刻 5 行叙利亚文,无十字架和莲花图案。石有残缺。

原文模拟:

ܫܢܝ̈ ܘܠܦܡ .1

ܗܢ ܩܠܒܐ ܕܡܫܐ .2

a.

b.

图版 3－4：阿力麻里叙利亚文碑铭 4。左图：黄文弼发表于 1963 年，图版 3 之 1，右图：墓碑文字部分。

3. ܝܡܐܘܪ ܩܫܐ

4. ܩ ܒܫܢܬ ܐܬܪܢܕ

5. ܠܝܘܢ

标音：

1. ʻnd wnfq
2. mn ʻlm’ hn’
3. ym’wr qš’
4. q bšnt ’trnd
5. lywn

转写：

1. ʻnad wanfaq
2. men ʿlmā hanā
3. Imaγur Qaša
4. q bašnat ’trnd

5. lyawan

翻译：

“依玛户尔（Imaγur）牧师于希腊历 1654 年故去并离开此世”。

注释：

第 1 行和第 2 行：内容与阿力麻里墓碑 2 第 1 行同。

第 3 行：人名 ym'wr qš'/ Imaγur（也可转写作 Yamγur“雨”）qš'/qaša 是 Qašiša“长者、牧师”的省略写法。参见：J. Payne Smith（ed.），*A Compendious Syriac Dictionary*，Winona Lake，Indiana，reprinted 1998，p. 522。

第 4 行：希腊历 1654 年对应于西历 1342—1343 年。

阿力麻里墓碑 5

灰色自然扁砾石，减地阳刻，雕刻方法与阿力麻里墓碑 2 同，尺寸为高 27.5×宽 20×厚 7 厘米，发现于阿力麻里，图版曾发表于新疆文物局编《中国新疆文物古迹大观》，新疆美术摄影出版社，图版 1016。1999 年 7 月 26 日牛汝极访问霍城县文管所时见到此碑，对此碑拍照并作了拓片。在该石碑上部为不规则方形减地，减地中央有阳刻的外宽内窄十字架下连略粗短横底座（9×10.5 厘米），左边一行叙利亚文（11 厘米长），右边两行叙利亚文（分别为 7 厘米和 11.5 厘米），叙利亚文字体宽约 1 厘米。

图版 3－5：阿力麻里墓碑 5，减地阳刻十字架和 3 行叙利亚文，牛汝极摄于 1999 年 7 月。

原文模拟：

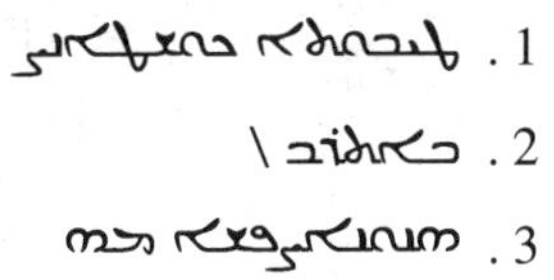

标音：

1. ṭybwt' kwšṭ'nč

2. **b(e/k?)'trb**

3. **hnun'c pš' mh**

转写：

1. Ṭaybutā quštanč
2. . . .
3. . . .

翻译：

"敬爱的女牧师……"。

注释：

第 1 行较清楚，但第 2、3 行不清楚，无法确认词义。

阿力麻里墓碑 6

灰色扁砾石，阴刻十字架（底座是一个三角形）和 3 行叙利亚文位于该椭圆形自然石的上半部，1999 年 7 月 29 日牛汝极访问伊犁地区博物馆时见到此碑，并拍摄照片。

原文模拟：

ܟܘܙܡܣ ܡܗܝܡܢܐ .1 左边

ܒܪ ܝܘܐܟ̰ܐܫ .2 右边

ܐܪܟܝܕܝܩܘܢ .3 底部

图版 3-6：阿力麻里墓碑 6，阴刻十字架和 3 行叙利亚文，牛汝极于 1999 年 7 月拍摄于伊犁地区博物馆。

标音：

1. kwzms mhymn'
2. br yw'č'š (kwkc'k?)
3. 'rkydyqwn

转写：

1. kuzmaz mhaymnā
2. bar yoičaš (koqčaq?)

3. arkidiaqon

翻译:

“基督徒库兹玛兹(Kuzmaz),于且西(Üčäš 或 Koqčaq)主教之子”。

注释:

第 1 行: kwzms/kuzmaz, 人名,语源可能是回鹘语。

第 2 行: 第 2 个词 yoičaš 或读作 kwkc'k? /Koqčaq,人名,大概是回鹘语。

第 3 行: 'rkydyqwn/arkidiaqon “主教”,在东叙利亚教堂里,主教起着非常重要的作用。从铭文可知,该主教大概是位有名望的人,操回鹘语,而且主教可以结婚生子。

阿力麻里墓碑 7

椭圆形灰色砾石,发现于阿力麻里古城,阴刻中空十字架,两边下方各 1 行叙利亚文,尺寸约为高 20 厘米,宽 12 厘米,图片曾发表于朱谦之著《中国景教》一书(图 25),牛汝极于 2000 年 5 月访问新疆博物馆时见到此碑并作了描摹。

原文模拟:

ܐܠܝܫܒܐ .1

ܛܠܝܬܐ .2

标音:

1. 'lyšb'

2. ṭlyt'

转写:

1. elišbā

2. ṭelaytā

翻译:

“伊丽莎白,青年女子”。

图版 3-7: 阿力麻里墓碑 7,藏新疆博物馆,图版发表于朱谦之《中国景教》中(图 25)。

注释：

第一行：'lyšb'/elišbā 相当于现代人名 Élisabeth“伊丽莎白”，这是景教徒极常用的人名，也出现于七河流域发现的景教徒墓碑中，参见 Chwolson 1890，n° 49，51 和 xvii，Chwolson 1897，n° 108，161，176，197。扬州叙利亚文景教徒墓碑中也出现过同样的专名。

阿力麻里墓碑 8

灰色自然砾石，下部残断，面有十字架，下配莲花座（残缺），两边各 2 行叙利亚文（不完整），减地阳刻，大致的尺寸为：高 13 厘米，宽 19 厘米，厚 10 厘米，现藏新疆博物馆，2000 年 5 月牛汝极访问该馆时见到此碑并作了描摹。叙利亚文部分不太清楚，不可读。

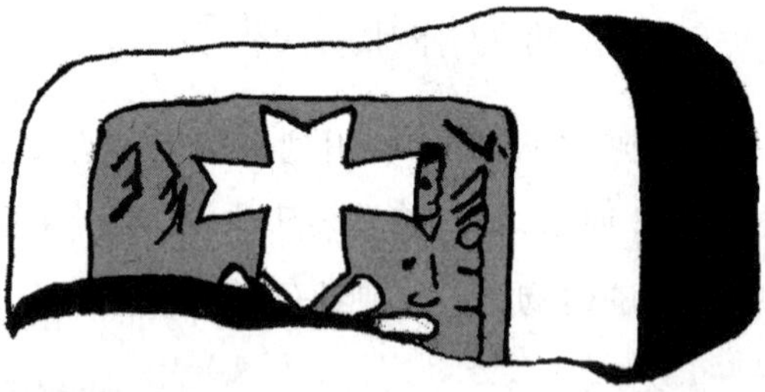

图版 3－8：阿力麻里墓碑 8，现藏新疆博物馆，牛汝极绘图。

阿力麻里墓碑 9

俄国人 N. N. Pantusov 于 1902 年在伊宁收集到一件阿力麻里出土的不规则景教徒墓石，墓石上阴刻有景教标志和叙利亚文，其中有十字架莲花座，在莲花座下面是带有拜火教特点的六层台基，十字架两侧各有一位中国人面孔的天使，在莲花座和六层台基的左边有 3 行叙利亚文，右侧有 2 行叙利亚文。该碑藏于俄罗斯艾尔米塔什博物馆中。叙利亚文部分曾有人做过研究〔1〕。该碑刻断代为公元 1301 年—1302 年间。

原文模拟：

1. ܒܫܢܬ ܐܠܦܝܢ ܐܠܟܣܢ.

〔1〕 克莱恩（WASSILIOS KLEIN）介绍了一方来自中亚的叙利亚墓碑，其上有瑣罗亚斯德教和中国佛教的主题图案：Ein syrischer Grabstein aus Zentralasien mit Zoroastrischen and chinesisch-buddhistischen Motivn。

2. ܪܘܣ ܥܢܕ ܘܢܦܩ ܡܢ ܥܠܡܐ

3. ܗܢܐ ܢܣܛܘܪܝܣ

4. ܡܦܫܩܢܐ ܐܟܣܓܝܣܛܐ

5. ܒܪ ܟܪܝܐ ܒܪ ܝܡܝܢܐ

图版 3－9：阿力麻里墓碑 9，现藏俄罗斯艾尔米塔什博物馆，图版引自克林凯特（H. -J. Klimkeit）《丝绸之路上的基督教艺术》一文。

标音：

1. bšnt ʼtryg ʼlksnd
2. rws ʿnd wnpq mn ʿlmʼ
3. hnʼ nsṭwrys
4. mpšqnʼ ʼksgysṭʼ
5. br kryʼ br ymynʼ

转写：

1. bašnat atrig alksand-
2. ros ʿnad wanfaq men ʿlmā
3. hanā nesṭoris
4. mpišqanā akisgistā
5. bar karia bar emenā

图版 3－10：内蒙古石柱子梁十字架莲花座残石，引自 P. Y. Saeki，*The Nestorian Documents and Relics in China*，Tokyo 1937，p. 427。

翻译：

“亚历山大纪年 1613 年（即公元 1301 年/1302 年），他们走了，远离了这个景教世界。他是（《圣经》）解说家，令人赞美的 Karia 之子”。

说明：

日本学者佐伯好郎曾于 20 世纪 30 年代在内蒙古石柱子梁发现残断的十字架莲花座和五级台基，其造型与这件阿力麻里发现者极为相似，反映了古代景教徒之间的联系和交流。

第四章　内蒙古百灵庙和王墓梁叙利亚文碑铭

墓　碑　1

景教徒墓顶石多出自古城东北的墓地。有一古墓，地表用石块围成圆圈，直径3.2米，墓北有一不规则条形石碑。高120厘米，宽40厘米，上刻两行字（参见图版4－1的右上图）：

“亡化年三十六歲，

泰定四年六月二十四日”。

此碑之旁，有一残碑，该碑130厘米高，85厘米宽，碑首呈三角状，墓碑底部残缺，十字架（40×40厘米）和莲花座（26×20厘米）在碑的上部，十字架第1、2象限有圆圈，圆圈内有动物图案；十字架和莲花座下为文字部分，碑文自左至右依次为叙利亚文（4行）、回鹘文（6行）、汉文（4行）三种文字（参见图版4－1的左上图），该碑文几乎每行字都有若干字词的残缺。发现时墓穴已被盗，墓碑倒地，下压长方形青砖数块，由此可知，原墓穴底可能筑有长方形砖室。该碑汉文共4行，内容如下：

“這墳阿兀剌編帖木剌思的京兆府達魯花赤……

花赤宣來後來怯憐口都總管府副都總管又……

宣式道前後總授宣三道享年三十六歲終……

泰定四年六月二十四日記”

从汉文铭文得知，死者名为阿兀剌编帖木剌思，生前为怯怜口（或称怯连口）都总管府副都总管，他曾在京兆府（今西安）做过达鲁花赤，一生授官三次，终年三十六岁。文中的“宣来后来”不知是人名还是官号。

该碑彩色图版发表于《草原丝路文明》一书中，拓片发表于盖山林《阴山汪古》（图版158）书中，但文字部分都不清楚。牛汝极于1999年4—5月间访问呼和浩特和百灵庙，为该碑拍照描摹。

a.

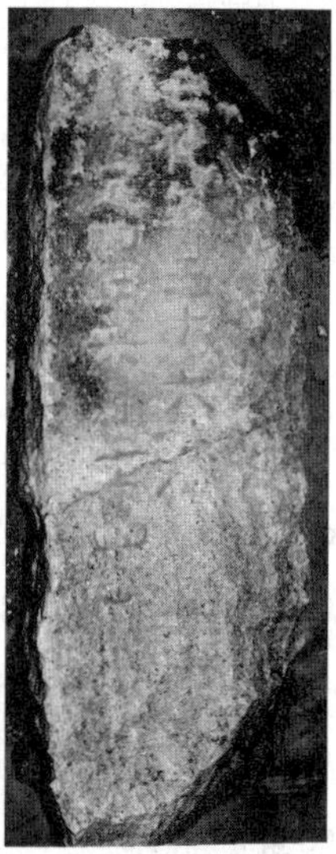

b.

c.

图版 4－1：百灵庙-王墓梁墓碑 1，左上图为墓碑全貌，阴刻叙利亚文、回鹘文和汉文三种文字，下残；右上图为与该墓碑同时出土的不规则汉文墓碑；下图为左上图的叙利亚文和回鹘文部分。图片均由牛汝极拍摄于 1999 年 4—5 月。左上图墓碑现藏内蒙古考古研究所院内，右上图现藏百灵庙文管所。

叙利亚文原文模拟：

1. ܒܘ ܩܒܪܐ ܐܒܪܗܡ ܛܪܟܘܫ ܫܝܢܓ ܐܬܠ ܟܢܝܓ ܩܘܙܝ ܘܐ ܒܘ ܠܐ

ܠܐܪܘܕܟܝܢܓ //////

2. ܐܡܐ ܦܐܢܣ ܫܠܡ ܠܐ ܠܐܪܘܕܟܝܢܓ ܦܘܠܝ ܥܠܡܐ ܢܝܪ ܘ

ܘ ܦܐ/ ܘܬ //////

3. ܐܝܟܝ ܫܘܝܢ ܫܝܘܠܐܛܝܢ ܐܘܟ ܣܘܝܢ ܫܝܘܠܐܟܐ ܐܘܛܘܙ ܐܠܛܝ
ܝܐܫܝܢ ܛܐ /////

4. ܬܢܓܪܝ ܝܪܠܝܟܝܢ ܦܘܛܘܪܛܝ ܛܐܒܝܫܟܐܢ ܝܝܠܝ ܐܠܛܝܢܟ ܐܝ ܝܓܝܪܡܝ
ܛ[ܘܝܪܬ] /////

标音：

1. pw qbr’ ’brhm ṭmwrs nyng ’wl kyngč’wfw ṭ’ ṭ’rwkčy’ [. . .]
2. ’wn s’kyz yylyn ṭ’ ṭ’rwk’čy swyn. . qywl’ kyrwn kwybykwṭ [. . .]
3. ’yky šwyn šywl’ṭyn ’wč swyn šywl’k’ ’wṭwz ’lṭy y’šyn ṭ’ [. . .]
4. tngry yrlykyn pwṭwrṭy ṭ’byšk’n yyly ’lṭynč ’y ygyrmy ṭ[wyrt. . .]

叙利亚文转写：

1. bu qabra abraham ṭömüräs-nïng ol kïngčaofu-ṭa ṭaruqačï [. . .]
2. on sakiz yïlïn-ṭa ṭaruqačï sün[lä] qiula ger-ün köbegüṭ [. . .]
3. iki šüin šiula-ṭin üč süin šiula-qa oṭuz alṭï yašïn-ṭa [. . .]
4. tängri yarlïq-ïn büṭürṭi ṭaβïšqan yïlï alṭïnč ay yigirmi ṭ[ört. . .]

翻译：

“这是阿兀剌编帖木剌思——京兆府达鲁花赤之墓…… 在18年中做[达鲁]花赤，宣来后来怯怜口……从二次授宣到三次授宣，36岁时……完成了上帝的使命，兔年六月二十[四日记]”。

注释：

第1行：Abraham是基督徒常用之人名，汉文也音译作奥剌憨，马天民长子就叫奥剌罕，曾任扬子县与丹徒县达鲁花赤，父子都曾在扬州提倡景教。《元典章》卷三十六曾记载淮东廉访司反对送酒醴与居住在扬州的奥剌罕之事，前文已提及，现再录于下：

“延祐四年七月，行省准中书省咨，御史台呈，淮东廉访司申，延祐四年正月三十日，有御位下彻彻都苫思丁起马四匹，前来扬州也里可温十字寺降御香，赐与功德主段疋酒等。照得崇福院奏，奉圣旨奥剌憨、驴驴各与一表里段子，别无御赐酒醴。彼奥剌憨者，也里可温人氏，素无文艺，亦无武功，系扬州之豪富，市井之编民，乃父虽有建寺之名，年已久矣。今崇福院传奉圣旨，差苫思丁等起马四匹，赍酒醴二瓶，前来扬州，传奉圣旨恩赐，是乃无功受赏。”

“奥剌憨”亦记作“奥剌罕”，乃基督教所尊先贤 Abraham 之译音。《至顺镇江志》卷十六载，丹徒县达鲁花赤马奥剌憨也里可温人，忠翊校尉，实同一人名。

第 1 行：ṭömüräs，人名，大概是 tömür “铁”（阿尔泰语民族常用该词作人名，希望此人意志坚强如铁）的变体。

第 1 行：kïngčaofu 汉语“京兆府”之译音。

第 1 行：ṭaruqačï “达鲁花赤”，蒙古语元代官职，为所在地方、军队和官衙的最高监治长官。蒙古语 daruqači“镇守者”的译音，相当于回鹘语的 basqaq。蒙古贵族征服许多其他民族和国家，无力单独进行统治，便委付当地统治阶级人物治理，派出达鲁花赤监临，位于当地官员之上，掌握最后裁定的权力，以保障蒙古大汗和贵族的统治。早在成吉思汗时期，蒙古就设有这一官职。征金战争中，成吉思汗曾任命西域人扎八儿火者为黄河以北铁门以南都达鲁花赤。蒙古西征，占领欧亚大片土地，在重要地区和城镇，都设置达鲁花赤，撒马尔罕曾有契丹人耶律阿海任达鲁花赤。1257 年，蒙哥汗派剌真驸马之子赴斡罗斯任达鲁花赤，籍户口，收赋税，签发兵丁，权力极大。入元以后，路、府、州、县和录事司等各级地方政府，都设置达鲁花赤，虽然品序与路总管、府州县令尹相同，但实权大于这些官员。蒙古军和蒙古探马赤军一般不设达鲁花赤。其他各族军队除特殊情况外，都与元帅府、万户府、千户府相同。元朝皇室、各斡耳朵和诸王驸马拥有编户齐民之外的私属人户——打捕鹰房诸色目人匠等怯怜口，各设总管府或提举司管理。这些府、司照例都设有达鲁花赤。元代达鲁花赤品序最高曾达正二品（大都、上都达鲁花赤，后降为正三品）。品序最低的是路府治所的录事司达鲁花赤，正八品。在重要地方和军队还设有副达鲁花赤。至元二年（1265），元廷正式规定，各路达鲁花赤由蒙古人充任，总管由汉人、同知由回回人充任。之后，汉人作达鲁花赤的，便解除官职。在缺少蒙古人时，允许有“有根脚”（门第高贵）的色目人充当。此职的设置有明显的民族歧视和压迫性质。（参见《中国大百科全书·中国历史》卷）

第 2 行：sün[lä] qiula 大概是“宣来后来”之译音，词义待考。

第 2 行：ger-ün köbegüṭ “怯怜口”，蒙古和元代皇室、诸王、贵族的私属人口。蒙古语 ger-ün köbegüd “家中儿郎”，由 ger-ün “房子”+ köbegüd >kö’ün“儿子”构成。参见 *The Government of China under Mongolian Rule : A Reference Guide*, pp. 12, 14, 94. Münchener Ostasiatishe Studien, Bd. 53, Franz Steiner Verlag Stuttgart 1990。吕宗力编，

《中国历代官制大辞典》，北京出版社 1994 年版，第 539 页；Paul Pelliot & Louis Hambis, *Histoire des Campagnes de Gengis Khan*, tome I, pp. 339–340。该词相当于回鹘语的 äw oγlan "家儿"。元代徐元瑞《习吏幼学指南》说："怯怜口，谓自家人也。"最初，怯怜口是草原部落贵族的童仆，随着蒙古的兴起和元朝的建立，皇室、诸王、贵族通过虏获、分封、招收、影占等办法，占有一大批人户，特别是各种工匠，作为私属人户，称之为怯怜口。一般情况下，这些怯怜口不承担国家赋税，专为领主服役，大多充实手工造作和农耕放牧，也有人做怯薛[1]、校尉、鹰房捕猎户。皇室、诸王投下经常收集放良、析居人户和还俗道人为怯怜口。在官府军役、科差繁重，不堪负担的时候，有些军户和农户还投奔诸王投下，充当怯怜口，躲避赋税重担。各斡耳朵和投下有各自的怯怜口人匠总管府或提举司，管理私属人户。怯怜口的生活有时比一般民户还有某种程度的保障。怯怜口不是一个阶级，其中包括官宦、卫士、富人，更多的是穷苦劳动者。在元代，怯怜口实际上成了一种户籍名称，即不受国家控制的私属人户。（参见《中国大百科全书·中国历史》卷）

第 3 行：šüin šiula 大概是汉语借词的译音，该词待考。

第 4 行：tängri yarlïq-ïn büṭürṭi "完成了上帝的使命"或译为"逝世"，是景教徒碑铭的固定套语。

第 4 行：ṭaβïšqan yïlï alṭïnč ay yigirmi ṭört "兔年六月二十四日"，对应于西历公元 1327 年 7 月 13 日。

回鹘文标音：

1. pw q'br' 'pr'pyn twmwrs nynk 'wl kngc'w[pu. . .]
2. trwk'cy nynk 'wn s'kyz yylynt' t'rwk'cy [. . .]
3. k' k'ryn kwpkwt t'pyn . . . t'cw[. . .]
4. s[. .]wn 'wyc sw'n šywl' 'wtwz [. . .]
5. tngry yrlyx yn pwtwr[. . .]
6. twyrtync yyl 'ltync ''y ygyrmy twyrt [. . .]

[1] 蒙古和元朝的禁卫军。蒙古语 kešig（突厥语 kezik）的音译，轮流值宿守卫之意。怯薛成员称怯薛歹（kešigtei），复数作怯薛丹（kešigten）。怯薛起源于草原部落贵族亲兵，带有浓厚的父权制色彩，后来发展成为封建制的宫廷军事官僚集团，元代官僚阶层的核心部分。参见叶新民，《关于元代的："四怯薛"》，《元史论丛》第 2 辑，北京：中华书局 1983 年版。

回鹘文转写：

1. bu qabra abrabin tömüräs-ning ol kingčangpu [. . .]
2. taruqačï-nïng on säkiz yïlïn-ta taruqačï [. . .]
3. -qa ger-ün köbegüt-t' [. . .]
4. s[. .]wn üč sün šiula otuz [. . .]
5. tängri yarlïγïn bütürti [. . .]
6. törtinč yïl altïnč ay yigirmi tört [. . .]

翻译：

“这是阿兀剌编帖木剌思……之墓…… 在任18年的[达鲁]花赤中，达鲁花赤……怯怜口……三次授宣，3[6岁时]……完成了上帝的使命，第四年六月二十四日[记]”。

说明：

回鹘文部分与叙利亚文部分的文字不同，但语言是相同的，都是回鹘语，而且语句应该也完全一样，但残缺内容不完全一样，有些词语可补缺。

墓　碑　2

此碑1974年发现于敖伦苏木古城东北角的一处废墟，发现时已经断为两截，此废墟被认为是景教教堂遗址[1]，该碑拓片的图版发表于盖山林《阴山汪古》一书第159图，但图像极不清楚，未见照片发表，现下落不明，牛汝极在呼和浩特和百灵庙考察时未能找到此碑。我们的研究释读所依据的就是该书上述的图版，模糊不清的地方我们无法识读。该碑尺寸大小不清，从图片可知，此墓碑大约与上述百灵庙-王墓梁墓碑1的尺寸不相上下，即40厘米宽，120厘米高。上半部分为一中空十字架和莲花座，十字架四象限带圆圈；下半部分为13行叙利亚文回鹘语。该碑较大，是内蒙古地区发现的景教徒墓碑中少见的大碑，因而，应该是献给一位重要人物的纪念碑。该碑前两行为叙利亚文叙利亚语的景教徒墓碑的固定格式，其后为回鹘语，最后一行是否是叙利亚语，因图版不清，无法判定。此碑正好在文字部分断为两截，因而每一行都有断纹。底部空白处是墓碑入土部分。

[1] EGAMI NAMIO, 1952, pp. 155–167.

图版 4-2：百灵庙-王墓梁墓碑 2，左图为该碑图文部分的正面，右图为文字部分，盖山林发表于《阴山汪古》(图版 159)。

原文模拟：

1. ܒܫܡ ܐܒܐ ܘܒܪܐ ܘܪܘܚܐ ܕܩܘܕܫܐ
2. ܡܫܕܘܢܝܐ ܦܐܠܟܠܟ ܦܝܠܝܩܘܣ ܒܟܝ ܐܘܟܠ
3. ܐܠܟܣܢܕܪܘܣ ܐܠܝܓ ܒܟܝ ܫܐܒܫܢ ܡܝܓ
4. ܐܠܛܝ ܐܝܘ ܐܝܒ ܝܠܝܛܐ ܛܐܟܟܝ
5. ܫܐܒܫܢ ܦܐܪܫ ܝܠ ܐܝܘܢܝ
6. ܐܒ ܝܠܛ ܝܬܝܓܛܐ//////
7. ///////ܛܐܓܝ //////
8. /////ܐܝܛܘܢ ܐܝܘܢܝ ܝܫܝܛܐ
9. ܚܓܝܪ ܝܐܪܠܝܓ ܦܘܠܛܘܪܕ ܝܐܛ
10. ܦܘܠܫܘܢ ܐܘܝܘܛ ܡܓܝܢ
11. ܐܘܫܛܡܐܟܛܐ ܐܘܪܕܐܛ
12. ܡܐܟܒ ܦܘܠܘ ܐܡܝܢ ܘܐܡܝܢ

原文标音：

1. bšm 'b' wbr' wrwḥ' dqwdš'
2. mqdwny' p'lk lk k'n'wkly
3. 'lksndrws k'n s'kyšy myng
4. 'lṭy ywz **'yky** yylynṭ' ṭ'bk'c
5. s'kyšy **p'rs** yyl 'wnwnc
6. 'y **yyṭy y'ngyṭ'** //////
7. //////ṭ'gyn //////
8. //// **'wṭwz 'wyc** y'šynṭ'
9. tngry y'rlykyn pwyṭwrdy y'ṭ
10. pwlswn 'wyzwṭy mngw
11. **'wšṭym'kṭ'** 'wrn'ṭ
12. m'ky pwlzw 'myn w 'myn

原文转写：

1. bšem aba webrā werūḥā deqūdšā
2. maqadonya balïq-lïq pilipus qan oγl-ï
3. alaqsandros qan saqïšï mïng
4. altï yüz **iki** yïl-ïn-ta tabγač
5. saqïšï **bars** yïl onunč
6. ay **yiti yangï-ta** //////
7. ////// tägin //////
8. ////// **oṭuz üč** yašinṭa
9. tängri yarlïq-ïn bütürdi yaṭ
10. bolsun özüti mängü
11. **ušṭimaq-ṭa** ornat
12. -maq-ï bolzu(n) amen wamen

翻译：

“以圣父圣子和圣灵的名义。马其顿城君王（菲利浦）之子亚历山大帝王纪年

1602 年(1290),桃花石纪年虎年十月初七日……特勤……在其三十三岁时完成了上帝的使命。愿人们怀念他吧！愿他的灵魂在天堂安息吧！阿门！阿门！”

注释：

第 1 行：bšm ’b’ wbr’ wrwḥ’ dqwdš’/ bšem aba webrā werūḥā deqūdša “以圣父、圣子和圣灵的名义”,叙利亚语基督徒碑铭中惯用的套语。

第 2 行：mqdwny’/ maqadonya，地名“马其顿”,马其顿城在马其顿王国境内,位于巴尔干半岛,南邻希腊,公元前 4 世纪中,菲利浦二世建立统一的马其顿国,其子亚历山大在位时(前 336—前 323)大举东扩,疆域达到印度河,建立亚历山大帝国。

第 5 行：bars“虎”,十二生肖纪年系统之第三位属相。

第 6—8 行：许多文字不清楚。其中 Tägin“特勤、王子”,在古文献中多用作官号。

墓　碑　3

墓顶石,此碑出土于敖伦苏木古城,今已不知其下落。该碑拓片图版由盖山林发表,尺寸大约长 115 厘米,高 47 厘米,底宽 40 厘米。仰面有带外环的十字架和一行叙利亚文,两侧和头端面均有十字架或莲花座,侧面还有缠枝和波纹图案。十字架的四象限带圆点。

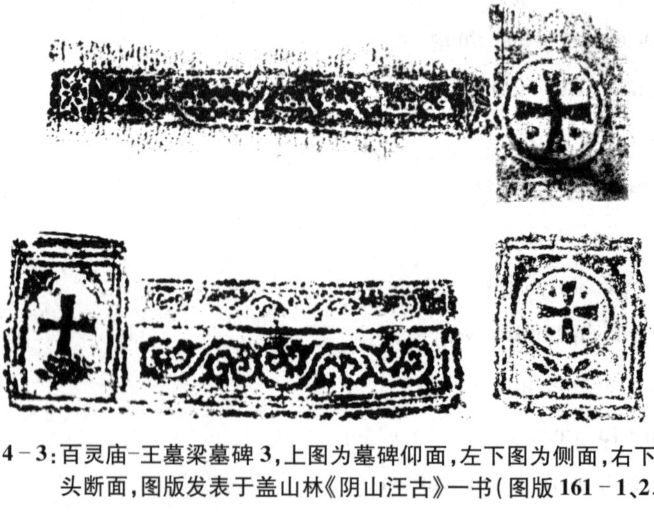

图版 4－3：百灵庙－王墓梁墓碑 3,上图为墓碑仰面,左下图为侧面,右下图为头断面,图版发表于盖山林《阴山汪古》一书(图版 161－1、2、3)。

原文模拟：

标音：

pw qbr' gywrgys 'rkydyqwn nyng 'wl

转写：

bu qaβra giwargis arkidiaqon-nïng ol

翻译：

"这是主教乔治（Giwargis）之墓"。

注释：

qbr'/qaβra "墓碑、墓志"，叙利亚语源。参见 Smith，R. P.，1998 reprinted. *A Compendious Syriac Dictionary* Indiana，first edition 1903，Oxford University Press，p. 498。

gywrgys/ giwargis "乔治"，东叙利亚基督徒常用的人名形式。

'rkydyqwn nyng 'wl / arkidiaqon-nïng ol 由 arkidiaqon"主教"+属格词尾-nïng + 系词 ol 构成，此 ol 相当于系词 är-/er-；ol 也作第三人称单数代词用，意为"他"。下面的铭文同，不再一一注出。

墓　碑　4

此碑出土于毕其格图好来陵园，完整，今已不知其下落。该碑拓片图版由盖山林发表，见《阴山汪古》图版 157-8，尺寸不详。此墓碑为方形，中有方框，其上有十字架，其下有莲花座，左右两边各有一行叙利亚文，字体较粗，方框内有 3 行叙利亚文，字体较细。自左至右 5 行叙利亚文，其阅读顺序应该是 1、5、2、3、4 行。

原文模拟：

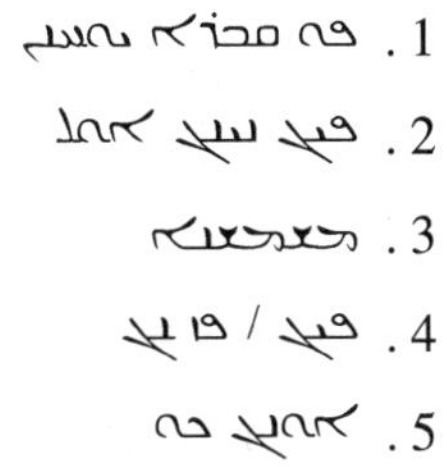

标音：

1. pw qbr' ywḥnn
2. pyg nyng 'wl
3. mšmšn'
4. pyg / bzyng
5. 'wng kw

图版4－4：百灵庙－王墓梁墓碑4，见盖山林书（图版157－8）。

转写：

1. bu qabra yoḥnan
2. beg-nïng ol
3. mšamšana
4. beg / biz-ing
5. öng-kü

翻译：

（阅读按第1、5、2、3、4行的顺序）

"这是药合难（=约翰）官人之墓。执事大人就在我们面前……"

注释：

第1行：ywḥnn / yoḥnan "药合难、约翰"，叙利亚语基督徒常用的人名。

第2行：pyg / beg 回鹘语官号"伯克、大人"。

第3行：mšmšn' / mšamšana，叙利亚语头衔"（基督教）执事"。

第4行：bzyng / biz-ing 由代词 biz "我们"+-ing（属格词尾）构成。

第5行：'wng kw / öng-kü<öngü "前方、面前、东方"，其另一种变体形式为 öng-ki，参见 G. Clauson 的词源词典，第167—168页。

墓碑5

此碑出土于毕其格图好来陵园，今已不知其下落。该碑拓片图版由盖山林发表，见《阴山汪古》图版157－7，尺寸不详。此墓碑上圆下方，但下部残缺，残碑上方是阳刻十字架带一底座，下方是阴刻4行叙利亚文，4行文字均残断。文字阅读顺序自左至右1、

2、3、4 行。

原文模拟：

1. ܦܘ ܩܒܪ[ܐ] //////
2. ܐܠܩܝܫܠܝܟ //////
3. ////// ܐܠܛܘܢ //////
4. ܣܢܣܙ ܟܠܣܘܢ ܐܡܢ ///

图版 4－5：百灵庙-王墓梁墓碑 5，见盖山林书（图版 157－7）。

标音：

1. pw qbr[']//////
2. 'lkyšlyk //////
3. //// 'ltwn //////
4. snsz klswn 'mn ///

转写：

1. pu qabr[a]//////
2. alqïšlïq //////
3. //// altun //////
4. sansïn kälsun amin ///

翻译：

“这是……之墓。值得歌颂的……黄金……得到无数。阿门！”

注释：

第 2 行：'lkyšlyk/ alqïšlïq 形容词“可赞美的、值得歌颂的”< 名词 alqïš “赞美、歌颂”<动词 alqa- “歌颂、赞美”。参见 G. Clauson 的词源词典，第 137 页。

墓　碑　6

此碑出土于毕其格图好来陵园，今已不知其下落。该碑拓片图版由盖山林发表，见其书图版 157-6，尺寸不详。此碑残断，现存断碑为方形，存叙利亚文 5 行。

原文模拟：

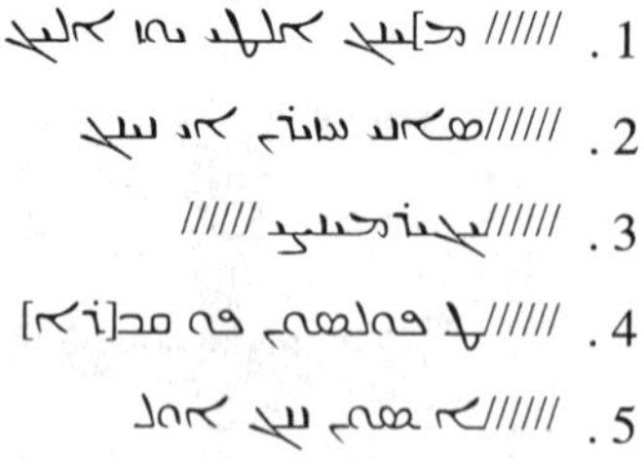

图版 4－6：百灵庙-王墓梁墓碑 6，见盖山林书（图版 157－6）。

标音：

1. //////[m]yng alṭy ywz 'lyg
2. //////s'ny ḥzyrn 'y nyng
3. ////// ygyrmynčy //////
4. /////// y'ṭ pwlswn pw qb(r')
5. /////// 'swn nng 'wl

转写：

1. //////[m]ïng alṭï yüz älig
2. //////sanï ḥaziran ay-nïng
3. ////// yigirminči //////
4. /////// yaṭ bolsun pu qab(ra)
5. ///////a sun nïng ol

翻译：

"……一千六百五十（年）……（叙利亚纪）年哈兹然月……二十日……作纪念吧！这是……之墓"。

注释：

第 2 行：ḥzyrn/ḥaziran（＝Khaziran），叙利亚历的 10 月，相当于西历的 6 月。据铭文 1650 年，相当于西历 1338—1339 年，考虑到月份，该碑大致相当于西历的 1339 年 6 月(20 日)。

第 4 行：y'ṭ/ yaṭ"纪念"，七河发现的景教碑铭中也有 yaṭ bolsun "作为纪念吧"的句式。

墓　碑　7

此碑出土于毕其格图好来陵园，今已不知其下落。该碑拓片图版由盖山林发表，见其书图版157-2，尺寸不详。此碑残断，现存断碑为长方形，存叙利亚文5行，不知此碑与上述6号碑是否是同一碑的不同部分。此碑拓片的图版不清晰，或者叙利亚文的书写不够规范，许多字母无法识读。

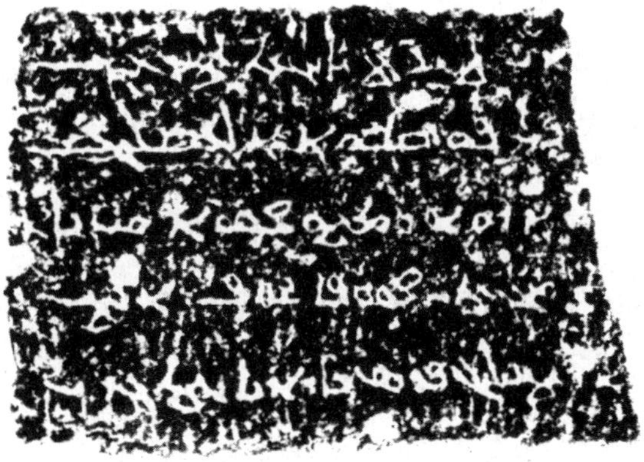

图版4-7：百灵庙-王墓梁墓碑7，见盖山林书（图版157-2）。

原文模拟：

1. //////ܝܐܢܓܝܬܐ//////

2. ////// ܦܘ ܩܒܪܐ ܐܠܟܣܐܢܕܪܘ[ܣ]//////

3. ////// ܘܐ//////

4. ////// ܐܘܨ ܡܓܝܛܐ////// ܦ////// ܐܠܛܝ//////

5. //////ܛܝܢܠܝܓ ܦܪܣܒܐ ܐܪܢܢܛܐ ܓܙܝ//////

标音：

1. //////y'ngyt'//////

2. ////// pw qbr' 'lks'ndrw[s]//////

3. ////// w'//////

4. ////// 'wc **mgyṭ'**////// p ////// 'lṭy//////

5. //////ṭynlyg prsb' **'rn'nṭ' gzy**//////

转写：

1. //////
2. //////bu qabra alqsandro[s]//////
3. //////
4. //////üč **magitä** ////// p ////// alṭï//////
5. //////tünlïγ barsba **äryanta gäzi**

翻译：

"……这是亚历山大……之墓……三……六……僧众……"

说明：

此碑文字极难辨认，标音和转写部分的黑体字表示该字的读法不确定。

墓　碑　8

墓顶石，此碑出土于敖伦苏木古城，今已不知其下落。该碑拓片图版由盖山林发表，尺寸大约长 117 厘米，高 42 厘米，底宽 33 厘米。仰面有十字架配莲花座和 2 行叙利亚文，两侧面均有十字架和缠枝纹图案。

图版 4－8：百灵庙－王墓梁墓碑 8，上图为仰面，有一行叙利亚文和十字架配莲花座；下图为侧面，阳刻十字架和缠枝花草，见盖山林书（图版 161－4、5）。

原文模拟：

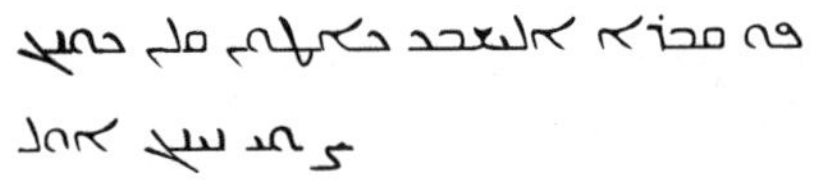

.1

.2

标音：

1. pw qbr' 'lyšbk k'twn qln kwng

2. cwy nyng 'wl

转写：

1. bu qabra aliïšbaγ qatun qalïn qong

2. -čuy-nïng ol

翻译：

“这是伊丽莎白可敦(Aliïšbaγ Qatun)新娘之墓”。

注释：

第1行：'lyšbk/ aliïšbaγ = 'lyšb'/elišbā 相当于现代人名 Élisabeth“伊丽莎白”，这是景教徒极常用的人名，也出现于七河流域发现的景教徒墓碑中，参见 Chwolson，1890，n° 49，51 和 xvii，Chwolson，1897，n° 108，161，176，197。阿力麻里墓碑7使用了 'lyšb'/elišbā 的形式。扬州叙利亚文景教徒墓碑中也出现过同样的专名。

第1行：k'twn/ qatun“王妃、皇后、妻子、女人”，在汉文史书中音译作“可敦”。

第1行：qln /qalïn 古代回鹘语除了有“厚的、稠密的”意思之外，还有“新娘的嫁妆”和“亲密的”等含义，在回鹘文佛教文献中曾有 qalïn qongčuylar“许多新娘”，参见 G. Clauson 的词源词典，第622页。在该碑文中，qalïn 大概意为“新娘”。现代维吾尔语 qelïn“亲密的”之意，见《维汉词典》，新疆人民出版社1982年版，第691页。

墓　碑　9

墓顶石，此碑出土于四子王旗的王墓梁陵园，今存于呼和浩特市内蒙古考古研究所院内，露天摆放，无任何保护措施。1999年4—5月间和12月间，牛汝极在呼和浩特考察时见到此碑并拍照临摹。碑长101厘米。仰面有仰莲和一行叙利亚文，两侧面均有十字架配莲花座和缠枝纹图案。

图版 4－9：百灵庙－王墓梁墓碑 9，左图为仰面，牛汝极拍摄于 1999 年 4 月；右图为端面，见盖山林书（图版 161－24）。

原文模拟：

ܦܘ ܩܒܪܐ ܩܕܘܬܐ ܟܘܫܢܐܟ ܢܝܢܓ ܐܘܠ

标音：

pw qbr’ qdwt’ kwšn’c nyng ’wl

转写：

bu qabra qadota qušnač-nïng ol

翻译：

“这是牧师喀多塔（Qadota）之墓”。

注释：

qdwt’／qadota 人名。

kwšn’c／qušnač 我个人认为此词指“牧师”，比较 quštanč “女牧师”，待考，下同。

墓　碑　10

墓顶石，出土于四子王旗王墓梁陵园，今已不知其下落。该碑拓片图版由盖山林发表。碑存后半部分，前半部分遗失，仰面一行文字只存句末两词，两侧面均有花草纹图案。该碑尺寸不详。

图版 4－10：百灵庙-王墓梁墓碑 10，左图为残碑全貌，右图为仰面文字部分，见盖山林书（图版 161－52、53）。

原文模拟：

////// ܒܝܓ ܢܝܢܓ ܐܘܠ

标音：

////// byg nyng ’wl

转写：

////// beg-nïng ol

翻译：

“这是……大人之墓”。

墓　碑　11

墓顶石，出土于四子王旗的王墓梁陵园遗址，今藏呼和浩特市内蒙古考古研究所院内，1999 年 4—5 月间和 12 月间，牛汝极在呼和浩特见到此碑并拍照描摹。该碑拓片图版曾由盖山林发表。碑形体较宽，墓顶石与石基合为一体，可分为两级，略作坛式须弥座，头部仰面为莲花，墓身仰面有一行叙利亚文，头部两侧为十字架和花草纹。碑总长 102 厘米，身长 75. 5 厘米，叙利亚文文字部分长 63 厘米。

原文模拟：

ܦܘ ܩܒܪܐ ܒܟܘܢܐܠ ܡܣܣܐ ܢܝܢܓ ܐܘܠ

图版 4－11：百灵庙-王墓梁墓碑 11，上图为墓碑全貌，下图为仰面文字部分，见盖山林书(图版 161－42、43)。

标音：

pw qbr' 'mnw'yl qšš' nyng 'wl

转写：

bu qabra emnuel qašīša-nïng ol

翻译：

"这是埃马纽埃尔神甫之墓"。

注释：

'mnw'yl / Emnuel 基督徒人名，现代印欧语中仍然使用此名，如法语 Emmanuel 等。

qšš' / qašīša "神甫、祭司"，源自叙利亚语。

墓　碑　12

墓顶石，出土于百灵庙木胡儿索卜嘎古城，今藏百灵庙文管所，1999 年 5 月间，牛汝极在百灵庙见到此碑并拍照描摹。该碑拓片图版曾由盖山林发表。碑长 102 厘米，高 33 厘米，底宽 31 厘米。墓碑仰面有带圈十字架和一行叙利亚文，两侧有带圈十字架和花草缠枝纹。十字架的四象限带圆点。

图版 4－12：百灵庙－王墓梁墓碑 12，上图为墓碑全貌，下图为仰面文字部分和十字架，见盖山林书（图版 161－54、55）。

原文模拟：

ܦܘ ܩܒܪܐ ܥܡܝܛܐ ܩܫܝܫܐ ܢܝܢܓ ܐܘܠ

标音：

pw qbr’ ‘myṭ’ qšyš’ nyng ’wl

转写：

bu qabra emiṭa qašïša-nïng ol

翻译：

“这是埃米塔神甫之墓”。

注释：

铭文中间人名部分不清楚，不能确定人名转写是否正确，‘myṭ’/ emiṭa 可能是叙利亚语人名，未见此名出现于其他景教徒碑铭中，待考。

墓 碑 13

墓顶石，出土于百灵庙木胡儿索卜嘎古城，今藏百灵庙文管所，1999 年 5 月间，牛汝极在百灵庙见到此碑并拍照描摹。该碑拓片图版曾由盖山林发表。碑长 111 厘米，高 33 厘米，底宽 24 厘米。墓碑仰面有带圈十字架和一行叙利亚文，两侧有带圈十字架和花草缠枝纹。十字架的四象限带圆点。

图版 4－13：百灵庙-王墓梁墓碑 13，上图为墓碑全貌，下图为仰面文字部分和十字架图，见盖山林书(图版 161－56、57)。

原文模拟：

ܗܢܘ ܐܣܛܦܢܘܣ ܩܫܝܫܐ ܢܝܢܓ ܩܒܪܐ ܣܝ ܐܘܠ

标音：

hnw 'sṭpnws qšyš' nyng qbr' sy 'wl

转写：

hnawu esṭpnos qašïša-nïng qabra-sï ol

翻译：

“这是埃特努斯(Esṭpnos)神甫之墓”。

注释：

hnw / hnawu 叙利亚语代词“这个”。

'sṭpnws / Esṭpnos 基督徒人名，相当于现代法语的人名 Étienne。

hnawu . . . -nïng qabra-sï ol “这是某某人之墓”，这种句式结构与 bu qabra . . . -nïng ol “这是某某人之墓”的句式结构不同，但表达的意思完全一样。前者使用的频率不高。

墓 碑 14

墓顶石，出土于达尔罕茂明安联合旗点来苏木元代村落遗址，今藏百灵庙文管所，1999 年 5 月间，牛汝极在百灵庙见到此碑并拍照描摹。该碑拓片图版曾由盖山林发表。碑长 97 厘米，高 36 厘米，底宽 30 厘米。墓碑仰面有阳刻十字架和一行阴刻叙利亚文，尾残，两侧有带圈十字架和花草缠枝纹。十字架的四象限带圆点。

图版 4－14：百灵庙－王墓梁墓碑 14，上图为墓碑全貌，下图为仰面文字部分，牛汝极摄。

原文模拟：

ܦܘ ܩܒܪܐ ܐܘܓܢ ܩܫܫܐ ܢܢܓ [ܐܘܠ]

标音：

pw qbr' 'wgn qšš' nng ('wl)

转写：

bu qabra ugan qašīša-nïng［ol］

翻译：

“这是乌甘(Ugan)神甫之墓”。

注释：

’wgn/ ugan 基督徒人名，相当于法语人名 Eugène。

墓　碑　15

墓顶石，出土于四子王旗王墓梁陵园，今已不知其下落。该碑尺寸不详。碑的拓片图版由盖山林发表。墓碑仰面有带圈十字架和一行叙利亚文，十字架的四象限带圆点。两侧有十字架配莲花座和花草缠枝纹。

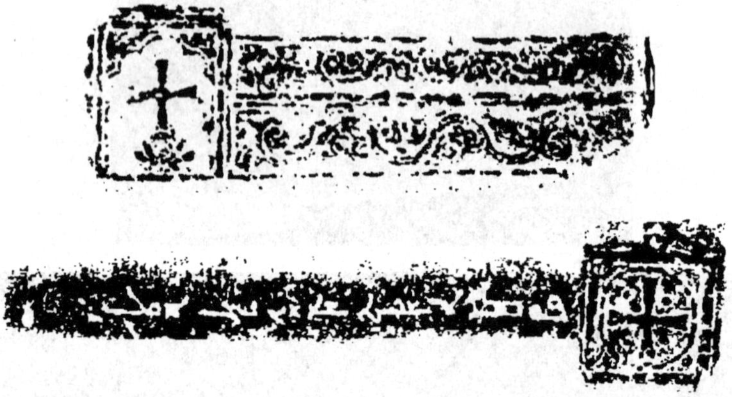

图版 4－15：百灵庙－王墓梁墓碑 15，上图为墓碑全貌，下图为仰面文字部分和十字架图，见盖山林书（图版 161－38、39）。

原文模拟：

ܦܘ ܩܒܪܐ ܫܟܚܬܐ ܫܐܐܝܢ ܢܝܢܓ ܐܘܠ

标音：

pw qbr’ škḥt’ š’’yn nyng［’wl］

转写：

bu qabra šaqḥata ša-in-nïng [ol]

翻译：

“这是夏哈塔–夏音(Šaqḥata Ša-in)之墓”。

注释：

škḥt’ š’’yn/ šaqḥata ša-in 人名，语源待考。

墓　碑　16

墓顶石，出土于百灵庙敖伦苏木古城，今已不知其下落。该碑长 121 厘米，高 41 厘米，底宽 30 厘米。碑的拓片图版由盖山林发表。墓碑仰面有一行叙利亚文和莲花图案，两侧有阳刻十字架和花草缠枝纹。

图版 4–16：百灵庙–王墓梁墓碑 16，左图为墓碑侧面，右图为仰面文字部分和莲花座图，见盖山林书(图版 161–12、13)。

原文模拟：

ܦܘ ܩܒܪܐ ܝܘܠܘܛܐ ܡܗܝܡܢܐ ܢܢܓ [ܥܘܠ]

标音：

pw qbr’ ywlwṭ’ mhymn’ nng [’wl]

转写：

bu qabra yoluṭa mehaymena-nïng ol

翻译：

“这是基督徒约鲁塔（Yoluṭa）之墓”。

注释：

ywlwṭ'/ yoluṭa 人名，语源待考。

mhymn'/ mehaymena“基督徒、信徒”，叙利亚语。

墓　碑　17

墓顶石，出土于四子王旗王墓梁陵园，今已不知其下落。该碑尺寸不详，尾部残断。碑的拓片图版由盖山林发表。墓碑仰面有一行叙利亚文和莲花图案。两侧有十字架和花草缠枝纹，十字架的四象限带圆点。

图版 4－17：百灵庙－王墓梁墓碑 17，此图为仰面文字部分和仰莲图案，见盖山林书（图版 161－35）。

原文模拟：

ܦܘ ܩܒܪܐ ܟܘܓܡܘܢܛܐ ܟܘܫܢܢܓ ܘ..[ܢܝܢܓ] ܐܘܠ

标音：

pw qbr' kwgmwnṭ' kwšn'nc w. . ［nyng］'wl

转写：

bu qabra kögmünṭä qušnanč u. . -nïng ol

翻译：

“这是牧师曲蒙太－. .（Kögmünṭä）之墓”。

注释：

kwgmwnṭ'/ kögmünṭä 人名，语源待考。

墓　碑　18

墓顶石，出土于四子王旗王墓梁陵园，今已不知其下落。该碑尺寸不详。碑的拓片图版由盖山林发表。墓碑仰面有一行叙利亚文和仰莲图案。两侧有十字架和花草缠枝纹，十字架的四象限带圆点。

图版 4－18：百灵庙－王墓梁墓碑 18，此图为仰面文字部分和仰莲图案，见盖山林书（图版 161－37）。

原文模拟：

ܦܘ ܩܒܪܐ ////// ܓ ܛܪܡ ܢܢܓ ܐܘܠ

标音：

pw qbr'//////č ṭ'rm nng 'wl

转写：

bu qabra［**quštan**］č ṭärim-nïng ol

翻译：

“这是**女牧师**谭林（Ṭärim）之墓”。

注释：

ṭ'rm / ṭärim “公主”<tängrim“我的上帝”，参见 P. Pelliot, *T'oung Pao*, T. XXXVII,

1944, pp. 165－185。马合木德·喀什噶里的《突厥语词典》解释说，该词用于称呼皇室女子，当她们长大后就用 altun terim 来称呼，参见 G. Clauson 的词源词典，p. 549。但 G. Doerfer 对伯希和的解释表示怀疑，参见其 *Türkishe und mongilische Elenmente im Neupersischen*, II, n. 1000; II, p. 657。Tärim 一词屡见于七河流域发现的景教徒墓碑中，参见 D. Chwolson, 1886, p. 16, n. IX; 1890, pp. 23, 50, 54, 60, 71, 77, 79, 81－82, 88－89, 90, 94, 101; 1896, pp. 13, 17, 18, 21, 25, 32, 33, 34, 35, 36, 39, 40, 41, 47, 48。

墓 碑 19

墓顶石，出土于百灵庙敖伦苏木古城，今已不知其下落。该碑长 110 厘米，高 39 厘米，底宽 32 厘米。碑的拓片图版由盖山林发表。墓碑仰面有一行叙利亚文和十字架图案，文字部分不清楚，十字架的四象限带圆点；两侧有阳刻的花草缠枝纹。

图版 4－19：百灵庙－王墓梁墓碑 19，上图为仰面文字部分和十字架图案；左下图为侧面，刻有缠枝花草图案；右下图为头端面，刻有十字架和莲花座，见盖山林书（图版 161－8、9、10）。

原文模拟：

ܦܘ ܩܒܪܐ ܣܝ[ܝܘܪܓܝ]ܣ ܟܘ[ܫܢܐ]ܓ̰ [ܢܢܓ] ܐܘܠ

标音：

pw qbr' **sy**[**ywrgy**] s kw[**šn'**] č [nng] 'wl

转写：

bu qabra se[**yorgi**]s qu[**šna**]č-nïng ol

翻译：

“这是牧师塞约吉斯(Se[**yorgi**]s Qu[**šna**]č)之墓”。

注释：

铭文中的关键词 **sy**[**ywrgy**]s kw[**šn’**]č/ se[**yorgi**]s qu[**šna**]č 不清楚，不能确定我们的读法是否可靠，人名 Seyorgis = Sergis“薛里吉思”，叙利亚语基督徒常用的男性人名。

墓　碑　20

墓顶石，出土于四子王旗王墓梁陵园，今已不知其下落。该碑尺寸不详。碑的拓片图版由盖山林发表。墓碑仰面有一行叙利亚文和仰莲图案。两侧有阳刻十字架和花草缠枝纹。墓碑分为两级。

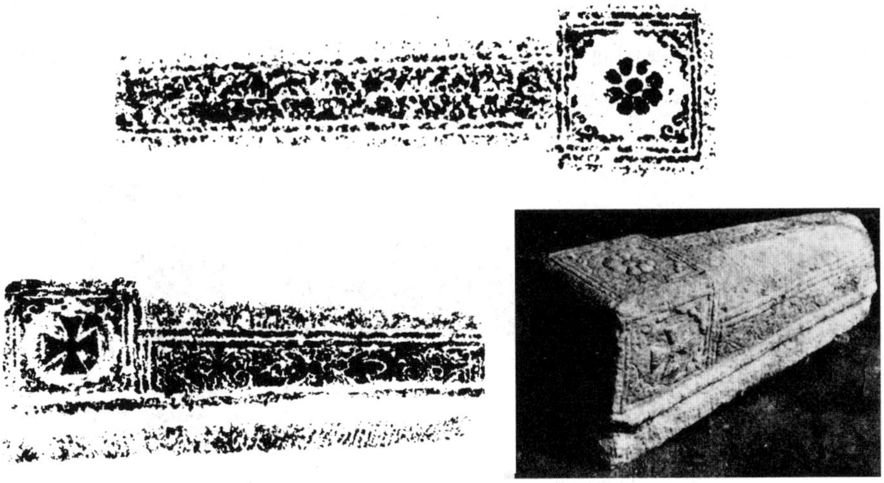

图版 4－20：百灵庙-王墓梁墓碑 20，上图为仰面文字部分和阳瓣莲花图案；左下图为侧面，刻有十字架和缠枝花草图案；右下图为墓碑全貌，见盖山林书（图版 161－49、50、51）。

原文模拟：

ܒܘ ܩܒܪܐ ܩܘܣܛܘܣ ܫܠܝܡܢ ܢܝܢܓ ܐܘܠ

标音：

pw qbr' kwsṭs swlkwn nyng 'wl

转写：

bu qabra qusṭas solqun-nïng ol

翻译：

“这是库斯塔斯-索勒昆(Qusṭas Solqun)之墓”。

注释：

kwsṭs/qusṭas 人名，但未在其他景教徒碑铭中发现同样的人名，七河流域的碑铭中只出现过人名 ܩܘܣܛܐܢ/kwsṭ'n/qusṭan，参见 D. Chwolson，1890，No. 13。

swlkwn/solqun 人名，未曾发现类似的人名。

墓 碑 21

墓顶石，出土于四子王旗王墓梁陵园，今已不知其下落。该碑尺寸不详。碑的拓片图版由盖山林发表。墓碑仰面有一行叙利亚文和仰莲图案。两侧有阳刻十字架和花草缠枝纹。墓碑分为三级。叙利亚文部分不清楚，辨读极难。

图版 4－21：百灵庙-王墓梁墓碑 21，此图为仰面文字部分和仰莲图案，见盖山林书（图版 161－29）。

原文模拟：

ܦܘ [ܩܒܪܐ] ܩܘܣܛܣܣܘܠܟܘܢ ܢܝܢܓ [ܐܘܠ]

标音：

pw［**qbr'**］**'lytymwr** nyng［'wl］

转写：

bu［**qabra**］**Elitimur**-nïng［ol］

翻译：

“这是**艾利提穆尔**（Elitimur）之墓”。

注释：

'lytymwr／ Elitimur 人名，但此读法不能确定，七河景教徒墓碑中曾出现此名，参见 D. Chwolson，1890，n. 53。

墓　碑　22

此碑出土于毕其格图好来陵园，今已不知其下落。该碑拓片图版由盖山林发表，见其书图版 157－3，尺寸不详。此碑为残石片，存叙利亚文 2 行，每行不足一词。

原文模拟：

1. ܐܠܟܣܢܕ[ܪܘܣ]//////

2. ܐܝܟ//////

图版 4－22：百灵庙-王墓梁墓碑 22，此图为残石片，见盖山林书（图版 157－3）。

标音：

1. 'lksnd［rws］//////

2. 'yk//////

转写：

1. alksand［ros］//////

2. ik//////

翻译：

“亚历山大……”

注释：

'lksnd[rws]/alksand[ros]该词的读法不能确定。

墓　碑　23

墓顶石，此碑出土于四子王旗的王墓梁陵园(?)，今存于呼和浩特市内蒙古考古研究所院内，露天摆放，无任何保护措施。1999年4—5月间和12月间，牛汝极在呼和浩特考察时见到此碑并拍照临摹。该碑长119厘米，文字部分长60厘米，仰面有十字架配莲花座和一行叙利亚文，两侧面均有十字架和缠枝纹图案，十字架四象限带圆点。

图版4-23：百灵庙-王墓梁墓碑23，此图为仰面文字部分和侧面图案部分，牛汝极摄。

原文模拟：

ܗܢܘ ܩܒܪܐ ܣܪܓܝܣ ܐܪܟܝܕܝܩܘܢ //////

标音：

hnw qbr' srgys 'rkydyqwn [nng 'wl]

转写：

hnawu qabra sergis arkidiaqon[-nïng ol]

翻译：

"这是主教薛里吉思(Sergis)之墓"。

注释：

hnawu，叙利亚语“这”，相当于突厥语的 bu“这”。

此碑铭文与百灵庙-王墓梁墓碑 3 都出现了“主教”一词，比较 bu qaβra giwargis arkidiaqon-nïng ol“这是主教乔治(Giwargis)之墓”。

墓　碑　24

墓顶石，此碑出土于四子王旗的王墓梁陵园(?)，今存于呼和浩特市内蒙古考古研究所院内，露天摆放，无任何保护措施。1999 年 4—5 月间和 12 月间，牛汝极在呼和浩特考察时见到此碑并拍照临摹。该碑长 103 厘米，文字部分长 51 厘米，仰面有仰莲和一行叙利亚文，文字部分脱落严重，两侧面均有十字架和缠枝纹图案。

图版 4-24：百灵庙-王墓梁墓碑 24，上图为墓碑仰面，下图为文字局部，牛汝极摄。

原文模拟：

ܦܘ ܩܒܪܐ ܦܟܝܐ ܬܠܝܪ ܟܘܫܛܟܝ ܢܝܢܓ ܐܘܠ

标音：

pw qbr' pčy' tlyr kw[š]t'čy nyng 'wl

转写：

bu qabra bičya tilir qu[š]tači-nïng ol

翻译：

“这是女牧师比其亚-提里尔（Bičya Tilir）之墓”。

注释：

pčy’ tlyr / bičya tilir 人名，语源待考。

kw[š]t’čy/qu[š]tači 应为 kwšt’nč/quštanč 之省音。

墓　碑　25

墓顶石，此碑出土于百灵庙敖伦苏木（?），今存于包头市博物馆库房中。1999 年 12 月间，牛汝极在包头市考察时见到此碑并拍照临摹。该碑长 109 厘米，文字部分长 75 厘米，仰面有十字架配莲花座和一行叙利亚文，两侧面均有十字架和缠枝纹图案。

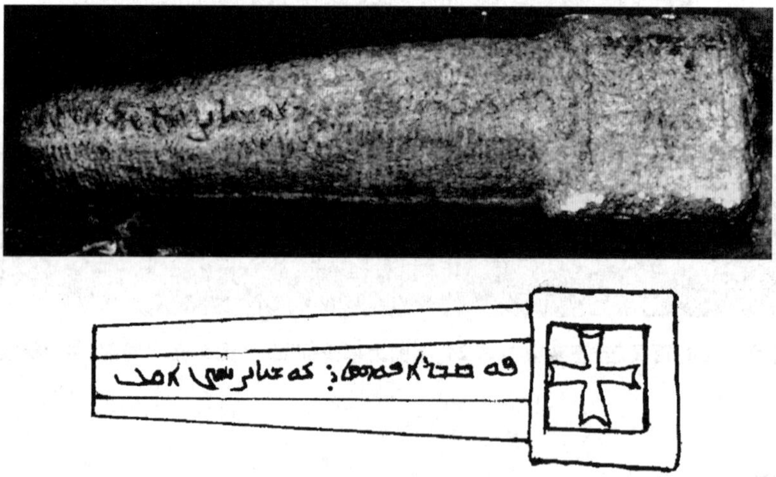

图版 4－25：百灵庙-王墓梁墓碑 25，上图为墓碑仰面，下图为仰面描摹，牛汝极拍摄绘制。

原文模拟：

ܦܘ ܩܒܪܐ ܒܘ[ܪ]ܣܐܪ ܟܘܫܢܐܟ ܢܝܢܓ ܐܘܠ

标音：

pw qbr’ bw(r)s’r kwšn’č nyng ’wl

转写：

bu qabra bu(r)sar qušnač-nïng ol

翻译：

“这是牧师布撒(bursar)之墓”。

注释：

bu(r)sar 人名,源自叙利亚语。

qušnač 可能是 qušnanč 之省音,意为男牧师。

墓　碑　26

墓顶石,此碑出土于敖伦苏木(?),今存于百灵庙文管所。1999 年 4—5 月间和 12 月间,牛汝极在内蒙古考察时见到此碑并拍照临摹。该碑长 85 厘米,文字部分长 50 厘米,仰面有仰莲和一行叙利亚文,两侧面均有十字架和缠枝纹图案。

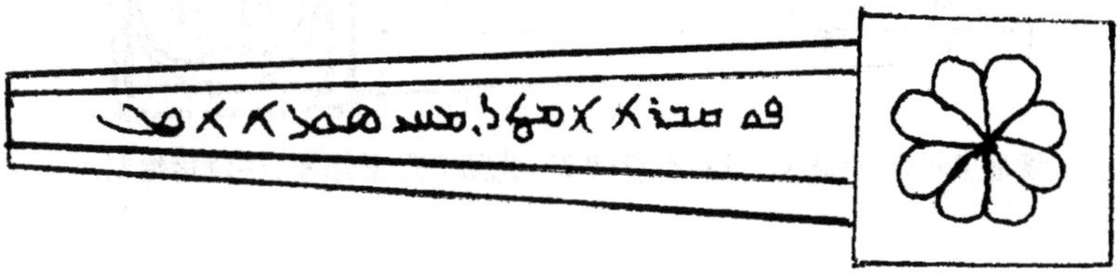

图版 4－26:百灵庙－王墓梁墓碑 26,此图为仰面描摹,牛汝极绘制。

原文模拟：

ܦܘ ܩܒܪܐ ܐܡܛܕ ܡܚܝ ܣܘܪܐ ܐܘܠ

标音：

pw qbr’ ’mṭd mḥy **swr’** ’wl

转写：

bu qabra ämtäd maḥï **sürä** ol

翻译：

“这是安台-马克(Ämtäd Maḥï)之墓”。

注释：

'mṭd mḥy / ämtäd maḥï 人名,源自叙利亚语。

swr' /sürä 此词读法不能确定,词义待考。

墓　碑　27

墓顶石,此碑出土于敖伦苏木(?),今存于百灵庙文管所。1999 年 4—5 月间和 12 月间,牛汝极在内蒙古考察时见到此碑并拍照临摹。该碑长 110 厘米,文字部分长 83 厘米,仰面有带圈十字架和一行叙利亚文,两侧面均有十字架和缠枝纹图案,十字架四象限带圆点。碑尾部残断。

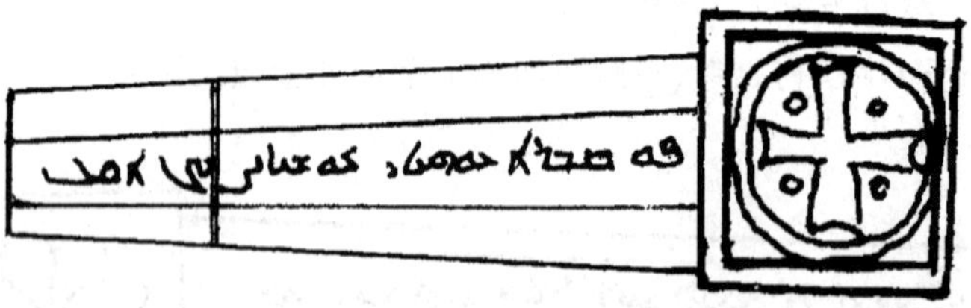

图版 4－27:百灵庙-王墓梁墓碑 27,此图为仰面描摹,牛汝极绘制。

原文模拟：

ܦܘ ܩܒܪܐ ܝܘܚܢܐܢ ܟܘܫܢܐܢܟ ܢܢܓ ܐܘܠ

标音：

pw qbr' ywhn'n kwšn'nč nng 'wl

转写：

bu qabra yohnan qušnanč-nïng ol

翻译：

“这是约翰(Yohnan)牧师之墓”。

注释：

qušnanč“牧师”，比较 quštanč“女牧师”。

墓　碑　28

墓顶石，此碑出土于敖伦苏木(?)，今存于百灵庙文管所。1999 年 4—5 月间和 12 月间，牛汝极在内蒙古考察时见到此碑并拍照临摹。该碑长 110 厘米，文字部分长 83 厘米，仰面有带圈十字架和一行叙利亚文，两侧面均有十字架和缠枝纹图案，十字架四象限带圆点。碑尾部残断。

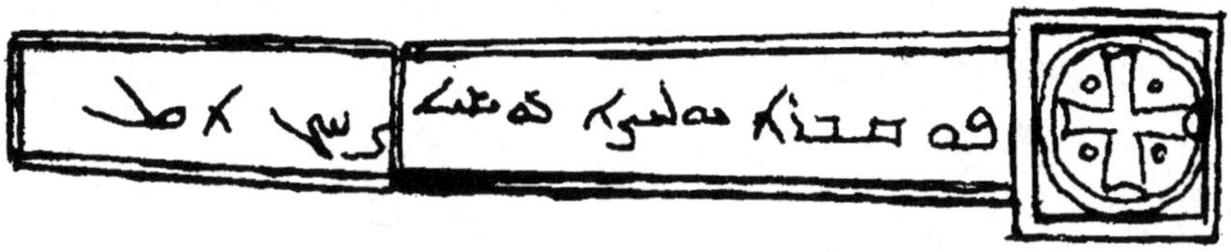

图版 4－28：百灵庙－王墓梁墓碑 28，此图为仰面描摹，牛汝极绘制。

原文模拟：

ܦܘ ܩܒܪܐ ܝܘܠܝܟ̰ܐ ܟܘܫܢܐܟ̰ ܢܝܢܓ ܐܘܠ

标音：

pw qbr' ywlyč' kwšn'č nyng 'wl

转写：

bu qabra yoliča qušnač

翻译：

“这是约里恰(Yoliča)牧师之墓”。

注释：

ywlyč'/ yoliča 人名，大概源于回鹘语。

第五章　呼和浩特白塔和赤峰发现的景教徒铭文

白塔内壁叙利亚文题记

1999 年 5 月牛汝极在白塔内参观时意外发现在第 2—5 层级内壁上，有几则叙利亚文题记，于是临摹拍照，随后研读。

白塔题记 1

图版 5－1：白塔、赤峰铭文 1，存 1 行叙利亚文，牛汝极摄。

原文模拟：

标音：

tngry kwtwk kylswn ’mn

转写：

tängri qutuq qïlsun amen

翻译：

“愿上帝赐福，阿门！”

注释：

kwtwk / qutuq 大概由 qut “福”+宾格词尾-uq 构成，其后的动词 qïl-要求宾格形式，qutuq qïlsun 可译作“造福吧！”在蒙古语中 qutuq = 回鹘语的 qutluq “幸福的”。

白塔题记 2

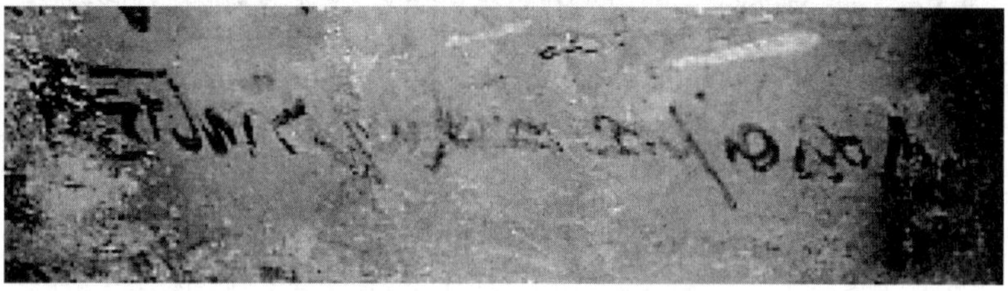

图版 5－2：白塔、赤峰铭文 2，存 1 行叙利亚文，牛汝极摄。

原文模拟：

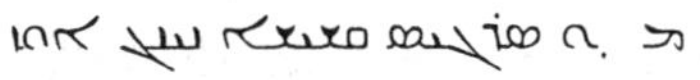

标音：

mw srgys qšyš’ nyng ’wl

转写：

mu sergis qašïša-nïng ol

翻译：

“这是神甫薛里吉思”。

注释：

mw / mu “这”，是 bu“这”的变体或方言形式。

白塔题记 3

图版 5－3：白塔、赤峰铭文 3，存 4 行叙利亚文，牛汝极摄。

原文模拟：

1. ܐܘܠ ܣܪܓܝܣ ܣܘܝܙܝ ܣܘܝܙܠܐ
2. ܐܩܝܠ ܩܐܢܝ ܟܘܝܠܝܛܘܪ
3. ܛܐܟܡܐ ܒܝܪܪ ܐܪ ܐܘܙ ܣܘܝܙܠܐܪ
4. ܩܐܢ ܐܛܐܫܡ ܝܘܪܝܛܘܪ

标音：

1. ’wl srgys swyzy swyzl’
2. ’kyl k’ny kwylytwr
3. t’km’ byrr ’r ’wz swyzl’r
4. k’n ’t’šm ywrytwr

转写：

1. ol sergis sözi sözlä
2. aqïl qanï kölitür
3. tägmä birär är uz sözlär

4. qan atašïm yorïtur

翻译：

“那位薛里吉思这样说：智慧的可汗隐居，勿给男子智语，我的同伴可汗在四处走动”。

注释：

第 2 行：'kyl / aqïl “智慧的”。

第 2 行：kwylytwr / kölitür 由动词 kölit-“隐藏、隐居、掩盖”+形动词词尾-ür 构成。

第 3 行：t'km' / tägmä 由 täg- “达到、到达”+否定副词词尾构成。

第 3 行：'wz / uz “灵巧的”，uz sözi “智慧的言语”，参见 G. Clauson 的词源词典，第 277 页。

第 4 行：'t'šm / atašïm 由 ataš(=adaš) “同伴”+领属人称词尾构成。

第 4 行：ywrytwr / yorïtur 由动词 yorït-“游动、行军”(参见 G. Clauson 的词源词典第 960—961 页)+形动词词尾-ur 构成。

赤峰发现的景教徒墓砖铭文

1993 年年初，内蒙赤峰市昭乌达蒙族师范专科学校蒙古语文系教授莫德勒图先生曾给本书作者寄赠一张赤峰出土的回鹘文景教墓砖铭文的照片并嘱托研究发表。但由于我对该墓砖的大小、色别、重量、厚薄及出土情况一无所知，遂于 1993 年 8 月专程去赤峰市调查该墓砖。下面是调查所得情况。

此回鹘文景教墓砖在离赤峰市西南 25 公里处的松山区城子乡画近沟门村的一小山坡上出土，现存于内蒙古博物馆。该砖高 47. 2 厘米，宽 39. 5 厘米，厚 6 厘米。正面中上部是个大型十字架图案，十字架下是个莲花座。这种十字架配莲花座的图案屡见于泉州、西安、房山、扬州、敦煌和内蒙古敖伦苏木古城等地[1]。十字架中部圆卷内是

〔1〕 P. Y. SAEKI(佐伯好郎), 1937, pp. 426 – 437.
郝镇华译，1984，第 33、85、86、88 页。
朱谦之，1993，图 4、图 9、图 10、图 11、图 13、图 15、图 16 等。
盖山林，1992，图 50、图 51。
朱江，1986，第 68—69 页。

一朵莲花图案。十字架、莲花的结合，象征着西方基督教与中国佛教和中国民间文化交融的状况。在这座十字架上方的两边各有一行叙利亚文。在十字架下方的两边各有四行回鹘文。哈密顿和牛汝极合作首先研究刊布了对此碑的研究，法文文章发表在法国出版的《亚洲杂志》1994 年第 1 期上[1]。下面是这两行叙利亚文的转写和译释：

1. （左边）ḥūr lwteh　　ܚܘܪ ܠܘܬܗ

2. （右边）sbarū beh　　ܣܒܪܘ ܒܗ

汉语译为"仰望之，希望之"[2]。这句话出自《圣经 · 旧约全书》的《诗篇》(*Psaume*)第 34 节第 6 行(叙利亚文译本)[3]。本世纪初，一些西方学者注意到在北京房山发现的几件景教石碑和铭文，其中有一件铭文是叙利亚文，几乎与上面我们说的这两行叙利亚文内容相同：仰望之，希望之[4]。

下面是回鹘文部分的标音、转写、翻译、注释和考证：

图版 5－4：白塔、赤峰铭文 4，赤峰出土带十字架和莲花座的叙利亚文－回鹘文双语景教徒墓砖，牛汝极摄于 1999 年内蒙古博物馆。

标音：

1. ''l'xsntwrws x'n s'xyšy mynk
2. pyš ywz ''ltmyš twyrt t'bx'č
3. s'xyšy 'wd yyl 'r'm ''y
4. ykrmyk' bw 'wrdw 'yk'zy
5. ywn'n kwymk' s'nkkwm yytmyš
6. pyr y'šynt' tnkry yrlx y pwytwrdy
7. pw p'k nynk 'wyswty tnkry m'nkkw
8. wšdm'x t' 'wrn'dm'xy pwlzw/

转写：

1. alaqsantoroz qan saqïš-ï
2. beš yüz altmïš tört tabγač

---

〔1〕 JAMES HAMILTON et NIU RUJI, 1994, pp. 147－164.

〔2〕 类似的铭文也出现于北京房山发现的方形石刻中，见本书第 1 章的北京房山部分，参见 A. C. Moule, 1930, *Christian in China before the year 1550*, London 1930, reprinted in Taipei 1972, pp. 86－88。

〔3〕 与此对应的希伯来文译文《诗篇》第 34 节；希腊文和拉丁文译本《诗篇》的第 33 节。在希伯来文译本中是第 6 行，在拉丁文译本是第 5 行。

〔4〕 A. C. MOULE, 1930, pp. 86－88 and Fig. 12.

3. saqïš-ï ud yïl aram ay
4. yegirmikä bu ordu igäzi
5. yawnan kömäkä sänggüm yetmiš
6. bir yašinta tängri yarlïγï bütürdi
7. bu bäg-nïng ösüti tängri mänggü
8. uštmaq-ta ornadmaqï bolzu[n]

翻译：

1. 亚历山大帝王纪年一千
2. 五百六十四年(公元1253年)；桃花石
3. 纪年牛年正月
4. 二十日。这位军帐首领
5. 药难(Yawnan)——部队的将军，在他
6. 七十一岁时，完成了上帝的使命。
7. 愿这位大人的灵魂永久地
8. 在天堂安息吧！

注释：

第1行：alaqsantoroz qan saqïš-ï“亚历山大帝王纪年”。亚历山大帝王纪年的起始年月日为公元前312年10月1日(参见 Louis Bazin, *Les Systèmes chronologiques dans le monde turc ancien*, Budapest et Paris, 1991, p. 414)。亚历山大帝王纪年1564年等于公元1253年，为牛年，癸丑，宝祐元年。

第2—3行：tabγač saqïš-ï“桃花石纪年”。“桃花石”一词为唐至元时期少数民族和域外对中原王朝或汉人的称呼。桃花石纪年牛年正月二十日等于公元1253年2月19日。

第4行：ordu igäzi“军帐首领”。ordu一词屡见于古今回鹘语和蒙古语中，其本义为“牙帐”、“皇宫”、“宫殿”、“王室”或者“首府”等。在宗教文献中也作“神宫”讲。后该词又作“军帐”、“军营”讲。该词的变体形式有ordo、orda、urta、urdu等。在现代新疆和中亚诸语中，该词还有“中心”、“中央”、“中部”等含义(参见 G. Clauson, *An Etymological Dictionary of Pre-Thirteenth Century Turkish*, p. 203)。igäzi意为“主人”、“首领”。

第5行：Yawnan。人名“药难”,该词的变体形式在叙利亚文献或叙利亚文回鹘语文献中有 Yuhanan、Yonan、Chounan、Johanan、Giovanni、Jean、Jonan 等,该词的现代汉语译名作“约翰”(参见 Euvres Posthumes de Paul Pelliot, *Recherches sur les Chrétiens d'Asie Centrale et d'Extrème-Orient*, Paris, 1973, pp. 275 - 276, n. 4)。kömäkä “后备军”、“部队”(参见 Gerhard Doerfer, *Türkische und mongolische Elemente im Neupersischen*, Bd. Ⅲ, Wiesbaden, 1967, p. 606, N° 1645; M. Pavet de Courteille, *Dictionnaire Turc-oriental*, p. 476; W. Radloff, *Versuch eins Wörterbuch der Türk-Dialecte*, Ⅱ, 1319 et 1524; Derleme Sözlügü, t. Ⅷ, Ankara, 1975, pp. 2956 - 2957 et 3034)。sänggüm 一词一说是借自汉语的“相公”(参见 Paul Pelliot 文,载于 T'oung Pao, t. XXVII, 1930, pp. 45 - 46, n. 3; et *Notes on Marco Polo*, t. Ⅱ, Paris, 1963, pp. 825 - 826; ainsi; que Wittfogel et Fêng Giasheng, *History of Chinese Society*, *Liao 907 - 1125*, p. 434);一说是借自辽代汉语官号“详稳”(参见 Wittfogel 和 Fêng Giasheng 上引书第129页);一说为汉语“将军”的译音,是 sänggün 的变体(参见 H. A. Giles, *Chinese-English Dictionary*, London, 1912, Ⅰ, 212, 3, 276; E. G. Pulleyblank, *Middle Chinese*, tsiaŋ kiuêən 条)。

第6行：tängri yarlïγï bütürdi:“完成了上帝的使命。”这是叙利亚语景教徒碑文常出现的固定句式在回鹘语景教徒碑文中的反映(参见 H. J. Klimkeit, “Christian art on the Silk Road”, in: Künstlerischer Austausch Artistic Exchange, Akten des XXVII. *Internationalen Kongresses für Kunstgeschichte Berlin*, 15 - 20. Juli, 1992, p. 480 et fig. 8)。在泉州出土的一通回鹘文景教徒墓碑和在扬州出土的一通叙利亚文回鹘语景教徒墓碑中都曾出现过这个句子。

第7—8行：bu bäg-nïng ösüti tängri mänggü uštmaq-ta ornadmaqï bolzu[n]“愿这位大人的灵魂永久地在天堂安息吧!”这也是回鹘语和叙利亚语景教徒碑文中经常作为墓碑结束语的句式。其中的 ösüt“灵魂”是 özüt 的变体形式(参见 G. Clauson, *An Etymological Dictionary of Pre-Thirteenth-Century Turkish*, Oxford, 1972, p. 281)。其中的 uŝdmax“天堂”一词源自粟特语 wštm'x (参见 Notamment Ilya Gershevitch, *A Grammar of Manichean Sogdien*, §§ 113, 210 n. 2, etc.)。该词曾出现在下列两件叙利亚文景教碑文或文献中：Peter Zieme, “Ein Hochzeitssegen uigurischer Christen”, dans *Scholia*, *Beiträge zur Turkologie und Zentralasienkunde*, *veröffentl. der Societas Uralo-Altaica*, Bd. 14, p. 224;扬州出土叙利亚文回鹘语景教碑文第八行。该词在回鹘语中

的变体有 ušïtmax、učmaq 等形式(参见 ms. de Fergana du Qutadγu Bilig, p. 17, 1. 8 和 p. 77, 1. 3; G. Clauson 上引词典,第 257 页)。其中的 ornadmaqï"安排"应为 ornatmaqï, t-d 的交替在古代方言中是经常出现的(参见 A. von Gabain, *Alttürkische Grammatik*, § 165; Carl Brockelmann, *Osttürkische Grammatik* . . . ,p. 210 § m.)。

墓砖族属考证:

关于这块墓砖的族属,我们认为应与元代畏吾儿或回鹘后裔汪古部有关。汪古一名,《元朝秘史》作汪古惕,《南村辍耕录》民族条作雍古歹,《圣武亲征录》作王孤,姚燧《便宜副总帅汪公神道碑》作汪骨,《元史》有汪古、雍古、旺古、瓮古等不同记音。这些不同记音,均为 öngüt 的音转,其中的"汪古惕"记音较准确。öngüt 一词由 öng 和回鹘语-蒙古语复数词尾-üt 两部分组成。其中的 öng 是回鹘语词,意为"前方"或者"东方"。在古代回鹘人的观念中,前方即东方,这与回鹘语古代民族的尚东习俗及其时空观不无关联。öngüt 意为"东方居民"或"东部民族"(参见 Paul Pelliot, T'oung Pao, t. XV, 1914, p. 629; 以及 Euvres Posthumes de Paul Pelliot, *Recherches sur les Chrétiens d'Asie Centrale et d'Extrème-Orient*, Paris, 1973, p. 262)。汪古(öngüt)一名一般认为在蒙古征金之后才开始出现,其另一称谓"白达达"或"白鞑靼"也屡见于元代的史籍碑刻中(参见周清澍,《汪古的族源》,载《文史》第十辑,中华书局 1980 年版,第 103—107 页)。据周清澍先生的考证,汪古与回鹘(畏吾儿)同种,是回鹘余部(同上书,第 108—116 页)。盖山林先生则进一步指出,汪古部主要是辽金以来来自西域的回鹘人,尤其是回鹘景教贵族,当他们在辽金之时向东移徙时,也将景教带到了东部(参见盖山林,《元代汪古部地区的景教遗迹与景教在东西文化交流中的作用》,载黄盛璋主编《亚洲文明》第一辑,安徽教育出版社,1992 年版,第 120—129 页)。

关于昔日汪古部人的主要活动地域,许多学者都有所涉及,认为汪古部的活动中心应在今内蒙古达茂联合旗内(参见陈垣,《马定先生在内蒙发现之残碑》,载《华裔学志》第 3 卷第 1 期,1938 年;佐伯好郎,《论内蒙古百灵庙附近的景教遗迹》,载《东方学报》第 9 卷,东京,1939 年;佐伯好郎,《再论百灵庙附近的景教遗迹》,同上,第 11 卷,1941 年;周清澍上引文;盖山林上引文)。这已为百灵庙、敖伦苏木古城、毕其格图好来等地的考古发现所证实。这里发现了大批带有十字架的叙利亚文墓碑和墓顶石,其中有的是用回鹘语叙利亚文刻写。汪古部人除了上述活动中心之外,其东部也有其足迹,远的到达辽东。元代有一个"其先属雍古部"的马氏家族,曾经出了几个著名历史人物,元朝初年马月合乃曾任礼部尚书,他的曾孙马祖常曾任御史中丞,这二人《元史》各有传。元好问曾为马月合乃之父马庆祥写过墓碑,评述了马氏家族的家世,说明马氏汪古由西域至临洮狄道,再迁辽东,又由辽东而徙大青山后的净州天山(参见周清澍、盖山林上引文第 113 页和第 124 页)。对此,黄溍《金华文集 · 马氏世谱》和余阙《青阳集》卷 3 及杨维桢《西湖竹枝集 · 马祖常小传》等都有记载。据樱井益雄在《汪古部族考》中记述,以前在辽宁鞍山附近发现过砖刻十字架,可能是汪古部遗物(樱井益雄,《汪古部族考》,《东方学报》第 6 卷,1936 年)。现今在内蒙东部、辽宁西部省界之西不远的赤峰市发现的这块叙利亚文-回鹘文景教墓砖,大概也是昔日汪古部人的遗物。汪古本回鹘余部,使用回鹘语回鹘文应是情理中事。至于使用叙利亚文,则是由于他们信奉景教的缘故。在内蒙古百灵庙等地发现的大批汪古部墓碑遗存,其中不少都刻有叙利亚文,有的是用叙利亚文记回鹘语。在中国东南部的扬州、泉州等地也发现有几块用叙利亚文记回鹘语的元代碑铭。对此,我们将另文专论。解放前,日人田存实造等人在赤峰全宁古城遗址发现一些元代碑刻,其中就有汪古部人马祖常撰的《大元同知徽政院事住童先德之碑》(参见苏赫等著《赤峰史》,北京:文物出版社 1991 年版,第 115 页)。

赤峰也是我国的一座历史文化名城。契丹辽代分五道,设五京,当时的赤峰属辽之中京。公元 1008 年辽迁都于中京,赤峰为中京大定府所在地,是辽的统治中心。金朝时,金亦有五京,赤峰属金之"北京"(今宁城县大明镇)(参见上书第 41—101 页;周文,《赤峰市郊区历史沿革》,载《赤峰市郊区文史资料选集》第一辑,政协赤峰市郊区委员会编,1988 年,第 1—10 页)。

汪古部以其景教信仰闻名于世。景教(又记作"聂斯脱利",来自 Nestorian)是基督教的东方教派,蒙古人称"也里可温",回鹘文记作 ärkägün,来自叙利亚文的ܐܪܟܐܘܢ 'rk'kwn,希腊文作 arkhêgos 或 apχiγos,其意为"教主"、"至上的"、"上帝"等。陈垣先生曾于 1923 年著《也里可温考》引清代《钦定辽金元史语解》,认为按蒙古语应作"伊噜勒昆"("伊噜勒",福分也,"昆"人名,部名),"也里可温,有缘人也"。后转为专指"奉福之人",或即"信奉福音的基督徒"。杨森富在其《中国基督教史》(台湾商务印书馆,1978 年第三版)中也引录陈垣先生的观点(见第 32 页),恐怕有误。张星烺在《中西交通史料汇编》中指出,"伊噜勒昆"与"也里可温"在读音上全不相近,他引屠寄所著之《蒙兀儿史记 · 乃颜传》"也里可温"注云:即唐《景教流行中国碑》上"阿罗诃"之转音,据西方学者考证:"阿罗诃"为叙利亚文 Eloh,希伯来文 Elohim 之译音,它的意思就是

“上帝”。江文汉《中国古代基督教及开封犹太人》(上海：知识出版社 1982 年版)一书中还认为,“阿罗诃”原系佛经名词,有时译作“阿罗汉”(梵文作 Arhan，简称“罗汉”)，它的意思是佛果,他认为“也里可温”即系“阿罗诃”转音而来,它的意思当为“上帝教”、“信奉上帝的人”(参见该书第 96 页)。这一解释或许来源于唐代为武则天皇后营造颂德天枢的景教徒阿罗憾一名。由波斯入唐之阿罗憾之事迹,虽不见于新旧唐书,但见于清末在洛阳出土现藏于日本东京博物馆的《阿罗憾丘铭》,及唐德宗时所立之《大秦景教流行中国碑颂并序》中。但“阿罗憾”一名,据日人羽田亨氏考证,应为 Abraham 之译音(参见其“波斯国酋长阿罗憾丘铭考释”,《东洋学报》大正二年 11 号)。佐伯好郎也持这一观点(参见其《景教之研究》下篇第二章,昭和十年版)。景教很早就流行于西域地区,唐代传入我国内地,元代时景教得到了空前发展。汪古部族之信奉景教一方面是因为汪古部首领,如阿剌兀思剔吉忽里、阔里吉思等信仰景教,另一方面与辽、金时居于临洮的景教信徒为金兵所掳至辽东,后以基督圣像献与金太宗,因得释放,居于汪古部所属地,遂成为汪古部人有关。

汪古部首领阔里吉思是景教徒,即《马可波罗行记》所言之基督教徒佐治王(George)。教皇尼古拉四世派遣的中国第一任大主教约翰孟德高维奴,在 1305 年 1 月 8 日的信札中曾言及国王阔里吉思：此地有一国王,名阔里吉思,乃名称长老约翰的大国王后裔,而为聂斯托利派之基督教徒。我初至之第一年,待我甚厚,我曾导之归向正教。举行弥撒时,彼一王服来临,所以聂斯托利派教徒诋之为外道……六年前,此阔里吉思国王死,遗一子甚幼,今年甫九岁。然此阔里吉思国主之兄弟仍奉聂斯托利派之谬说,国王死后,复导其民还向异端。(转引自罗香林,《唐元二代之景教》,香港：中国学社 1966 年版,第 163—164 页。张星烺也有译文,载《中西交通史料汇编》第一册。)

在汪古部几大世家大族,如马、赵、耶律诸家中,其景教信仰以元时之马祖常与赵世延两家为最负盛名。据马祖常所作其祖父月合乃(即 Yawnan、Yahnan 之译音)《神道碑》,明确指出其为汪古部所属,而且其先代人名亦多用西方基督徒之人名。如月合乃(另一现代汉译名为“约翰”)之祖名“把造马野礼属该”等。马祖常一家,不仅与汪古部自身景教有颇多关系,而且其部族人士每于游宦所至各地,倡建景教会堂,故与内地、江南之景教传播亦不无牵涉。如马薛里吉思(即马庆祥)次子马天民,元初曾随军攻宋,授太平江州等路达鲁花赤。其长子奥剌罕,曾任扬子县与丹徒县达鲁花赤,父子都曾在扬州提倡景教(参见黄溍,《金华黄先生文集》卷四十三《马氏世谱》)。

现藏香港大学冯平山博物馆无押式十字铜印(有人称为“铜牌”)有一千多枚,是英人前北平邮务长 F. A. Nixon 主要在绥远、包头一带发现并收集。据罗香林先生研究，这些既可作为画押印章，又可作为信仰标志的铜十字牌应为汪古部元代时景教流行绝好之旁证资料(参见罗香林，《唐元二代之景教》，香港：中国学社 1966 年版，第 168—170 页。图版见该书第 27—34 页的照片)。

据伯希和在其《中亚及远东基督教研究》一书中所提及，在汪古历史上有两位著名汪古部景教人物：把扫马(Bar Sauma，于 1245 年生于汗八里，1294 年卒于巴格达)和马可(Marqùs，于 1245 年生于 Kōsang，即东胜，在今内蒙古托克托县，他于 1317 年卒于大不里士)，他们俩一同于 1278 年从大都出发去耶路撒冷朝圣，经山西、沙州、和阗、喀什噶尔、阿塞拜疆等，于 1280 年行至美索不达美亚，在 Maragh 城奇遇景教大总管(Patriarch) Mar Denha。Mar Denha 在托古思可敦(统治波斯的蒙古人旭烈兀的妃子，景教徒)的支持下，委任马可为"契丹城和汪古部"大主教。把扫马被委任为巡察总监，并被派往中国传教。在回国途中获悉 Mar Denha 总管于 1281 年死于巴格达，于是折返送葬，随后在选举继任大总管时，各地主教一致推荐马可继 Mar Denha 之位为"东方教会大总管"，并被称为"雅巴拉哈三世"(Yahballāhā Ⅲ)。把扫马被阿鲁浑(旭烈兀的孙子)委派出使欧洲，经伊利汗国去了拜占庭、罗马和巴黎等地，影响深远(参见 P. Pelliot, *Recherches sur les Chrétiens d'Asie Centrale et d'Extrême-Orient*, pp. 240－258；另参见江文汉上引书第 106—108 页)。这两位汪古部景教徒与赤峰出土的这块墓砖铭文上的高官 Yawnan(＝Yonan 或者 Johanan)应属同一时代的人。从铭文 1253 年时月合乃(Yawnan)为 71 岁来看，他生于 1182 年左右。

无论从地域上和时间上，还是从其宗教信仰上，我们都有理由认为，赤峰出土的这块叙利亚文-回鹘文景教墓砖应为昔日畏吾儿或回鹘后裔汪古部人景教信仰的文化遗存。

第六章　内蒙古发现的十字莲花铜镜图像考

一、内蒙古发现的叙利亚文十字莲花铜镜

大约在2013年3月，笔者受国家历史博物馆邀请，观赏了一批首次展示的文物，其中有一件据称是出自内蒙古的铜镜引起了我的特别关注。铜镜呈正圆形，直径10.4厘米，镜正面平滑有锈斑，显岁月沧桑（参见图版6－1）；背面图案是典型的景教图案造型。镜面呈边凸内凹状，内径8厘米，在内凹部分，除叙利亚文之外，其余纹饰均为凸起的阳铸，铜镜正中有带孔钮位于仰瓣莲花之上，居于典型希腊式十字架正中。十字架横向宽5.2厘米，纵向高4.5厘米。我们知道，十字架交叉处的圆环在早期基督教中象征生命的永生。希腊式十字架的特征就是十字架的四边等长或大致等长，不同于天主教和基督教普遍使用的拉丁十字，其特征就是十字的纵臂底部较长。我们看到，这件铜镜上的十字末端呈燕尾状，燕尾最宽处约1.4厘米，四端燕尾外侧正中各有一圆点装饰，大概是对"圣灵"的敬意。早期基督教十字架常见十字端的三叶形，代表"圣父、圣子和圣灵"的"三位一体"思想，可比较西安碑林所存"大秦景教流行中国碑"碑额上的十字端的造型。这面铜镜的十字架下是莲花座，两边是对称的祥云纹，十字架上方也是对称的祥云纹。十字架四翼的空白处有纵向阴刻的2行叙利亚文叙利亚语铭文（参见图版6－2），文字长度约3.1厘米。

图版6－1：铜镜正面。

图版6－2：铜镜背面（牛汝极摄，感谢国家博物馆特许拍照研究）。

铜镜背面的叙利亚文叙利亚语铭文可以模拟、标音和翻译为：

1. （左边）ḥūr lwṭeh　　　　ܚܘܪ ܠܘܛܗ“仰望之”

2. （右边）sbarū beh　　　　ܣܒܪܘ ܒܗ“希望之”

叙利亚语 ḥūr lwṭeh，“凝视、观望”。参见 R. Payne Smith：*A Compendious Syriac Dictionary*, Founded upon the Thesaurus Syriacus, Winona Lake Indiana, Eisenbrauns 1998, p. 134；Louis Costaz：*Dictionnaire Syriaque-Franxçais / Syriac-English Dictionary*, Troisième Edition, Beyrouth 2002, p. 100。

叙利亚语 sbarū beh，“寄希望于、信任于”。参见 R. Payne Smith：*A Compendious Syriac Dictionary*, p. 359; Louis Costaz：*Dictionnaire Syriaque-Franxçais / Syriac-English Dictionary*, p. 219; Arthur John MacLean：*A Dictionary of the Dialects of Vernacular Syriac: As Spoken by the Eastern Syrians of Kurdistan Northwest Persia and the Plain of Mosul*, Oxford 1901, p. 220。

这两行叙利亚文可以翻译为：“仰望之，希望之。”意思是：仰望着耶和华，寄希望于耶和华。英文可译为：Look at it and hope in it[1]！

这句叙利亚语引自《旧约全书》中《诗篇》第 34 节第 6 行[2]：

ܚܘܪܘ ܠܘܬܗ ܘܣܒܪܘ ܒܗ.　　ḥūrū lwteh w sbarū beh：“仰望之，希望之。”

叙利亚语这种句子的表达在 13 世纪被近东地区叙利亚东方教会广泛使用，由此可以说明，近东地区叙利亚东方教会与元朝的联系[3]。

为什么叙利亚语《圣经》中 *lwteh* 之字母 Taw ***t*** / ܬ在铜镜中却使用了 *lwṭeh* 之 Ṭēth ***ṭ*** /ܛ？这主要是因为在回鹘语中只有一个 ***t*** 字母，叙利亚语中的 Ṭēth ***ṭ*** 字母基本都用字母 ***t*** 替代。比如：ܐܘܛܘܙ ܐܠܛܝ（*oṭuz alṭï*），“三十六”；ܛܘܪܛ（*törṭ*），“四”；ܛܢܓܪܝ（*ṭängri*），“天、神”；ܛܒܓܐܟ̰（*ṭabyač*），“中国”；ܛܘܪܟ（*ṭürk*），“突厥”等[4]。另外，断代为 1304 年的叙利亚文《大主教雅巴拉哈三世》写本也显示，这两个字母形式在当时

---

〔1〕 A. C. Moule 将这句话译为“Look ye unto it, and hope in it”，参见 *Christians in China before the Year 1550*, reprinted in Taipei 1972, p. 88。

哈密顿、牛汝极以法语译为“Contemple-le, espérez en lui”，参见 JAMES HAMILTON et NIU RUJI, 1994, p. 148。

〔2〕 ܀ ܟܬܒܐ ܕܕܝܬܩܐ ܚܕܬܐ ܘܡܙܡܘܪܐ ܀, *Syriac NT and Psalms*, Süryanice Incilve Mezmurlar, Bible Society in Turkey, Istanbul-Stuttgart 1994, p. 27.

〔3〕 BORBONE, PIER GIORGIO, 2006, pp. 167 - 187.

〔4〕 NIU RUJI, 2010, pp. 192, 219, 245, 252, 259.

可以替换使用。[1]

二、中国发现的相关元代十字莲花图像

基督教徒以十字架作为其信仰的标志，这一古罗马的刑具也随之成为“福音”的象征。基督教认为，耶稣基督靠在十字架上的牺牲为世人赎罪，从而使世人有了获救的希望。因此，十字架在基督教中就有了“信仰”、“拯救”、“基督”、“福音”等象征意义。

前已述及，20 世纪初，在北京房山十字寺发现了元代景教十字石雕。石雕为汉白玉大理石雕刻，共两块，抗日战争前不久转存南京，现存南京博物院。石雕花纹精美，十字清晰。其中一块石雕正面有希腊式十字架，两侧刻有叙利亚文，石雕右侧一面刻一束菊花，左侧一面刻一束冬青草。另一块石雕正面有十字，无叙利亚文，有两颗桃形心相对望。两块石雕上端均呈“凹”字形，可与寺内石柱密切吻合，原为北京房山景教十字寺坐北朝南十字寺正殿东南和西北角的两块抱柱基石。其中一件所带的叙利亚文铭文，与铜镜上的叙利亚文完全相同，其燕尾状十字架造型、十字交叉处的仰瓣莲花、十字架下的莲花座和祥云等也都与铜镜上的纹饰几乎一致（参见图版 6－3）。铜镜上十字架下方的莲花造型没有房山石刻中的莲花饱满。

图版 6－3：南京博物院藏北京房山元代十字寺景教刻石（牛汝极摄于 2019 年 11 月）。

还可以比较一下内蒙古博物馆所藏发现于赤峰的元代叙利亚文-回鹘文景教墓砖（参见图版 6－4），砖高 47.2 厘米，宽 39.5 厘米，厚 6 厘米，正面上釉，正中为希腊式四端呈燕尾状十字架造型，十字中心有个圆圈，在基督教的文化传统中，圆圈与十字架结

〔1〕 Bottini, 1992, pp. 239－256.

图版 6－4：赤峰出土元代叙利亚文－回鹘文景教墓砖（牛汝极摄于 2009 年新疆博物馆巡展）。

合的图形代表天空与大地的宇宙观。十字心的圆圈内有俯视莲花状图像，十字架下为花瓣怒放的侧视莲花图案，十字架上半部两边各有 1 行叙利亚文，内容与铜镜上的大致相同，但使用了传统叙利亚文更规范的字母 *t*，而不是带点的 *ṭ*，说明赤峰发现的景教墓砖铭文更正宗更传统。铭文模拟、标音和翻译如下：

1. （左边）ḥūr lwteh ܚܘܪ ܠܘܬܗ “仰望之”
2. （右边）sbarū beh ܣܒܪܘ ܒܗ “希望之”

十字架下半部两侧各有 4 行回鹘文墓志铭，其内容与该墓砖的族属，请参见本书第五章相关部分。

也里可温教徒所使用的十字纵横交叉的四个角的空白处，可以书写文字，也可以有别的装饰，如圆圈、吉祥物等，尤以在内蒙古地区发现的景教墓碑最具代表性，大量景教徒的墓顶石柱头上都阳刻有十字架配莲花座，十字四端为燕尾状，十字四翼空白处装饰四个圆点（参见图版 6－5 和 6－6），大概象征耶稣福音传向四方。还发现有镶嵌宝石的金十字（也可用作帽徽），十字是典型的希腊式，十字的四角装饰有圆点和吉祥物图案（参见图版 6－7）。

图版 6－5：两方百灵庙出土十字莲花带叙利亚文墓顶石（牛汝极 2007 年摄于内蒙古博物馆）。

图版 6－6：百灵庙出土十字莲花带叙利亚文墓顶石（牛汝极 2007 年摄于内蒙古博物馆）。

图版 6－7：内蒙古出土镶嵌蓝宝石的圆形黄金十字架饰品（牛汝极摄，引自牛汝极著《十字莲花》法文版 2010 年，第 97 页）。

三、大量景教徒遗物发现于内蒙古地区的原因

在内蒙古地区发现大量景教遗物不奇怪。在元代皇室贵妇人和色目人中，景教信仰十分普遍，这可能与蒙元时代的宽松宗教政策以及对景教的优待有关。成吉思汗统一蒙古诸部以后，蒙古汗廷中的许多后妃、贵戚、将相、大臣等皆为虔诚的聂斯脱利教徒，汗廷笼罩着很浓的景教气氛。成吉思汗曾与信仰景教的克列和汪古部族联姻，让景教在皇族贵戚中自由发展。在占领中亚景教流行地区撒马尔罕后，其子拖雷染病，景教名人马薛里吉思之外祖撒必为他治病，还让景教徒为其祈祷。拖雷最终痊愈，撒必从此成为成吉思汗御医。

成吉思汗铁木真嫡妻孛儿帖一共为他生下四个儿子。在这四个嫡出儿子中,拖雷是幼子。在拖雷诸妻中年纪最长、最早嫁给拖雷、也最受宠的是景教徒唆鲁和帖尼。她一共生了四个儿子,其中有三人称帝。按照出生的先后顺序,这四个儿子分别是：蒙哥、忽必烈、旭烈兀、阿里不哥。蒙哥是蒙古帝国大汗,忽必烈开创元朝,旭烈兀为伊儿汗国(波斯)皇帝,阿里不哥则曾经与忽必烈争夺帝位并一度占上风,称蒙古帝国大汗(皇帝)近四年(1260—1264)。而这四个儿子之所以能够登上权力顶峰,关键的原因在于他们不但有一个深得成吉思汗信任的父亲拖雷,更有一个睿智的景教徒母亲唆鲁和帖尼。〔1〕

在内蒙古,景教石刻的发现地主要分布在达尔罕茂明安联合旗的敖伦苏木、木胡儿索卜嘎、毕其格图好来陵园遗址和四子王旗的王墓梁耶律氏陵园等地,其中大部分刻写叙利亚文铭文。景教徒铜十字等遗物多发现于鄂尔多斯地区,特点是十字四周有环形装饰物点缀,圆形表示天,十字表示地(参见图版 6－8)〔2〕。在达茂旗还发现有带十字的景教徒塔顶石。笔者曾在内蒙古博物馆见到在四子王旗发现的景教十字铜杖头和带希腊式十字架的景教徒服饰残片等遗物,可惜没有清晰的照片。1890—1895 年间,法国探险家吕推(Jules-Léon Dutreuil de Rhins)和费纳德·格瑞纳(Fernand Grenard)在和田考察时曾获得过一枚缺左翼的铜十字,正中有两个汉字"大元",在两字中间有一个小"十"字,在十字的其他三翼中有卍字、斜十字、莲花等符号,背面中间有一钮。该文物现存法国吉美国立亚洲艺术博物馆内,1998 年我曾访问该馆,得见此遗物并获准拍照(参见图版 6－9)〔3〕。

图版 6－8：鄂尔多斯铜十字(牛汝极 1999 年摄于鄂尔多斯博物馆)。

〔1〕 牛汝极,2010,第 149—167 页。
〔2〕 NIU RUJI, 2010, p. 43.
〔3〕 NIU RUJI, 2010, p. 29.

这些景教十字遗物说明，元代东西方文化的交流十分频繁，内容十分广泛。由西而东的基督教文化虽然来势浩荡，但必须经过本土化的过程，如十字架与莲花图案、祥云图案等的结合。元代景教徒主要来自操回鹘语和蒙古语的部族，几乎没有汉民社团参与的证据。元代景教文献资料大部分是叙利亚文的，既有叙利亚文叙利亚语材料，也有叙利亚文回鹘语碑铭和文献，少部分是回鹘文资料，极少部分是八思巴字材料，发现地分布于自西向东的新疆霍城阿力麻里古城、吐鲁番，甘肃敦煌，内蒙古黑城、达茂旗、四子王旗、呼和浩特市白塔、赤峰，北京午门、房山，江苏扬州，福建泉州等地。

图版 6－9：和田出土“大元”残缺十字架（牛汝极 1998 年摄于法国吉美国立亚洲艺术博物馆）。

唐太宗李世民说：“夫以铜为镜，可以正衣冠；以古为镜，可以知兴替；以人为镜，可以明得失。”（《旧唐书·魏徵传》）我们认为，新发现的这枚铜镜既是历史之镜，也是人文之镜，它折射出中世纪欧亚历史上的南北物质交流之势，照射出沿丝绸之路东西文化往来的外来化和本土化之史，映射出基督教来华的艺术呈现与心灵沟通之鉴。

第七章　扬州发现的叙利亚文和拉丁文碑铭

扬州叙利亚文铭文

1981年在扬州曾出土一方叙利亚文-汉文景教墓碑[1]。该碑高29.8厘米，宽25.8厘米，厚4厘米。这是已知扬州发现的唯一一件景教徒墓碑。该碑下段右侧存三行汉文：

图版7-1：扬州叙利亚文景教徒墓碑，1981年出土，图版由朱江发表。

"岁次丁巳延祐四年三月初九日三十三岁身故五月十六日明吉大都忻都妻也里世八之墓。"

该碑上圆下方，一面单刻，分上下两段，上段约占全碑三分之一弱，上段中间是莲花座上配双线十字架[2]，两侧分别镌以一四翼振飞的天使，其头各戴一双耳冠，冠顶立一十字架，两天使飞向莲花，双手前伸，守护着十字架[3]。该碑下段左侧有12行叙利亚文，其中第1行和第12行为叙利亚文记叙利亚语，其余各行为叙利亚文记回鹘语。此墓碑乃是献给一位女士的。

---

〔1〕 据王勤金，1989，第553页；朱江只报道该碑出土于1981年而未说明何月何日，见朱江，1986，第68页。

〔2〕 十字架下配莲花的图标屡见于中国元代景教遗物。如泉州、房山、敦煌、赤峰、百灵庙等地出土的大量景教遗物中均有此图标。参见 P. Y. Saeki, *The Nestorian Documents and Relics in China*, Tokyo, 1937；朱谦之，1993；J. Hamilton et Niu Ruji 前引文；前引盖山林文。

〔3〕 这种十字架下配莲花座的两侧各有一飞翔的天使的类似图像以泉州出土景教碑中最多见，据笔者统计最少不下七方。可参见朱谦之上引书之图版。

原文模拟：

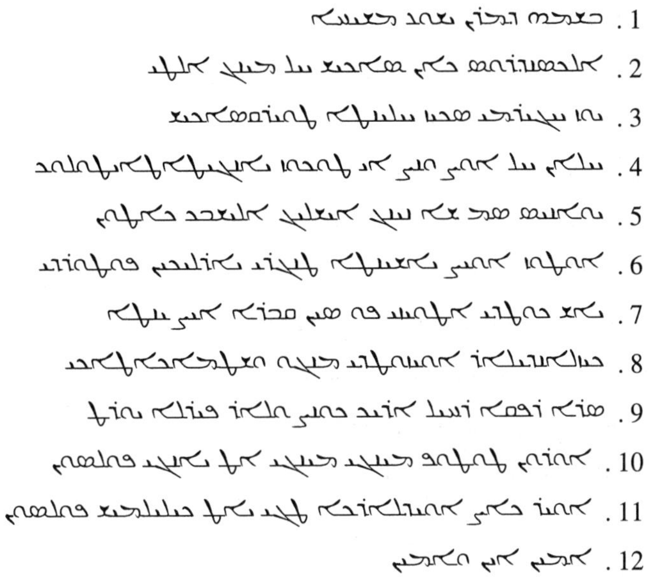

标音：

1. （en syriaque）**b**šmh **d**mrn yšwʿ mšyḥʾ
2. （en ouïgour）ʾlksndrws kʾn sʾkyš yyl myng ʾlty
3. ywz yygyrmy skyz yylynṭʾ ṭwyrq sʾky**š**
4. yylʾn yyl ʾwycwnc ʾy ṭwkwz yʾngyṭʾ ṭʾyṭwlwk
5. ywʾnys sm šʾnng ʾyšlyg ʾlyšbk kʾṭwn
6. ʾwṭwz ʾwyc yʾšynṭʾ ṭ**n**gry yʾrlykyn pwṭwrdy
7. yʾš kwṭdy ʾṭwyzy pw syn qbrʾ ʾycynṭʾ
8. kyzlʾndylʾr ʾwyzwṭdy mngw wšṭmʾkʾṭʾ**ky**
9. srʾ rpqʾ rḥyl ʾryk kwn**c**wlʾr byrlʾ yurt
10. ʾwrwn ṭwṭwp myngy myngy ʾṭ **y**ʾ**n**gy pwlswn
11. ʾwyr kʾc ʾwydlʾr**k**ʾ tgy **y**ʾṭ kylylmyš pwlswn
12. （en syriaque）ʾmyn ʾyn wʾmyn

转写：

1. （叙利亚语）bašmeh dmāran yšue mešīḥa

2. （回鹘语）Alaksandros qan saqïšï yïl mïng alṭï
3. yüz yigirmi säkiz yïlïnṭa ṭürk[1] saqïšï
4. yïlan yïl üčünči ay ṭoquz yangïṭa ṭayṭuluq
5. Yoanis Sïm-ša-nïng ešligi Ališbaq qaṭun
6. oṭuz üč yašïnṭa ṭängri yarlïγïn büṭürdi
7. yaš qoṭdï äṭ-özi bu sin qaβra ičinṭä
8. kizländilär özüṭi[2] mängü ušṭmaqa-ṭaqi
9. sara(h) rïpqa raḥel arïγ qunčular birlä yurṭ
10. orun ṭuṭup mäŋi mäŋi aṭ yangï bolsun
11. ür keč ödlärkä ṭägi yat qïlïlmïš bolsun
12. （叙利亚语）amen yin wamin

译文：

“〔叙利亚语〕以我主耶稣基督的名义。〔回鹘语〕亚历山大帝王纪年 1628 年（即公元 1317 年），突厥语纪年蛇年三月初九日。大都（即北京）人 Yoanis Sïm-šа 的伴侣也里世八（Alïšbaγ）夫人她在 33 岁时完成了上帝的使命故去了。她就葬此墓地。愿她的灵魂永久地在天堂与 Sarah、Rebekka、Rahel［等］圣洁的贵妇们同归故地。愿她英名永存！愿她流芳百世！〔叙利亚语〕阿门！阿门！”

注释：

第 1 行：**b**šmh **d**mrn yšwʿ mšyhʾ “以我主耶稣基督的名义”。

第 2 行：Alaksandros qan saqïšï “亚历山大纪年”，即希腊历，希腊历 1628 年相当于西历 1317 年。

第 3 行：türk saqïšï “突厥语纪年”，在中亚七河流域出土的叙利亚文回鹘语景教墓石中多记作 türkčä saqïšï “突厥语纪年”。突厥语纪年即十二个动物纪年，与汉族十二生肖纪年一致。即：sačqan “鼠”、ud“牛”、bars“虎”、tavïšqan “兔”、luu“龙”、yïlan 或 ïlan “蛇”、yunt“马”、qoyn“羊”、bičin“猴”、taqïγu “鸡”、it“狗”、tonguz“猪”。

---

〔1〕 原文为：ܛܘܪܩ *türq*，可能是 ܛܘܪܟ *türk* 的笔误。
〔2〕 原文为：ܐܘܙܘܛܕܝ özütdi，可能是 ܐܘܙܘܛܝ özüṭi 的笔误。

第 4 行：yïlan yïl üčünči ay ṭoquz yangïṭa“蛇年三月初九日”，即西历 1317 年 4 月 20 日[1]。耿世民、H. -J. Klimkeit 和 J. P. Laut 的文章认为是 1317 年 5 月 20 日，可能有误。ṭayṭuluq 由汉语 ṭayṭu“大都”之译音+构词词缀-luq 构成。“大都”即元代之北京。马可波罗记作 CAMBALECH（Khan Balïq“汗八里”）。耿世民，H. -J. Klimkeit 和 J. P. Laut 的文章转写作 *tatuluq*。

第 5 行：Yoanis Sïm-šа 人名，其中 Yoanis“约翰”有若干变体：Yoqanan，Ĵuhunan，Ĵohunan，Yohunan，Yuhunai，Yuhanai，Yoṣnâ，Ĵonas，等于基督徒人名 Jean，在叙利亚语中为 Yôḥannàn，参见 Pelliot，P.，1973. *Recherches sur les Chretiens d'Asie Centrale et d'Extreme-Orient*. Dauvillier，J. et HAMBIS，L.（ed.），Paris，pp. 275－276；Kokovzoff，P. K.，1907. Quelques nouvelles pierres tombales de l'Asie Centrale，*Bulletin de l'Académiedes Sciences*，1907，pp. 444－445；在汉文文献中记作“月合乃”，“月忽难”，“岳忽难”，“月忽乃”。铭文中的 *Sim-Ša* 与汉文人名“忻都”不对应，不知何故。耿世民，H. -J. Klimkeit 和 J. P. Laut 的文章转写作 *nw [ ] s samša*。ešlig“配偶、伴侣”。参见 G. Clauson，*EDPT*，Oxford，1972，p. 262。Ališbaγ 人名“也里世八”等于今天的“伊丽莎白”。七河流域的景教徒墓碑中也出现过 ܐܠܝܫܒܓ *Ališbaγ* 及其变体 ܐܠܝܫܒܐ *Ališba* 或 ܐܠܫܒܓ *Alšbaγ*[2]。

第 6 行：tängri yarlïγïn bütürdi“完成了上帝的使命”，耿世民、H. -J. Klimkeit 和 J. P. Laut 的文章将最后一词转写作 *bütürüp*，可能有误。

第 7 行：*yaš qotdï*（=qodtï）“故去”，由 yaš“年龄、生命”+*qotdï*“放下”构成，耿世民，H. -J. Klimkeit 和 J. P. Laut 的文章转写作 qutï。sïn qaβra“坟墓”，对偶词，A. von Gabain 认为 sïn 的词源是汉语[3]，但 G. Clauson 不同意这个观点，因为，汉语的入声是-m，而不是-n[4]。qaβra 是叙利亚语源，该词出现于所有七河流域发现的景教徒墓碑铭文和中古、近古回鹘语中，如察合台文献 *Sanglax*，§34，ligne 3。

第 8 行：kizlän“被安放”<kizlä-“存放、珍藏”<kiz-“放”。例如：er tavar kizledi“这人把货物藏了起来。”[5]在该铭文中，此词可译作“被安放在此墓中”[6]。耿世民、

[1] 陈垣，1962，第 153 页。

[2] D. CHWOLSON，1890，N° 498，51，VXII；D. CHWOLSON，1897，N° 64，108，161，176，197，257.

[3] von GABAIN，A. & RACHMATI，G. R.，1932. *Türkische Turfantexte*，Ⅵ，p. 89.

[4] CLAUSON，G.，1972. *EDPT*，p. 832.

[5] 马合木德·喀什噶里，1984 年，第 318 页。

[6] CLAUSON，G.，1972. *EDPT*，p. 760.

H. -J. Klimkeit 和 J. P. Laut 的文章转写作 yer aldilar，可能有误。özütdi 应为 özüti“灵魂”(+第 3 人称领属词尾)之笔误。özüt 与 öz“精神”有关[1]，该词也可写 ösüt[2]。uštmaq < 粟特语 *wštm'x*“天堂”，其早期形式为 * *wštmâx*，参见 Gershevitch, I., 1946 *A Grammar of Manichaean Sogdian*, § 113, p. 210 n. 2.。叙利亚语写作 *wštm'x*[3]。

第 9 行：Sara(h) 是 Abraham 之妻，Rebekka 是 Iszak 之妻，Raḥel 是 Jakob 之妻[4]。*yurṭ*“驻地”，有时与 orun 连用，表示“住所”。yurṭ 还表示“国家”[5]。

第 10 行：mäŋï mäŋï“永远、永久”，也可写作 miŋi miŋi。aṭ yangï bolsun“愿英明永存”。耿世民、H. -J. Klimkeit 和 J. P. Laut 的文章转写作 y(ï)l(?)... bolẓun。

第 11 行：ür käč“永恒的、永久的”。参见 G. Clauson, *EDPT*, p. 193; Masahiro Shogaito(庄垣内正弘), *Studies in the Uighur Version of the Abhidharmakośabhāṣya-ṭīkā Tattvārtha*(回鹘文《阿毗达磨俱舍论实义疏》研究), Volume Ⅰ, lignes 16, 986, 1006, 1008, 2158; Volume Ⅱ, p. 389, Shokado, Japan 1991。

扬州景教和墓碑主人问题

据史籍记述，马薛里吉思(Mar Sargis)是中亚撒马尔罕(Samarkant)的一个医生，公元 1278 年由元世祖忽必烈委派为“镇江府路总管府副达鲁花赤”。他是一个景教徒。其次子马天民，元初曾随军攻宋，授太平江州等路达鲁花赤。马天民长子奥剌罕，曾任扬子县与丹徒县达鲁花赤，父子都曾在扬州提倡景教。《元典章》卷三十六曾记载淮东廉访司反对送酒醴与居住在扬州的奥剌罕之事，前已述及。

约在 1322 年至 1328 年间来中国旅行的意大利天主教传教士鄂多立克在其东方《游记》中曾提及扬州有景教寺：“然后我过了那条河，来到称为扬州的一个城市，城内有所房屋是我会修士的，另外，景教徒有三所教堂。”[6]

---

[1] CLAUSON, G., 1972. *EDPT*, p. 281.

[2] J. HAMILTON et NIU RUJI, 1994, pp. 147 – 164.

[3] ZIEME, P., 1981, p. 224.

[4] SMITH, R. P., 1901, pp. 2724, 3966, 3879.

[5] CLAUSON, G., 1972. *EDPT*, p. 958.

[6] 参见《东域纪程录丛》第 2 册第 317 页，转引郝镇华译，1984，第 276 页。但据“*The Eastern Parts of the World Described by Friar Odoric the Bohemian, of Friuli in the Province of Saint Anthony*”, *in* Sir Henry Yule: *Cathay and the Way Thither*, Vol. Ⅱ，何高济译本，在谈及扬州时，并未说有三所景教教堂，只说“这里也有聂思脱里派的教堂”。参见何高济译《海屯行纪、鄂多立克东游录、沙哈鲁遣使中国记》，中华书局 1981 年版，第 70 页。记述略有差异可能是所据鄂多立克《游记》的抄本不同所致，据说藏于欧洲的不同语言的该书抄本有 76 种之多。

据米兰手稿Z第58页中说，在潘欣(人们常把此地视为宝应)有信仰景教派基督教的回鹘人，他们在那里有一所教堂[1]。

关于墓碑主人“忻都妻也里世八”：

在姚景安编《元史人名索引》上列同名忻都者12人[2]。一者为屯田高丽之忻都，即凤州经略使忻都，曾奉命几度渡海征伐日本，后调任中书省右丞。《元史》载：“右丞忻都将舟师四万，(去日本，不胜)二十三年(1286年)，命往江浙等处遣汉人复业。”[3]此时，忻都年事已高，而也里世八1285年才出生，因而她不可能是此忻都之妻。二者为阿合马第四子忻都。阿合马于至元元年(1265年)即超拜为中书省平章政事，且一度当过左丞相，因其仗势为奸，专横跋扈，终于引起民愤，为益都千户王著等于至元十九年(1282年)刺杀。阿合马死后，其党类多伏诛。《元史》云，十九年(1282年)，“诛耿仁、撒都鲁丁及阿合马第四子忻都”[4]。此忻都被诛时，也里世八还未出生，也不可能是其妻。三者为江浙省臣忻都，曾为吏部尚书，至元二十四年为尚书省参知政事，至元二十六年(1289年)为尚书左丞，二十七年和二十八年为右丞。《元史》记载有他被诛杀的原因[5]。这样看来，既然此忻都被诛于1291年，也里世八仅六七岁，她不可能是此忻都之妻。四者为反晋王忻都，公元1296年被杀。《元史》曰：成宗二年三月“忻都言晋王甘麻剌，朵儿带言月儿鲁，皆有异图。诏枢密院鞫之，无验。帝命言晋王者死，言月儿鲁者谪从军自效”[6]。故，也里世八亦非此忻都之妻。五者诸王忻都，在《元史》中出现两次，一在《元史》卷一百零七第2713页“宗室世系表”中的“忻都大王”；二见《元史》卷二十“成宗三”下的一段：〔四年(1300年)〕“赐诸王忻都部钞五万锭，兀鲁思不花等四部二十一万九千余锭，西部守成军二万八千余锭”。可是书中未交代此忻都在何处做官，从时间上看，他有可能是也里世八之夫，只是还需要有力的证据。六者岭北省臣，七者云南左丞，八者宣政院副使，这三位忻都均在《元史》中出现过一次，但因地点或时间不合，故应排除是也里世八之夫的可能。九者忻都为赡思丁子。《元史》云：

“阿剌瓦而思，回鹘八瓦耳氏，仕其国为千夫长。……子阿剌瓦丁，从世祖北

〔1〕参见《马可波罗游记》，第136页，转引郝镇华译本，第160页。

〔2〕参见姚景安，1982年，第513—514页。

〔3〕《元史》卷一百五十四，第3630页。

〔4〕《元史》卷十二，第245页。

〔5〕《元史》卷一百三十，列传第17，第3162页。

〔6〕《元史》卷十九，第403页。

征有功,至元二十九年(1292年)卒,寿一百二岁。子赡思丁,有子五人：长乌马儿,陈州达鲁花赤;次不别,隆镇卫都指挥使;次忻都,监察御史;次阿合马,拱卫直司都指挥使;次阿散不别,骁勇善骑射,历事成宗、武宗、仁宗,数被宠遇,计前后所赐楮币四十万缗,他物称是,积官荣禄大夫,三珠虎符。"[1]

《元史》对此忻都之生卒和做官地点没有记载。据我们的推算,公元1317年,此忻都约为70—80岁。他是否是也里世八之夫,现在还很难说。

至于十者世祖时将忻都,十一者上都卫官忻都,十二者龙王忻都察或时间不符、或地点不合,因而也非也里世八之夫。或许这方扬州景教墓碑中的忻都另有其人。但肯定此忻都一定是位高官,否则,铭文中就不会出现忻都之名了。我们还未见到第二件回鹘语景教墓碑女主人人名前后提及其夫之名的。可见此忻都有一定的名望,我们不同意王勤金先生认为忻都是"普通的蒙古人而非显贵"的看法[2]。

与也里世八同名者,《元史》记作也里失八、也里失班、亦列失八、亦烈失八等,均为同一人名的不同译字,但与扬州碑铭中的也里世八不是同一人物。《元史》中的亦列失八,是黑驴母,要束木之妻,延祐七年(1320年)被杀,《元史》卷一百三十六《拜住传》称：

"复五月,徽政使失烈门、要束木妻也里失八等谋为逆,帝密得其事……召拜住谋之。对曰：'此辈擅权乱政久矣,今犹不惩,阴结党与,谋危社稷,宜速施天威,以政祖宗法度。'"

不久,黑驴、脱忒哈、失列门等与要束木妻亦列失八,不待审问即被诛杀抄家[3]。此亦列失八与扬州碑上之也里世八不是一人。

关于忻都的族属问题,我们认为应属操回鹘语的民族,如畏吾儿、哈剌鲁、汪古等,其中畏吾儿的可能性最大。其一,前引九者忻都之祖父阿剌瓦而思,《元史》记作"回鹘八瓦耳氏",可见应为畏吾儿。有一通于1362年立于甘肃武威市高碑沟村的汉文-回鹘式蒙文《西宁王忻都公神道碑》,据哈斯额尔敦教授说,该碑主要赞颂了回鹘系一族五代人的业绩[4]。据道布研究员的观点,此忻都为回鹘人,或称畏吾人,不是蒙古人[5]。忻都一

[1] 《元史》卷一百二十三,列传第十"阿剌瓦而思",第3026页。

[2] 参见上引王勤金文,第573页。

[3] 《元史》卷二十七《英宗纪》,第602页;《元史》卷一百零六,第2702页;《元史》卷一百一十六,第2902页;《元史》卷一百三十六,第3301页;《元史》卷一百七十五,第4075页。

[4] 见哈斯额尔敦教授1995年4月18日给作者的回信。非常感谢哈斯额尔敦教授对我们的指教。

[5] 见道布研究员1995年3月22日给作者的回信。对道布研究员的示教,谨表深深的谢意。

名在蒙文中记作 indu[1]，或 hindu[2]，与扬州碑中忻都的转写 Sam-šša 不同。据《西宁王忻都公神道碑》汉文部分，此忻都生于至元九年（1272 年），卒于至顺二年（1331 年），享年 60 岁[3]。其二，蒙元时代做高官的畏吾儿人很多，在江苏、浙江、福建和云南等地做官的畏吾儿人也不少。其三，扬州墓碑上的叙利亚文回鹘语与元代回鹘文所记回鹘语无方言差异。

总之，关于也里世八的族属较难推断，可能是操回鹘语的景教徒。在中亚七河流域出土的数百块叙利亚文景教碑中就有一块编号 257 的铭文中有与也里世八对应的 Elischba' 一名[4]。

扬州拉丁文铭文

大约在 1952 年，扬州先后发现了两块元代拉丁文天主教徒墓碑[5]，两件墓碑的主人是兄妹，来自意大利的热那亚一个富商家庭，他们来中国从商，后客死中国并葬于扬州。多米尼克-依里欧尼斯家族在意大利与东方和中国的贸易中起过非常重要的作用。

扬州拉丁文天主教徒墓碑 1[6]

1952 年在扬州南门水关附近发现一块墓碑，高 58 厘米，宽 48.8 厘米，碑顶和碑底部残损，原高应在 73 厘米左右。该碑原为上圆下方，上半部为描述基督教中死者保护神“圣喀特林”的殉教故事图，属天主教中使徒列传的故事画。墓碑的主人名字也叫喀特林，这应是精心设计安排的；下半部分为老式哥特字母书写的拉丁文墓志铭文。该碑铭文曾由 R. S. LOPEZ 和夏鼐研究[7]。

铭文转写：

✚ INNOMINE DÑI AMEN HIC JACET

〔1〕 见道布研究员的回信。

〔2〕 见哈斯额尔敦教授的回信。

〔3〕 参见《陇右金石录》卷 5，转引自陈高华编，1986，第 147—149 页。

〔4〕 D. CHWOLSON, *Syrisch-Nestorianische Grabinschriften*, Aus Semirjerschie, neue folge, St. -Petersburg, 1897, p. 47.

〔5〕 耿鉴庭，1963，第 449—450 页。

〔6〕 LOPEZ, R. S., 1975, pp. 184 - 185.

〔7〕 夏鼐，1979，第 532—537 页，572 页。

图版7－2：扬州拉丁文天主教徒墓碑，左图为原碑全貌，右图为圣喀特林的殉教故事图，图版由 R. S. LOPEZ 发表。

KATERINA FILIA Q°NDAM DOMINI

DÑICI DE ILIONIS QUE OBIIT IN

ANNO DOMINI MILEXIMO CCC

XXXX II（1342）DE MENSE JUNII ✝

翻译：

“以主的名义，阿门！这里安卧着喀特林，已故多米尼克-依里欧尼斯的女儿。她死于耶稣纪元1342年6月。”〔1〕

扬州拉丁文天主教徒墓碑2

1952年在扬州南门水关附近发现上面那块墓碑不数日，又发现另一方墓碑，高59.7厘米，宽37.5厘米，该碑上半部为根据《圣经旧约》创作的末日审判图；下半部分为老式哥特字母书写的拉丁文墓志铭文。该碑铭文亦曾由 R. S. LOPEZ 和夏鼐研究〔2〕。

〔1〕 我们的译文与夏鼐先生的翻译有不同的地方，下同。

〔2〕 LOPEZ, R. S., 1975, pp. 184－185.

夏鼐，1979，第532—537页，572页。

图版 7－3：扬州拉丁文天主教徒墓碑，左图为原碑全貌，右图为末日审判图，图版由 R. S. LOPEZ 发表。

铭文转写：

✚ INNOMINE DÑI AMEN

HIC JACET ANTONOIUS FILII

Q°NDAM DÑI DOMONICI DE

ILIONIS QUI MIGRAUIT

ANNO DÑI M. CCC IIII (1344)

DE MENSE NOVEMBRIS ✚

翻译：

“以主的名义，阿门！这里安卧着安东尼，已故多米尼克-依里欧尼斯的儿子。他死于耶稣纪元 1344 年 11 月。”

第八章　泉州叙利亚文和回鹘文景教碑铭

叙利亚文铭文 1

1943 年在泉州仁风门（东门）外东教场附近的园圃中获得 1 件叙利亚文景教徒墓碑，现藏泉州海外交通史博物馆。该碑高 36 厘米，宽 30 厘米，碑上刻一个十字架，但没有天使、火焰、莲花、云片等装饰雕刻。这是泉州所见景教石刻中较特殊的一件。十字架下刻有 11 行叙利亚文聂斯脱利字体拼写叙利亚语和回鹘语，其中，第 1 行为叙利亚文拼写叙利亚语，其余 10 行为叙利亚文拼写回鹘语。从碑文可知，刻碑者不懂叙利亚文，文字刻写得很不规范，并有一些笔误，这给释读碑文带来了许多困难。此碑虽发现有半个多世纪，但因中外叙利亚文专家不懂回鹘语，而回鹘语专家又不懂叙利亚文，加上叙利亚文的刻写有一些不规范的地方，所以至今此碑没有满意的释读。据吴文良先生报道，英国学者 Segal 和 Goodman 曾有一个不完整的翻译：

“在父及子及圣神的名内。亚历山大，萨沙（?）在脚下，主（?）相信者，宗教。

图版 8-1：泉州叙利亚文铭文 1，现藏泉州海外交通史博物馆，左图为墓碑全貌，牛汝极摄，右图为吴文良发表的拓片。

Tabt(地方名字)萨沙(?)萨沙的儿子。日子到来(?)甫(?)你异教徒们,(?)亚孟。"[1]

显然,作者不懂这种语言,其译文无法让人理解,也未作转写和考释。此碑现藏泉州海外交通史博物馆,牛汝极 1999 年 11 月访问泉州时,见到此碑并拍照描摹。该碑图版曾由吴文良发表,见图 76。

下面是我们的释读,包括标音、转写、翻译和注释。

原文模拟:

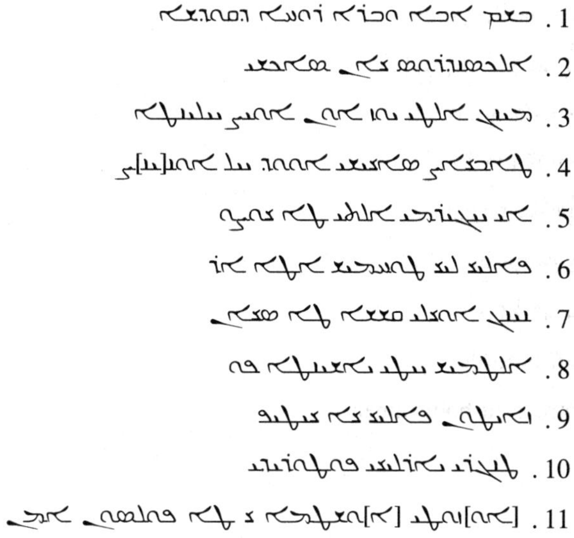

标音:

1. bšm 'b' wbr' wrw' dqdš[']
2. 'lqsndrws k'n s'kyšy
3. myng 'lṭy ywz 'wn 'wč yylynṭ'
4. ṭ'bk'č s'qyšy 'wd yyl 'wn[yn]č
5. 'y yygyrmy 'lṭy ṭ' kwčw
6. b'lyk lyk ṭwḥmys 'ṭ' **'r**
7. nyng 'wkly qšš' ṭ'sq'n

[1] 吴文良,1957,第 30—31 页。参看此书吴幼雄增订本,科学出版社 2005 年版,第 378 页。

8. 'lṭmyš yyty y'šynṭ' bw
9. z'yṭwn b'lyk k' kyṭyp
10. ṭngry y'rlyky bwyṭwrdy
11. ['w] zwṭy 'wšṭm'k ṭ' bwlwr 'myn

转写：

1. bšem abba webrā werūḥā deqūdšā
2. alaqsandros qan saqïšï
3. mïng alṭï yüz on üč yïlïnṭa
4. ṭabγač saqïšï ud yïl on[ïn]č
5. ay yigirmi alṭï-ṭa qoču
6. balïq-lïq ṭuγmïš aṭa **är**
7. -nïng oγlï qašïša ṭasqan
8. alṭmïš yiṭi yašinṭa bu
9. zaytun baliq-qa **keṭip**
10. ṭängri yarlïqï büṭürdi
11. [**ö**]züṭi ušṭmaq-ṭa bolur amen

译文：

"以圣父、圣子和圣灵的名义。亚历山大帝王纪年 1613 年(即公元 1301 年)，桃花石纪年牛年十月二十六日。高昌城人图克迷西 · 阿塔 · 艾尔之子塔斯汗神甫在他六十七岁时，来到刺桐城并完成了上帝的使命。他的灵魂将在天国安息。阿门！"

注释：

第 2 行：Alaqsandros qan saqïšï "亚历山大帝王纪年"，即希腊历，始用于塞琉古(Seleucide)王朝。塞琉古王朝是亚历山大部将塞琉古所建，以叙利亚为统治中心，故又称叙利亚王国，中国史书称条支。公元前 312 年至公元前 250 年这段时期，中亚属塞琉古王朝统治范围。亚历山大大帝比较重视地方民族文化，他曾采用波斯国王按朝代纪事之法，在此基础上创造了新的纪年系统——希腊历，塞琉古王朝即以公元前 312 年 10 月 1 日为起始纪年。因此，在把亚历山大帝王纪年换算成公元西历纪年的过程中，其月日数在10月1日至12月31日之间，应减312年；如月日数在1月1日至9月30日之间，应减311年[1]。据此，亚历山大帝王纪年1613年对应于西历1301年，中国十二生肖纪年为牛年。“桃花石纪年”，即汉族十二生肖纪年，与突厥语十二生肖纪年区别不大。

第4行：on 基数词“十”，但在月份前基数词应用作序数词 onunčï “第十”，此为笔误。

第5行：qoču 地名“高昌”，今吐鲁番。此名曾出现于《突厥语词典》第3卷，维吾尔文版第302页。汉文史书也多有记述，汉代为“高昌壁”，唐代为“高昌县”，宋元之际为回鹘高昌国都，辽史为“和州回鹘”，《元史》谓高昌国亦都护，又有“哈喇火者/火州/禾州”等称，清代《西域图志》记为“哈喇和卓”。汉语“火者”、“火州”、“和卓”等均为 qoču 之译音。

第6行：ṭuγmïš aṭa är，人名“图克迷西・阿塔・艾尔”，Tuγmïš “图克迷西”一名数见于回鹘文世俗文书和佛教文献的跋语中。Ata 原义为“父亲”，此处作人名。är 原意为“人”或“男人”，此处作人名。

第9行：zaytun 阿拉伯语地名“刺桐”，即泉州的古称，该阿拉伯语 زيتون *Zeytoon* 原词义为“橄榄”，因此地橄榄树众多而得名，参见 A. C. Moule et P. Pelliot, *Marco Polo*, Ⅰ, 1938, p. 586; P. Pelliot (ed. Par L. Hambis), *Notes on Marco Polo*, Ⅲ, Paris 1973, pp. 303 – 304。

第10行：ṭängri yarlïqï büṭürdi “完成了上帝的使命”，此句为叙利亚文回鹘语或回鹘文回鹘语景教碑文惯用的语句。

第11行：[’w]zwṭy，应转写作 özüti“他的灵魂”，由 özüt“灵魂”+i（第三人称单数领属词尾）构成。该词常与 uštmaq-ta bolz-un/bolur 连用，意为“愿他的灵魂在天堂安息”。

叙利亚文铭文 2

1951年在北门城基上建筑泉州师范学校时掘得。碑高27厘米，长72厘米，四周雕有连续的缠枝花纹，左右两边刻两根间柱，建筑的形状很特别，每一间柱各刻四朵莲花，相互对称，线条分明。碑中刻15行叙利亚文，其中前3行是叙利亚文拼写叙利亚语，其余部分是叙利亚文拼写回鹘语。该碑是一座基督教须弥座祭坛式石墓的

〔1〕 参见 Louis Bazin, 1991, p. 414。

一部分，现藏泉州海外交通史博物馆。

图版 8－2：泉州叙利亚文铭文 2，现藏泉州海外交通史博物馆，牛汝极摄。

原文模拟：

1. ܒܫܡ ܐܒܐ ܘܒܪܐ
2. ܘܪܘܚܐ ܕܩܘܕܫܐ
3. ܠܥܠܡܝܢ ܐܡܝܢ
4. ܗܣܕܘܢܚܐ ܦܐܠܓ
5. ܠܓ ܦܠܝܦܘܣ ܓܐܝ
6. ܐܘܓܠ ܐܠܟܣܢܕܪܘܣ
7. ܐܠܝܟ ܓܐܝ ܣܐܓܝܓ
8. ܝܠ ܡܝܟ ܐܠܛܝ ܐܝܕ
9. ܐܝܟ ܐܠܛܝ ܛܐ
10. ܛܐܓܐܝ ܣܐܓܝܓ
11. ܠܘ ܝܠ ܐܘܢܘܢܝ ܐܓ
12. ܐܝܟ ܐܠܛܝܛܐ ܦܘ
13. ܡܢܓܐ ܝܘܪܓܣܝܟ
14. ܛܘܪܪ ܐܘ ܐܝܟ ܐܪ
15. ////// ܒܐܛ ܦܠܣܝܢ

标音：

1. bšm ’b’ wbr’

2. wrwḥ' dqwdš'

3. l'lmyn 'myn

4. mqdwny' p'lyk

5. lyk pylypws k'n

6. 'wkly 'lksndrws

7. 'ylyg k'n s'kyšy

8. yyl myng 'lṭy 'wz

9. 'wn 'lṭy ṭ'

10. ṭ'bk'č s'kyšy

11. lww yyl 'wnwnč'y

12. 'wn 'lṭynṭ' pw

13. qbr' gywrks nng

14. ṭwrr 'q 'mn 'r

15. ////// y'ṭ plswn

转写：

1. bšem abba ubrā

2. werūḥā deqūdšā

3. lalmin amen

4. maqadonya balïq

5. -lïq pilipus qan

6. oγlï alqsandros

7. ilig qan saqïšï

8. yïl mïng alṭï yüz

9. on alṭï-ṭa

10. ṭabγač saqïšï

11. luu yïl onunč ay

12. on alṭïnṭa bu

13. qabra giorgis-nïng

14. ṭurur aq amen är

15. ////// yaṭ bolsun

译文：

“以圣父、圣子和圣灵的名义，直到永远，阿门！马其顿城的菲利浦汗之子亚历山大帝王纪年1616年，中国纪年龙年十月十六日，这是乔治之墓。阿门！……纪念他吧！”

注释：

第4行：maqadonya“马其顿”，也出现于百灵庙-王墓梁墓碑2中，参见上文注释。

第8—12行：yïl mïng alṭï yüz on alṭï-ṭa ṭabγač saqïšï luu yïl onunč ay on alṭïnṭa（希腊历）1616年，中国纪年龙年十月十六，对应于西历1304年10月16日，参见W. Klein, 2000, p. 344。

叙利亚文铭文3—4

1945年在北门城基上掘得一方叙利亚文青岗石石刻，即叙利亚文铭文3。碑高25

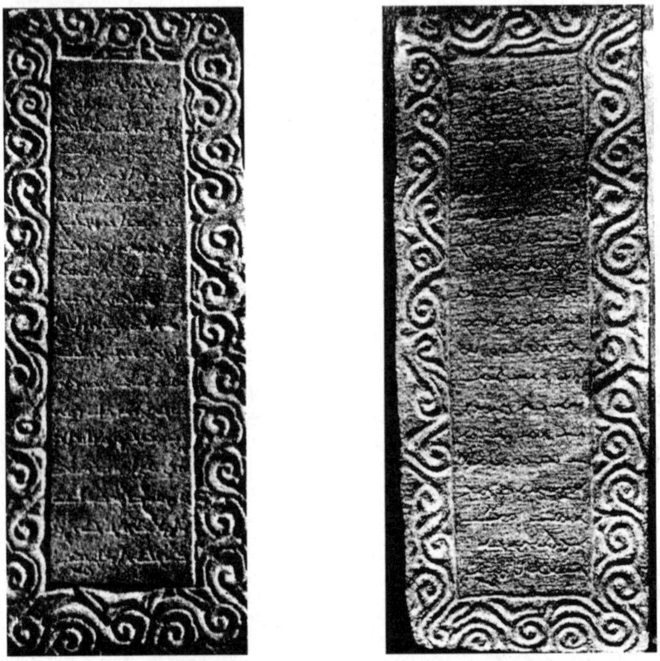

图版8-3：泉州叙利亚文铭文3—4，左图（铭文3）由吴文良刊布（图版82.1），右图（铭文4），墓碑文字极不规范，牛汝极摄。

厘米,长 63 厘米,四周雕有连续的缠枝花纹,线条分明。碑中刻 19 行叙利亚文,其中大部分是叙利亚文拼写回鹘语。该碑是一座基督教须弥座祭坛式石墓的一部分。祭坛式石墓应有两块带文字的石碑,位于石墓中部的两侧,另一方同样大小的石碑是后来发现的,即叙利亚文铭文 4。这两件叙利亚文石刻的文字刻写得十分拙劣,大概是不懂叙利亚文的刻匠所为,因而给文字的识读带来极大困难。与此碑同时同地出土一方带天使、十字架和云浪的石刻,应出自同一座石墓,参见第一章图版 1—46 之 d。此二碑现藏泉州海外交通史博物馆。

铭文 3 原文模拟:

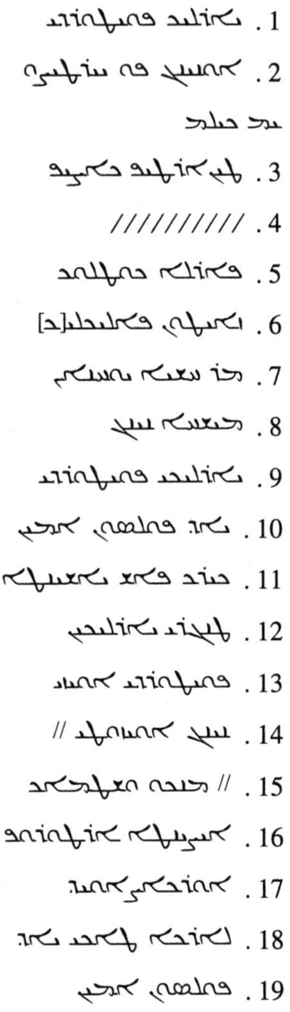

标音：

1. y'rlyk pwṭwrdy
2. 'wnyng pw yyrṭynčw
3. ṭyn 'rṭyp k'čyp
4. //////
5. b'rl' **kwṭlwk**
6. **z'ytwn** p'lykly(k)
7. mr ḥšy' ywḥn'n
8. myšḥ' nyng
9. y'rlyk pwyṭwrdy
10. y'd pwlswn 'myn
11. **kyrk p'š y'šynṭ'**
12. ṭngry y'rlykyn
13. pwytwrty 'wyzy
14. nyng 'wyzwty //
15. //mnkw wšṭm'k
16. 'yčynṭ' 'rṭwrwp
17. **'wrk'č** 'wyd
18. **l'rk'** ṭ'ky y'd
19. pwlswn 'myn

转写：

1. yarlïq bütürdi
2. unïng bu yertinčü
3. tin artïp qačïp
4. //////
5. birlä **qutluq**
6. **zayton** balïq-lï(q)
7. mar ḥašïya yoḥnan
8. mešiḥa-nïng

9. yarlïqï bütürdi
10. yad bolsun amen
11. **qïrq bäš yašïnta**
12. tängri yarlïqïn
13. bütürti özi
14. -nïng özüti //
15. //mängü uštmaq
16. ičintä ärtürüp
17. **ürkäč** öd
18. **lärkä** tägi yad
19. bolsun amen

翻译：

"……完成了……他离开了这个世界……与幸福的刺桐城人主教圣人约翰一同完成了弥施诃的使命。让人们纪念他吧，阿门！在他四十五岁时完成了上帝的使命，他的灵魂将永远在天堂安息。让人们永世万代怀念他吧，阿门！"

注释：

第 5 行：*kwṭlwk* /qutluq "幸福的"。

第 6 行：Z'ytwn /Zayton，地名"刺桐"，泉州古称，参见上文泉州叙利亚文铭文 1。

第 7 行：mr / mar 叙利亚语"主教"。

第 7 行：ḥsy'/ ḥasïya 叙利亚语"神圣、圣人"，参见 A. C. Moule 1972：*Christians in China before the Year 1550*, reprinted in Taipei, pp. 147, 150, 226。

第 7 行　ywḥn'n / yoḥnan "约翰"，叙利亚语人名。此人名的变体较多，如：Yuhanan, Yuhunan, Yoqanan, Yonan, Yuhunai, Yônâ (Jonas)；汉文文献可译为"月合乃，月忽难，岳忽难，月忽乃"等，参见 P. Pelliot 1973：*Recherches sur les chrétiens d'Asie Centrale et d'Extrême-Orient*, Paris, pp. 275 - 276。

第 8 行：myšḥ'/mešiḥa "弥施诃"即"耶稣基督"、"救世主"的另一种称谓。

第 17 行：'wrk'č / ürkäč "永世，永远"，G. Clauson, *EDPT*, p. 193；也可参见 Masahiro Shōgaito（庄垣内正弘），*Studies in the Uighur Version of the Abhidharmakośabhāṣya-ṭīkā*

Tattvārtha（回鹘文《阿毗达磨俱舍论实义疏》研究）， Volume Ⅰ, lignes 16,986,1006, 1008,2158; Volume Ⅱ, p. 389, Shokado, Japan 1991。

第 17 行：'wyd / öd "时间,时候"。参见 J. Hamilton 1986：*Manuscrits ouïgours du IXᵉ-Xᵉ siècle de Touen-Houang*, Paris, Tome Ⅰ, pp. 95,220; G. Clauson 1972：*EDPT*, p. 35。

铭文 4 原文模拟：

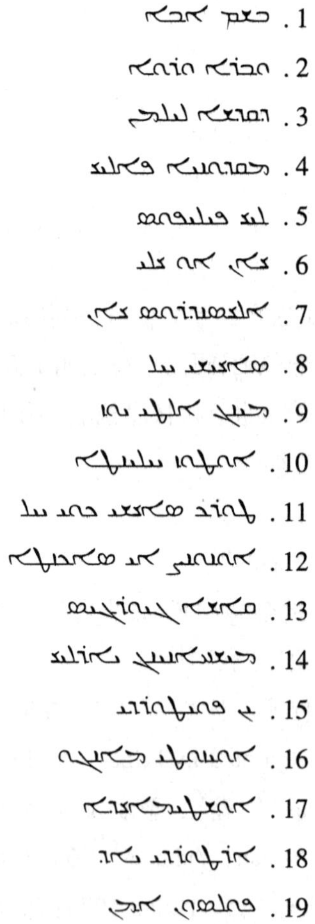

标音：

1. bšm 'b'
2. wbr' wrw'

3. dqdš' lylm'n
4. mqdwny' p'lyq
5. -lyq pylypws
6. k'n 'wkly
7. 'lksndrws k'n
8. s'qyšy yyl
9. myng 'lṭy ywz
10. **'wṭwz** yylynṭ'
11. ṭwrk s'qyšy **kwy** yyl
12. **'wnwnč** 'y **s'kyzṭ'**
13. q'š' **gywrgys**
14. myšḥ'-nyng y'rlyk
15. -yn pwyṭwrdy
16. 'wyzwty m'ngw
17. 'wštym'kd'
18. 'rṭwrdy y'd
19. pwlswn 'mn

转写：

1. bšem aba
2. webrā werūḥa
3. deqūdšā lalmin
4. maqadonya balïq
5. -lïq pilipus
6. qan oγl-ï
7. alaqsandros qan
8. saqïšï yïl
9. mïng altï yüz
10. **otuz** yïlïn-ta
11. türk saqïšï **qoy** yïl

12. **onunčï** ay **säkiz**-tä
13. qaša giwārgis
14. mešiḥa-nïng yarlïq
15. -ïn bütürdi
16. özüt-i mängü
17. uštïmaq-da
18. ärtürdi yat
19. bolsun amen

翻译：

“以圣父、圣子和圣灵的名义，直到永远，阿门！马其顿城的菲利浦汗之子亚历山大大帝纪年1630年，突厥语纪年羊年十月初八，神父乔治完成了弥施诃的使命，愿他的灵魂永远在天堂安息吧！怀念他吧！阿门！”

注释：

第7—11行：希腊历1630相当于公元1318年，中国生肖纪年为羊年。

第13行：q’š’/ qaša，叙利亚语 ܩܫܝܫܐ / qašīša之缩写形式，意为“神甫”，此名也见于内蒙古王墓梁发现的叙利亚文铭文11，12，13和14。

第13行：gywrgys/ giwārgis，叙利亚语人名形式“乔治”。

叙利亚文铭文5

1946年在北门城基内掘得一青冈石墓碑，高57厘米，宽32厘米。该碑是一方尖拱形景教徒墓碑，上部刻十字架、云朵和火焰，下刻12行叙利亚文，其中前两行是叙利亚语，其余各行为回鹘语。碑的背面有5行汉文：

“大元故氏校尉
光平路阜平县
王芣道公至
正己丑七月念
四日何□□志”

“至正己丑”是元顺帝至正九年(1349)。

该碑原藏泉州海外交通史博物馆，现下落不明，牛汝极 1999 年 11 月访问泉州时，发现该馆陈列室只有一同样大小的复制墓碑。图版曾由吴文良发表(见图 77)。英国人 Goodman 曾有部分翻译，但很不准确。

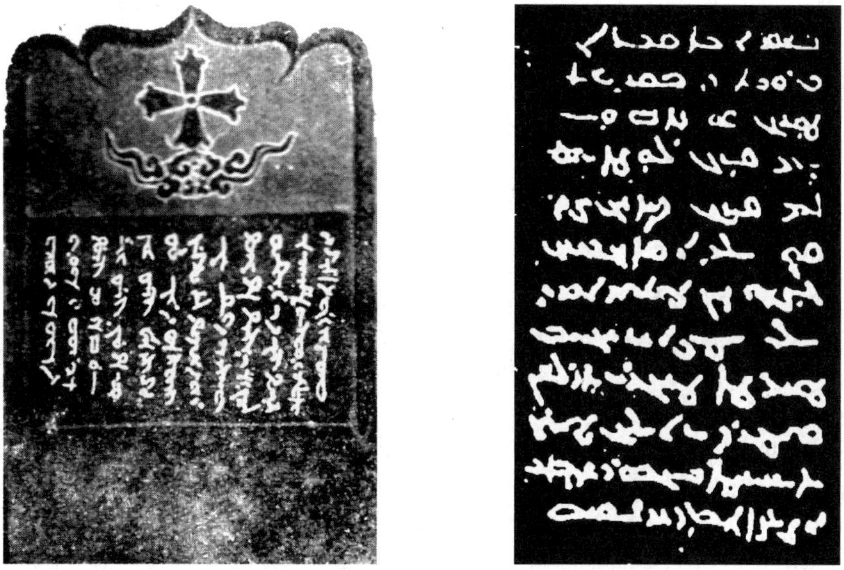

图版 8－4：泉州叙利亚文铭文 5，原藏泉州海外交通史博物馆，现下落不明，左图为墓碑全貌，右图为墓碑文字部分，图版见朱谦之《中国景教》(图 7)。

原文模拟：

1. ܒܫܡ ܐܒܐ ܘܒܪܐ
2. ܘܪܘܚܐ ܕܩܘܕܫܐ
3. ܐܠܟܣܢܕܪܘܣ ܒܟܐ ܦܐܟܝܫܝ
4. ܝܠ ܡܝܓ ܐܠܛܝ ܝܘ ܐܝܠܓ ܐܠܛ
5. ܡܝܫ ܛܘܪܓ ܦܐܟܝܫܝ
6. ܐܝܕ: ܝܠܝ ܒܐܠܛܝܢܝ
7. ܐܝ ܐܝܡ ܛܘܪܛ ܐܝܘܢ[ܐ]
8. ܒܐܙ ܦܐܝܫ ܐܓܪܝܒ
9. ܦܪܛܐ ܛܓܪܝ ܝܠܒ
10. ܥܛܘܪܝܝ ܐܘܛܓܝ ܐܘܪܛ

11. ܡܐܚܛܐ ܡܢܓܘ ܐܪܛܝ

12. ܝܝܛܢܟ ܐܝ ܝܐܕܝܪ ܐܡܝܢ

标音：

1. bšm 'b' wbr'
2. wrwḥ' dqwdš'
3. 'lksntrs k'n s'kyšy
4. yyl myng 'lṭy ywz 'lt
5. myš ṭwrg s'kyšy
6. 'wd yyly **y'ṭynč**
7. **'y 'wn ṭwrṭ'** wz[']
8. y'š s'ny 'ygyrmy
9. sirṭ' ṭngry yrlkn
10. pwṭwrdy 'wzṭy 'wšṭ
11. m'ḥṭ' mngw 'rṭy
12. **yyṭnč** 'y y'dyr 'myn

转写：

1. bšem aba webrā
2. werūḥā deqūdšā
3. alaqsantros qan saqïšï
4. yïl mïng altï yüz alt-
5. mïš türk saqïšï
6. ud yïlï yäṭinč
7. **ay on ṭörṭ** üz[ä]
8. yaš sanï yigirmi
9. sirṭa ṭängri yarlïqïn
10. büṭürdi özüṭi ušṭï-
11. maqta mängü ärṭi
12. **yeṭinč ay** yadar amen

翻译：

“以圣父、圣子和圣灵的名义。亚历山大帝王纪年 1660 年（即公元 1349 年），突厥语纪年牛年七月十四日。在二十岁时，司尔塔（Sirta）完成了上帝的使命，愿其灵魂永久地在天堂安息。7 月铭记，阿门！”

注释：

第 6—7 行：ud yïlï yäṭinč **ay on ṭörṭ** “牛年七月十四（？）”，对应西历为 1349 年 7 月 19 日。背面汉文部分的“己丑七月念四日……”大概是西历 1349 年 7 月 19 日。

第 7 行：üz[ä]“之上”，回鹘语副词形式，这里表示在某个特定时间。

第 9 行：sirṭa 可能是人名或头衔的一部分。

第 12 行：y'dyr/yadar 由 yad-“散布、公开、传播”+形动词词尾 ar(/ir/ïr/är/ür/ur)构成。在该铭文中，yadar 表示“铭记”。参见 G. Clauson 词源词典，第 883—884 页。

叙利亚文铭文 6

1960 年发现于泉州东门城基，碑高 23.5 厘米，宽 20 厘米，残断，上方有一阳刻天使，其下有 8 行叙利亚文，其中前两行为叙利亚文叙利亚语，其余各行为叙利亚文回鹘语。该碑现藏泉州海外交通史博物馆。

原文模拟：

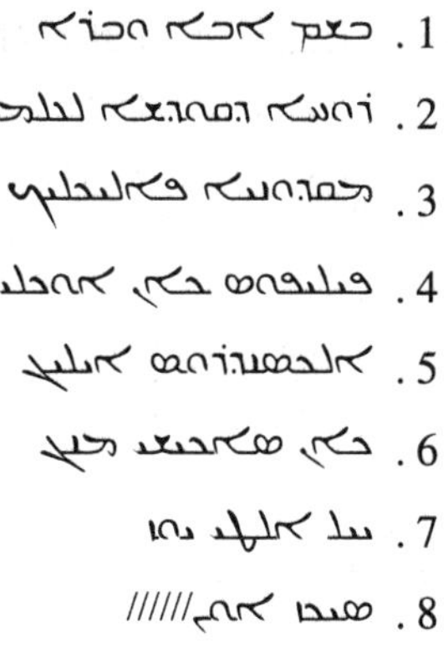

图版 8－5：泉州叙利亚文铭文 6，现藏海外交通史博物馆，牛汝极摄。

标音：

1. bšm 'b' wbr'

2. rwḥ’ dqwdš’ l’lmyn
3. mqdwny’ p’lyklyk
4. pylypws k’n ’wkly
5. ’lksndrws ’ylyg
6. kn s’kyšy mng
7. yyl ’lty y[wz]
8. sykz ’wn //////

转写：

1. bšem abba ubrā
2. werūḥā deqūdšā lālmin
3. maqadonya balïqlïq
4. pilipus qan oγlï
5. alqsandros ilig
6. qan saqïšï mïng
7. yïl altï yü[z]
8. **säkz on** //////

翻译：

“以圣父、圣子和圣灵的名义。马其顿城菲利浦汗王之子亚历山大帝王纪年 1680 年……”

说明：

希腊历 1680 年对应于西历大约是 1368—1369 年，但原文中的后两位数字不清楚，因而不能确定 1680 年是否确切。

叙利亚文铭文 7—8

1946 年冬，在泉州通淮门附近的小东门城基获得一方青冈石墓碑（见下图：叙利亚文铭文 7），是须弥座祭坛式石墓的组件之一。该碑高 29 厘米，宽 92 厘米。碑额刻一横额，额内浮雕一十字架配莲花座，两旁有带翼天使，手上持一礼物呈飞向十字架献礼状。横额下阴刻叙利亚文20行。石碑的两边各阳刻有一弧形云(或水)浪纹。

图版8-6：泉州叙利亚文铭文7之墓碑全貌。牛汝极摄于1999年11月。

1947年在东门城基内获得另一青冈石墓碑(见下图：叙利亚文铭文8)，也是须弥座祭坛式石墓的组件之一。该碑高30厘米，宽90厘米。其形制大致与上碑同，但雕工极简略。横额下有阴刻25行叙利亚文。该碑图版曾由吴文良发表，见图78、79。

图版8-7：泉州叙利亚文铭文7之拓片。见吴文良书之图版78-2。

1999年11月，牛汝极访问泉州海外交通史博物馆时见到这两块碑，并拍照描摹，但从外表上看现藏泉州海外交通史博物馆的这两碑像是原碑的复制品。这两方墓碑的叙利亚文铭文极不规范，刻写得十分拙劣，因而很难辨读。

叙利亚文铭文7原文模拟：

1. ܒܫܡ ܐܒܐ ܘܒܪܐ ܘܪܘܚܐ ܕܩܘܕܫܐ

2. ܐܠܟܣܢܕܪܘܣ [illegible]

3. ܐܠܛܝ ܝܘܙ ܦܝܪ ܛܐ ܣܐܟܝܙܢܨ ܐܝ ܣܐܟܝܙ

4. ܝܐܢܓܝܛܐ ܒܫܢܐܬ

5. ܐܠܦ ܫܬܡܐܐ ܚܕ ܐܬܪܐ

6. ܠܝܘܢ ܗܘܐ ܐܝܛܨܐܪ

7. ܬܐܦܟܐܨ ܣܐܟܝܫܝ ܐܘܕ ܝܝܠ

8. ܛܐܡܘܙ ܐܝ ܝܝܬܝ ܝܐܢܓܝܕܐ

9. ܣܐܢܡܩ ܛܐܪܝܡ ܐܪܝܦ

10. // ܐܘܝܠܐܪܟܐ ܣܐܢܡܐܩ

11. ܛܐܪܝܡ ܦܘ ܝܪܛܝܠܓܝ ܕ

12. ܛܐ ܐܪܛܝܦ ܦܝ ܡ ////

13. ܐܪܝܓ ܣܘܢܡܐܩ ܒܐܛܝ

14. ܛܐܪܛ ܝܓܝܪܡܝ ܝܐܫܝܢܛܐ

15. ܛܝܓܪ ܝܐܠܓܝ ܦܘܛܪܛܝ

16. ܦܘ ܫܝ ܡܢܪܐ ܐܢܓܝܛܐ

17. ܒܝܠܐܢܘܢ ܦܘ ܐܪܝܓ

18. ܒܐܛܝܢ ܐܘܣܩܘܦܐ ܐܪܟܐܕܝܩܘܢܐ ܐܪܝܕ

19. ܦܐܪܝܕ ܐܘܣܛܠܝܪ ܐܢܕ ܒܐܝܓܐ ܒܐܝܓܐ

20. //////// ܢܐܪ ܦܘܠܡܝ ܐܪܝ

标音：

1. bšm 'b' wbr' wrwḥ' dqwdš'
2. 'lksndrws k'n s'kyšy yyl mng
3. 'lṭy ywz pyr ṭ' s'kyznč 'y s'kyz
4. y'ngyṭ' **bšn't**
5. **'lp štm'' ḥd 'tr'**
6. **lywn hw' 'yṭṣ'r**
7. t'βk'č s'kyšy 'wd yyl
8. ṭ'mwz 'y yyty y'ngyd'
9. s'nmq ṭ'rym **'ryp**
10. // **'wyl' rk' s'nm'q**

11. t'rym pw yyrṭynčy
12. ṭ' 'rṭyp q'čyp ////
13. **'ryg** snm'q k'ṭwn
14. ṭrym yygyrmy y'šynṭ'
15. ṭngry y'rlkyn pwyṭwrṭy
16. pw sn qwbr' 'čynṭ'
17. kyzl'ndwq pw 'ryg
18. k'ṭwnyng 'wyswṭy 'wšṭym'kṭ' 'rdy
19. p'rlyk 'wklyl'r **'wny** m'ngw m'ngw
20. //////////////// y'd pwlswn 'mn

转写：

1. bšem aba webrā werūḥā deqūdšā
2. alaqsandros qan saqïšï yïl mïng
3. altï yüz bir-tä säkizinč ay säkiz
4. yangïta bāšnāt
5. **ālep štmaa ḥad ātrā**
6. **lyawan hwā aytsar**
7. tabγač saqïšï ud yïl
8. tāmmūz ay yiti yangïda
9. **sanmaq** tärim **ärip**
10. // **ülärkä sanmaq**
11. tärim bu yirtinči
12. -ṭä artïp qačïp ////
13. arïq sanmaq qaṭun
14. ṭärim yigirmi yašïnṭa
15. ṭängri yarlïγïn büṭürṭi
16. bu sin qabra ičinṭä
17. kizlanduq bu arïγ
18. qaṭun-ïng ösüṭi ušṭïmaqṭa ärdi

19. barlïk oγlïlar unï mängü mängü

20. ////////////////// yad bolsun amen

翻译：

“以圣父、圣子和圣灵的名义。马其顿城的菲利浦君王之子亚历山大帝王纪年1601年(公元1289年)8月初8日,另据希腊历1601年,中国纪年牛年七月初七,申马克夫人……申马克夫人离开了这个世界……圣洁的申马克公主夫人在其20岁时完成了上帝的使命。我们将其安葬在此墓中。愿这位圣洁的夫人的灵魂在天堂安息。她所有的儿子们将永远[怀念?]她。愿人们永志不忘！阿门!”

注释：

第4行：bšn’t/bāšnāt，叙利亚语“年”。

第5行：’lp štm’’ ḥd /ālep štmaa ḥad，叙利亚语计数的符号，表示1601(年)。下面是叙利亚语计数的方式：

	与阳性名词结合时	与阴性名词结合时
1	ܚܕ *ḥad*	ܚܕܐ *ḥhā*
2	ܬܪܝܢ *trēn*	ܬܪܬܝܢ *tartēn*
3	ܬܠܬܐ *tlātā*	ܬܠܬ *tlāt*
4	ܐܪܒܥܐ *arb ʿ ā*	ܐܪܒܥ *arbā ʿ*
5	ܚܡܫܐ *ḥammšā*	ܚܡܫ *ḥammeš*
6	(ܐ)ܫܬܐ (*e*) *štā*	ܫܬ *šet*
7	ܫܒܥܐ *šab ʿ ā*	ܫܒܥ *šabā ʿ*
8	ܬܡܢܝܐ *tmānyā*	ܬܡܢܐ *tmānē*
9	ܬܫܥܐ *teš ʿ ā*	ܬܫܥ *tšā ʿ*
10	ܥܣܪܐ ʿ *srā*	ܥܣܪ ʿ *sar*
11	ܚܕܥܣܪ *ḥda ʿ sar*	ܚܕܥܣܪܐ *ḥda ʿ srē*
12	ܬܪܥܣܪ *tre ʿ sar*	ܬܪܬܥܣܪܐ *tarta ʿ srē*
13	ܬܠܬܥܣܪ *tlātta ʿ sar*	ܬܠܬܥܣܪܐ *tlātta ʿ srē*
14	ܐܪܒܥܬܥܣܪ *arba ʿ ta ʿ sar*	ܐܪܒܥܣܪܐ *arba ʿ srē*

15	ܚܡܫܬܥܣܪ *ḥammešta ʿ sar*	ܚܡܫܥܣܪܐ *ḥammša ʿ srē*
16	ܫܬܬܥܣܪ *šetta ʿ sar*	ܫܬܬܥܣܪܐ *šetta ʿ srē*
17	ܫܒܥܬܥܣܪ *šba ʿ ta ʿ sar*	ܫܒܥܣܪܐ *šba ʿ srē*
18	ܬܡܢܬܥܣܪ *tmānta ʿ sar*	ܬܡܢܥܣܪܐ *tmāna ʿ srē*
19	ܬܫܥܬܥܣܪ *tša ʿ ta ʿ sar*	ܬܫܥܣܪܐ *tša ʿ srē*
20	ܥܣܪܝܢ *ʿ esrin*	
30	ܬܠܬܝܢ *tlātin*	
40	ܐܪܒܥܝܢ *arb ʿ in*	
50	ܚܡܫܝܢ *ḥammšin*	
60	ܫܬܝܢ(ܐ) *(e) štin*	
70	ܫܒܥܝܢ *šab ʿ in*	
80	ܬܡܢܝܢ *tmānin*	
90	ܬܫܥܝܢ *teš ʿ in*	
100	ܡܐܐ *maa*	
200	ܡܐܬܝܢ *mateyn*	
300	ܬܠܬܡܐܐ *tlātmā*, &c.	
483	ܐܪܒܥܡܐܐ ܘܬܡܢܝܢ ܘܬܠܬܐ *arba ʿ mā wa-tmānin wa-tlātā*	
1000	ܐܠܦ *ālep*	
7307	ܫܒܥܐ ܐܠܦܝܢ ܘܬܠܬܡܐܐ ܘܫܒܥܐ *šab ʿ ā alpin wa-ltātma w-šab ʿ ā*	
10000	ܪܒܘ *rebbō*	

第5行：*'tr'/ātrā*，“1601”，这是叙利亚语用字母计数的另一种表达系统。在叙利亚语中，也和其他闪含语系语言一样，字母也有表达数字的功能，其指代如下：

ܐ	1	ܚ	8	ܣ	60
ܒ	2	ܛ	9	ܥ	70
ܓ	3	ܝ	10	ܦ	80
ܕ	4	ܟ	20	ܨ	90
ܗ	5	ܠ	30	ܩ	100
ܘ	6	ܡ	40	ܪ	200
ܙ	7	ܢ	50	ܫ	300

ܬ	400	ܣ	600	ܐ	1000
ܢ	500				

第 6 行：lywn/*lyawan*，叙利亚语表示希腊历的“纪年”，早期多在波斯的东叙利亚语铭文中使用，后在乌里米亚和伊朗等地使用。这说明泉州的景教徒也沿用这种习惯，可能暗示了泉州景教的部分来源。

第 8 行：ṭ'mwz /*tāmmūz*，叙利亚语“七月”。

第 9 行：s'nmq /*Sanmaq*，叙利亚语人名。

第 9 行：ṭ'rym / *tärim*，古代回鹘语表示女士或公主的词语。参见 J. Hamilton et Niu Ruji，1994：Deux inscriptions funéraires turques nestoriennes de la Chine orientale，dans：*JA*，N°282（1994），p. 161。

第 12 行：'rṭyp q'čyp /*artïp qačïp* 回鹘语副动词形式“离开、去世”。

下面是泉州叙利亚文铭文 8 之图版及其研究：

图版 8－8：泉州叙利亚文铭文 8 之墓碑全貌。牛汝极摄于 1999 年 11 月。

图版 8－9：泉州叙利亚文铭文 8 之拓片。见吴文良书之图版 79。

叙利亚文铭文 8 原文模拟：

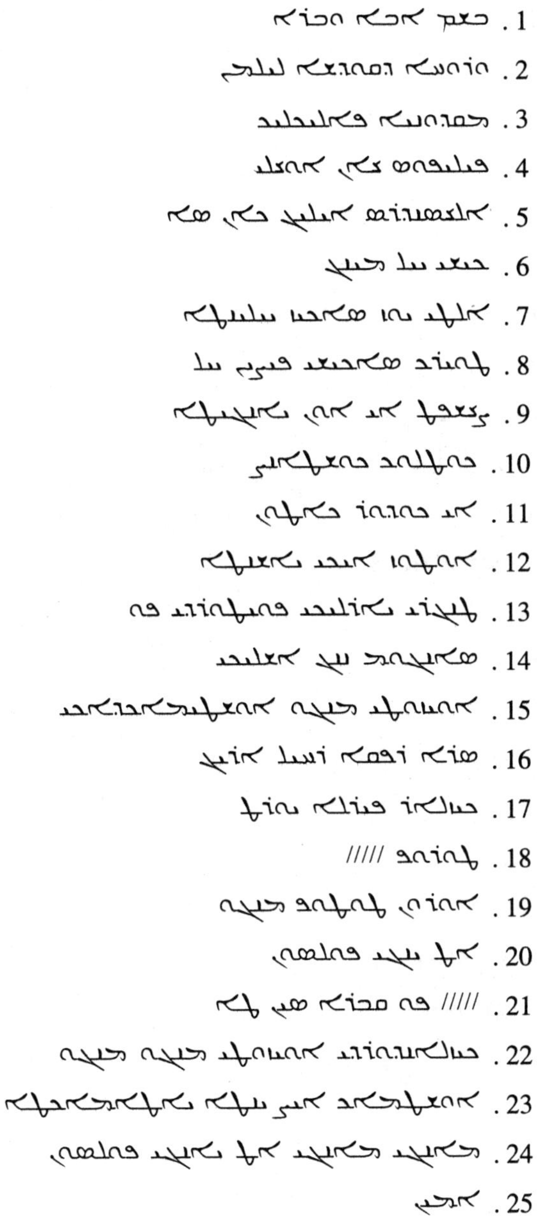

标音：

1. **bšm ’b’ wbr’**

2. wrwḥ’ dqdš’ **lylm’n**

3. **mqdwny' p'lyq-lyq**
4. pylypws k'n 'wkly
5. 'lksndrws 'ylig k'n s'
6. qyšy **yyl myng**
7. **'lṭy ywz s'kyz yylynṭ'**
8. ṭwrk s'**qyšy pyčyn** yyl
9. **čkšpṭ** 'y 'wn y'ngyṭ'
10. **kwṭlwk kwšṭ'nč**
11. **'y kwdur k'twn**
12. 'wṭwz '**yky** y'šynṭ'
13. ṭngry y'rlyky pwyṭwrdy **bw**
14. s'ngwm nyng '**šliky**
15. **'wyzwṭy mngw 'wšṭym'kd'ky**
16. **sr' rpq' rḥyl** 'ryg
17. kyzl'r pyrl' **ywrṭ**
18. **ṭwṭwp**//////
19. 'wrwn **ṭwṭwp** mngw
20. **'ṭyngy** pwlswn
21. ///// pw qbr' syn ṭ'
22. **kyzl'ndwrdy** 'wyzwṭy
23. 'wšṭym'k 'yčynṭ' **y'ṭ'm'kṭ'**
24. mngy mngy **'t y'ngy** pwlzwn
25. 'mn

转写：

1. **bšem aba webrā**
2. werūḥa deqūdšā **lalmin**
3. **maqadonya baľiq-ľiq**
4. pilipus qan oɣl-ï
5. alaqsandros ilig qan sa

6. -qïšï **yïl mïng**
7. **altï yüz säkiz yïlïnta**
8. türk **saqïšï bičin** yïl
9. **čakšaput** ay on yangïta
10. **qutluq quštanč**
11. **ay qudur qatun**
12. otuz **iki** yašïnta
13. tängri yarlïqï bütürdi **bu**
14. sängüm-nïng **äšlig-i**
15. **özüt-i mängü uštïmaq-daqï**
16. **sara rïpqa raḥel** arïγ
17. qïzlar birlä **yurt**
18. **tutup**/////
19. orun **tutup** mängü
20. **at yangï** bolsun
21. ///// bu qabra sin-tä
22. **kizländürdi** özüti
23. uštïmaq ičintä **yatamaq-ta**
24. mängi mängi **at yangï** bolsun
25. amen

翻译：

“以圣父、圣子和圣灵的名义，直到永远。马其顿城的菲利浦君王之子亚历山大帝王纪年1608年（公元1296年），突厥语纪年猴年腊月初十，幸福的女牧师阿依-库都尔夫人在其三十二岁时完成了上帝的使命。愿这位将军的伴侣的灵魂在天堂永久地与Sarah、Rebekka、Rahel等圣洁的贵妇们同归故里……愿她英名永存……她被安葬在此墓中，愿她的灵魂在天国安度！愿她流芳百世！阿门！”

注释：

第8行：pyčyn/ *bičin*“猴子”，十二生肖之一。该词可能来自伊朗语，比较伊朗语

bōzina，参见 G. Doerfer，*Türkische und Mongolische Elemente im Neupersischen*，Bd. I，Wiesbaden 1963，§ 821。

第 9 行：čkšpṭ/ *čakšaput*“腊月、十二月”，回鹘语中的这个词可能来自梵语的 śikṣāpada，该词也传入粟特语中，回鹘语中的该词可能直接从粟特语中借入。参见 Louis Bazin，*Les Systèmes chronologiques dans le monde turc ancien*，p. 294，§ 81；W. E. Soothill and L. Hodous，*A Dictionary of Chinese Buddhist Terms*，p. 50a；Ilya Gershevitch，*A Grammar of Manichean Sogdian*，§ 994。

第 11 行：'y kwdur k'twn /*ay qudur qatun*，人名“Ay Qudur 夫人”。

第 14 行：'šliky/*äšlig*“伴侣”，参见 G. Clauson，*EDPT*，Oxford，1972，p. 262。

第 16 行：ܣܪܐ/*Sara* 是 Abraham 夫人，ܪܦܩܐ/*Rebekka* 是 *Iszak* 夫人，ܪܚܝܠ/ *Raḥel* 是 *Jakob* 夫人。同样的词语也出现在扬州发现的叙利亚文景教铭文第 9 行中。参见 Smith，R. P.，1901. *Thesaurus Syrianicus.* Vol. 2，Oxford，pp. 2724，3966，3879。

第 16—17 行：*arïγ qïz*“圣洁的姑娘”，比较扬州景教碑第 9 行的 *arïγ qunču*“圣洁的公主”。

叙利亚文铭文 9

1940 年在泉州通淮城门拆除城墙时挖出，以后流散，1954 年 12 月在泉州通淮门外津头埔被发现。这是一方青冈石材料琢刻的叙利亚文回鹘语-汉语双语景教碑，高 66 厘米，宽 45 厘米，碑作尖顶弧形，其尖顶已经残断，汉文两行位于墓碑左边，叙利亚文两行位于墓碑右边，参见 S. Murayama，“Eine nestorianische Grabinschrift in Türkischer Spracher auz Zaiton”，*UAJb* 35（1964），pp. 394－396；夏鼐：《两种文字合璧的泉州也里可温（景教）墓碑》，《考古》1981 年第 1 期，第 59—62 页。两行汉文为：

“管领江南诸路明教秦教等也里可温马里失里门阿必斯古八马里哈昔牙皇庆二年岁在癸丑八月十五日(1313 年 9 月 5 日)帖迷答扫马等泣血谨志。”

从铭文可知，这是一方元代管领江南诸路各派宗教的一个特设高级僧侣的墓碑。1984 年 11 月在泉州涂门外曾发现另一汉文墓碑，辉绿岩雕成，为须弥座祭坛式石墓的组件之一。碑高 25 厘米，宽 61 厘米，厚 10 厘米。阴刻 14 行汉文：

“于我明门，公福荫里。匪佛后身，亦佛弟子。无憾死生，升天堂矣。时大德十年岁次丙午三月朔日记。管领泉州路也里可温掌教官兼住持兴明寺吴安哆呢嗯书。”

此汉文书写人为景教兴明寺的住持吴咹哆呢嗯(Wu Antonius),他也是掌管领导泉州路也里可温教的宗教官员,该碑书写于大德[1]十年丙午(1306)三月。

该碑叙利亚文回鹘语的转写和译释先由村山氏刊布,后由夏鼐先生译介为汉文。他们的转写和译文存在一些问题,尤其是墓碑主人问题,他们认为此碑是献给两个人甚至三个人的,恐怕不妥。此外,厦门大学的应为玑教授(1956)、美国哥伦比亚大学的富善(L. C. Goodrich)教授(1957)、日本学者榎一雄(1964)、英国学者刘南强(1980)等也先后对此碑作过介绍和译释。刘南强已指出碑文是献给一个墓主的。

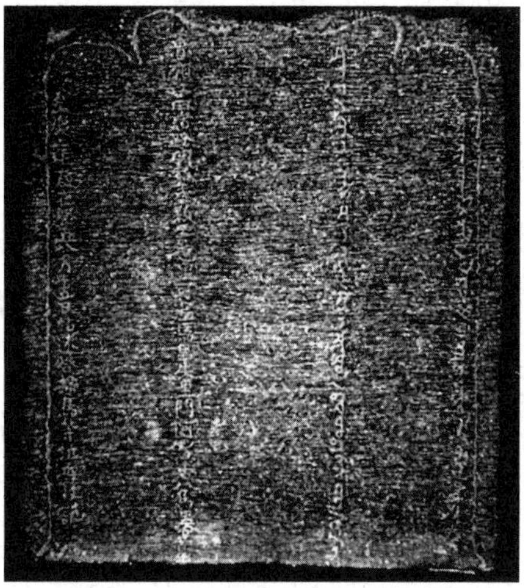

图版 8-10：泉州叙利亚文铭文 9,现藏泉州海外交通史博物馆,牛汝极摄于 1999 年。

该碑图版曾由吴文良发表,见图 108。1999 年 11 月牛汝极访问泉州海外交通史博物馆时见到此碑,并拍照描摹。

原文模拟:

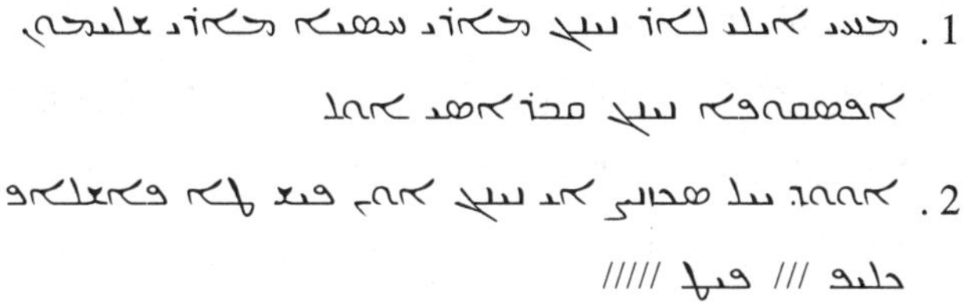

标音:

1. m'ḥ' 'yly l'r nyng m'ry h'syr' m'ry sl'mwn 'bysxwb' nyng q'br'sy 'wl

2. 'wd yyl skznc 'y nyng 'wn b'š t' p'šl'p k'lyp **s'wm'** bit////

转写:

1. maqe aylï-lar-nïng marï ḥasira marï šlemun abïsquba-nïng qabra-sï ol.

[1] 吴幼雄先生将"大德"理解为佛教术语,误。杨钦章也沿袭这个观点,并认为"大德"当即景教的阿必思古八(主教)。参见杨钦章,1992,第 52 页。

2. ut yïl säkizinč ay-nïng on bäš-tä bašlap kälip **sauma** biti-**miš**///

译文：

“这是马可家族的主教大人马里失里门·阿必斯古八之墓。牛年八月十五日(1313年9月5日)扫马领(队)来此并题铭。”

注释：

以往学者们把此碑主人理解为两个人：马里失里门·阿必斯古八和马里哈昔牙。一方墓碑应该只献给一个人才合情合理。经查，马里哈昔牙(marï ḥasira)是叙利亚语“主教”和“圣者”之意，是马里失里门·阿必斯古八的头衔和称号。回鹘语头衔和官号通常放在人名前，因而叙利亚文回鹘语才有称号 marï ḥasira 加人名 marï šlemun abïsquba 的结构；相反，汉语头衔和官号常放在人名之后，所以才有汉文铭文中的“马里失里门·阿必斯古八 + 马里哈昔牙”的结构[1]。泉州景教徒曾与西域撒马尔罕的主教有着密切的联系。约在1221年马尔埃里查(Mar Elijah)任主教时，成吉思汗把撒马尔罕和布哈拉并入其帝国。景教徒以其宫廷医生之名而显赫四方。当成吉思汗之子拖雷生病时，他们用祈祷和果子露将他治好。他们为人祈祷时，由一位最可敬的主教大人(Marï Ḥasira)带领。1268年，忽必烈汗闻马尔埃里查大名，邀他到中国朝廷并赐予高官厚禄，但他仍不忘传教使命。为此他弃官建造寺院，阐释基督教教义，并从西域请来主教马里失里门(Mar Solomon)，他来中国大概在13世纪80年代，此马里失里门可能就是此叙利亚文碑中的马里失里门，据此碑铭可知他死于1313年。

叙利亚文铭文 10

2002年5月在泉州池店附近新发现一方叙利亚文景教徒墓碑[2]，该碑现藏泉州南建筑史博物馆。碑右边残缺不全，高41.5厘米，长23.5厘米，上部有十字架配莲座，左侧有一天使，缺右侧的天使；左侧边有莲瓣装饰柱，缺右边的莲瓣装饰柱，下部有21行叙利亚文字，不完整，其中前3行是叙利亚语，从4至21行为回鹘语，参见下图：

---

[1] 林悟殊翻译增订，1995，第133—134，171页。

[2] 未见该碑发现的报道，照片是福建师范大学历史系教授谢必震先生提供的，在此深表谢忱。

图版 8－11：泉州叙利亚文铭文 10，现藏泉州南建筑史博物馆。谢必震摄于 2003 年。

原文模拟：

1. ܒܫܡ ܐܒܐ
2. ܘܒܪܐ ܘܪܘܚܐ
3. ܕܩܘܕܫܐ ܠܥܠܡ
4. ܣܘܕܘܢܝܐ
5. ܦܐܠܝܓܠܝܓ
6. ܦܝܠܝܦܘܣ ܒܓܝ
7. ܐܘ ܒܠܓ ܐܠܟܣܢܕܪܘܣ
8. ܐܝܠܓ ܒܓܝ ܣܐ ܒܝܓ
9. ܝܠ ܗܝܢ ܐܠܛܝ
10. ܝܙ ܝܓܪܡܝ
11. ܛܘܪܛ ܝܠܝܛܐ
12. ܛܘܪܘ ܣܐ ܒܝܓ
13. ܐܘܘܕ ܝܠ
14. ܐܘܘܢܓ ܐܝ
15. ܐܠܛܝ ܝܢܓܝܛܐ
16. ܛܘܝ ܝܪܝܛܐ
17. ܦܘܪܐܓܝܐ ܒܐܛܓܘܐ[ܝ]

ܡܝܫܚܐܢܝܢܓ ܝܐܪܠܝܟܝ .18

ܦܘܝܛܘܪܕܝ ܐܘܝܙܘܛܝ .19

ܐܘܫܛܝܡܐ ܟܕܐ ܐܪ .20

ܪ ܝܐܕ ܦܘܠܙܘܢ ܐܡܢ .21

标音：

1. bšm ’b’
2. wbr’ wrw’
3. dqdš’ lylm’n
4. mqdwny’
5. p’lyq-lyq
6. pylypws k’n
7. ’wkly ’lksndrws
8. ’ylig k’n s’qyšy
9. yyl myng ’lṭy
10. ywz yygyrmy
11. ṭwrṭ yylynṭ’
12. ṭwrq s’qyšy
13. ’wwd yyl
14. ’wnwnč ’y
15. ’lṭy y’ngyṭ’
16. ṭwyz y’r**yn**ṭ’
17. prq’mč’ **kwšṭ**’(č)
18. myšḥ’-nyng y’rlyky
19. pwyṭwrdy ’**wyzwṭy**
20. ’wšṭym’kd’ ’r
21. r y’d pwlzwn ’mn

转写：

1. bšem aba

2. webrā werūḥa
3. deqūdšā lalmin
4. maqadonya
5. balïq-lïq
6. pilipus qan
7. oγl-ï alaqsandros
8. ilig qan saqïšï
9. yïl mïng altï
10. yüz yigirmi
11. tört yïlïn-ṭa
12. türk saqïšï
13. ud yïl
14. onunčï ay
15. altï yangï-ta
16. ṭöz yär-**in**-ṭa
17. barqamča q**ušṭ**a(č)
18. mešiḥa-nïng yarlïqï
19. bütürdi **özüṭ-i**
20. uštïmaq-da **är**
21. -ür yaṭ bol-zun a**m**en

翻译:

"(叙利亚语)以圣父、圣子和圣灵的名义为了千秋万代。(回鹘语)马其顿城的菲利浦君王之子亚历山大帝王纪年1624年(即公元1312年),突厥语纪年牛年十月初六日,女牧师Barqamča在其故地完成了弥施诃的使命,其灵魂将在天堂安息,愿人们怀念她吧! 阿门!"

注释:

第4行: mqdwny' / *maqadonya* 地名"马其顿",在泉州发现的景教碑中还有两件铭文也有该词。

第 9—11 行：亚历山大帝王纪年即希腊历 1624 年，对应于公历 1312 年，突厥语纪年与汉地的十二生肖纪年一致，这一年为阴历的牛年。

第 13 行：'wwd / ud "牛"。

第 16 行：ṭwyz y'rynṭ'/*ṭöz yärinṭa*"在其故地"。ṭwyz/*töz* = *yiltiz* "根源"，参见 G. Clauson《十三世纪以前的突厥语词源词典》，第 571 页。

第 17 行：prq'mč'(mrq'mz') / *barqamča* (marqamza)，人名。

第 17 行：*quštač* = *quštanč* "女牧师"。该词多次出现于中亚七河流域发现的大批景教碑中，参见 D. Chwolson 1890, n° 19, 42, 61, 65, 80, 85, xxvi 以及 D. Chwolson 1897, n° 5, 28, 32, 104, 40, 71, 155, 195, 310, 312。该词来自粟特语 * *xwšt'a(n)č*，"女牧师、女教师"，参见 Werner Sundermann, Soghdisch * *xwšt'a(n)č*, "Lehrerin", *AOH*, t. 48, 1995, pp. 225 – 227; P. Zieme, *Manichäisch-türkische Texte*, Berliner Turfantexte V, 1975, p. 84。

第 18 行：myšḥ' / *mešiḥa* "耶稣"、"救世主"。

回鹘文铭文

泉州发现的唯一一方回鹘文景教徒青冈石墓碑，是须弥座祭坛式石墓的组件之一。于 1941 年出自泉州东门外，1955 年移入厦门大学人类学博物馆。泉州海交史博物馆不存此碑原件，仅存一复制品，原碑现下落不明。据吴幼雄报道，该碑高 29 厘米，宽 66 厘米[1]。

图版 8 – 12：泉州回鹘文铭文，图版由哈密顿和牛汝极发表(见法文版《亚洲杂志》1994 年第 1 期，第 157 页)。

〔1〕 吴幼雄，1988，第 1015—1020 页，图版 3。

碑额刻一横额,额内浮雕一十字架配莲花座,十字架上有一华盖,十字架配莲花座的两旁各有一飞天(或天使),手持莲花座呈献礼状。石碑的两边各阳刻有仰视莲花花边。该碑阴刻8行回鹘文,哈密顿和牛汝极曾刊布该碑照片和回鹘文铭文,参见 James Hamilton et Niu Ruji, Deux Inscriptions Funéraires Turques Nestoriennes de la Chine Orientale, *Journal Asiatique*, No. 1, 1994, p. 159; James Hamilton, 牛汝极:《泉州出土也里可温(景教)墓碑研究》,《学术集林》卷五,上海远东出版社 1995 年 12 月,第 270—281 页。

标音:

1. xwp lwx qwčwlwg
2. 'rk'kwn nynk x'dwn
3. y m'rd' t'rym
4. xwyn yyl čxšpwd'
5. ''y mn 'yky k'
6. tnkry y'rlyx y
7. pwytwrdy 'xr
8. čšmd x' 'x'r wl

转写:

1. qup-luγ qočulug
2. ärkägün-nïng xadun-
3. ï marda tärim
4. qoyn yïl caxšapuda
5. ay man iki-kä
6. tängri yarlïγ-ï
7. bütürdi aγïr
8. cšmd-qa aγar ol

译文:

“幸福的来自高昌的也里可温教贵妇马尔达公主,于羊年(1331 年)腊月,满,二日,完成了上帝的使命。愿她在神圣的天堂(安息)。”

注释：

第 1 行：qup-luγ“幸福的”；qočulug 我们原将该词读作 xuβïlγ-an“圣洁的”，后来发现，该词词根即泉州叙利亚铭文 1 中的 qoču“高昌”，此词即 qočulug“高昌人”。这再次说明，泉州的基督徒来自西域的高昌城。

第 2 行：ärkägün“也里可温”，指基督教的聂斯脱利教派。

第 3 行：Marda Tärim 人名，其中，Marda 常用作基督教女教徒人名，泉州伊斯兰教石刻中出现过人名 Mardam〔1〕，Tärim 可能来自 tängrim“我主”。此碑是献给一位女士的。

第 5 行：man“满”，为汉族“建除满”纪年体系在回鹘人中传播的见证。

八思巴文铭文 1

1985 年，在泉州东北郊后茂村出土一件辉绿岩墓石，尖顶弓形，其尖已损，碑高 41.3 厘米，宽 27 厘米，厚 7.8 厘米。碑面浮雕双重尖拱，尖拱间浮雕 4.5 厘米宽的连续卷云图案。在内尖拱上部，阳刻十字架配交曲上涌卷云承托，卷云下阴刻两行汉文和两行八思巴文。牛汝极 1999 年 11 月间访问泉州海外交通史博物馆，见到此碑并拍照描摹。此碑汉文为：

“延祐甲寅〔2〕

良月吉日”

两行八思巴字居中，该八思巴字拼写的语言是汉语，共 6 个字，八思巴文曾由照那斯图先生研究发表〔3〕。该碑图版曾由叶道义〔4〕、吴幼雄和照那斯图刊布。

照那斯图对八思巴字的转写如下：

un se jan〔5〕 si mu taw

照那斯图的译文如下：

“翁、叶、杨、石墓道。”

就是说，照那斯图认为这块碑是献给四位死者的。我认为这个译文应该修改为：

“翁叶杨氏墓道”（=“叶杨氏墓道”），说明死者是位女性景教徒。

---

〔1〕 参见陈达生主撰，1984，图 56，第 24 页，人名全称为：哈只·和加·本·哈沙·玛尔达姆·易奇·乌鲁厄（Haji Khwaja b Hasa al-Mardam Iyki Ulugh，其中 Ulugh 是回鹘语，“伟大”之谓）。

〔2〕 即延祐元年（1314）。

〔3〕 照那斯图，1994，第 119—124 页。

〔4〕 叶道义、志诚，1986。

〔5〕 Jan = yan，作者注。

图版 8－13：泉州八思巴文铭文 1，藏海外交通史博物馆，牛汝极摄于 1999 年。

图版 8－14：泉州八思巴文铭文 2，现藏厦门大学人类学博物馆，牛汝极摄于 1999 年。

八思巴文铭文 2

1940 年，在拆除泉州北门城墙时掘出一件辉绿岩墓石，尖顶弓形，其尖已损，碑高 45 厘米，宽 30 厘米。碑面浮雕双重尖拱，尖拱间浮雕连续传枝的图案花纹。在内尖拱上部，阳刻十字架配莲花座，两边各有像飞天的天使双手捧一圣物，上有莲花和十字架，天使下阴刻两行汉文和两行八思巴文。八思巴文和十字架为红色。牛汝极 1999 年 10 月访问厦门大学人类学博物馆时见到此碑并拍照描摹。1999 年 11 月间访问泉州海外交通史博物馆时见到该碑的复制品，复制品上的八思巴文和十字架不是红色。此碑汉文为：

“至大四年辛亥

仲秋朔日谨题”

汉文中的“至大四年辛亥”即公元 1311 年。

两行八思巴字居中，该八思巴字拼写的语言是汉语和回鹘语的混合，共 8 个字，八思巴文曾由蔡美彪[1]、照那斯图先生研究发表[2]。该碑图版曾由吴文良和照那斯图

〔1〕 参见吴文良，1957，第 34 页。蔡美彪先生先将其中的 3 件分别翻译为：“叶氏墓志”、“易公柳济墓址”、“开珊朱延珂子云墓”。

〔2〕 照那斯图，1994，第 119—124 页。

刊布。

照那斯图对八思巴字的转写如下：

kaj san dzen jen ko dzi yin mu

照那斯图的译文如下：

“开、山、朱、延、可、訾、云、墓。”

照那斯图认为,前七个字都是姓,说明这座墓碑是七姓死者墓葬的集体标志。一块碑同时献给七位死者,我们认为不妥。译文可以修改为：

“凯珊·居延女儿云之墓”

说明:凯珊·居延的女儿名为云的墓志。“可孜”、“ 珂子”、“ 可訾”为回鹘语 qïz-ï “姑娘”、“女儿”之译音,“云”可能是其名或者爱称。此墓碑主人大概来自畏吾儿家庭。死者是位女性景教徒。

八思巴文铭文 3

1954 年,在拆除泉州北门城墙时掘出一件辉绿岩墓石,尖顶弓形,其尖已损,碑高 42 厘米,宽 28 厘米。其形制、花纹及雕刻方法与前两方碑同。碑面浮雕双重尖拱,尖拱间浮雕连续传枝的图案花纹。在内尖拱上部,阳刻十字架配莲花座,下阴刻两行八思巴文。牛汝极 1999 年 10 月访问厦门大学人类学博物馆和 11 月间访问泉州海外交通史博物馆时见到该碑的复制品,原件去向不明,可能在福建省博物馆。

两行八思巴字居中间底部,该八思巴字拼写的语言是汉语,共 4 个字,八思巴文曾由蔡美彪、照那斯图先生研究发表[1]。该碑图版曾由吴文良和照那斯图刊布。

照那斯图对八思巴字的转写如下：

je si mu dzi

照那斯图的译文如下：

“叶石墓志”

照那斯图认为,这座墓碑是两位死者墓葬的标志。我们认为不妥。译文应该修改为：

“叶氏墓志”

说明这是献给一位姓叶的未婚女子的墓碑。

〔1〕 照那斯图,1994,第 119—124 页。

图版 8－15：泉州八思巴文铭文 3，藏海外交通史博物馆，牛汝极摄。

图版 8－16：泉州八思巴文铭文 4，看似复制品，藏海外交通史博物馆，牛汝极摄于 1999 年。

八思巴文铭文 4

1948 年，在拆除泉州北门城墙时掘出一件辉绿岩墓石，尖顶弓形，其尖已损，碑高 34 厘米，宽 31 厘米。碑面浮雕双重尖拱，尖拱间浮雕连续传枝的花纹图案。在内尖拱上部，阳刻十字架配交曲上涌卷云承托，其形制、雕工与上述八思巴文铭文 1 的情形同。卷云下阴刻两行汉文和两行八思巴文，汉文在侧，八思巴文居中。牛汝极 1999 年 11 月间访问泉州海外交通史博物馆，见到此碑复制品（?）。

此碑汉文为：

“时岁甲子[1]

仲秋吉日”

两行八思巴字居中，该八思巴字拼写的语言是汉语，共 6 个字，八思巴文曾由照那斯图先生研究发表[2]。该碑图版曾由吴文良和照那斯图刊布。

照那斯图对八思巴字的转写如下：

---

〔1〕 大概是泰定元年（1324 年）。

〔2〕 照那斯图，1994，第 119—124 页。

ji gun liw si mu dzi

照那斯图的译文如下：

“易、公、刘、石墓志。”

就是说,照那斯图认为这块碑是献给四位死者的。我认为这个译文应该修改为：

“易公刘氏墓志。”

就是说,这是易先生的夫人刘氏之墓。这位死者还是位女性景教徒。

在泉州发现的4件八思巴字景教徒墓碑应该是蒙古或畏吾儿官吏的信仰景教的汉族夫人或是汉化了的畏吾儿女子的见证。

第九章　中亚七河地区的景教信仰

公元7世纪中叶,基督教聂斯脱利派开始传入中亚七河地区(回鹘语: Yäti Su"七河"或"七水",指流向巴尔喀什湖的七条河流;俄语称 Semirechye),并为突厥语部族所信仰,汉语称之为景教,蒙元时期称为"也里可温教"。由于统治者采取了宽容的宗教政策,景教在七河地区臻于极盛,与其他宗教一起形成了多元化宗教局面。14世纪中叶前后,随着突厥语部族改宗伊斯兰教,景教逐渐趋于湮灭。通过对考古资料和文献资料的研究可知,七河地区基督徒的日常用语主要是中世纪回鹘语方言,而在传教场合则主要使用叙利亚语,但叙利亚语并非当地的主流语言;当地家庭普遍有基督徒,除了传教士以外,信徒中还包括其他职业者,比如军官、教师等;元代七河地区的基督教与中国内地保持着密切联系,反映了彼此的联系和互动。七河流域发现的碑文资料对重建当地基督教的历史,全面认识元代中国和中亚基督教的真实状况,丰富中外文化交流史的内涵,均具有重要学术价值。

中亚七河地区是指巴尔喀什湖以南、河中以东,以伊塞克湖、楚河为中心的广大区域,大致包括今吉尔吉斯斯坦、哈萨克斯坦的阿拉木图州和江布尔州、中国新疆霍城县境内的阿力麻里古城。当地民众现今大多信仰伊斯兰教。19世纪末以前,人们并不知道该地历史上曾经有信仰基督教的景教徒。"景教"一词最早出现于中国唐代(详见公元781年《大秦景教流行中国碑》),是时人对基督教聂斯脱利派的汉语称谓。蒙元时期的基督徒,回鹘语和蒙古语称作"也里可温"。

据史料记载,中亚突厥语部族信奉基督教大概是从公元644年开始的。有文献说,木鹿城(Merw,在今土库曼斯坦共和国马里市城东马里故城)的大主教伊利亚斯(Elias)把基督教带给了突厥语部族。产生于7世纪末的《历代志》(*Chronicon Anonymum*)说伊利亚斯"使一些突厥人和其他人改变了信仰"[1]。约在公元781年景教总主教提摩太(Timothy)在给马龙派教徒(Maronites)的信中写到,另一位突厥可汗

[1] MINGANA, A., 1925, pp. 297-371;汉文译文参见本书附录三。
ASMUSSEN, J. P., 1982, pp. 11-29.

与其臣民都皈依了基督："这位突厥可汗与几乎所有的臣民都放弃了古老的偶像崇拜，皈依基督。而且他还写信要求我们给他的国家按立一位大主教；我们已这样做了。"这位提摩太在给拉班·瑟尔吉斯(Rabban Sergius)的一封信中，还提到他已为突厥部落任命了一位主教："那时圣灵已为突厥部落立了大主教。"[1]

从撒马尔罕发掘出的装饰有景教十字架和其他一些基督教标志的骨罐的考古年代可前溯至7世纪或更早，而景教大主教对于这一地区的职权至迟在8世纪早期便已确立[2]。正如10世纪的伊本·豪卡尔(Muhammad Abū'l-Qāsim Ibn Hawqal)[3]和13世纪的马可·波罗(Marco Polo)所证实的那样，景教势力曾在撒马尔罕延续了好几个世纪；后来直到15世纪才被中亚帖木儿帝国的乌鲁伯格(Ulugh Beg，1394—1449)[4]实施的宗教迫害所破坏[5]。事实表明，这些粟特语(Sogdian)基督教文献的作者和读者们可能说突厥语(Turkic language)。在修道院时代的末期，突厥语可能已成为日常生活中使用的主要语言，尽管粟特语跻身叙利亚语之侧作为文学和宗教仪式用语还保留有一席之地。关于中国新疆的基督徒在进行宗教仪式时肯定曾使用中古波斯语的观点还不能令人信服地证明。有证据显示，在吐鲁番的布拉依克发现了用巴列维(Pahlavi)文字书写的《诗篇》。粟特基督徒使用中古波斯语词 *Paywāg* 作为回答牧师祈祷文的专门术语。欧拉夫·汉森(Olaf Hansen)曾反复强调吐鲁番地区布拉依克的宗教团体的波斯背景[6]，在粟特语中的其他一些中古波斯语借词中表现得更为鲜明，甚至包括"基督徒"这个词本身：*trs'q*"敬畏(上帝)者"，即唐代《大秦景教流行中国碑》所

---

[1] MINGANA, A., 1925, pp. 302 - 305.

[2] SIMS-WILLIAMS, N., 1992b, pp. 43 - 61.

[3] 伊本·豪卡尔是10世纪阿拉伯地理学家、旅行家、探险家、地图绘制师，他用了30年的时间到亚洲和非洲遥远的地方旅行(943—969)。豪卡尔发展了巴奇(Abu Zayd Ahmad Ibn Sal al-Balkhi)的学说，豪卡尔的著名著作是写于977年的《地球的面貌》(Surat al-Ardh [صوره الارض])，该著作收录了一幅圆形世界地图。豪卡尔世界地图被许多伊斯兰绘图师仿绘，至今仍可见到数幅不同种类的传抄本。这些传抄本很相似，从中可以看出早期伊斯兰世界地图的特点，即以南为上方，这是因为穆斯林以伊斯兰教圣地麦加为中心坐标使然。14世纪以前伊斯兰世界地图普遍具有三个共同特点：一是模式化，不同时期的地图看上去彼此相似；二是概念化，缺乏详细的地理信息；三是抽象化，大陆图形都是用直线或者平滑的曲线绘成，不太讲究地域轮廓的准确性。然而，有一位伊斯兰地理学家却与众不同，他绘制的地图突破了早期伊斯兰地图学的传统模式。这位伊斯兰地理学家就是12世纪著名学者伊德里希(Al-Idrisi)。

[4] 乌鲁伯格是帖木儿帝国的一位统治者，中世纪伊斯兰学者、天文学家，中亚帖木儿帝国的创立者帖木儿的孙子。1394年3月22日生，1409年由其父任命为帝国都城撒马尔罕城的统治者，他在生命的最后两年登帝位，1449年10月27日为其子所杀。

[5] SIMS-WILLIAMS, N., 2002.

[6] HANSEN, 1966, pp. 95 - 102.

见的“达娑”,也记作“迭屑”,是袭用波斯人对基督教徒的称呼。众所周知,伊朗的景教教会在被允许的有限范围内使用中古波斯语从事文学写作和主持宗教仪式[1]。由此看来,在布拉依克发现的巴列维文的《诗篇》是伊朗的教会对此地施加影响的结果;在粟特语上升到教会用语的地位以前,吐鲁番绿洲上的基督教会最初曾将中古波斯语作为当地土语在宗教仪式中使用。

大约在公元1009年,木鹿城大主教阿布迪绍(Abdishō)写信给景教总主教约翰,告诉他大约20万突厥语人群和蒙古人已改奉基督教,并向他请教大斋期间他们应该食用何种食物,因为他们国家中找不到合适的斋食。[2]

在敦煌千佛洞出土的一批9至10世纪的文献表明,曾有另一个可能使用粟特语和突厥语双语的基督教团体存在。正是在那里,几件汉语基督教文本也得以面世[3]。在敦煌没有发现回鹘语基督教文献,唯一可确认的粟特语基督教文献是一件样式普通的文本的残卷,大概是圣言书之类的文本[4]。但几份出土于敦煌的世俗文书不仅由基督徒所写,而且也提到了基督徒,包括牧师和修道士。其中之一是一位名为萨尔吉斯(Sargis < Sergius)的牧师的信,他在附言中嘱托一位带有回鹘语姓名的朋友伊尔·巴尔斯(El Bars)照顾修道士大卫(David)。信的内容主要有关商业事务,这位牧师表现得十分积极,而且尽力遵循粟特人的传统行为方式[5]。与七河地区和吐鲁番文献相比[6],敦煌文献使我们更清楚地看到粟特基督徒不断被周围的回鹘人同化并最终融合于其中的过程。几个世纪之后,当马可·波罗提到敦煌地区的操回鹘语的景教徒时,他所指的人们中可能也包括了这些粟特语文献中所记的基督徒的后代。[7]

一、成吉思汗及其家族对景教的态度

成吉思汗倡导的宗教宽容、吸收异族文化等政策在一定程度上缓解了社会矛盾,对蒙古贵族得天下和治天下都起了不小的作用。成吉思汗及其子孙实行宽容的宗教政

---

[1] BAUMSTARK, 1922, pp. 105, 114 - 115, 131, 206 - 207, 215.

[2] MINGANA, A., 1925, pp. 302 - 310.

[3] MOULE, A. C., 1930, pp. 52 - 64.

[4] LE COQ, 1909, pp. 1205 - 1208, pl. XIII - XIV.

BANG, W., 1926, pp. 53 - 64. 5 Tafeln.

ZIEME, P., 1977, pp. 271 - 272.

[5] DTS,文本 F(pp. 51 - 61, pl. 11 - 12)。

[6] 牛汝极等,2006a,第277—283页。

[7] SIMS-WILLIAMS, N., 1992b, pp. 43 - 61.

策，这有利于民众的团结和政权的稳定。色目人是元朝的第二等级，他们中的大部分人信奉伊斯兰教。在中央和地方政府中，元朝都依靠色目人进行统治，而且依靠他们管理中央和地方的财政，包括经商。实行宽容的宗教政策，自然就有利于团结色目人。信仰萨满教的成吉思汗不仅容忍景教的存在，而且对其他宗教同样给以礼遇。直到1368年元亡为止，蒙古汗廷对各种宗教采取兼容并蓄的政策，佛教、道教、景教、伊斯兰教等都可以自由传教，僧人、道士、伊斯兰教"答失蛮"，也里可温大师同样享受免除赋役的特权。因此，在那时，各种宗教相互交流，各民族文化相互冲击、融合，构成了多元化的宗教景观。忽必烈尊八思巴（Phags-pa）为帝师，从他开始，元朝皇室信奉藏传佛教，这对于西藏纳入中国版图起了重大的作用。元朝皇室一直执行成吉思汗宗教自由的政策，这对中华民族的统一起了重大的作用。

前已述及，成吉思汗统一蒙古诸部以后，汗廷有着很浓的景教气氛。成吉思汗与信仰景教的克列、汪古两部族联姻，推动景教在皇族贵戚间传播。景教名人马薛里吉思的外祖父撒必因为治愈了拖雷的疾病，成为成吉思汗御医。

拖雷的几个妻子中，景教徒唆鲁和帖尼的年纪最长，最早嫁给拖雷，也最受宠。她为拖雷生下蒙哥、忽必烈、旭烈兀、阿里不哥四子，其中蒙哥成为蒙古帝国大汗，忽必烈建立元朝，旭烈兀成为伊儿汗国皇帝（其妃托苦思可敦也是基督徒），阿里不哥曾与忽必烈争位，一度称大汗近四年。这四人能登上权力高峰，既因父亲拖雷受成吉思汗信任，也离不开景教徒母亲的助力 。

元太宗窝阔台（Ögedäi）继位后，对景教等亦实行怀柔政策。他的妻子脱列哥那（Toragana）就是景教徒，并参与朝政。元定宗贵由（Güyüg）登基时，景教徒亚美尼亚国王海屯（Haitun）派其弟仙伯赴和林道贺。虽然反对蒙哥汗的人中有景教徒镇海（Cinqai）和夸达克（Qadaq），但蒙哥汗却并不因此鄙弃景教，他所重用的近臣博剌海（Bolghai）也是景教徒。这种态度一脉相承，为整个元朝统治者所保持。贵由受教于基督教徒合答，又受到大臣基督教徒镇海的影响，因此他重视基督教，对其他宗教不免歧视。基督教的僧侣与医士从叙利亚、希腊、巴格达和俄罗斯汇合到他这里来，贵由授予合答与镇海处理一切政务的权力，基督徒从而利用其权力排斥伊斯兰等其他宗教〔1〕。

出于管理宗教事务的需要，元朝设立宣政院管理佛教事务，又设立集贤院专管道教。至元二十九年（1289），忽必烈设立崇福司管理也里可温事务。忽必烈执政期间，

〔1〕 BARTHOLD, W., 1968, p. 477；张锡彤、张广达译，2007，第546页。

景教在甘州、宁夏、天德、西安、大都等地都设有主教区，其主教驻地“掌教司”数目达 72 所之多，反映了元代景教的繁荣。

从 13 世纪欧洲人的游记和中国史书的相关记载中，可知元代景教的兴盛情形。据《马可·波罗游记》所述，由喀什以东直至北京，沿路随处都有景教信徒，教堂遍布中国各地，如蒙古，甘肃，山西，云南，河北之河间，福建之福州，浙江之杭州，江苏之常熟、扬州、镇江等处〔1〕。

中亚七河地区景教徒墓志铭存在的时间与蒙古帝国雄霸中亚时期基本相符。最早的墓碑立于 1200/1201 年，稍早于成吉思汗成为蒙古可汗的时间（1206）。1130—1140 年，哈剌契丹占领了七河乌孙地区和塔里木盆地。1211—1218 年，此地的统治权被乃蛮王子屈出律夺取，但他随后即被蒙古帝国打败。在成为蒙古可汗的二十年中，成吉思汗先后征服了柯尔克孜、畏吾儿、哈剌契丹以及花剌子模。1227 年，成吉思汗去世，蒙古帝国由其后代分别统治。其子察合台获封察合台汗国，统治区域包括马瓦拉地区（Mawara'un-nahr，史书中多称为“河中地区”[Transoxania]〔2〕）、七河地区和塔里木盆地。哈剌契丹和屈出律曾定都上京，即历史上的巴拉萨衮（Balasaghum），察合台汗王则定都阿力麻里。1244 年，察合台去世，汗国越来越不稳定，14 世纪初分裂为东西两部分，西部称为“马维兰纳儿”，东部称为“蒙兀儿斯坦”。

察合台汗国的可汗中，第一个改宗伊斯兰教的是答儿麻失里（Tarmashirin，1331—1334 在位），他继任之后的政策反映出相应的变化，察合台汗国的伊斯兰化逐渐加深。中亚七河发现的景教墓石资料中，最晚的一块碑石年代为 1344/1345 年。在此之后不到二十年，即 1363 年，帖木儿推翻了察合台汗国最后一个可汗图黑鲁·帖木儿的统

〔1〕 朱谦之，1993，第 175—183 页。

NIU RUJI, 2010, p. 17.

〔2〕 汉语“河中”，波斯语称 Farârud（فرارود），阿拉伯语称 Ma Wara'un-Nahr（ما وراء النهر），指中亚锡尔河（Syr Darya，来自波斯语سیردریا，古希腊语称 Jaxartes 或 Yaxartes）和阿姆河（Amu Darya，来自波斯语آمودریا，希腊语和拉丁语称 Oxus，阿拉伯语称 Jayhoun[جيحون]）流域以及泽拉夫尚河流域，包括今乌兹别克斯坦、塔吉克斯坦、吉尔吉斯斯坦南部和哈萨克斯坦西南部的广大地区。中国古代称“河中”，近代称之为“河中地区”，现代称之为“中亚河中地区”。河中在汉朝以前为匈奴之地。汉朝时期被大宛（在今费尔干纳盆地）所辖。大约到 440 年时，嚈哒匈奴占领了河中索格底亚那（撒马尔罕），之后又被突厥占领。唐朝平息安史之乱后，在此区域设置河中府。840 年漠北回鹘汗国覆灭后，西迁西域的回鹘人控制包括天山南部、河中等广大地区。10 世纪，由波斯萨曼王朝（布哈拉为首都）统治。喀喇汗王朝阿尔斯兰·伊列克·纳斯尔于 999 年 10 月 23 日进入布哈拉，监禁了马立克，吞并河中地区。1032 年，喀喇汗王朝的贝里特勤（桃花石汗）占据河中。12 世纪 20 年代契丹辽朝皇族耶律大石率众西迁，征服喀喇汗王朝后建立西辽，河中地区为西辽附属国花剌子模领地。蒙古扩张后，占据了河中地区。元朝在撒马尔罕设阿姆河行中书省，管辖河中地区，成吉思汗死后河中属于察合台汗国西部。元朝末年察合台汗国分裂为东、西两部，西部以撒马尔罕为中心，统治河中地区。

治，开始军事扩张，这一行动给景教带来了致命的打击。

二、有关中亚景教徒的历史记录

我们对中亚叙利亚基督教的了解大体基于以下资料：一是描述景教和叙利亚东方教会的叙利亚语和阿拉伯语文献；二是穆斯林地理学家和历史学家的著作；三是与中亚基督徒有过接触的旅行者的报告；四是在中国新疆发现的叙利亚语、粟特语，以及回鹘语文献；五是考古文物发现；六是中亚基督徒留下的叙利亚文墓碑铭文。中亚叙利亚语基督徒墓碑资料的主要来源地有两处，其一是七河流域，尤其是楚河流域，即今天的吉尔吉斯斯坦，其二是新疆霍城县的阿力麻里古城及其附近。

七河曾是哈剌契丹政府的中心，也曾是察合台汗国的重要组成部分。该地区人口很可能由各部落混合组成，包括畏吾儿和喀喇汗人（Qarahandid）。威廉·鲁布鲁克（William of Rubruck）十分详细地提到居住此地的居民是畏吾儿基督徒，此外，还有乃蛮（Nayman）、克烈和蔑儿乞（Merkit）等。他在 Karakhata 也遇到他们，并且注意到那里乃蛮的可汗是景教徒；萨图克（Sartach）皇帝"身边有许多景教神父，弹奏乐器，歌功颂德"；"回鹘人中的景教徒在礼拜仪式中使用回鹘人的语言，并用其文字著书；在他们所有的城中都有景教徒与他们混居"[1]。此外，有一方发掘的墓碑，其墓主的身份是畏吾儿牧师[2]。因此，可以初步推断楚河流域墓地所葬大部分为突厥语部族的信徒。

七河地区当时为宗教的过渡地带，马瓦拉南临穆斯林，东接中国佛教地，北有传统中亚萨满教的追随者。这些宗教和基督教一起共同促成了此地的多元宗教状态。早在8世纪，基督教已在此地出现，布哈拉墓地附近的 Aq-Beshim（中世纪 Suyab）发掘出土的两所教堂为此提供了依据[3]。根据这些考古发现，埃里克桑达·内马克（Aleksandr Naymark）推断：虽然随着中亚穆斯林占据统治地位，中世纪马瓦拉地区的基督教逐渐衰落，但是喀喇汗统治下的七河地区，基督教繁荣依旧，事实上，其势力随后向南发展，重新影响了马瓦拉地区。[4]

信奉萨满教和佛教的哈剌契丹从穆斯林手中夺取七河和塔里木盆地后，佛教和景

---

〔1〕 NIU RUJI, 2010, pp. 12 – 19.

〔2〕 ROCKHILL, W. W. (trans. and ed.), 1900.

〔3〕 HAMBIS, LOUIS, 1961a, pp. 124 – 138.

〔4〕 Aleksandr Naymark, "Christians in the Qarakhanid Khanate" (unpublished paper), 2004. 转引自 DICKENS, MARK, 2009, p. 20。

教经历了一场复兴。1211 年,屈出律推翻哈剌契丹可汗耶律直鲁吉的统治后,这两种宗教得到了进一步巩固。屈出律出生景教之家,后改宗伊斯兰教。1218 年,屈出律被成吉思汗打败,但此地基督教的待遇依然不变,因为当时在蒙古人中信奉基督教是非常受欢迎的。

13—14 世纪中亚旅行者的记录为我们了解当时基督教在中亚和中国的地位提供了重要信息,但有关七河地区景教情况的记载非常有限。已知最早的描述出自丘处机笔下。1219 年,丘处机带领弟子穿过中亚拜谒成吉思汗。经过轮台(今位于塔里木盆地北部边缘巴音郭楞蒙古自治州轮台县)时,丘处机提到"中亚基督教头目 *Tarsa*[1] 接见了我们"[2]。然而,1246 年方济各会(Franciscan)会士约翰·柏朗嘉宾(John of Plano Carpini)经过此地时,对"这片黑色契丹土地"上的基督教徒只字未提[3]。

1253 年,威廉·鲁布鲁克穿越中亚到大都(Khan-baliq)觐见蒙哥可汗。关于畏吾儿人,他说"所有城市均由景教徒和撒拉逊人(Saracens)共同组成……我曾碰见一个人,手上用墨汁刻了一个十字架(文身),他回答所有问题的方式都像一个基督徒,我推断他就是一个基督徒"。鲁布鲁克提到,当进入 Qayaliq 镇附近的一个正在修建的教堂时,他发现里面几乎全部都是景教徒,并用突厥语唱起"我们许久未曾见过教堂"的歌曲[4]。1275 年,马可·波罗经过中亚时,曾提到撒马尔罕、喀什、叶尔羌、喀喇火者(吐鲁番附近),以及赤斤塔拉思(Chinghintalas,今新疆巴里坤)等地的基督徒[5]。因为他未走丝绸之路的北线(鲁布鲁克途经北线),故未谈及七河地区的基督教情况。[6]

1280 年,汪古部人拉班·扫马(Rabban Sauma)和马科斯(Marqos)[7]穿过中亚前往耶路撒冷。他们走的同是丝绸之路的南线,却并未提到喀什有基督徒。约 50 年后,1328 年,方济各会会士鄂多立克(Odoric of Pordenone)从大都返回欧洲,甚至连拉班·

〔1〕 "基督徒"这个名称,在巴列维语中被称为 *tarsāg*,在新波斯语中被称为 *tarsā*,来自动词 *tarsidān*"恐惧"。参见 DICKENS, MARK, 2009, p. 25。

〔2〕 MOULE, A. C., 1930, pp. 216 - 218.

〔3〕 DAWSON, CHRISTOPHER (ed.), 1980, p. 59.

〔4〕 JACKSON, PETER (tr.), 1990, pp. 150, 163.

〔5〕 LATHAM, RONALD (tr.), 1958, pp. 80 - 82, 88 - 89.

MOULE, A. C., 1930, p. 131.

〔6〕 DICKENS, MARK, 2009, p. 25.

〔7〕 尽管 Bar Hebraeus(参见: Jean-Baptiste Abbeloos and Thomas Joseph Lamy[ed. & trans.], 1877, *Gregorii Barhebraei Chronicon Ecclesiasticum*, Vol. m. Leuven: Peeters & Paris: J.-P. Maisonneuve. pp. 451 - 454)和 E. A. W. Budge(参见: BUDGE, E. A. W., 1932, p. 493)都认为他们是畏吾儿人,但最近 Pier Giorgio Borbone(参见 BORBONE, PIER GIORGIO, 2005, pp. 5 - 20)的研究显示,他们二人应该属汪古部人。

扫马和马科斯盛赞信仰坚定的西夏（Tangut）基督徒都未提及，更不用说其他地区的基督徒了[1]。此时，天主教在此地已经出现，1320 年，一位主教被派遣到阿力麻里任职。1329 年，托马斯·曼卡索拉（Thomas of Mancasola）被任命为撒马尔罕的主教，在 1340 年前不久，花剌子模的乌根其（Urgench）继任为第三任主教。这种对基督教的开放性得益于察合台汗笃哇的幼子、察合台汗国第十五代大汗燕只吉台（Eljigidei，1327—1330 在位）。然而他的兄弟答儿麻失里 1331 年继位后改宗伊斯兰教，导致基督教衰落。[2]

1332—1333 年，穿过中亚的穆斯林旅行者伊本·白图泰（Ibn Battuta，1304—1377）在 Nakhshab（今乌兹别克斯坦的 Qarshi）附近的答儿麻失里法庭待了两个月，但并未提到当地的基督徒。不久瘟疫席卷此地，故七河地区，尤其是楚河流域发现了大量立于 1338—1339 年间的景教徒墓碑[3]。大约在 1347 至 1351 年间，瘟疫扩散到欧洲。叙利亚文铭文中注有“死于鼠疫”字样，因为来不及为每个死者准备墓石，于是出现了一块墓石上简单地刻上三个人姓名的现象[4]，这为我们了解阿力麻里基督教的没落，以及察合台汗国的衰亡等提供了一些证据。1339 年，阿力麻里的七位天主教信徒殉教，其中包括主教理查德·伯甘地（Richard of Burgundy）。一年之后，在前往汗八里（北京）的路上，约翰·马黎诺里（John of Marignolli）曾在阿力麻里停留，获悉了前一年的殉教事件，就“建立了一个教堂，买了一块地，挖了井，唱着弥撒曲，给一些人施行浸礼，自由公开地布道”[5]。尽管这一记述可能是真实的，但是，在此地已经存有六个世纪之久并已经内化的基督教，开始被伊斯兰教替代并处于消亡的边缘，比如，七河地区的一件叙利亚文景教徒墓碑铭文提到，“这三人死于穆斯林之手”（*bu üčägü musulmänliktä öldi*）[6]。

七河地区发现的叙利亚文景教碑铭中既未提到主教，也未提过大主教，因此，我们无法得知这些基督徒属于哪个教区或省份管辖。根据各种中世纪叙利亚语和基督教-

---

〔1〕 RACHEWILTZ, I., 1971, pp. 184 – 185.

〔2〕 DICKENS, MARK, 2009, pp. 25 – 26.

〔3〕 CHWOLSON, D., 1890, pp. 85 – 91.
CHWOLSON, D., 1897, pp. 33 – 38.

〔4〕 HALÉVY, J., 1890, p. 292.

〔5〕 YULE, Sir H., 1913 – 1916, p. 212.
MOULE, A. C., 1930, pp. 255 – 256.
DICKENS, MARK, 2009, p. 26.

〔6〕 HALÉVY, J., 1890, p. 294.
DŽUMAGULOV, C., 1971, pp. 137 – 138.

阿拉伯语文献中提供的管辖各城市教会的大主教清单，我们对当时中亚景教的组织分布有初步的了解。然而，教区具体的组织管辖情况如何，我们仍然一无所知。描述中亚主教的资料十分匮乏，仅有一例证据是“哈密的约翰主教”，这被认为是哈密的约翰主教曾出席1265年新疆哈密地区的主教受任典礼。途经此地的欧洲旅行者从未提及曾在此地遇见过主教或大主教。

许多作家在作品中描述了中亚景教的大主教教区，包括艾利亚斯·尧哈里·达马库斯（Elias Jauhari of Damascus，893年）、伊本·塔伊博（Ibn at-Tayyib，1043年）、阿布迪索·巴·白里卡（Abdisho bar Berikha，1316年）和埃米尔·伊本·马太（Amr ibn Mattai，1350年）[1]。无一例外，所有作家都提到了撒马尔罕[2]。埃米尔还列举了大都、Al-falig（可能是Al-malig“阿力麻里”之误）、喀什，以及Navekath等地。可惜，我们对这些大主教教区的确切起止日期无从知晓。[3]

撒马尔罕是中亚最古老、最稳定的大主教教区。该地距离伊塞克湖西北部有相当距离，因此众多的宗教权威人士很有可能仅涉足费尔干纳盆地之内的区域，对此，迄今发现的墓碑并未给我们提供任何信息。但鉴于二者同在丝绸之路上，我们可以推断，撒马尔罕与楚河流域的基督徒有一定接触。当时，撒马尔罕仍是景教的重要中心。马可·波罗描述称“城内建有一座巨大的教堂，用来纪念施洗者约翰”。此外，他还提到，忽必烈曾任命景教徒马薛里吉斯为中国东部镇江的总督，据说此人来自撒马尔罕。《雅巴拉哈大主教叙利亚历史》一书中提到，在1281年，撒马尔罕主教马·雅各布（Mar Jacob）曾出席操突厥语的僧人马科斯就任雅巴拉哈三世主教的典礼。[4]

喀什位于天山脚下，距离伊塞克湖西侧500公里，此地拥有大主教的时间远远晚于撒马尔罕地区。根据埃米尔·伊本·马太1350年的记录，大主教埃利耶三世（1176—1190在位）先后派遣约翰（John）和萨布里索（Sabhrisho）两位主教来到喀什。一个世纪后的1280年，信徒拉班·扫马和马科斯经过喀什时，此城正值混战，逐渐走向衰落。埃米尔还提及喀什和Navekath（今吉尔吉斯斯坦的Krasnaya Rechka）共为一个教区。喀

[1] SACHAU, E., 1919, pp. 21 – 22.

[2] COLLESS, BRIAN E., 1986, pp. 51 – 57.

[3] HAGE, WOLFGANG, 1988, pp. 22 – 25.
KLEIN, WASSILIOS, 2000, pp. 250 – 255.
DICKENS, MARK, 2009, p. 22.

[4] COLLESS, BRIAN E., 1986.
DICKENS, MARK, 2009, p. 22.

什与楚河流域的 Navekath 相连，相比之下，Navekath 离察合台汗国的首都阿力麻里更近一些。如果上述记载属实，楚河流域的基督徒很可能属于这一教区，西临撒马尔罕，东接阿力麻里。然而，在距离两个区域如此之近的楚河流域，我们并未发现其他证据。如果一个教区没有景教主教的墓碑，大主教的墓碑就更无从谈起了。[1]

在楚河流域发掘的景教徒墓志铭为我们了解伊塞克湖附近的基督教社区提供了大量信息。托克马克南部的布哈拉墓地是所发掘墓地中较小的一个，因为当时布哈拉的穆斯林信徒较多。比什凯克附近的 Karajigach 墓地相对较大。这可以证实：当时附近有一座叫塔什干的基督小镇。所有碑文中仅提到了一位主教，是亚美尼亚人。碑文中提到的最高的景教职位是副主教，据此推断，此地由他管辖。另一个要考察的教区是察合台汗国的首府阿力麻里，位于伊塞克湖东北部 650 公里。阿力麻里墓碑的发掘以及统治者之一可能为大主教的事实说明此地是重要的基督教中心，但我们尚无此地有大主教的确切证据。墓碑上的铭文显示：有好几位阿力麻里的基督徒和至少一位喀什的基督徒被共同葬于楚河流域的两处墓地。这表明两个城市的基督徒之间有一定联系。最后，我们无法确定楚河流域这两个墓地埋葬的基督徒分属哪一教区。[2]

三、中亚七河地区景教徒墓志铭的发现

1885 年秋天，常驻七河地区的俄国人博雅阔夫（Poyarkov）博士，在托克马克（Tokmak）南部的布拉纳（Burana，其附近有中世纪的巴拉萨衮故城）村庄附近，偶然发现了一些石刻，刻有文字和十字图案。不久后，为沙俄政府执行测绘任务的雇员安德烈夫（Andreev），在楚河边的比什拜克（Pishpek，今吉尔吉斯斯坦首都比什凯克）镇附近的卡拉吉迦齐（Karajigach，它位于古代被称为 Tarsakent[3] 的基督教小镇的附近）为农民测量分配土地时，也意外地发现了带有十字架和文字的石刻。这两次发现的消息很快就传到在七河地区执行特别任务的沙俄军政首长潘图索夫（N. N. Pantusov）的耳朵里。他雇佣比什拜克博学的市政园林主任费提索夫（Fetisov）一起在比什拜克发现地点挖掘。[4]此外，在 Navekath（今吉尔吉斯斯坦的 Krasnaya Rechka）也发现有少量景教墓石。他们在托克马克、比什拜克和 Navekath 三处墓地发掘出超过 630 块（大约 568

〔1〕 DICKENS, MARK, 2009, p. 23.

〔2〕 DICKENS, MARK, 2009, p. 24.

〔3〕 *Tarsakent* 一词意为“基督徒小镇”，参见 KLEIN, WASSILIOS, 2000, pp. 132 - 136。

〔4〕 THACKER, T. W., 1967, pp. 94 - 106.

块刻有题记）形制大致相同的墓石。这些墓碑铭文图片和拓片被陆续送交圣彼得堡著名的犹太学家丹尼尔·施沃尔森（D. Chwolson）研究分析，他最终确定碑文的文字为古典叙利亚文福音体（*Esṭrangelā* ܐܣܛܪܢܓܠܐ），其语言为中世纪叙利亚语，而其中还有相当一部分铭文的语言是中世纪回鹘语。

此后，施沃尔森用德文和俄文发表了第一篇研究报告，又出版了几本专著，其中涉及 568 件墓碑（包括第一篇报告中的墓碑在内）。大部分墓碑都标有日期，采用的是叙利亚基督徒使用的希腊历，即塞琉西纪年法，碑铭中还同时使用汉语-突厥语十二生肖纪年法。根据两块墓石模糊的碑文，可以确定所有墓碑可以断代在下面两个年份之间，即公元 1200/1201 年（也可能是 1185/1186，因为有两个墓碑上的字迹难以辨认）与 1344/1345 年之间。尽管除一件外，其他碑文均为叙利亚文，但这些墓碑铭文并非全部使用叙利亚语。施沃尔森所刊布的墓碑铭文中有大约 30 件全部或部分采用回鹘语，说明当地居民的口语用回鹘语。此外，碑文的叙利亚文字既有横写，也有直书，采用的古体形式反映出回鹘文的影响，因为当时中亚部分地区仍在使用回鹘文。

通过分析碑文可知，墓碑主人是景教基督徒。这些人大部分为操突厥语民族，多辞世于 13 至 14 世纪之间。此外，这些逝者大部分为牧师，根据施沃尔森的计算，300 个男性中有 120 人曾在教会中担任一定职位。

同时，1900 至 1902 年间，在中国新疆阿力麻里故城的一个墓地也出土了 21 件同样的墓石。1904 年秋季这些墓石由沙俄驻伊宁的领事送到在圣彼得堡的沙俄皇家科学院亚洲博物馆。这些墓碑以及随后数年间在楚河流域出土的墓碑先后被送往圣彼得堡的佩瓦尔·科科夫佐夫（Pavel Kokovtsov）教授处，经他研究后陆续发表[1]。然而不久，这种火热的墓地考古发掘工作就中止了，之后的发现多属偶然。部分墓碑藏于圣彼得堡的艾尔米塔什博物馆，或散布于俄国（或苏联）的各大博物馆和大学中，也有一部分由英国、芬兰和法国的博物馆或一些私人收藏家收藏[2]。不幸的是，1939 年，阿拉木图博物馆发生了一场火灾，藏于馆内的楚河流域出土的将近 500 件景教徒墓石被大火毁坏[3]。

---

〔1〕 KOKOWZOFF, P., 1905, pp. 190 – 200.
KOKOWZOFF, P., 1907, pp. 427 – 458.
KOKOWZOFF, P., 1909, pp. 773 – 796.
〔2〕 THACKER, T. W., 1967, pp. 94 – 106.
HALÉVY, J., 1890.
NAU, F., 1913, pp. 1 – 35, 325 – 327.
DESREUMAUX, A., 2000, pp. 58 – 73.
〔3〕 KLEIN, WASSILIOS, 2000, pp. 156 – 157.

19 世纪末 20 世纪初对七河地区发现的景教徒墓碑的研究热潮过后,学界对碑文研究的热情逐渐消退。20 世纪 50 年代以来,此项研究有复兴之势,相继涌现了大量研究成果,内容涉及碑文的若干方面,比如铭文中的文字系统[1]、回鹘语言[2]、人名[3]和纪年系统[4]等,或对研究资料进行整理,或对新发现的墓碑进行研究,当然也包括在施沃尔森、科科夫佐夫和斯鲁斯基(S. S. Slutskiy)[5]研究基础之上的再研究。佐伯好郎(Y. Saeki)[6]、柴丁·朱玛格洛夫(Chetin Džumagulov)[7]和瓦西里奥斯·克莱恩(Wassilios Klein)[8]对此作出了较大的努力和贡献。

本书第一章已述及阿力麻里古城中叙利亚文景教墓石的发现情况,加上前面介绍的科科夫佐夫发表的 21 件阿力麻里叙利亚文景教墓石,共发现约 30 件。七河流域出土 630 余件叙利亚文景教墓石,其中至少有 7 件墓碑铭文注明墓主的籍贯为“阿力麻里”[9],说明七河地区的景教徒与阿力麻里有着密切联系。

四、七河地区叙利亚文景教徒墓志铭研究

据我们所知,中亚七河流域发现的叙利亚文景教碑铭主要保存在原阿拉木图的哈萨克斯坦博物馆、吉尔吉斯斯坦国家博物馆、乌兹别克斯坦国家历史博物馆、俄罗斯艾尔米塔什博物馆、法国卢浮宫(收藏编号：AO 28051, AO 28052)和法国吉美国立亚洲艺术博物馆(收藏编号：16599, 16600, 16601, 16602, 16606, 16608, 16609)、法国吉美国立亚洲艺术博物馆里昂分馆(收藏编号：16598, 16604, 16605, 16607, 16650,

---

〔1〕 KLEIN, WASSILIOS, 2002.
牛汝极,2005,第 48—55 页。

〔2〕 DŽUMAGULOV, C., 1968, pp. 470 - 480.

〔3〕 P. Kokowzoff 的“Quelques nouvelles pierres tombales de l'Asie Centrale”附有一个很长的七河地区墓碑人名索引,非常有学术和使用价值。

〔4〕 BAZIN, LOUIS, 1991, pp. 413 - 429.

〔5〕 SLUTSKIY, S. S., 1889, pp. 1 - 66.

〔6〕 佐伯好郎,1935。

〔7〕 DŽUMAGULOV, C., 1963 - 1987.
DŽUMAGULOV, C., 1968.
DŽUMAGULOV, C., 1971.

〔8〕 KLEIN, WASSILIOS (ed.), 1994, pp. 419 - 442.
KLEIN, WASSILIOS, 1996, p. 710.
KLEIN, WASSILIOS, 1995, pp. 121 - 130.
KLEIN, WASSILIOS, 1998, pp. 661 - 669.
KLEIN, WASSILIOS, 2000.

〔9〕 KOKOWZOFF, P., 1907, pp. 427 - 458.

16651, 16609)、英国大英博物馆(收藏编号: PS 352510)等处。

从语言上来看,13—14 世纪时,七河流域正处于从古突厥语到中世纪突厥语的转型期。自 9 世纪开始,回鹘语即为此地的主流用语,并在蒙古帝国时期成为官方语言,之后其重要性逐渐减弱。喀喇汗王朝官方语也经历了同样的命运,哈卡尼亚语发源于 11 世纪喀喇汗王朝,是最早的伊斯兰-回鹘书面语言。到帖木儿时期(发掘墓碑中年代最晚的就在其后不久),这两种语言逐渐被察合台语替代[1]。

在中亚七河流域发现的数百件叙利亚文景教墓石中普遍使用双重纪年体系: 即希腊历(亚历山大帝王纪年)和中国十二生肖纪年[2]。铭文中的桃花石纪年,即中国生肖纪年,与突厥语(生肖)纪年是一致的,这与回鹘等古代民族和中原历代王朝保持密切的政治、经济和文化联系不无关系[3]。在个别的铭文中出现了叙利亚纪年系统。大部分铭文都是叙利亚文记录的叙利亚语或者叙利亚语-回鹘语双语性质的。

毫无疑问,此地的基督徒使用叙利亚语作为主要的宗教语言,景教历史上一贯如此。但是在宗教场合之外,人们使用叙利亚语的情形如何就无从知晓了。墓碑上错误连连的叙利亚语铭文显示碑文撰写者的叙利亚语水平不高。但不能就此推断牧师和世俗信徒的叙利亚语水平也不高。德国波恩大学的瓦西里奥斯・克莱恩指出: 如果当时民众的叙利亚语水平不高,那自然就没有必要建造这些墓碑了[4];另外,"如果说叙利亚语是碑文的主要用语,这就意味着叙利亚语作为宗教用语具有重要的地位和作用"[5]。碑文上与职业相关的细节显示,当时既有初等教育学校,也有宗教培训学校。碑文的叙利亚语水平正好反映了当时学校缺乏地道的语言学习环境。绝大多数七河地区的景教徒墓碑铭文都比较简单,比如:

> "(希腊历)1623 年(公元 1311 年),猪年。可敬的长者神甫彼得之墓"(Chwolson, 1897, No. 66, p. 18)。
>
> "(希腊历)1613 年。蒙福的长者、神甫 Isaac 之墓。他为该城做出许多贡献"(Chwolson, 1897, No. 47, p. 14)。
>
> "(希腊历)1618 年,羊年。信徒 Jeremiah 之墓"(Chwolson, 1897, No. 57, p. 16)。

---

[1] 牛汝极,2003a,第 37—53 页。
牛汝极,1997,第 115—131 页。

[2] Niu Ruji, 2006b, pp. 209 - 242.

[3] 参见 James Hamilton et Niu Ruji, 1994。

[4] Klein, Wassilios, 2004, p. 136.

[5] Klein, Wassilios, 2001, p. 91.

根据墓碑上叙利亚文本中的一些回鹘语题字推断，回鹘语在宗教场合也有一定使用。吐鲁番发现的基督教写本证实了这点。此外，阿力麻里发掘的墓碑题字中，也有一些是回鹘语，因此可以推断，他们的母语应该是回鹘语。

为了认识中亚景教及其墓碑特征，下面列举几件中亚发现的墓碑及其铭文，一窥其貌。

墓碑 1

俄国人 N. N. Pantusov 于 1902 年在伊宁收集到一件阿里麻里出土的不规则景教徒墓石，墓石上阴刻有景教标志和叙利亚文叙利亚语，其中有十字架莲花座，在莲花座下面是带有拜火教特点的六层台基，十字架两侧各有一位中国人面孔的天使，在莲花座和六层台基的左边有 3 行叙利亚文，右侧有 2 行叙利亚文。该碑藏于俄罗斯艾尔米塔什博物馆中。叙利亚文部分科科夫佐夫较早做过研究，但没提供叙利亚文铭文的标音或转写[1]。（参见本书第三章阿力麻里墓碑 9）

原文模拟：

1. ܒܫܢܬ ܐܬܪܝܓ ܐܠܟܣܢܕ
2. ܪܘܣ ܥܢܕ ܘܢܦܩ ܡܢ ܥܠܡܐ
3. ܗܢܐ ܢܣܛܘܪܝܣ
4. ܡܦܫܩܢܐ ܐܟܣܓܝܣܛܐ
5. ܒܪ ܟܪܝܐ ܒܪ ܝܡܝܢܐ

图版 9－1：阿力麻里墓碑，现藏俄罗斯艾尔米塔什博物馆。

标音：

1. bšnt 'tryg 'lksnd
2. rws ʿnd wnpq mn ʿlm'
3. hn' nsṭwrys
4. mpšqn' 'ksgysṭ'
5. br kry' br ymyn'

〔1〕 KOKOWZOFF, P., 1907, pp. 409－413，图版 1。

翻译：

“亚历山大纪年 1613 年(即公元 1301 年/1302 年)，他们走了，远离了这个景教世界。他是(《圣经》)解说家，令人赞美的 Karia 之子”。

说明：

日本学者佐伯好郎曾于 20 世纪 30 年代在内蒙古石柱子梁发现残断的十字架莲花座和五级台基，其造型与这件阿里麻里发现者极为相似，反映了古代景教徒之间的联系和交流。

图版 9-2：内蒙古石柱子梁十字架莲花座残石，引自 P. Y. Saeki, *The Nestorian Documents and Relics in China*, Tokyo 1937, p. 427.

图版 9-3：七河地区墓碑，现藏大英博物馆，Carol Michaelson 博士寄给笔者的照片。

墓碑 2

大英博物馆藏有一件在中亚七河流域发现的叙利亚文景教墓碑，编号 PS 352510，铭文为叙利亚文叙利亚语，可断代为公元 1289 年[1]。笔者对该碑的释读如下[2]：

〔1〕 笔者很早就在一本介绍大英博物馆所藏早期基督教和拜占庭文物的英文著作中，见到了此碑铭的照片。不过图版质量不高，无法读清上面的叙利亚文题记。根据图片上的比例尺，我们可以估计它大约有 8.5 英寸高、6 英寸宽。2000 年 12 月 1 日到 11 日期间，笔者有幸应邀去伦敦亚非学院(SOAS)讲学，有机会去大英博物馆查看这件墓石。笔者专门拜访了当时大英博物馆古代东方部负责此项业务的 Dr. Carol Michaelson 女士，她告知博物馆正在进行维修，不能去库房查看。但她答应，不久后可以为笔者提供一张清晰的图版。很幸运，笔者于 2001 年 8 月 1 日在巴黎收到了她寄来的该墓石的照片。在这里，我要感谢 Carol Michaelson 博士给予的慷慨帮助和刊布该照片的许可！

〔2〕 笔者于 2009 年 6 月在奥地利萨尔斯堡大学举办的“第三届中国与中亚景教研究国际学术研讨会”上宣读了自己对此墓碑铭文的释读研究。

原文模拟：

ܒܫܢܬ ܐ. ܬ. ܪ. ܗܘܐ ܐܘܕ .1

ܗܢܘ ܩܒܪܗ .2

ܡܣܚܘܬ ܩܫܐ .3

标音：

1. bšnt 'tr hw' [bšnt] **'wd**
2. hnw qbrh
3. msḥwt qš'

翻译：

"［希腊历］1600 年（即公元 1289 年），牛年，这是牧师麦斯伍德（Meswut）之墓"。

墓碑 3

这件墓石现保存于塔什干乌兹别克斯坦国家历史博物馆内，施沃尔森曾于 1897 年研究并发表成果（第 5 号碑），鲍莫刊布照片并作了说明[1]，Mark Dickens 作了进一步研究[2]。该墓石可断代为 1261/1262 年。

图版 9－4：七河地区墓石，现藏塔什干乌兹别克斯坦国家历史博物馆，照片引自 Christoph Baumer，2006，p. 210。

〔1〕 BAUMER，CHRISTOPH，2008，p. 210.

〔2〕 DICKENS，MARK，2009，pp. 27－29.

原文模拟：

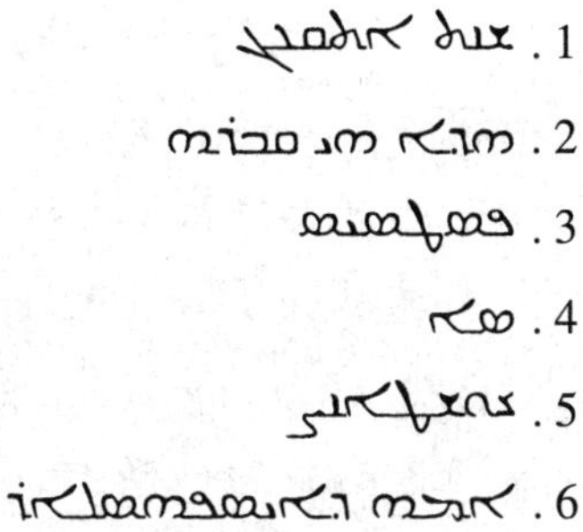

标音：

1. šnt ’tq‘g
2. hd’ hy qbrh
3. phtsys
4. s’
5. kwšṭ’nč
6. ’mh d’ysps sl’r

翻译：

“［希腊历］1573 年（即公元 1261/1262 年），这是女教师巴赫特西霞（Bahitsys-ša），一位将军母亲之墓”。

墓碑 4

此碑为灰色自然砾石，1958 年黄文弼在阿力麻里古城获得，目前大概藏于中国历史博物馆，黄文弼发表图版于《元阿力麻里古城考》，刊《考古》1963 年第 10 期，第 555—561 页，图版 3 之 1；另见《新疆考古发掘报告》（1957—1958），文物出版社，1983 年，图版 VIII 之 8。墓石尺寸不详。石面上阴刻 5 行叙利亚文叙利亚语，无十字架和莲花图案。牛汝极首次研究并刊布其研究成果[1]。（参见本书第三章阿力麻里墓碑 4）

〔1〕 NIU RUJI, 2006b, pp. 209 - 242.
牛汝极，2007b，第 74—80 页。
NIU RUJI, 2010, pp. 154 - 155.

图版 9－5：阿力麻里叙利亚文碑铭，照片由黄文弼先生发表于 1963 年。

原文模拟：

1. ܥܢܕ ܘܢܦܩ
2. ܡܢ ܥܠܡܐ ܗܢܐ
3. ܝܡܐܘܪ ܩܫܐ
4. ܩ ܒܫܢܬ ܐܬܪܢܕ
5. ܠܝܘܢ

标音：

1. ʿnd wnfq
2. mn ʿlmʾ hnʾ
3. ym'wr qš'
4. q bšnt 'trnd
5. lywn

翻译：

“依玛户尔（Imaɣur）牧师于希腊历 1654 年故去并离开此世”。

墓碑 5

此件叙利亚文景教碑铭文字保存较多，内容丰富，是七河地区发现的墓碑铭文中不多见的。此墓石是献给一位已故的《圣经》解说家的，并给予他较高评价。铭文为叙利亚文叙利亚语。该碑文最早由施沃尔森研究刊布[1]，根据铭文可断代为公元 1316 年。

原文模拟：

1. ܫܢܬ ܐܠܦ ܫܬܡܐ
2. ܥܣܪܝܢ ܫܒܥ ܗܘܐ ܫܢܬ
3. ܐܬܠܝܐ ܛܘܪܒܐܝܬ ܠܘܘ
4. ܗܢܘ ܩܒܪܗ ܫܠܝܚܐ ܡܦܫܘܢܐ
5. ܛܒܝܒܐ ܘܡܕܪܫܢܐ ܘܐܢܗܪ
6. ܠܒܠܗܝܢ ܕܝܪܬܐ ܒܢܗܪܐ
7. ܒܪܗ ܦܛܪܝܣ
8. ܡܦܣܘܢܐ
9. ܣܒܝܚܐ ܕܚܒܡܬܐ
10. ܙܡܪ ܩܠܗ ܐܝܟ ܫܦܘܪܐ
11. ܡܪܢ ܢܚܬ ܠܢܘܗܪܗ ܕܢܫܡܬܐ
12. ܥܡ ܟܐܢܐ ܘܐܒܗܬ
13. ܢܬܦܫܡ ܟܠ ܓܐܢܘܬܐ

图版 9－6：七河地区叙利亚文景教徒墓碑，照片引自 D. Chwolson, 1886, 图版 4。

标音：

1. šnt 'lp štm'
2. ʿsryn šbʿ hw' šnt
3. 'tly' ṭwrb'y't luu
4. hnw qbrh šlyḥ' mpšwn'
5. ṭabyb' wmdršn' w'nhr
6. lblhyn dyrt' bnhr'
7. brh ptrys
8. mpswn'
9. sbyḥ' dḥbmt'

〔1〕 CHWOLSON, D., 1886, pp. 14－15, Tafel 4.

10. rm qlh ’yk šbwr’
11. myg ḥylt lrwḥh nhyt’
12. ‘m b’n’ w’bht
13. ntsym bl g’wyt’

翻译：

“[希腊历]1672 年(即公元 1316 年),蚀年,突厥语纪年龙(luu)年,这是著名的(《圣经》)解说家和传道士并为所有修道院增添了光辉的施里哈(Sheliha)之墓。他是《圣经》解说家彼得(Peter)之子。他以其智慧而闻名。讲道时他声若洪钟。愿上帝把他智慧的灵魂与正直的人及其祖先们连在一起。愿他足以分享一切荣誉。”

碑铭 6

此碑来自阿力麻里墓地,由潘图索夫收集并被运送到圣彼得堡,最早由科科夫佐夫研究并于 1905 年刊布[1],后又有朱玛格洛夫发表研究成果[2]。该墓碑铭文的文字也是叙利亚文,但语言为完整地道的回鹘语,说明死者是回鹘语部族的景教徒女牧师。

图版 9－7：阿力麻里墓石,藏俄罗斯圣彼得堡艾尔米塔什博物馆,照片引自朱玛格洛夫,1963,图版 7。

原文模拟：

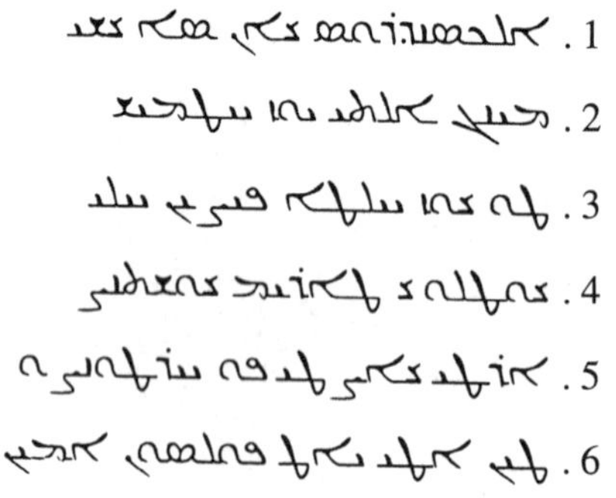

〔1〕 KOKOWZOFF, P., 1905, pp. 197－198, 可惜未附图版。

〔2〕 C. DŽUMAGULOV, *Epigrafika Kyrgyzy*, *I*, Akedemya Nauk kyrgyzskoe CCP, Frunze 1963, pp. 56－57,碑铭第 7 号。

标音：

1. 'lqsndrws k'n s'kyšy
2. myng 'lṭy ywz yytmyš
3. twkwz yylt' pyčyn yyl
4. kwtlwk t'rym kwštnč
5. 'rty k'čty pw yyrtwnčw
6. tyn 'ty y't pwlswn 'myn

翻译：

"亚历山大纪年 1679 年（即公元 1367/1368 年），猴年，这是福运的女牧师谭林（Tärim），她离开了这个世界，愿她英名永存。阿门！"

说明：

科科夫佐夫和朱玛格洛夫均未释读出第 3 行 *twkwz / toquz*"九"之后的 yyl / yïl"年"一词和第 5 行第 1 个词 *'rty / ärti*（系动词，多表示"是"）。

墓碑 7

这件七河地区发现的叙利亚文景教徒墓石，保留文字 10 行，内容较丰富，是七河地区发现的墓石中少见的一件，有较高的宗教学、历史学、语言学和文字学价值。这也是一件叙利亚文拼写回鹘语的铭文。最早研究者是科科夫佐夫[1]，牛汝极又作了进一步研究，其中有若干词语的释读与科科夫佐夫不同[2]。

图版 9－8：七河地区发现的叙利亚文景教徒墓石，照片引自 P. K. Kokovzoff，1909，N° 2，pp. 788－796，pl. 1。

原文模拟：

[illegible] . 1

〔1〕 KOKOWZOFF，P.，1909，N° 2，pp. 788－796，pl. 1.

〔2〕 NIU RUJI，2009，pp. 101－108.

2. ܐܘܟܠܝ ܐܠܟܣܢܕܪܘܣ ܟܐܢ ܣܐܟܝܫܝ

3. ܝܝܠ ܡܝܢܓ ܐܠܛܝ ܝܘܙ ܟܐܪܟ ܐܝܟܢܨ

4. ܝܝܠܢܕܐ ܛܫܪܝ ܚܪܝ ܢܝܢܓ ܛܘܟܘܙ ܐܘܬܘܙ

5. ܐܘܕܝܥܕܬܐ ܢܝܢܓ ܦܝܫܝܢܨ ܟܘܝܢ

6. ܦܘ ܝܘܫܡܕ ܥܠܝܡܐ ܡܝܫܝܚܐ ܢܝܢܓ

7. ܝܐܪܠܝܟܝܢ ܦܘܛܘܪܕܝ

8. ܝܡܝܐ ܐܘܩ ܝܝܠܝ ܢܝܢܓ ܛܐܒܓܐܨ ܣܐܟܝܫ

9. ܝܘܢܕ ܝܝܠ ܐܪܕܝ ܐܘܝܙܘܛ ܐܪܛܘܪܕܝ

10. ܝܐܕ ܦܘܠܣܘܢ ܐܡܝܢ

标音：

1. m’qydwny’ yq pylypws
2. ’wkly ’lksndrws k’n s’kyšy
3. yyl myng ’lṭy ywz k’rk ’yknč
4. yylnd’ ṭšry ḥry nyng ṭwkwz ’wtwz
5. ’wdyʿdt’ nyng pyšynč kwyn
6. pw ywšmd ʿlym’ myšyḥ’ nyng
7. y’rlykyn pwṭwrdy
8. ymy’ ’wq〔1〕 yyly nyng ṭ’bg’č〔2〕 s’kyš〔3〕
9. ywnd〔4〕 yyl ’rdy〔5〕 ’wyzwṭ ’rṭwrdy
10. y’d pwlswn ’myn

翻译：

“马其顿城菲利浦君王之子亚历山大帝王纪年 1640 年（即公元 1330 年）11 月 29

〔1〕 科科夫佐夫读作：*yämäyä* . . .
〔2〕 科科夫佐夫读作：*ṭonguz*，“猪”。
〔3〕 科科夫佐夫读作：*ärdi*，系词“是”。
〔4〕 科科夫佐夫读作：*qoy*，“山羊”。
〔5〕 科科夫佐夫读作：*yïlda*，“在…年”。

日,即祈祷日的第五天,这位年轻人于西麦德(Yušmed)完成了弥赛亚的使命。另外,据中国纪年,马年。愿他的灵魂得到安息,愿人们怀念他吧。阿门!”

总之,通过研究楚河流域发掘出土的若干墓碑可知:首先,七河地区的基督徒,他们的日常用语主要是中世纪回鹘语方言,如畏吾儿语,基督教团体在传教场合中主要使用叙利亚语,但叙利亚语并非当地主流语言。墓碑上的人名、头衔和专门术语显示此地受到多种语言的影响,包括叙利亚语、回鹘语、粟特语、波斯语、埃及语等。一些事实表明楚河流域的基督徒融合了回鹘文化和叙利亚文化,如铭文中有时出现叙利亚语、波斯语以及回鹘语名字并存的现象。

其次,当地家庭中普遍都有基督徒,信徒中除了有传教士,也有从事其他职业的,比如军官、教师等。居民区中某些人似乎与统治阶级关系密切。基于术语 qustanč / quštač 的广泛使用,可推断居民社区中有大量的女牧师,这可能暗示着教会对年轻女性接受教育比较重视。如果是这样的话,这与回鹘社会对待女性的价值观一致,与其他穆斯林国家相比,回鹘部族传统上对女性给予较高的地位。

再次,元代中亚七河地区的基督教与中国内地保持着密切的联系。阿力麻里地区作为察合台汗国的首府本身就与中亚七河地区构成一个相连的整体,同时,内蒙古和福建泉州出土的大量叙利亚文景教墓志铭的铭文,也与中亚七河地区的铭文有许多共同之处,反映了彼此的联系和互动。

最后,中亚七河地区出土的叙利亚文景教碑铭文献为世界基督教发展史、宗教演变史以及中西文化交流史的研究提供了十分丰富而宝贵的资料。七河流域发现的碑文资料对重建此地基督教历史有极高的学术价值,值得我们充分挖掘和利用。

附录一 History Is a Mirror

—— On the Spread of the Church of the East in China from the Newly Discovered Bronze Mirror with Cross-Lotus and Syriac Inscriptions

By Niu Ruji

The Church of the East is one of the Eastern sects of early Christianity, believing that Christ is the combination of immortality and mortality, and that the Virgin Mary only gave birth to the body of Jesus, but not his immortality. This leads to the question whether she could be named "God's Mother". For that very reason, the Church of the East was regarded as heresy and suffered persecution.

The Church of the East was introduced into the Western Regions (Serindia) of China in about the sixth century[1], and then into the heartland of China at latest in the seventh century, where it gained great popularity in the Tang and Yuan Dynasties. Its Chinese name "Jing"景 was given because scholars at the time understood the character "Jing"景 as meaning "brightness". According to the Xi'an Stele , "It contains permanent truth, and no name can match it, but considering its unlimited value, a name has to be given — therefore the name 'Jing'景". "Jing" might be a phonetic imitation of "Jesus" and at the same time implies brightness.

Christians in the Yuan dynasty were called *Yelikewen* 也里可温 in Chinese, which was transliterated from "*ärkägün*" in Old Uyghur and Mongolian. The word "*ärkägün*" came from Syriac ܐܪܟܝܓܘܢ / *'rkygwn* / *arkigun*, which may in turn be derived from the Greek word *αρχηγός* or *αρχiγος*, meaning "hierarch", "archpriest", "paramount",

〔1〕 A. Mingana, "The Early Spread of Christianity in Central Asia and the Far East: A New Document", *Bulletin of the John-Rylands-Library Manchester*, 9, 1925, pp. 297 – 371. This paper was translated into Chinese by Niu Ruji 牛汝极, Wang Hongmei 王红梅 and Wang Fei 王菲, in *International Sinology* 国际汉学, Vol. 10, Daxiang Press 大象出版社, Zhengzhou 2004, pp. 84 – 127. The Chinese version was also included as Appendix 3 of this book.

"Lord" and so on. An inscription of the Church of the East, engraved in Old Uyghur script on a diorite tombstone, was found in 1941 in the city wall of the town Quanzhou 泉州, also known as Zaïton[1] in the Mongol period, on the southeastern coast of China. The inscription mentioned: *ärkägün-ning xadunï marda tärim* "wife of a believer of the Church of the East, Princess Martha", it marks the grave of a certain Princess Martha, wife of the believer of *ärkägün* or archpriest, who died in the year 1331[2] (see Fig. 1).

Fig. 1: The Uyghur Inscription from Quanzhou (Quoted James Hamilton & Niu Ruji's article, *JA*, No. 1, 1994, pl. 2).

More recently, a round bronze mirror of the Yuan Dynasty has been discovered in Inner Mongolia. It is 10.4 cm in diameter and has a smooth front side with some rust spots that are reminders of its long history (see Fig. 2). The back side has an 8-cm concave

〔1〕 Zaïton was the name of modern Quanzhou, Fujian province of China, it came from a Arabic word *Zeytoon*, *Zaitun* or *Zayton*, "olive, olive oil, olive tree", the city received its name because of its many olive trees. See Niu Ruji, "The Discovery and Study of Nestorian Inscriptions in Quanzhou, Fujian Province"福建泉州景教碑铭的发现及其研究, *Journal of Maritime History Studis* 海交史研究, No. 2, 2007, p. 8 (1 – 48); Niu Ruji, *La Croix-lotus: Inscriptions et manuscrts nestorians en écriture syriaque découverts en Chine* (*XIII*^{e} – *XIV*^{e} *siècles*), Shanghai Classics Publishing House 2010, p. 234.

〔2〕 James Hamilton et Niu Ruji, "Deux inscriptions funéraires Turques Nestoriennes de la Chine orientale", *Journal Asiatique*, No. 1, 1994, pp. 159 – 160. Chinese ed. "A Study of the Nestorian Tombstones with Uighur Inscription Unearthed in Quanzhou"泉州出土回鹘文也里可温(景教)墓碑研究, *Xueshu jilin* 学术集林, Vol. 5, 1995, Shanghai Far East Publishers 上海远东出版社, pp. 270 – 281. See also J. Hamilton 哈密顿 and Niu Ruji, "A Study on the Inscriptions of Nestorian Tombstone Unearthed in Chifeng and Their Ethnic Affiliation"赤峰出土景教墓砖铭文及族属研究, *Ethno-National Studies* 民族研究, No. 3, 1996, pp. 78 – 83; A. C. Moule, *Christian in China before the year 1550*, London 1930, reprinted in Taipei 1972, pp. 86 – 88.

circle containing typical designs for the Church of the East, all in relief except for the Syriac characters. In the center, a knob with a hole sits on the inner circle of the upward lotus, right in the middle of the Greek-style cross. The horizontal bar of the cross is 5.2 cm and the vertical bar, 4.5 cm. It is already known that the circle at the intersection of the cross symbolizes eternity. The Greek-style cross is characterized by the equality or approximate equality of the four wings, while the Latin cross, widely adopted by Catholicism and Protestant Christianity, has a longer vertical bottom wing. On our mirror, the end of each wing is shaped like a swallow tail, with the broadest line nearly 1.4 cm long. The early Christian and Catholic crosses often had three leaves on each end of the cross, representing the trinity of "the Father, the Son and the Holy Ghost". At the bottom is the receptacle, symmetrically decorated with an auspicious cloud on each side, and at the top are also seen two symmetric auspicious clouds. In the spaces between the four arms of the cross are engraved vertical Syriac characters, with each string 3.1 cm in length (see Fig. 3).

Fig. 2: A Round-Shaped Bronze Mirror with Syriac Inscription from Inner Mongolia (front) (Photo: Niu Ruji).

Fig. 3: A Round-Shaped Bronze Mirror with Syriac Inscription from Inner Mongolia (back) (Photo: Niu Ruji).

The Syriac inscriptions on the back of the bronze mirror may be phonetically transcribed as:

1. (left side) ḥūr lwṭeh ܚܘܪ ܠܘܛܗ

2. (right side) sbarū beh ܣܒܪܘ ܒܗ

The Syriac words *ḥūr lwṭeh* mean "to look at", "to regard", "concern with" (See:

R. Payne Smith: *A Compendious Syriac Dictionary*, Founded upon the Thesaurus Syriacus, Winona Lake Indiana, Eisenbrauns 1998, p. 134; Louis Costaz: *Dictionnaire Syriaque-Franxçais / Syriac-English Dictionary*, Troisième Edition, Beyrouth 2002, p. 100).

The Syriac words *sbarū beh* can be translated as "to hope in it", "to trust in it" (See: R. Payne Smith: *A Compendious Syriac Dictionary*, p. 359; Louis Costaz: *Dictionnaire Syriaque-Franxçais / Syriac-English Dictionary*, p. 219; Arthur John MacLean: *A Dictionary of the Dialects of Vernacular Syriac: As Spoken by the Eastern Syrians of Kurdistan Northwest Persia and the Plain of Mosul*, Oxford 1901, p. 220).

The inscriptions can be translated as: "Look at it and hope in it!"[1]

The Syriac inscription is quoted from the verse 6 of Psalms 34 in the Syriac Old Testament[2]:

ܚܘܪܘ ܠܘܬܗ ܘܣܒܪܘ ܒܗ.

ḥūrū lwteh w sbarū beh: "Look at it and hope in it!"

This sentence means, "See to Him and hope in Him", the "Him" should refer to Yahweh. The expression "Look at it and hope in it" was widely used in the Near East around the thirteenth century, and it could be a proof of the ties existing at that time between the Church of the Near East and the Church of the East of the Yuan Empire[3].

Why does the letter Taw *t* / ܬ of *lwteh* in the Syriac Old Testament differ from the letter Ṭēth *ṭ* / ܛ of *lwṭeh* in the inscriptions of the bronze mirror? Because there is only one letter for *t* in the Turkic and Uyghur languages, and the letter Taw *t* in Turkic context was often replaced by letter Ṭēth *ṭ* in Syriac script found in China during the Yuan Dynasty. Some examples: ܐܘܛܙ ܐܠܛܝ *oṭuz alṭï* "thirty-six", ܛܘܪܛ *törṭ* "four", ܛܢܓܪܝ *ṭängri*

〔1〕 A. C. Moule translated those sentences as "Look ye unto it, and hope in it", see his work: *Christians in China before the Year 1550*, reprinted in Taipei 1972, p. 88. James Hamilton and Niu Ruji translated it in French as: "Contemple-le, espérez en lui", see our paper: "Deux inscriptions funéraires Turques Nestoriennes de la Chine orientale", *Journal Asiatique*, No. 1, 1994, p. 148 (147 - 164).

〔2〕 ܀ ܕܝܬܩܐ ܚܕܬܐ ܘܡܙܡܘܪܐ ܕܕܘܝܕ ܡܠܟܐ ܀, *Syriac NT and Psalms*, Süryanice Incilve Mezmurlar, Bible Society in Turkey, Istanbul-Stuttgart 1994, p. 27.

〔3〕 Pier Giorgio Borbone, "I blocchi con croci e iscrizionesiriaca da Fangshan", *Christiana OrientaliaPeriodica*, vol. 72, 2006, pp. 167 - 187.

"God", ܛܒܓܐܟ *ṭabγač* "China", ܛܘܪܟ *türk* "Turk", ܐܛܐܘܙܝ *äṭ-özi* "oneself" and so on[1]. The document of *Mar Yahballaha III*, dated 1304, indicates that both forms were used simultaneously in that place at that time[2].

The cross, originally an instrument of punishment in ancient Rome, had later become the "Gospel" symbol of Christianity and had been endowed with the significance of blessings. According to Christian doctrines, Jesus sacrificed himself on the cross for the redemption of mankind. As a result, the cross has attained symbolic meanings like "belief", "salvation", "Christ" and "blessings".

Early last century, some scholars became interested in the stone-carved cross for the Church of the East in Fangshan 房山, Beijing. The two sculptures were made of white marble in the Yuan Dynasty, and one of them, 68.5 cm tall, 58.5 cm wide, and with exquisite design and the clear-cut cross, has been kept in Nanjing Museum since its transfer there before the War Against Japanese Aggression. The two scriptures were once cornerstones of two pillars in the southeast and northwest corners of the south-facing main hall of the Cross Temple of the Church of the East in Fangshan. One of them has Syriac characters on its left and right sides[3]:

ܚܘܪ ܠܘܛܗ *ḥūr lwṭeh*; ܣܒܪܘ ܒܗ *sbarū beh*: "Look at it and hope in it!"

On the right side is depicted a bunch of chrysanthemums, while on the left a bunch of gaultheria (see Fig. 4). The other one has a cross on the front, without Syriac characters but with two peach-shaped hearts balancing each other. The sculpture with Syriac characters shares resemblances with the above bronze mirror in the design of the crosses — the swallowtail-shaped ends of the cross, the upward lotus in the center of the cross, the lotus pedestal and the auspicious clouds under the cross. The lotus under the cross on the bronze mirror, however, is not as plump as that on the sculpture.

We can also compare the bronze mirror with a brick (see Fig. 5) from the tomb with

---

[1] Niu Ruji, *La Croix-lotus: Inscriptions et manuscrts nestorians en écriture syriqaue découverts en Chine* (*XIII*^{e} – *XIV*^{e} *siècles*), Shanghai Classics Publishing House 2010, pp. 192, 219, 245, 252, 259.

[2] Bottini, "Due lettere inedited del patriarcha Mar Yahballaha III (1281 – 1371)", *Revista degli studi oriental*, 1992, 239 – 256.

[3] A. C. Moule translated those sentences as "Look ye unto it, and hope in it", see his work: *Christians in China before the Year 1550*, reprinted in Taipei 1972, p. 88.

Fig. 4: The Two Sculptures with Crosses, Flowers and Syriac Inscriptions from Fangshan, Preserved in Nanjing Museum (Photo: Niu Ruji in Nanjing Museum in 2019).

the Syriac-Uyghur inscriptions of the Church of the East in the Yuan Dynasty discovered in Chifeng 赤峰, Inner Mongolia. The brick is 47.2 cm tall, 39.5 cm broad and 6 cm thick. In the middle of its glassy front sits a Greek-style cross, where at the center is a circle. In the Christian culture, the combination of a circle with a cross symbolizes Heaven and Earth. Inside the circle there is a tiny overlooking lotus flower, while under the cross sits on a side-looking lotus flower in full bloom.

Fig. 5: The Tomb Brick with Uyghur and Syriac Inscriptions from Chifeng (Photo: Niu Ruji in 2009).

In the upper part of the cross, there is a line of Syriac characters on each side, which are almost the same as those on the mirror, except for the Syriac letter Taw *t* / ܬ of *lwteh*[1]:

ܚܘܪ ܠܘܬܗ *ḥūr lwteh*; ܣܒܪܘ ܒܗ *sbarū beh*: "Look at it and hope in it!"

[1] James Hamilton et Niu Ruji, "Deux inscriptions funéraires Turques Nestoriennes de la Chine orientale", *Journal Asiatique*, No. 1, 1994, pp. 147－155 (159－160).

Four lines of Uyghur characters can be seen on each side of the cross's lower extension. It marks the grave of a certain Yawnan or Jonas, head of the local government and commander of auxiliary troops, who died in 1253 at the age 71. He belonged most likely to the Turkic Öngüt 汪古 or Uyghur tribe, predominant in the region and long converted to the Church of the East[1].

Fig. 6: The Stones on the Top of the Tomb from Bailingmiao (Photo: Niu Ruji in 2007).

The margins between the wings of a cross of the Church of the East may be taken up with characters or other decorative designs, including circles and mascots. The most typical examples are the tombs of the Church of the East unearthed in Inner Mongolia. A great number of these tombs feature a cross in relief, with a lotus pedestal and four dots decorating the four margins (see Fig. 6 and Fig. 7), symbolizing the wide spread of Jesus' Gospels. Another discovery is the gemmy gold-cross insignia for caps, with the Greek-style cross, whose four ends are decorated with dots and mascots (see Fig. 8).

It is small wonder that a great number of relics of the Church of the East have been discovered in Inner Mongolia. The Church of the East was popular among women of the royal family and the Turkic and Mongolian peoples, probably due to the greater freedom for religion and the favorable environment for the Church of the East during the period.

[1] James Hamilton et Niu Ruji, "Deux inscriptions funéraires Turques Nestoriennes de la Chine orientale", *Journal Asiatique*, No. 1, 1994, pp. 147–155 (159–160).

Fig. 7: The Stones on the Top of the Tomb from Bailingmiao (Photo: Niu Ruji in 2007).

After Genghis Khan 成吉思汗 unified the Mongolian tribes, many people in the royal court, including queens and concubines, their relatives, ministers and generals, became devout believers of the Church of the East, and the royal court of the time exhibited a heavy color of the Church of the East. Genghis Khan even formed a marriage-based alliance with the Kerait 克烈 and Öngüt, who were adherents of the Church of the East, and granted full freedom to the spread of the religion among his relatives. After he occupied Samarkand in Central Asia, where the Church of the East was widely spread, Tolui 托雷, his second son, fell ill. Sabi 撒必, grandfather of Mar Sargis 薛里吉思, a famous believer of the Church of the East, went to the court and treated his illness while having some believers of the Church of the East pray for him. Tolui recovered and Sabi became an imperial physician.

Fig. 8: A Gold Cross-Shaped Ornament Inlaid with Sapphires from Inner Mongolia (Photo: Niu Ruji in 2007).

Genghis Khan's wife and Empress, Borte 孛儿帖, gave birth to four sons, the youngest of whom was Tolui. Among Tolui's wives, Sorkugtani Beki 唆鲁和帖尼, the one who married him the earliest, was the eldest and most beloved. She gave birth to four sons, three of whom became emperors. The four sons (from oldest to youngest) were Mongka 蒙哥, Khubilai 忽必烈, Hulagu 旭烈兀 and Areq Böke 阿里不哥. Mongka was the Mongolian Khan, Khubilai founded the Yuan Dynasty, and Hulagu reigned over Ilkhanate 伊儿汗国(Persia) as emperor. Areq Böke for a time got the upper hand in the struggle for the throne against Khubilai, ruling the Mongolian Empire as its Khan (emperor) for four years (1260 - 1264). Their successes may be attributed not only to Tolui, their father who was most trusted by Genghis khan, but also to their wise mother Sorkugtani Beki who was a believer of the Church of the East.

In Inner Mongolia, sculptures of the Church of the East, most with Syriac inscriptions, have mainly been discovered in Olen-sum 敖伦苏木, Muhur Soburgan 木胡儿索卜嘎 and Relics of Biqigetu Haolai 毕其格图好来, in the Mausoleum of Darhan Muminggan United Banner 达茂旗, and in Yelü 耶律 family Mausoleum in Wangmuliang 王墓梁 of Siziwang Banner 四子王旗.

The bronze crosses of the Church of the East have mainly been discovered in the Ordos 鄂尔多斯 area. They are decorated with ring-shaped patterns around four wings, with the circle symbolizing Heaven and the cross symbolizing Earth (see Fig. 9).

Fig. 9: Bronze Cross-Shaped Ornaments from Ordos (Photo: Niu Ruji in Ordos Museum in 1999).

Capstones with cross patterns on the tower of the Church of the East have been discovered in Darhan Muminggan United Banner (see Fig. 10). Bronze rods and cloth fragments of the Church of the East, both decorated with Greek-style crosses, have been found in Siziwang Banner.

Fig. 10: The Capital Stone with a Cross (Photo: Niu Ruji in 1999).

Fig. 11: The Fragmented Bronze Cross Discovered in Hotan (Photo: Niu Ruji in 1998).

There is a fragment of a bronze cross with the left wing missing found at Hotan 和田 in China by the French explorers Jules-Léon Dutreuil de Rhins and Fernand Grenard between 1890 and 1895[1], and now it is preserved in Musée National des Arts Asiatiques Guimet in Paris. In the center of the cross are two Chinese characters looking like *dayuan* 大元(Great Yuan), and in between was a tiny cross. In the surviving three arms of the cross can be seen a "卍", slant cross, lotus flowers, etc. On the back is a knob. In 1998, I visited the museum, saw the cross, and was allowed to take photos (see Fig. 11).

These antiques of the Church of the East reveal that during the Yuan Dynasty, the communication between the East and the West was frequent and extensive. Also, despite the surge of Christianity from the West into the East, before the new religion was completely accepted, it had to go through localization—like the combination of the cross with the lotus or the auspicious clouds.

The believers of the Church of the East in the Yuan Dynasty were mostly Turkic and Mongolian peoples, with almost no trace of Han Chinese participation. During the Yuan period, the documents and materials (including steles) of the Church of the East were mostly in Syriac script, either entirely in Syriac or in bilingual Syriac-Turkic; a small number were in old Uyghur script, and a very small percentage in Phags-pa script. The

[1] M. G. Déveria, "Notes d'épigraphie mongole-chinoise (suite)" ; *Journal asiatique*, 9e série Tome VIII, Novembre -Décembre 1896 , pp. 395 – 440.

materials of the Church of the East have been discovered in the following sites: the ancient City of Almaliq, close to the modern town Horgos, Xinjiang; Dunhuang, Gansu Province; Khara-khoto, Damao Banner, Siziwang Banner, White Tower of Hohhot and Chifeng, Inner Mongolia; Wumen Gate and Fangshan, Beijing City; Yangzhou, Jiangsu Province; and Quanzhou, Fujian Province.

The Tang Dynasty Emperor Li Shiming 李世民 said, "The bronze mirror ensures proper dressing, the history mirror reflects the course of dynastic changing, and the human mirror reveals the right and wrong of one's doing." (Biography of Wei Zheng, *The Old Annals of Tang*) So, here, can we say whether the bronze mirror is not only a history mirror, but also a human mirror?

[This paper was published in *The Church of the East in Central Asia And China*, Edited by Samuel N. C. Lieu and Glen L. Thompson, 2020, Brepols Publishers n. v., Turnhout, Belgium. pp. 177 – 188, we revised some words when we put it in this volume.]

附录二　The Uighur Inscription at the Mausoleum of Mār Behnam, Iraq

By Amir Harrak & Niu Ruji

The mausoleum of Saint Behnam, a martyr of the Sassanian period and native of Athor (Assyria), is located beside the saint's monastery, some 30 km south-east of Mosul and a few km north-east of the ancient Assyrian capital Kalhu (Nimrud). The octagonal building contains the martyr's elaborate grave built against the wall and surmounted by a half-vault in the shape of a honeycomb. The monumental façade of the grave (fig. 4) is dated to the end of the 13th century, according to the Syriac and Arabic inscriptions found along and inside this structure (fig. 1—broken lines). Noteworthy here is the unique inscription carved in Old Turkic (Uighur) and placed at the top of the semi copula dominating the grave (fig. 1—grey area). In this position, the inscription, in relief and 1.5 m in length, is prominent and its contents testify to its importance. The Uighur inscription is not unknown to scholars, since J. Halévy edited it more than a century ago and published it along with an excellent hand copy of the text (fig. 2)[1]. Surprisingly, though, no scholar seems to have questioned Halévy's publication since the end of the 19th century, despite progress in Uighur, Syriac,

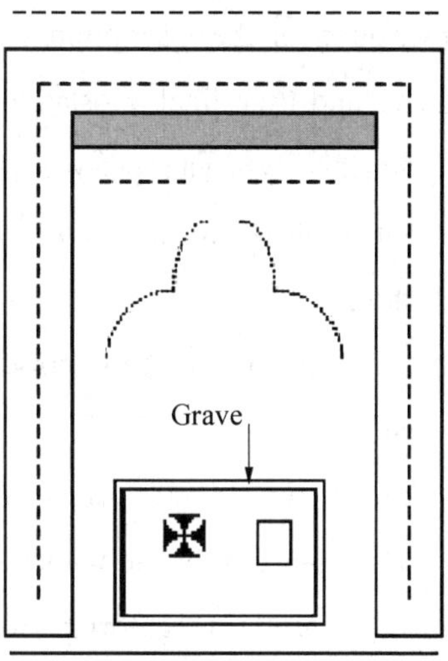

Fig. 1: The Mausoleum of Mār Behnam Position of the Uighur Inscription (Grey area).

[1] J. HALÉVY, "Déchiffrement et interprétation de l'inscription ouïgoure," *Journal Asiatique*, Septembre-Octobre 1892, pp. 291–292.

and Arabic studies. In 1907, H. Pognon passively referred to Halévy's publication when he discussed the inscriptions of the mausoleum[1]; as late as 1970, the late Fr. J. Fiey adopted Halévy's translation[2], and went as far as rendering the latter's French translation into English[3]. It is therefore worthwhile to review Halévy's work, and we begin by providing his transcription and French translation of the oneline Uighur inscription:

Ghidir ilias yarghoudi alghiši il-ghan ghabirlar ghadounlar-ka ghonsoun ornašsoun.

"Que la bénédiction de Khidir-Ilias (Saint George) ... demeure et reste avec l'Il-Khan (titre des rois mongols de la Perse), ses grands et ses épouses."

Though Halévy's understanding of the inscription is mostly sound, it still needs improvement as is shown in the following new edition of the text. The transliteration and transcription of the inscription will be immediately followed by a detailed analysis of its contents and by a final translation:

mr qdyr"lys-nyng qwt-y"lqyš-y 'ylq'nq'b'g-l'r q'twn-l'r-q' qwn-zwn 'wrn'š-zwn

mar qïdïr alïyas-nïng qut-ï alqïš-ï ilqan-qa bäg-lär qatun-lar-qa qon-zun ornašzun.

mar:

Syriac noun, "bishop, episcopate".

qïdïr alïyas:

Uighur rendering of Arabic *Khiḍr Aliās*

خضر الياس, a double-name conveniently given to Mār Behnam probably at the end of the 13th century, though originally both elements of the name were not associated as such. Khiḍ r "the green one, the maker of green" is the mysterious personality referred to in the Koran (Sūrat al-Kahf, 60 - 82), who is also associated with Aliās, among other holy personalities of the past. Alias is the biblical prophet Elijah (see esp. 1 Kings 18: 41 - 45) who shares with Khiḍr a connection with water and fertility. A little village nearby the

[1] H. Pognon, *Inscriptions sémitiques de la Syrie et de le Mésopotamie* (Paris: Imprimerie Nationale, 1907), p. 140.

[2] J. M. Fiey, *Assyrie Chrétienne*, Vol. II (Beirut, 1965), p. 678.

[3] J. Fiey, *Mar Behnam*, Touristic and Archaeological Series 2 (Baghdad: Ministry of Information, 1970), p. 19.

monastery of Mār Behnam is also called al-Khiḍr wa-al-Basaṭliyya, but it is not known whether it received the name Khiḍr from the monastery or the monastery gave it this name. St George is also often called al-Khiḍr. Halévy's association of "Khiḍir Ilias" with the popular St George is out of the question at least in this case, since the Il-khan invoked none other than Mār Behnam, given the fact that this saint's monastery was looted by the king's soldiers in 1295. Pognon was also wrong in identifying the depiction inside the monastery's church of a man mounting a horse as St George. This depiction, in high relief in gypsum, is that of St Behnam, since another high relief standing opposite depicts his martyred sister Sarah. Moreover, a lengthy Syriac inscription placed inside the monastery recounts the Mongols' looting of the saint's monastery and grave (see below). According to the inscription, the abbot complained to the "victorious king Khan Baidu", and the latter regretted the incident and in repentance made a donation to the monastery[1].

-nïng:

Genitive suffix in Uighur and in Uighur "of Khiḍr Elias ..." Halévy's *yar* is unintelligible.

qut:

Noun, "happiness, the favour of heaven, good fortune, divine favour."[2]

-ï (/-i):

Third singular pronominal suffix "his".

Alqïš:

Noun, "praise, blessing"[3].

Ilqan:

Name of kingdom Ilkhan. *qan* is also the Syriac transcription of the noun in the inscription that discusses the looting of the monastery[4].

-qa:

[1] POGNON, *Inscriptions Sémitiques*, pp. 135 – 136.

[2] See Sir GERARD CLAUSON, *An Etymological Dictionary of Pre-Thirteenth-Century Turkish* (Oxford 1972), p. 594.

[3] Ibid., pp. 137 – 138.

[4] POGNON, *Inscriptions Sémitiques*, pp. 135 – 136 lines 3 and 29.

Dative suffix in Uighur.

Bäg:

Noun, "noble, official" (rather than *ghabir* of Halévy).

-lar/-lär:

Plural suffix.

qatun:

Noun, "queen, noblewoman, wife" in Uighur; Arabic: خاتون

qon-:

Verb "to settle, to settle down, to stop."[1]

-zun(= *-sun*):

Third person desiderative suffix in Uighur.

orna-:

Verb "to take one's place, to dwell, to settle, to rest, to be situated."[2]

-š-:

Suffix for acting together in verbs in Uighur.

Translation:

"May the happiness and praise of the bishop Khiḍr Elias befall and settle on the Il-khan and the nobles and the noblewomen!"

One might wonder how a Uighur inscription made its way into a Christian mausoleum in Mesopotamia, and who the "Ilkhan" that it refers to actually was. A Syriac inscription placed inside the monastery's church, between the gate of the shrine of St. Matthew and the gate of the shrine of St. Sarah on the south wall (fig. 3), answers both questions. The following is the text in Syriac with a translation[3]:

(A)

1. ܒܫܢܬ ܐܠܦ ܘܫܬܡܐܐ

[1] CLAUSON, *An Etymological Dictionary*, pp. 632 – 633.

[2] Ibid., 235.

[3] POGNON was the first to edit this inscription; see his *Inscriptions Sémitiques*, pp. 135 – 136, and pl. X 76 (copy).

ܘܫܢܬ ܕܒ̈ܘܚܐ ܐܬܐ ܕܡܠܟܐ . 2

ܐܚܐ ܡܐܢ ܒܝܕܘ ܠܡܫܬ . 3

ܐܬܘܪ ܕܒܝܬ ܡܕܢܚܐ . 4

ܡܪܢ ܒܗܢܡ ܘܐܚܬܗܘܢ . 5

ܘܡܛܠܬܗ ܘܐܪܒܠ ܠܡܘܨܠ . 6

ܘܠܐ ܟܠ ܠܗ̇ ܘܡܢ ܒܢܝ . 7

ܠܡܬܪܐ ܕܐܪܒܠ . 8

ܘܟܒܫ ܬ̈ܘܪܒܢܐ ܒܬܪܗ . 9

ܘܒܢܘ ܐܢܘܢ ܠܡܬܪ̈ܘܬܐ . 10

ܘܐܦ ܠܒ̈ܢܬܐ ܘܣܪܘ . 11

ܬ̈ܘܪܒܢܐ ܠܡܘܨܪܐ ܪܒܐ . 12

ܘܢܦܩ ܒܢܘܗ̈ܬܐ ܕܪܢܚܐ . 13

ܘܐܦ ܒܢܦܫܐ ܘܗܘܒܐ . 14

(B)

ܦܢܝ ܘܐܬܐ ܣܕ ܠܓܒܪܐ . 15

ܕܒܝܬ ܠܗܘܒܐ ܘܦܬܚ . 16

ܬܪܒܐ ܘܟܠ ܘܐܪܒܥܘ . 17

ܐܒܕܐ ܘܢܦܩ ܬܟܐܢ . 18

ܡܕܒܢܐ ܘܬܠܐ ܘܢܦܛܪ . 19

ܘܠܐ ܦܫ ܒܡܕܒܢܐ . 20

ܐܠܐ ܐܘܟܠܝܣܘܢ ܘܗܘ . 21

ܦܢܘܩܝܐ ܕܡܕܝܢܐ . 22

ܐܠܗܐ ܦܪܩ ܟܢܫܘܢ . 23

(C)

ܘܐܪܝܠ ܕܢ[ܪܢܐ ܪܡ ܢܡܘܒ . 24

ܠܗܘܬ ܡܠܟ[ܟܐ ܐܚܢܐ] . 25

ܘܐܗܦܟ [ܥܠ ܕܝܪܐ] .26

ܟܠܡܕܡ ܕ[ܢܣܒ] .27

ܘܝܗܒ ܠܩܕ[ܝܫܐ] .28

ܗܘ ܐܦ [ܕܝܫܐ] .29

ܡܢ ܢܟܣܘ[ܗܝ] .30

ܘܣܓܕ ܠܩ[ܕܝܫܐ] .31

ܦܟܪܬܐ [ܘܐܬ] .32

ܘܐܬܬܘܝ [ܡܠܟܐ] .33

(ll. 1 - 5) In the year one thousand six hundred and six of the Greeks, the victorious king Khan Baidu attacked the land about Athor (= Assyria), the town of the holy Mār Behnam, seized it, (ll. 6 - 10) and made a massacre. He went to Mosul but did not invade it. Afterward, he left for the region of Erbil, leaving his chiefs behind him, who sacked the countryside (ll. 11 - 15) and the monasteries. The chiefs sent (their men) to the Great Monastery (of Mār Mattā) and took away the mules of the mill, as well as much silver and gold. One of them came to the Monastery (ll. 16 - 20) of the Pit, opened its gate and entered. He put his hands on the sacred vessels, the veils and the rest. Nothing remained on the altar (ll. 21 - 25) except for the Gospel and the reliquary of the Saint—God obscured their eyes! The monk Rabban Jacob went to the Victorious King, (ll. 26 - 30) and brought back to the Monastery everything that the latter had carried away. The Khan even gave the Saint a gift from his own wealth, (ll. 31 - 33) paying the Saint homage. Thus the king was sorry.

The looting of the monastery and the mausoleum of Mār Behnam in A. D. 1295 at the hands of the invading Mongol army explains the origin of the Uighur inscription. The mishap was subsequently reported to the Il-khan by the monastery's Abbot Jacob, and the Mongol king not only regretted the event but also made an offering to the monastery's patron saint. As is clear from the Syriac inscription, the Il-khan was Baidu, who must have also ordered the Uighur inscription to be placed in the mausoleum, though the inscription did not personally name him. The dates also corroborate these bits of historical facts. The year 1295 witnessed the Mongol raid of the monastery and the mausoleum. The Syriac inscription carved along the three arms of the monumental façade of the grave date the building of this façade, including the Uighur inscription, to the Seleucid year 1611, which corresponds to A. D. 1300. Thus the Mongol raid, the complaint by Abbot Jacob followed by the regrets of the Il-khan, and the order of the Uighur inscription and its integration within the entire new structure of the grave all took place within five years.

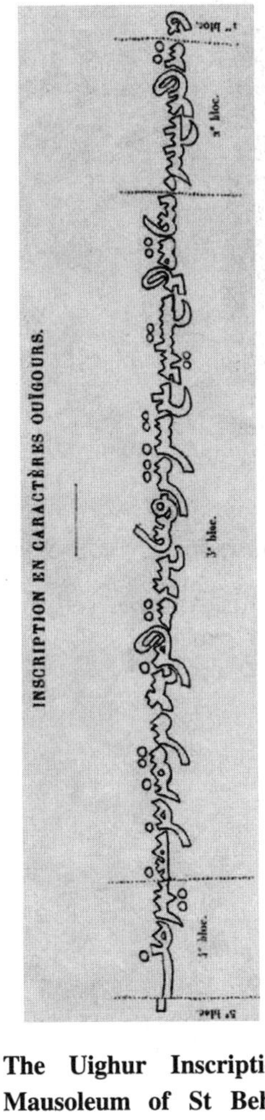

Fig. 2: The Uighur Inscription in the Mausoleum of St Behnam from *Journal Asiatique* 1892, p. 343.

Fig. 3: Syriac Inscription Describing the Mongol Raid of 1294.

Fig. 4: The Façade of the Mausoleum of St Behnam.

[This paper was published in *Journal of the Canadian Society for Syriac Studies* Vol. 4 (2004), we revised some words when we put it in this volume.]

附录三　基督教在中亚和远东的早期传播

——一件新发现的叙利亚文写本

明甘那(A. Mingana)作

一、历 史 背 景[1]

在探讨基督教在蒙古利亚诸族中的传播之前,我们有必要先了解一下生活于阿姆河东西两岸相邻地区庞杂的众部落的人种状况。我们发现在那里有两个不同的种族为了争夺统治权力经常发生对抗,人们通常用“伊朗”(Irān)和“土兰”(Turān)这两个名称来区别他们。那条有名的河流将他们隔开,然而,夏季或旱季时河水变浅,无法阻隔这两个自古以来分居于河东西两岸的敌对部族间的长期战争冲突。在阿拉伯语和近代波斯语文学,即那些在阿拉伯人入侵后便使用阿拉伯语作为文学载体的那些波斯人的文学作品中,我们得知这两个相邻民族间的夙怨可追溯到史前时代。根据波斯民族史诗《费尔道斯帝王传》,他们的争夺斗争可上溯到 Feridūn,伊兰民族的诺亚的时代。他把土地分给他的三个儿子,Salm,Tūr 和 Īraj,正对应于犹太人的《圣经》中的闪、含和雅弗,前两个所谓的兄长使用卑劣的诡计杀害了 Īraj,而后者是从其父亲那里领得伊朗为封地的人。Feridūn 看到小儿子 Īraj 的尸体,发誓要向另两个儿子报复。

在萨珊王朝以及目前正属于我们研究范围的帕提亚王朝时期,这两个不共戴天的对手一直继续着残酷的斗争,双方各有输赢。伊斯兰教团结统一的宗教契约曾经给双方带来一段时期的和平和宁静。这既不是社团利益也不是令人精疲力竭的战争所能做到的。直到土兰塞尔柱人和鞑靼蒙古人来到这里,把失败强加给他们的世代仇敌——伊朗民族,从而结束了这场夙怨。在此以前,情况一直如此。在阿姆河彼岸的外族蜂拥而至的前后时期,伊朗人享受着某种程度的独立,他们先后处于 Tāhirids, Ghaznawids, Saffārids 和 Sāmānids 等王朝的统治之下。

---

〔1〕 考虑到中国人的阅读习惯,汉译文的二级标题是译者补加的,原文中只标有罗马数字,特此说明。

基督教在上述诸族中的传播较为久远。就波斯人而言,可追溯到后耶稣使徒(后罗马教皇)时代。由于一些新的重要出版物的出版,我们能够比25年前的前辈们更加自信地讨论该课题。在此我们仅参考两本杰出的著作:《东方教区会议》和《Mshīha-Ikha历史》。前者是由J. B. Chabot[1]整理翻译的,后者是本人整理翻译的[2]。第一本著作告诉我们公元424年举行的东方会议上签约者的名字即阿姆河附近四大城市:Ray, Naishābur, Hrat和Merw的主教的名字。第二本著作表明公元225年在美索不达米亚的北部和波斯共有20多个主教辖区,其中之一就是里海附近的Dailams地区。公元225年,人们称它为划时代的一年。因为就在这年,第一位萨珊国王取得了对帕提亚王朝末代君主Artaban具有决定性的胜利[3]。从公元3世纪一直到成吉思汗时代,东叙利亚人和波斯人改宗信基督教的活动较为缓慢,但仍然起到了削弱中亚101位原始崇拜巫师的重大影响的作用,其中最重要的有祆教的巫师和萨满教的男巫。

那些人由于受到宗教热情的鼓舞而对把西方的文明、信仰传播到远东的传教工作极为感兴趣,这一点我们毫无理由怀疑。St. Jerome概括了该地区早期基督教传教士的感受,并提及了他们的皈依者[4]。据Bardaisan[5]和恺撒的Eusebius[6]记载,在里海附近的大夏、帕提亚和戈兰也存在着具有同样献身精神的基督教社团。但是,伴随着那些热情的拿撒勒人中耶稣的追随者,可能还有一些为了发财获利的基督徒,他们来自美索不达米亚和波斯。然而,他们中似乎没有一位说腓尼基语的叙利亚人。不管基督教的早期传播者采取何种手段,我们都没有理由否认这个重要事实:他们在极其短暂的时间内把自己的宗教信仰传到古代亚洲最边远的地方。

基督教在中亚甚至印度的重要活动中心无疑是Adiabene省。该省位于底格里斯河东面,在其两条著名的支流大小札卜河之间。它的首府是Arbel城,此城中众多的犹太人颇具势力,在基督教时代初期,他们曾在古亚述帝国的该地区建立起犹太人的统治政权[7]。

---

〔1〕 Notices et Extraits des Manuscrits, 1902.

〔2〕《叙利亚语史料》,1908, i, 1-168。Sachau 1915年在*Abhandlungen d. Preus. Akad. d. Wiss.*发表德译本,并重命名为*Chronik von Arbela*。这部编年史和会议纪要是他另一研究课题的主要资料,该课题名为"Zur Ausbreitung des Christentums in Asien",1919,刊于Abhandlungen,第一期。

〔3〕《叙利亚语史料》,英文版第106—107页。

〔4〕 Epist. cvii. Patr. Lat. xxii. 870.

〔5〕《律法书》(*Book of the Laws*,帕提亚、叙利亚语版),第二卷第606页至609页。

〔6〕 Prepar Evang., vi. 10, 46.

〔7〕 见约瑟夫的《古代犹太教》,Josephus, Antiq. Jud. I. xxx., C. Iv。

在西至底格里斯河右岸,近代的摩苏尔城附近,犹太人修建了一座要塞,名叫"hisnae 'brāya'希伯来堡垒"[1],它一直保存到阿拉伯人入侵。

圣徒时代之后基督教立即渗透到 Arbel 城,因为它的首任主教 Pkīdha 晋升圣职的时间可追溯到公元 1 世纪末[2]。这个城市在底格里斯河以东、以北及以南地区发挥的重要作用毫不逊于厄德萨(Edessa)城在叙利亚和巴勒斯坦,尤其是罗马和波斯帝国中跨幼发拉底河各省区的作用。也许前者只是不像后者那样有名罢了。Sozomen[3] 强调说 Adiabene 中的大部分居民是基督徒。

现代学者还没有充分意识到底格里斯河东岸的绝大多数景教徒是波斯人而不是闪米特或阿拉米出身及血统的人。许多基督徒是从他们的父母那一代起就由信祆教改信基督教,也有许多人是从他们自己那一代才开始改宗。有些皈依者仍保留着伊朗语名字,但也有人在洗礼日就把名字改成由一二个暗含基督教信仰的复合词构成的教名。在波斯,基督教医师经常使用中古波斯语或巴列维语,公元 420 年厄德萨学校的一位学生 Ma'ma 把叙利亚语著作译成巴列维语[4]。约公元 470 年该校的另一位 Ma'ma 用巴列维语写了许多教堂吟唱的宗教布道词、赞美歌和赞美诗[5]。甚至景教的宗教法典有时也用波斯语写成,后来的人又把它译成叙利亚语。比如《西蒙圣典》最初由西蒙(Riwardashir 的大主教,逝于公元 670 年)用巴列维语编纂而成,后来由 Beith Katrāye 的一位修道士译成叙利亚语[6]。

下面我们打算就所有能收集到的有关基督教在中亚西亚诸民族中传播的叙利亚语和涉及基督教的阿拉伯语资料列一个综合全面的目录,希望能对下文关于相同主题的那件新文献起到介绍的作用。在现代几乎所有的欧洲语言的词典中,"突厥"(Turk)一词与"穆斯林"(Muslim)一词成了同义词,这真是命运的捉弄。事实上,在穆罕默德出生以前,君士坦丁堡和安纳托利亚的奥斯曼土耳其人的祖先大都是狂热的基督徒。我们将相关的基督教文献资料分作三部分:① 史学家;② 宗教会议和主教辖区;③ 遗迹和石碑。

[1] MSHĪHA-ZKHA, ibid, i. p. 87 of my edition; Narsai Homiliae, Vol. ii., pp. 408 - 410 of my edition; Chron. Minora in C. S. C. O. p. 24; and Book of Chastity, 32, 13 (edit. Chabot).

[2] MSHĪHA-ZKHA, ibid. p. 77.

[3] Eccl. Hist. in Pat. Graec., Ixivi., 965.

[4] Chronique de Seert in Pat. Orient. v. 328 - 329.

[5] 同上书, vii. 117。

[6] 见 SACHAU 的《叙利亚语〈律法书〉》,第三卷第 209 页,1914 年版。

1. 史学家

(a)

早在公元196年,Bardaisān就曾提到里海西南戈兰地区和兴都库什山与阿姆河之间的大夏的基督教徒,这段具有纪念意义的文字是有关中亚基督教最早的叙利亚文资料:

“生活在戈兰人和大夏人中的姐妹(信仰基督教)也不与陌生人来往。”[1]

这确实证明了公元2世纪末,厄德萨人Bardaiān已知道在大夏有基督徒的存在。这个被大夏人翻译过来的词在叙利亚语中为“Kaishānāye”。另外,Drouin曾提到贵霜人[2]。Parker[3]也提到月氏人,他认为他们的居留地在阿富汗,阿萨息斯人的东面。在《托马斯行传》[4](*Acts of Thomas*)所记诺斯替教派的“灵魂赞美诗”中也提到了贵霜人的国家,Baith Kaishān, 写作时间很可能在公元180年至196年间。

有关月氏人迁移和征服的更详细的情况请参阅《剑桥印度史》(*Cambridge History of India*, 1922)第一卷,第563页至592页中E. J. Rapson的文章,尤其是第565页和583页。我之所以专门提到这两位学者是因为《剑桥史》(*Cambridge History*)第686页至687页的文献目录里没有收入他们的著作(显然是由于疏漏)。

我们还要提到叙利亚语著作《使徒教旨》中的明确说明。此书是许多学者尤其是1864年W. Cureton根据保存在大英博物馆的一份公元5至6世纪的手稿编辑而成的。作品本身不可能晚于公元250年。在正文第34页至35页中作者认为公元2世纪初,即大约120—140年,戈兰国与Gog和Magog之国首先接受Addai的弟子传教士Aggai的宗教委任。该书的读者还会发现在叙利亚文献中Gog和Magog分别指突厥语人群和鞑靼人。在此我们不必讨论Aggai是否曾在中亚诸国传教,但是,我们可以确信无论《教旨》的作者是谁,正如Bardaisān知道约在公元196年已有基督徒一样,他也知道约在公元250年在里海附近的戈兰人和阿姆河流域的突厥语民族中已有基督徒。参见Barhebraeus的著作(Chron. Eccl.)第二卷第15页。

(b)

约公元498年萨珊国王卡瓦德(Kawad)曾两次逃往哌哒人和突厥部落中去避难,

[1] 见《律法书》,第二卷第607页。

[2] Memoire sur les Huns Ephtalites in Museon, 1895.

[3] 见《鞑靼千年史》(*A Thousand Years of the Tartars*),第34页至36页。

[4] Bedjan, Acta Martyrum et Sanctormu, iii. p. 11.

并得到那里基督教徒的帮助夺回了政权：

“卡瓦德逃往突厥汗国，因为他与突厥可汗交往密切，当可汗的父亲在世时，他常去拜访他。他请求突厥可汗帮助他，突厥可汗派军队护送他回国，他把执政 2 年的扎马斯普（Zamasp）赶下台，杀了一些麻葛（Magians，琐罗亚斯德教祭司），并监禁了许多其他人。但他对基督教徒很仁慈，因为在他去突厥汗国的途中，一些基督教徒给予了他帮助。”[1]

公元 555 年，一位与卡瓦德生活在同一时代，熟知内情的雅各布派作家，对景教作家这段简洁而且有历史意义的叙述作了补充[2]。他的作品告诉我们，大约早在 550 年突厥人已学会运用本族语进行创作的技巧。这部重要的著作这样写道：

“20 多年前匈奴人[3]已学会运用本族语创作的技巧。这是受到上帝的鼓励，我将记下这件事的缘起。我是从 Resh'aina 的约翰和制革匠托马斯那里得到可靠的信息，前者在 Amed 附近的 Ishā konai 修道院里。他们 50 多年前被迫参加了卡瓦德从波斯到匈奴人住地的逃亡。他们在那里居住了 30 多年，并结婚生子。现在他们返回故乡，详细讲述了自己的经历。”此文献太长不便全译，它还叙述了一位天使出现在 Arran 区[4]的主教 Karadusat 的面前，命令他给突厥人和其中的众多拜占庭俘虏施洗礼，立神父，主持圣餐礼。另有四位神父跟随他们作传教士，而且他们七人每天的食物就是七条面包和一坛水。正是他们教会突厥人运用突厥语写作，并给他们中许多人传福音和施洗。他们在那些人中生活了七年。那时罗马皇帝查士丁尼（Justinian）的使者 Probus 因特殊使命被派往突厥汗国，他亲眼目睹了这一切，对上帝借着他的仆人做成的事感到非常吃惊。在返回途中，他从帝国中离他们最近的城市给他们派去了 30 头骡子，驮载着面粉、酒、油、亚麻布和教堂法衣室的必需品。

不久，一位有实际经验的亚美尼亚主教分担了他们的传教重任。他教那些突厥语基督徒种植蔬菜和播种谷物。在作者的时代，他仍然生活在他们中间。上帝的恩惠也影响到波斯国王卡瓦德本人，他放弃吃不洁净的肉，而且非常尊敬约瑟夫，此人在公元 552 年任景教大主教之前是位医生。

---

〔1〕 见 Patr. Orient 第七期第 128 页中的 Chronique de Seert；Tabari 的《年鉴》，1，2，887。基督教苦行者 Joshua（约公元 507 年）在他的叙利亚文《历王记》（Wright 版本）正文第 18 页至 19 页详细记叙了卡瓦德逃亡突厥的经历。

〔2〕 见 C. S. C. O.，第三编第六卷 215 页至 218 页。

〔3〕 西突厥的古叙利亚语称呼。

〔4〕 关于该景教主教区参见下文。

关于萨珊国王胡司洛一世为突厥部落挑选二千名修女的事，请参看以弗所的约翰的《基督教会史》(Payne-Smith, p. 387 sq.)，还有关于突厥人经常挑起罗马人与波斯人之间的事端，请参看《基督教会史》(Payne-Smith, p. 424, sq.)，以及 Chronicon Anonynum(in C. S. C. O.)第一卷第 206 页。

关于哌哒人和他们与萨珊人之间的战争的诸方面，请参看 Blochet 的《蒙古历史导论》，第 211 至 214 页，然而此文没有参考当时重要的叙利亚文史料；还有 Noldeke 著名的《波斯历史》(1879 年)第 53，99，158，167，250 sqq. 和 269 页；还可参阅 Zacharias Rhetor 的著作(C. S. C. O 第一卷第 21 页和 98 页)。

(c)

公元 549 年在大夏和阿姆河两岸的哌哒人或白匈奴人的要求下，景教总主教 Aba 一世为辖区内的基督教徒派了一位主教：

"不久 Haphtar[1] Khudai 派一名教士去谒见'王中之王'(即胡司洛一世)，而且那些 Haphtrāye 基督教徒还给总主教(Aba 一世)写了封信，要求他晋升出使的教士为哌哒人整个国家的主教。'王中之王'接见这位僧侣并明白了他出使的意图后，感到非常吃惊，惊诧于耶稣的威力如此强大，甚至哌哒基督徒也把总主教视为自己的首领和管理者。因此，他命令总主教回去按照惯例装饰教堂，晋升哌哒国王 Haphtar Khudai 的使者为主教。次日教堂装饰一新，哌哒教士被晋升为哌哒人的主教，与基督子民共享喜乐。"[2]

我们从这一事实也可看出基督教在那些突厥部落中的渗透范围：公元 581 年拜占庭希腊人所俘虏的突厥人前额上有十字架[3]。十字架是刺成黑点的，而且突厥人说许多年前当瘟疫在该国蔓延时，基督教徒建议他们这样做，认为这样可以躲避瘟疫。马可·波罗(i. 343 Yule-Cordier 编)和 Friar William (见 Rockill 的英文译本：*The Journey of William of Rubruk to the Eastern Parts*, London, 1900, pp. 104, 191, 193)也证实了突厥语景教徒把十字架作为护身符。关于这一点还可参考叙利亚史学家以弗所的约翰(第三编第六卷二十二章)和叙利亚人 Michael (ii. 314，尤其是 iii. 151, Chabot 编)的著作。

[1] 哌哒人的叙利亚语名称。

[2] Histoire de Mar Aba. (Bedjan 版本) pp. 266 - 269.

[3] 见柔克义(Rockhill) (in op. infrà laud.) 所引用的 Theophylactus Simocatta 的 *History of the Emperor Maurice* 第 142 页和《契丹》(Cathay, 1915)第一卷第 115 页(Yule-Cordier 版本)。在《契丹》中 Menander Protector 详细叙述了拜占庭皇帝和突厥可汗之间的交往(同上，第一卷 205 页)。

(d)

约公元644年,据史料记载,由于木鹿(Merw)城大主教Elijah的努力和热忱,大批突厥人皈依基督教:

"木鹿城的大主教Elijah使许多突厥人改变了信仰。……据说,可能还是这位Elijah,木鹿城大主教,当其在阿姆河彼岸诸国游历时,遇到一位国王准备去攻打另一位国王,Elijah极力劝说他放弃战争,但国王对他说:'如果你能显出吾神法师那样的奇迹,我就信奉汝神。'国王命令跟随他的巫师,呼求他们尊奉的魔鬼,立刻天空乌云密布,狂风怒吼,电闪雷鸣。然而Elijah在神力的感召下在天空划出神圣的十字架,斥责叛逆的魔鬼所造的假象,一切假象立刻消失得无影无踪。当国王看到圣徒Elijah所做的一切,跪倒在地,向他顶礼膜拜,而且与他的军队一起皈依基督。圣徒把他们带到河边,给他们施洗礼,立神父和执事。然后他回国去了。"[1]

(e)

约在公元781年,景教总主教提摩太(Timothy)在给Maronites的信中写道,另一位突厥可汗与其臣民都皈依了基督:

"这位突厥可汗与几乎所有的臣民都放弃了古老的偶像崇拜,皈依基督。而且他还写信要求我们给他的国家按立一位大主教;我们已这样做了。"[2]这位提摩太在给Rabban Sergius的一封信中,还提到他已为突厥部落任命了一位主教,并且准备给吐蕃也立一位:

"那时圣灵已为突厥部落立了大主教,我们准备为吐蕃也立一位。"[3]

最后在给Sergius的另一封信中,他明确提到当时"许多僧侣随身仅携带着手杖和褡裢,漂洋过海去印度和中国"[4],还告诉对方中国的大主教已去世了[5]。

(f)

Marga的托马斯提到这位不屈不挠的总主教挑选80多名修道士,任命其中一些人为主教并派他们去改变远东异教徒的信仰;而且还讲述了里海东南部Dailamites的大主教Shubha-Lisho的光辉业绩:

---

〔1〕 Chronica Minora, in Corp. Script, Christ Orient., pp. 34－35. 正文约作于公元680年。

〔2〕 此信未公开发表过。我是在一本手稿中看到的。参见J. Labout的《景教总主教提摩太一世》(*De Timotheo I Nestorianorum Patriarcha*),第43页。

〔3〕《东方基督徒》(*Oriens Christianus*),i. 308。

〔4〕《提摩太书信》(*Timothei Epistoloe*),i. 文献的第107页(in CSCO)。

〔5〕 同上书,第109页。

"圣总主教提摩太已为那些缺乏智慧和文明的野蛮民族的国家设立了主教。在此以前从未有传教士和真理传播到那里，救世主的福音也未传到那里。但我为什么要宣讲基督我们主的教训给他们？他们像犹太人和其他的外邦人（指穆斯林）一样不接受上帝——造物和统管世界的主——的真道，却去拜树木、偶像、野兽、鱼、爬虫、鸟和火与星辰。在 Dailamites 戈兰人及其他野蛮民族的国家中，已有主教在布道宣讲基督的教义，在他们中点燃《福音书》的真理之光……主教们给他们传福音、施洗，并在他们中行神迹奇事，他们的光辉业绩很快就传到远东。你们可以从那些为了商业和国事不远万里去那里的商人及国王的钦差写给（总主教）提摩太的信件中清楚地了解到这一切。"〔1〕

这位史学家在别的地方还提到了 Shubha-Lisho 主教如何接受提摩太的任命，讲到他是如何出色地完成为中亚那些国家中的原始居民传教的使命，还说他精通叙利亚语、阿拉伯语和波斯语。他提到了上帝通过这位主教所行的神迹，接着继续说：

"他为许多城市和乡村的居民布道、施洗礼，告诉他们如何过圣洁的生活。他修建教堂，在信徒中选立神父和执事，挑选一批跟随他的传教士，教他们唱赞美诗和圣经短歌。他还亲自深入到远东，在异教徒、诺斯替派教徒、摩尼教徒，以及有其他信仰和禁忌的人中间进行传教，他传播了《福音书》教义的伟大光辉，开启了生命与和平的源泉。"〔2〕

这位史学家对此津津乐道是因为他叙述的事件正发生在他那个时代。关于这福音的传播还可参见该书第 275—281 页。他是这样结尾的："那些国家的饼是用大米做的，因为那里找不到神赐的小麦与大麦，只有稻米和其他类似的谷物。我们是听有较好记忆力的马尔·雅巴拉哈（Mar Yahb Alāha）亲口讲述的。Hnānisho 和 Elishā 这两位老人常告诉我（圣徒）说，当他刚回来时曾去拜访 Ray 城大主教 Habbiba，由于他只习惯吃大米饼，吃了小麦面包，竟大病一场。"

在第 245 页这位史学家提到在 Beith 的修道院 Abé，被任命的主教中有 Mūkān 的主教 Elijah 和中国大主教 David。托马斯记叙的事发生于公元 840 年。他在提到这位中国大主教的名字后即刻补充说这消息是由总主教提摩太的信中得来的。这位总主教于公元 823 年去世。

(g)

Māri 告诉我们，提摩太改变了突厥可汗及其他国王的信仰，并且与他们保持书信

〔1〕 Thomas of Marga, *Liber Superiorum*, pp. 261 - 262 (edit. Bedjan).

〔2〕 同上书, pp. 269 - 271.

往来：

“而且提摩太使突厥可汗及其他国王改奉基督教，经常收到他们的来信。他还用基督教教旨引导了许多人。”[1]

(h)

大约在公元1009年，木鹿(Merw)城大主教阿布迪绍(‘Abdishō‘)写信给景教总主教约翰，告诉他大约20万突厥语人群和蒙古人已改奉基督教，并向他请教大斋期间他们应该食用何种食物，因为在他们国家中找不到合适的斋食：

“那时呼罗珊(Khurāsān)诸城之一的木鹿城大主教‘Abdishō‘写信告诉总主教，东北地区[2]克烈(Keraits)部的可汗在境内的一座高山中打猎时，遇到暴风雪，找不到出路。当他绝望时，一位圣徒出现在他面前，对他说：‘如果你信奉基督，我就指引你，使你不至丧生于此。’可汗回答他愿意成为基督羊群中的羔羊，圣徒就指引了他，使他得救。他安全回到帐篷后，就召集了信仰基督教的商人，和他们讨论信仰问题，他们告诉他只有受过洗礼，才能成为基督徒。他从他们那里拿来《福音书》，每天都敬拜它。现在他命令我去他那里，或者派一位神父去给他施洗。他还向我询问有关斋戒的事宜，对我说，‘除了肉类和牛奶，我们没有其他食物，我们如何斋戒？’他又告诉我和他一起改教的人数已达20万。然后总主教给大主教回信，告诉他派两人，一位神父和一位执事，带上建圣坛的必需品，去给所有的皈依者施洗礼，并且教他们基督徒的生活习惯。至于大斋期的斋戒，在此期间要严禁吃肉食，但可以喝牛奶，如果正如他们所说，在那里找不到合适的斋食。”[3]

Barhebraeus在他的通史中于伊斯兰历398年也提到了这次皈依事件：

“就在这年，那个东方国家的突厥部落中的克烈部，由于一个奇迹发生在其可汗身上，信奉了基督，接受了该教义的引导，而且接受了洗礼。”[4]

这里我们必须说明一下，中世纪在欧洲广为流传的“布来斯特-约翰”(Prester John)的传说，与上述克烈部有密切联系，因为“约翰”(John)指的就是他们的可汗。人们常常这样解释，“约翰”(John)在叙利亚语中写作“Yohannan”，它可能是克烈部统治者之一的王汗(“Ung-Khan”)名字的误称。然而Barhebraeus[5]认为传说中的“约翰”

〔1〕见《塔之书》(*Book of the Tower*)，原文第73页，译文第64页(Gismondi编)。

〔2〕克烈部的居住区在鄂尔浑河、贝加尔湖附近。见下文。

〔3〕Barhebraeus，《宗教史》第三卷第279页至280页(Lamy编)。

〔4〕《叙利亚编年史》(Chron. Syr.)，第204页(Bedjan编). cf. Assemani, B. O., iv. 468。

〔5〕同上书，第409页。

（John）就是史书中的“Ung”。中国人把他叫作 Tuli，波斯史学家叫作“Toghrul”，但是中国北方的最高统治者授予他“王”（Wang）的称号，讹传的“Ung”姓即由此而来[1]。

克烈部生活在鄂尔浑河、图拉河流域，贝加尔湖的东南部[2]。

(i)

Māri 也提到这件事，还提供了更多的细节：

“木鹿城大主教‘Abdīshō‘在给总主教的一封信中，告诉他一位副主教成了穆斯林，把教堂改为清真寺，但不久因手臂生疮而死。于是教堂又恢复原貌。这封信中还提到了下列事实：

一位突厥可汗及其20万百姓成了基督徒。起因是这样的：他在狩猎时迷路了，茫然不知所措时，一个人出现在他面前，愿意帮助他。可汗问他的名字，他自称是马尔·赛里吉斯（Mar Sergius）。他要求可汗皈依基督教，对他说，‘闭上眼睛’，然后可汗闭上眼睛。当他睁开眼睛时，发现自己已在帐篷里，他对此非常惊奇。他询问有关基督教的信仰、祷告及教会法典，还学会了主祷文 Lākhū Māra[3] 和 Kaddīsha Alāha。主教还告诉总主教，他已写信给可汗商量要到他那里去，而且得知他的百姓只习惯于吃肉喝奶。可汗搭起作为圣坛的露台，上面放着十字架和《福音书》，而且将坛命名为马尔·赛里吉斯，在旁边拴着一头母马，挤出马奶放在《圣经》和十字架上，背诵学会的祈祷文，又在上面划个十字，然后他和身边的人每人喝了一口马奶。大主教向总主教请教他该为他们做些什么，因为他们没有小麦。总主教告诉他应该尽力为他们找到复活节吃的小麦和酒；至于禁忌，在大斋期间他们要禁吃肉食，但可以喝牛奶，如果他们习惯喝酸牛奶，那么他们应改喝甜牛奶。[4]”

显然这是一个突厥语人群和鞑靼人食用酸奶的旁证。关于这一点可参见 Yule 的《马可·波罗游记》第一卷第249页和柔克义的《鲁布鲁克东游记》第66页至67页，以及他们所引用的权威著作。

(j)

中亚景教大主教在写给总主教的信件中，不仅提到宗教事件，有时还提到非常重要

---

〔1〕 YULE-CORDIER，《马可·波罗游记》（in Marco Polo, op. infrà. cit.），i. 237。

〔2〕 柔克义《鲁布鲁克东游记》（*Journey of Rubruck*），第111页。

〔3〕 景教祈祷文。见 Breviarium Chaldaicum, i., ii., iii., pp. 4 和 9（edit, Bedjan）。

〔4〕 见《塔之书》，载于约翰五世的传记之中。译文见 Gismondi 的译本第100页，载于 Assemani, B. O. 第四卷第484页。

的政治事件。Barhebraeus 在通史中伊斯兰历 438 年记载了下面这件事：

“这年撒马尔罕的大主教给总主教写了一封信，该信也在哈里发法庭上宣读过，信中说，如蝗虫般众多的民众在隔开吐蕃与和田的墙上挖开缺口，由此到达喀什。据古老的传说，该墙是由亚历山大大帝修建的。那里的民众有 7 位可汗，每位可汗有 70 万骑兵。他们的大可汗名叫 Nāsarat，意为‘承天命而治’。他们与印度人一样，属于棕色人种；他们不洗脸，不梳头，头发像毡毯，可用来护身。他们吃得很简单、节俭，而且他们仁慈、公正，但是他们的马食肉。”[1]

中世纪后期蒙古人迅速席卷了西亚和东欧，至于基督教在他们中的渗透程度，Barhebraeus 做了详细的阐述。前面反复提到的《叙利亚编年史》中所记载的许多事件都是他亲眼目睹的。我们在此只参照下列事件：

蒙古皇帝贵由因卡宾尼（Friar Jonn of Pian de Carpine）的记述而闻名于欧洲。1246 年卡宾尼给皇帝带去一封教皇的信。Barhebraeus 写道：“贵由是一位真诚的基督徒，他统治时期，许多基督徒都享有很高的声望[2]。在他的军帐里有许多主教、神父和僧侣。”（p. 481，edit. Bedjan）——“按照蒙古人的习俗，在他们的父亲拖雷可汗（Tūli khan）的众妻中，Dōkūz 可敦，一位虔诚的基督徒，被赐予旭烈兀（Hūlāku）为妻。她提高了所有基督教徒的声誉。”（p. 491）——当巴格达（Baghdad）被蒙古人占领时，那里的基督徒免遭死刑和酷刑（p. 505），因为“旭烈兀宽宏大度、智慧并且具有高尚的品德”[3]，而他的形象已被现代作家涂抹得黯淡无光，几至无法辨明：“1576 年（公元 1265 年）大斋期临近时，王中王旭烈兀离开了人世。没有人在智慧、宽宏大度和高尚的品德上可以与他相媲美。夏季，Dōkūz 可敦[4]，这位虔诚的皇后也去世了。全世界的基督徒都沉痛哀悼这两位基督教的重要人物的逝世。”（p. 521）——上述 Dōkūz 可敦之前还有一位信仰基督教的皇后，即 SarkūtiBag[5]。她是成吉思汗的儿子、蒙古帝国王位的继承者拖雷可汗的妻子，“一位像海伦一样虔诚的信徒”并且“非常有智慧”。她是有 Prester

〔1〕 Barhebraeus, Chron Syr., pp. 228 - 229 (edit. Bedjan), cf. Assemani, B. O., iv 487.

〔2〕 参见志费尼的《世界征服者史》（in Gibb Mem.），第二卷第 247 页至 248 页，以及上引拉施德的《史集》第 273 页。他的继承者蒙哥可汗笃信基督教可以从书中下列词语得到证实：“耶稣教的信徒和捍卫者。”拉施德也证实贵由可汗本人信奉基督教，见《史集》，第 249 页。

〔3〕 以我们的道德标准来判断，旭烈兀无疑是残暴的，但蒙古人的道德标准与我们的不同，甚至与早期欧亚帝国的以及被我们称作先知的人们所订立、实行的标准也不同。Barhebraeus 作为见证者所作的陈述不能被彻底否认。

〔4〕 关于 Dokuz 可敦，见《史集》第 200 页（Gibb Mem）。

〔5〕 参见拉施德，《史集》，第 89 页和第 222 页等。

John 之名的克烈部 Ung 汗的侄女，还是下述几位王子和皇帝的母亲：蒙哥可汗、忽必烈可汗、旭烈兀可汗和阿里不哥（Arig Bōga）（pp. 465 和 488）。

第 481 页：基督徒 Kaddak 是贵由皇帝的大臣[1]。第 528 页：一位修士成为穆斯林，于是基督徒和穆斯林之间发生了一场骚动，但是基督教徒得到北美索不达米亚信仰基督教的蒙古统治者的支持。——第 529 页：那些蒙古基督教徒支持 Arbel 的基督社团反对穆斯林，在棕榈主日举着十字架和旗帜进行游行。——第 535 页：忽必烈可汗的使者是回鹘贵族，也是基督徒。——第 539 页：皇后 Kutai 可敦要求 Marāgha 的基督教徒们用带有十字架的长矛借助求雨仪式结束寒冷的天气。——第 543 页和 554 页：基督教徒获得美索不达米亚北部的统治权。——第 547 页：复活节时阿八哈（Abāka）皇帝去了教堂。——第 569 页：政府中所有的职员或者是基督教徒，或者是犹太教徒，没有一个穆斯林。——第 578 页：伊利汗-阿鲁浑（Ii-Khān Arghūn）派下文要提到的拉班・扫马（Rabban Sauma）使团去寻求教皇和西方基督徒国王的支持来共同对付伊斯兰教。——第 593 页：拔都（Baidu）皇帝在成为穆斯林之前，曾在军帐里摆设了为做弥撒用的圣坛和铃，并且佩戴十字架。

（k）

现在我们来看看这本非常有趣的书《马尔・雅巴拉哈的历史》（Deus dedit = Deodatus）。它对于研究 13 世纪基督教在中国、中亚和蒙古的历史情况具有极为重要的价值。1888 年该著作由 Bedjan 在莱比锡发表。1895 年又由他再版。该史书以下述事实为依据：

“公元 13 世纪上半叶一位名为扫马的基督教徒在北京出世。成年后，他成为中国景教大主教乔治手下的修士。7 年后，他离开家乡过着隐居的生活。后来他心中充满抱负，不久另一位叫作马科斯（Marcus）的基督徒跟随着他。马科斯 1244 年出生在东胜（Kaushang），在另一位景教大主教的手下接受修道服。他们隐居一段时间后，一起离开祖国去耶路撒冷朝圣，途中经过西夏（唐古特，Tangut）、喀什噶尔（Kashgar），Tūs 和 Marāgha。然后马科斯以雅巴拉哈之名被确立为中国大主教；他的朋友和同事扫马被任命为总管。两年后雅巴拉哈成为景教总主教，在 32 年漫长的任职期间，看到 8 位蒙古伊利可汗先后继位：阿八哈、阿合马、阿鲁浑、乞合都、拔都、合赞、完者都和不赛因汗。”

---

〔1〕 参见志费尼，《世界征服者史》，第一卷第 200 至 201 页，尤其是拉施德的《史集》，第 249 页。

1287年8月阿鲁浑可汗和这位总主教派出了以扫马为首的使团去访问教皇尼古拉斯四世(Nicholas Ⅳ)和欧洲的基督徒国王[1],为了和他们结成同盟共同对付穆斯林。使团所作的非常有趣而又生动活泼的游记足以说明景教在遭到致命打击削弱为不足几十万人的教派之前,一直处于强盛的扩张时期。从那以后,景教逐渐衰败,现在它已成为一个仅拥有4万难民的神秘团体,大部分信徒定居在伊拉克新国的摩苏尔城附近。

(Ⅰ)

这里我们不打算长篇累牍地引用西方旅行家和探险家的游记,但为了详细说明叙利亚史学家们的记载,证实叙利亚宗教会议的消息,我们不得不简明扼要地提及几位重要的西方旅行家,如著名的马可·波罗、鲁布鲁克和卡宾尼。

马可·波罗提到了这些地区的景教徒:(a) 喀什噶尔,他们人数众多,并且“有自己的教堂”[2];(b) 在撒马尔罕,忽必烈皇帝的叔叔成为基督徒,因此基督徒新修了一座大教堂纪念施洗者约翰(i. 184－185);(c) 在莎车(Yarkand)(i. p. 187);(d) 在唐古特(i. 203);(e) 在Chingintalas (i. 212);(f) 在肃州(Sukchur),约一半居民属于他们的教会(i. 217);(g) 在甘州(Kanchou),他们拥有“三座庄严华丽的教堂”;(h) 在Erguil和Sinju(i. 274);(i) 在喀喇汗国(Calachan),他们有“华丽的教堂”;(j) 在Tenduc,“该省的统治权掌握在基督徒手中”(i. 284);(k) 在中国(Cathay)(i. 285);(l) 在Yachi(ii. 66);(m) 在Cacanfu;(n) 在扬州(Yangchau),那里有三座教堂(ii. 154),最后在Chinghianfu (ii. 177)。

修道士William在他所游历的国家中也见到景教徒。他在Karakhata也遇到他们,他还注意到那里被称作乃蛮(Nayman)的突厥语民族的可汗是景教徒[3];萨图克(Sartach)皇帝“身边有许多景教神父,弹奏乐器,歌功颂德”(参见上引Rockhill的英文译本,p. 116);“回鹘人中的景教徒在礼拜仪式中使用回鹘人的语言,并用其文字著书;在他们所有的城中都有景教徒与他们混居。”(同上,p. 141);“回鹘人采用景教徒的字母表”(同上,p. 150;此话出自卡宾尼);“景教徒是蒙古人的抄写员”(同上,p. 150);“在中国的十五座城市中有景教徒,而且在西京(Segin)城中有一个主教辖区”(同上,

[1] 使团到英格兰的记载见Bedjan的第二版第72页至73页。

[2] 《马可·波罗游记》,第一卷第182页。(我们参考H. Yule版,1903,Cordier注)

[3] 关于鲁布鲁克的威廉的旅行有两种记述。卡宾尼的约翰所作由柔克义翻译发表在Hakluyt学会刊物第二编第四期上。

p. 157)；“距 Cailac 大约三里格处，我们发现一个村庄全是景教徒”（同上，p. 159)；“Mangu 皇帝的秘书，名叫 Bulgai，是景教徒”（同上，p. 168)；“这位皇帝的翻译官是景教徒”（同上，p. 173)；在基督教的某个圣日，“穿着法衣的景教牧师们首先出现了，为皇帝祈祷祝福”；“而且皇帝拿出圣餐中的一片面包赐给太子和一位弟弟，他由景教徒抚养长大并且熟知《福音》”（同上，pp. 212－213)；“而且景教徒让我使用带有祭坛的洗礼堂，他们的总主教从巴格达给他们送来用于 antimensium 的方形皮子，而且已涂有香膏”（同上，p. 215)。

现在我们简要地参考一下中世纪其他欧洲旅行家的游记。“在距离中国 20 天路程的地方有个国家，国王和所有百姓都是基督徒，却是被称作景教的异教徒”（Nicolo Conti, Cathay, ii. 165－166)。——“而且在 Iamzai（扬州府）这座大城中有三座景教堂”（Friar Odoric, Cathay, ii. 210)。——“在所说到的中国帝国境内有 3 万多景教徒，而且他们极其富有……他们有富丽堂皇、庄严肃穆的教堂，供奉十字架和上帝及圣徒的像。他们在皇帝手下担任各种官职，并且从他那里获得很大的权利；以至于人们认为，如果他们愿意和大修道士们同心协力，他们肯定能使所有臣民和皇帝一起皈依上帝”（John de Cora, Cathay, iii. 102)。“那些回鹘人是基督教景教派的信徒”（Pian de Carpine in Friar William; passim)。——“景教徒……在中国势力强大，他们甚至不允许其他教派的基督徒拥有很小的教堂”（John of Monte Corvino, Cathay, iii. 46)。

上述引文和后面将要列出的资料已清楚地说明回鹘-鞑靼种族中两支强大的部族：回鹘和克烈〔1〕大部分是基督教徒。基督的福音还渗透到鞑靼部落联盟的另一支有力的盟军：乃蛮，它包括九个强大的部落〔2〕，其中较大的部落居住在塔尔巴哈台（即“塔城”——译者）山区，额尔齐斯河上游以及中国边境地区；其余的在 Ishim 河上游和邻近国家。鲁布鲁克认为他们是基督徒：“一个名叫乃蛮的民族，其人民是景教基督徒。”〔3〕而且波斯史学家给他们附加了“迭屑”（Tarsa）这个修饰语，如下文所提到的，意为“基督徒”〔4〕。

部落联盟中第四支可能信奉基督教的部族是蔑儿乞（Merkites），一个可能带有蒙

〔1〕 拉施德（d'Ohsson, i. 48）错误地认为克烈人在成吉思汗时代皈依基督教。见上文。

〔2〕 Howorth 的《历史》，ii. 8；d'Ohsson, i. 167. 1212 年一位信仰景教的乃蛮王子“篡夺王位自立为可汗”。参见 Rockhill 的英文译本，第 110 页。

〔3〕 参见 Rockhill 的英文译本，第 110 页。

〔4〕 同上书，第 17 页。

古血统的回鹘语游牧民族。他们分为四大部分,居住在色楞格河下游及其支流地区。鲁布鲁克[1]已证实他们信仰基督教。他们不同于克烈人,卡宾尼[2]认为他们与蔑儿乞也不同,他们和蔑儿乞一起共同构成了蒙古种族的四个"民族"。

后面我们还要给出证据证实突厥语部落的第五部分,乌梁海部落(Uriyān-gakit),是基督教徒,而且1298年他们有位信仰基督教的王后。

我们可以不涉及中国和伊斯兰史学家的观点,但是不可避免地要援引一位权威作家,即 Ali ibn Rabban at-Tabari 的著作,他是著名的医生,Mutawakkil 哈里发(847—861)的座上客。他把一些史学家和宗教会议所关注的回鹘人的基督教信仰与亚美尼亚人、希腊人以及欧洲法兰克人的信仰相提并论,他那句有名的话是这样说的:"……将用矛和剑挑起的战争远播至希腊人、法兰克人、游牧的土兰人以及亚美尼亚等人的国家。除了这些国家,在回鹘人中会有什么基督徒,如果不算散布在其中的那些渺小卑鄙的景教徒?"[3]

在这里这位穆斯林的辩护者,又是英勇而不幸的 Tabaristan 的 Māzyār 的前任秘书,明确指出伊朗人和中亚人之间的区别。后者大部分人是穆斯林,他简称为"突厥语人群"(Turks);但是对前者,因为信仰基督教,便使用了"突兰人"(Turaians)这个蔑称,这是一个民族主义的"伊朗"波斯人在提到突厥语人群时也可能使用的名称。

2. 宗教会议和主教辖区

这里我们将列举阿姆河两岸诸国的主教辖区。如果一座城市被认为值得提升为主教辖区,甚至大主教辖区,那么就不能否认在该城中或者周围有着相当数量的基督教徒。这里我们甚至不可能粗略地估计出从近代波斯的中心远到亚洲大陆最东端的广大地区里在古代曾生活的基督教徒的数量,而且凭借我们所掌握的资料也很难做出估计。但是可以毫不夸张地说,在这广大地域内几乎每个地区都散布着基督教徒,而且在某些城市和地区他们拥有很强的势力。他们人数的多少很可能是由一个地方作为商业中心或商队必经通道的重要程度决定的。我们可将该区分成两大地理区域:(1)河西岸地区;(2)河东岸地区。第一区域内的主教辖区按字母顺序排列如下:

---

〔1〕 d'Ohsson,《历史》第一卷第54页;Howorth,参见 Rockhill 的英文译本,第22、698页。

〔2〕 参见 Rockhill 的英文译本,第111页。

〔3〕 A. Mingana,《宗教与帝国书》(*Book of Religion and Empire*),第156页。

A. 河 西 岸

Abīward 或 Bāward,该区在木鹿沙漠边缘呼罗珊的西北部。公元 554 年的 Joseph 宗教会议上提到该区的约翰主教(《东方会议纪要》,p. 366)[1]。此教区还包括邻近的 Shahr Phirūz 城。

Abrashahr, 在呼罗珊地区,现代的 Naishapur 城就建在该区内。Abrashahr 又叫作伊朗城(Iran Shahr)。424 年的 Dadishō 宗教会议提到了该区的大卫主教(p. 285),497 年的 Babai 宗教会议还提到该区另一位主教约翰(Yohannis,pp. 310, 311, 316)。就在前一年该教区范围扩大,包括 Tūs 城在内。它有别于在 Mūkān 以 Hamshahrah 之名为人熟知的另一 Abrashahr。见 Le Strange 的著作《东哈里发国家的土地》(Lands of the Eastern Caliphate), 第 176 页。

阿姆尔(Amul)[2],在 Tabaristan 境内,Damawand 以北。554 年的约瑟夫(Joseph)宗教会议提到其主教 Sūrin(p. 366)。

阿尔兰(Arran),在阿拉克斯(Araxes)河和库拉(Kur)河以北,里海以西地区。420 年雅巴拉哈宗教会议提到其主教(pp. 276, 619)。

Badisi, 或 Bādhgis,该区在赫拉特(Herat)以北。它是哌哒-突厥可汗的领地。585 年 Ishō‘-Yahb 宗教会议提到其主教 Gabriel(p. 423)。

Bist(或 Bust),该城在 Sijistan 境内 Helmund 河附近。544 年 Aba 宗教会议提到其主教 Sergius(pp. 343－344)。

Būshanj,在赫拉特以西,哈里鲁德(Harirūd)河附近。585 年 Ishō‘-Yahb 宗教会议提到其主教 Habib。

Dailūmāyé(Beith),该省在里海附近。早在 225 年它已是主教辖区[3]。Sachau[4] 认为这是指 Dailamistan,但是根据 Yākūt(Mu‘jam, ii. 711, edit. Wüstenfeld),它是 Shahrzūr 附近的村庄,曾是萨珊国王们休憩的地方。

Farah,该城在 Sijistan 境内 Helmund 河附近。544 年 Aba 宗教会议提到其主教 Yazd-Afrīd (pp. 343－344)。该教区后来与该城东南部的 Kash 城教区合并。

---

〔1〕 除另作说明,所有资料都来自《东方会议纪要》(Synodicon Orientale)。

〔2〕 它不是阿姆河左岸 Merw 城东北约 120 英里处的那个阿模尔城。参见 Le Strange 的《东哈里发国家的土地》(*Lands of the East. Caliph*)第 403 页至 404 页。

〔3〕 Mshiha-zkha,见 A. Mingana,《叙利亚语史料》,第一卷第 30 页。

〔4〕 Ausbreitung,第 9 页。

赫拉特,该城在呼罗珊,现代阿富汗的西北部。424 年 Dadishō 宗教会议提到其主教 Yazdoi。486 年 Akak 宗教会议提到另一主教 Gabriel;497 年 Babai 宗教会议提到第三位主教 Yazdād;第四位主教 Gabriel 参加了 585 年的 Ishō'-Yahb 宗教会议(pp. 285, 299, 301, 311, 423, 602)。

Jilān(或 Gilān),该省在里海西南岸。554 年 Joseph 宗教会议提到其主教 Sūrin (p. 366)。这里我们要提到 Jilān 的十八位殉道者,他们在沙普尔二世(Sapor Ⅱ)统治时期 351 年 4 月 12 日遇难。(Bedjan, Acta Mart. iv. 166 – 170)。根据 Barhebraeus 记载,使徒 Addai 使戈兰人归向基督。

Jurjān,该省在里海东南岸。497 年 Bābai 宗教会议提到其主教 Abraham;576 年另一位主教 Zāra 参加了 Ezechiel 宗教会议(pp. 301, 311, 316, 368)。

Kādistan,该区在赫拉特附近。585 年 Ishō'-Yahb 宗教会议提到其主教 Gabriel (p. 423)。

Khamlikh,该城在 Hyrcania 的 Khazars 境内,里海附近。'Amr 提到该教区[1],而且 Gismondi 把它错印成 Halah 和 Halih。Sachau[2] 纠正了这个错误,他正确参考了 Yakūt 的《地理词典》,第二卷第 437 页。

Merw,呼罗珊北部的一座名城。424 年 Dadishō 宗教会议提到其主教 Bar Shabba[3];出席 486 年 Akāk 宗教会议的是它的另一位主教 Parūmai;497 年 Babai 宗教会议上是其第三位主教约翰;544 年 Aba 宗教会议和 554 年 Joseph 会议上是其第四位主教大卫;585 年 Ishō'-Yahb 宗教会议上是第五位主教乔治(pp. 285, 306, 310, 315, 328, 332, 366, 367, 423)。

Merw-ar-Rūd,由萨珊国王白赫兰四世(Bahram Ⅳ)所建立,Merw 城往南约四天的路程处。544 年 Joseph 宗教会议提到其主教 Theodore(p. 366)。

Ray,以前是 Jibāl 省东北部的重镇,在现代德黑兰的东南约 30 英里处。424 年 Dadishō 宗教会议提到其主教大卫;出席 486 年 Akāk 宗教会议和 497 年 Babai 会议的是其另一位主教 Joseph;544 年 Aba 宗教会议提到其第三位主教 Daniel。

Rukhut,该城在 Sijistan 境内。544 年 Aba 宗教会议提到其主教(pp. 343 – 344)。

Sijistan,现代阿富汗境内的著名省份。424 年 Dadishō 宗教会议提到其主教阿弗雷

〔1〕 De Pat. Nest. Comm.(edit. Gismondi),第 126、132 页。

〔2〕 Ausbreitung,第 22 页。

〔3〕 关于他,参见 Māri 的《塔之书》第 23 页和 *Chronique de Seert*,第二卷第 253 页至 258 页。

德（Afrīd）；出席 544 年 Aba 宗教会议的是其另两位主教 Yazd-Afrīd 和 Sergius；第三位主教 Kurmah 参加了 576 年 Ezechiel 宗教会议（pp. 285, 339, 343, 368）。

Tūs，呼罗珊的古代首府，其遗址在 Mashhad 西北约 15 英里处。497 年 Babai 宗教会议提到其主教约翰（Yohannis，pp. 311, 316）。从那时起该教区把 Abrashahr 城也包括在内。

Zarang, Sijistan 的重镇，544 年 Aba 宗教会议提到其主教 Yazd-Afrīd（pp. 343 - 344）。

B. 河东岸

这里我们要涉及现代的中亚、新疆、蒙古、中国东北、华北和西伯利亚东南部。可惜，景教的宗教会议对这部分的研究没有任何帮助。因为这些地区远离总主教府，其主教不大可能和他的同事们一起出席宗教集会。其同事的教区靠近萨珊王国以及近代阿巴斯（Abbasid）首府，总主教就住在这里，而且他如同中世纪的教皇一样拥有无限精神权力。确实，'Abdishō' 在其《宗教会议准则》（*Synodical Canons*，第十九章）一书中告诉我们，印度、中国、撒马尔罕的大主教由于路途遥远可以免除参加一般的宗教会议，但是他们必须每隔六年给总主教写封信表示服从管理，反映其教区内精神上和道德上的需求[1]。《会议的官方议程》（*The official Acts of Councils*）因缺乏现代学者感兴趣的材料，也不能提供帮助，所以我们要注意那些会议史学家、通史学家以及偏远地区的主教、大主教与总主教之间的官方信件。

我们认为正是由于遥远的距离使东正教的官方教团在宗教外形以至教义的细节上，与上世纪中叶探险家发现的基督教古碑所表现的有细微的分歧。甚至在那些地位毫不逊于 Mopsuestia 的 Theodore 以及 Narsai 的神父们在礼拜仪式中使用的祈祷文上也可以看到这种分歧。由于环境的影响，偏远地区的主教们远离西方的弟兄而独自奋斗，他们必须尽力协调好自己的精神世界和宗教职责。

萨珊王朝文明地区的叙利亚作家对于阿姆河彼岸遥远地区诸民族的人种特征只有模糊不清的认识，而且对那个地区的地理常识也很贫乏。就此点而言，他们如同许多后起的穆斯林及希腊学者，对那些地区的认识只能用笼统的词语来概括：ma warā, annahr，"河的彼岸"，"河"即阿姆河。据我们所知，直到中世纪后期，即蒙古人迅速席卷并征服文明世界时，未曾有过叙利亚作家提到"蒙古"这一名称。当叙利亚史学家讲到阿姆河彼岸的事件时，通常是指邻近的突厥语人群或匈奴人，因为与他们交往较为密

〔1〕 参见 Assemani, B. O.，第三卷第 347 和第四卷第 439 页。

切。唯独本文献的作者不同于其前代的以及直到蒙古入侵的后代作家，他使用更准确的人种名称“Tatar”来描述他们，后代一些无知的欧洲人却将其改成了源自 tartarus“地狱”的 Tartars（参见 Matthew Paris 那句有名的话）。在蒙古帝国，基督教徒有时被冠以 Tarsa “迭屑”之名，但更经常使用也里可温（Arkägün）这个名称[1]。

除了本文献所提供的资料外，叙利亚文献中最早提到突厥语区域有主教辖区的是《马尔·阿巴生平》（*Life of Mar Aba*），而且我们已引述过该文献，它的年代可追溯到公元 549 年。但是不巧该史学家没有告诉我们新任命的主教所在城市的名字。

当后来整理编辑宗教会议的法律决议的人提到阿姆河彼岸的教区时，只简单地称之为“突厥语区域大主教”，即哈萨克斯坦。该大主教手下可能有许多副主教。我们从这一事实得出此观点：在管辖约 180 位主教的景教高级大主教中，突厥语区域大主教排在第十位，在 Razikāyé［包括 Ray、Kum 和喀山（Kāshān）］、Heriwāné 即赫拉特、亚美尼亚以及中国（秦和马秦）和爪哇大主教的前面[2]，爪哇大主教排在第十五位。

另一方面，根据‘Amr 所整理的珍贵的阿姆河彼岸和远东的景教大主教们的非正式名单[3]（它是按优先顺序排列的），我们得知：第 14 位，中国大主教；第 15 位，印度大主教；第 21 位，撒马尔罕大主教；第 22 位，突厥语区域大主教；第 25 位，汗八里（Khān Balik）和 Fālik 大主教；第 26 位，唐古特大主教；第 27 位，喀什噶尔和 Nuākith 大主教。

‘Amr 认为上述每位大主教管辖 12 位或 6 位副主教，以此可看出景教教会在阿姆河彼岸的实力。

大马士革大主教 Elijah 所列的景教大主教名单[4]，是不够全面准确的，他仅提到撒马尔罕（Samarkand，被写作 Kand）。这位大主教由于远离事件的舞台，对波斯以外教会的准确情况知之甚少。

在中亚和远东，那些如‘Amr 所言可能管辖 6 或 12 位主教的大主教们所在的主要城市有：撒马尔罕、喀什噶尔、Khatai、唐古特和汗八里。下面我们将给出叙利亚文献和涉及基督教的阿拉伯文献中有关这些大主教辖区的史料。

撒马尔罕是古代索格底亚那（Sogdiana）的重镇，位于索格底河畔，布哈拉（Bukhara）以东约 150 英里处。根据‘Abdishō‘（《宗教会议典范》第十五章），此城由总

---

〔1〕 见伯希和，《通报》，1914 年，第 636 页。拉施德《史集》（Gibb Mem.），第 470 页，该词写作 Arkāoun。

〔2〕 Synod. Orient., pp. 619 – 620.

〔3〕 De Pat. Nestor. Comm., p. 73（译本）。

〔4〕 Assemani, B. O., ii. 458 – 460.

主教 Sliba-Zkha(公元 712—728 年)提升为大主教区,然而根据其他权威著作,它是由总主教 Ahai(公元 410—415 年)或者 Shila(公元 505—523 年)擢升的[1],但是我们认为后两个日期太早了。可惜前面所引的总主教提摩太的信件里,也没有提到他所任命的“突厥语区域主教”所在的准确城市。

该区的另一已晋升为大主教区的重要省份是唐古特省。该省曾建立一个国家,中国人称之为西夏。它从公元 1004 年到 1226 年统治着现在的甘肃省和邻近地区,最后为成吉思汗所灭(参见多桑的《蒙古史》,第一卷第 307 页,德译本)。该区教民内可能有相当数量的突厥语人群和蒙古人。它东面和南面与宋朝相邻,东北与契丹接壤,北与鞑靼、西与回鹘相毗邻。该城中基督教徒人数众多,而且前面提到的两位僧侣扫马和马科斯也为他们的宗教热忱作见证:“他们从那里取道唐古特。当城中居民听到神父扫马和马科斯途经此地去朝圣,无论男女老幼,都积极前往拜见他们,因为唐古特人信念坚定,内心纯洁。”[2]我们经常在叙利亚文献中见到其大主教们的名字。例如,‘Amr[3],曾与其他主教一起使雅巴拉哈三世就任圣职,就提到“唐古特大主教”Ishō‘-Sabran[4]。在此我们可以参考前面引述的总主教提摩太讲到有关为吐蕃立主教所说的话,因为这位主教的所在地很可能就是唐古特,那么它升为大主教区可能在公元 8 世纪末,或者大约 790 年[5]。中国境内《大秦景教流行中国碑》中提到的“西安府”可能就在唐古特的管辖下。

景教大主教的第三座重镇是喀什噶尔。它是新疆的著名城市,历史上实际曾是新疆省的最重要的中心。13 世纪由于饥馑和战争,它几乎被完全毁坏,当神父扫马和马科斯路经此地去朝圣时,看见这里荒无人烟[6]。然而我们知道在此四十多年前,约在 1180 年,总主教 Elijah 三世(公元 1176—1190 年)为它任命了两位大主教:主教约翰和他死后继任的主教 Sabrisho‘[7]。

公元 845 年中国皇帝下旨命令所有的僧侣,无论佛教徒,还是基督教徒,都要弃教还俗[8]。然而基督教似乎没有受到很大的影响。因为在一份早期的重要报告中,当时

[1] Assemani, B. O., iii. 346。
[2] 《雅巴拉哈史》, 第 17 至 18 页。
[3] De Pat. Nest. Comm. p. 72.
[4] 关于中世纪后期的唐古特,参见拉施德,《史集》(Gibb Mem.), pp. 597 - 599。
[5] 关于它的准确位置,详见 Bonin,《亚洲杂志》,1900, p. 585。
[6] 《雅巴拉哈史》,第 19 页。
[7] Amr, De Patriar. Nestor. Commentaria, 译本第 64 页。
[8] 见佐伯好郎著《景教石碑》(Saeki, *The Nestorian Monument*), p. 47。

的总主教 Theodose（公元 852—858 年）仍提到撒马尔罕、印度和中国的大主教[1]。

叙利亚文献中没有记载在中国首次设立大主教的准确时间。然而我们确信它的时间相当早。总主教提摩太在他的著作《书信集》中[2]，提到在公元 790 年中国大主教去世了；而且前引的 Marga 托马斯的文章也告诉我们大约公元 787 年中国大主教名叫大卫。这些表明 8 世纪之前中国就是大主教的所在地。如果我们假定不晚于 7 世纪或约 670 年，景教教会就在中国设立了大主教，这个假设与真实的情况也不会相差太远。佐伯好郎教授[3]提出较可信的假设：总主教提摩太任命上述的大卫为中国大主教，接替有名的西安府景教石碑中的景净（Ching-Ching Adam）之位。该著名的石碑建于公元 779 年（关于此日期见下），它所提供的信息也可推出同样的结论。

我们要更进一步介绍基督教在中国的传播情况。我们正在编辑翻译的该文献列举了四位信仰基督教的突厥可汗之后，接着补充道：他们都有共同的称号"Tatar"，其汗国名为"Sericon"（或 Serikon）。我们确信无论该文献的作者是谁，他一定与蒙古和华北的住民有来往。我们在此应留意 Tatar 这个有名的称号。而且：

1. 托勒密（Ptolemy）的地理著作为叙利亚人熟知[4]。他们的地理学、天文学和占星术著作证实了该事实。这位卓越的希腊地理学家的部分著作甚至可能是由塞里吉斯（Sergius）翻译的，他是 Resh‘aina 人，536 年去世[5]。

2. 托勒密的地理著作中有一章专门介绍 Serice 或者 Serike（第六卷第十六章）。据他记载，该国西面隔 Imaus 与西徐亚（Scythia）毗邻，北邻 Terra Incognita，东至东 Terra Incognita，南面与恒河彼岸印度的部分地区以及 Sinae 接壤。在 Cathay[6] 一书所引用的托勒密文中的一个脚注后，编者又加了一条，即这里所说的赛里斯（Serice）毫无疑问主要是指中国西域（参见 Yule-Coudier 整理的书，i. 20 sq.）。关于这点参见刊布在 *C. S. C. O.* 中的叙利亚文地理著作《地理描述》（《Description of the Earth》）的残片（声称是埃及国王 Ptolemy 所作）[7]。在第 211 页讲到，Serikus 国在西徐亚东面，至少包括

〔1〕 Assemani, iv. 439.

〔2〕《提摩太书信》(*Timothei Epistoloe*), p. 109 (in C. S. C. O.)。

〔3〕《中国境内的景教石碑》, pp. 17 - 18。

〔4〕 参见约翰·瑞兰兹科图书馆中第 44 号叙利亚文手稿，还有 Barhebraeus 的著作 *Mnā rath Kudhshe* 中的地理部分等等。

〔5〕 666 年去世的 Severius Sabokht 也可能翻译过该著作。

〔6〕 Yule-Cordier 整理的书, i. 194。

〔7〕 第三系列，第 6 卷，第 202 至 213 页。该著作据称是 6 世纪末 Zacharias Rhetor 作的。

16 座城市。再参见《东方会议纪要》（p. 213），Seriko 民族和西徐亚人势均力敌。

3. 该文献的叙利亚作者对于华北和蒙古使用了最初由托勒密定下的名称，他很可能是在托勒密著作的希腊文或叙利亚文译文中读到的。因为大约到 9 世纪中叶，希腊语成为东西叙利亚学校中的必修课。这些似乎都表明这份叙利亚语文献年代久远，在中世纪甚至中世纪之前就已成书，而中世纪的作家们在书中使用"蒙古利亚"或"契丹"（中国）诸如此类的名称。在叙利亚文献中最早提到中国时写作 Sin，Baith Sinayé，或 Sinistān，如果我没有弄错，时间是在 8 世纪。而且所有涉及这些名称的文献都已经或将要被引述。它们是中国的景教石碑，总主教提摩太的信件和 Marga 的托马斯的史书。最早提到中国的叙利亚作家是 Bardaisan[1]，他称该国为 Sher "Seres"，其人民为 Sherāyé "Sereans"。叙利亚语 Sherāya"丝绸"源自单音节词 Sher，正如拉丁语词 Sericum 源自"Seres"。

我们还要附带说明一下，希腊人称西域和中国为"Serice"（来自 Seres），尽管很明显景教作家并不熟知这个词，而一些西部叙利亚作家却借用了。一本较早的一性论著作[2]称中国人为"Serikāye"；但是关于该点最明白清楚的叙述，莫过于厄德萨的雅各（Jacob of Edessa）[3]，他写道："这时在大亚洲这些帝国开始崛起，但不在印度及其北部，而是在 Seriki 地区，它叫作 Tasishnistan（元音不确定）"。在叙利亚人 Michael 的史书中如实记录了这句话[4]。

中国和美索不达米亚之间的交往始终频繁而活跃。一位国王若想吓唬基督教主教就会威胁说要把他流放到中国[5]，因为往返于波斯湾和中国之间的航船几乎每天都有[6]。

我们认为该文献中的地理名称 Sericon 与萨里库尔没有任何联系。萨里库尔是中国帕米尔的山区，许多旅行家曾讲到它，该区的首府现在是塔什库尔干，距塔喀尔玛（Tagnarma）牧场约 15 英里，在通往喀什的主道上。目前这里居住着来自西亚的操雅利安（Aryan）语的居民。参见 A. 斯坦因的《中国沙漠中的废墟》（*Ruins of Desert Cathay*）i. 89 seqq.，以及 Ella 和 P. Syke 的《穿越中亚的沙漠和绿洲》（*Through Deserts*

---

〔1〕《律法书》（*Book of the Laws*），第二卷第 583 页。另见《托马斯行传》中所谓的"灵魂赞美诗"，载于 Bedjan 的《圣徒殉道记》第三卷第 113 页。

〔2〕In Lagarde's *Analecta Syriaca*, pp. 206 – 207.

〔3〕《少数民族编年史》（*Chronica Minora*）（C. S. C. O.），p. 283。

〔4〕J. -B. Chabot, Chronique de Michel le Syrien ptriarche Jacobite d'Antioche, 第一卷第 120 页。

〔5〕（同上）第二卷第 528 页。

〔6〕（同上）第三卷第 61 和 84 页，以及许多其他作家。

and Oases of Central Asia)，第 148 至 174 页。

公元 1063 年总主教 Sabrisho 三世派主教乔治前往 Siijistan，并从那里去远东的第四个主教区：华北的 KHATAI[1]。

这里需适当评论僧侣马科斯，他是蒙古皇帝阿鲁浑使团的一位英雄，1280 年由总主教 Dinha 任命为契丹(Khatai)和 Ong(Hwang?)的大主教[2]。当时该教区包括华北部分地区和东北，可能也包括称作黑契丹(Kara Khitai)的部分回鹘人和蒙古人[3]。在一些语言中，该名称与 Khata 或 Cathay 一样指称华北甚至全中国[4]。仅依据叙利亚文史料我们无法确定该教区所在城市的名称和位置。如果我们没有被误导，11 世纪以前 Khatai 没有大主教。公元 1254 年鲁布鲁克(in op. sup. laud.，pp. 244)提到中国主教。在 Barhebraeus 的《叙利亚编年史》，志费尼的《世界征服者史》(Gibb Mem. i. 15 等)和拉施德的《史集》(p. 328，等)中，Khatai 大致相当于华北。有关黑契丹的界线，参见拉施德的《史集》(p. 397)。

中国的另一主教区是哈密(Kamul)城，叙利亚文献中记载有它的名字，1266 年其主教约翰参加了总主教 Dinha 的授职典礼[5]。在蒙古语中该城叫作 Khamil，汉语中作哈密(Hami)。关于该城参见 Yule-Cordier 的《马可·波罗游记》(第 1 卷，p. 211)。

这里我们要回顾景教总主教雅巴拉哈三世的生平。我们已多次提到他有意义的一生，他出生在中国，在陕西北部东胜(Kaushang)[6]长大，他一生的挚友和同伴扫马是汗八里人，有人认为它是现在的北京。然而'Amr[7]认为总主教出生在上文讨论过的 Khatai。

根据'Amr 的名单，第五座大主教区是 KHAN BALIK 和 Fālik。Sachau[8]认为汗八里(Khān Bālik)就是彰八里(Jān Bālik)(在阿拉伯文中只是一个小点的简单变化)，Bonin[9]认为它就是乌鲁木齐，从中国通往伊犁(Kulkja)北道上的一座城市，新疆的行政首府；它又称作别失八里(Bish-Bālik)。另一方面，Sachau 把 Al-Fālik 校正为 Al-Bālik(=Ili-

[1] 见 Māri 的《塔之书》，译本第 110 页。

[2] 见《雅巴拉哈史》，第 28 页至 29 页。

[3] 《雅巴拉哈史》，第 29 页。

[4] 参见 W. Yule-Cordier，《马可·波罗游记》，第一卷第 11 页以及 A. Stein，同上，1920 年 H. Cordier 的《注释和补编》，第 53 至 54 页。

[5] 'Amr，同上，第 70 页。

[6] Vie，p. 9.

[7] De Pat. Nestor. Comm.，p. 71.

[8] Ausbreitung，p. 22.

[9] 《亚洲杂志》，1900，第 587 页。

Balik），而且 Bonin 认为它是阿力麻里（Almalik，即现在的霍城——译者），Marquart 在其著作（*Osteurop und Ostas Streifz*，p. 498）也持此观点。对此参见拉施德的《史集》（p. 470）。

'Amr 在名单中提到的 Nuākith（=Nawākāth）主教区在中亚境内，阿拉伯地理学家 Ibn Khurdadbih 和 Kudāmah[1] 也提到该点。而且 De Goeje 记录了从塔拉斯（Tarāz）到那里的路线；巴托尔德（W. Barthold）在其专题报告"Zur Gesch. des Christentums in Mittel-Asien"中也指明了这一路线[2]。参见 Marquart 的 Eranshahr，p. 82。

建于公元 779 年（关于此日期见下文）的中国景教石碑上记载有一位主教约翰的名字，可惜没有提到他所在的城市。而且鲁布鲁克讲到 Segin 城内一个景教主教团管辖的教区，通常这座城被认为就是西安府（Hsi-an-fu），8、9 世纪中国的基督教中心。有人认为 13 世纪时该城不叫作"西安府"，而是它的古名"长安"，威廉所说的 Segin 即源自该名。但是有人对该城中的主教区提出异议，其理由是如果城中有主教，那么前面的马尔·雅巴拉哈和拉班·扫马使团从陕南的汉中去西亚途中应拜访他。这是所有争论中最站不住脚的论据。难道这两位前往耶路撒冷朝圣的僧侣不能自由选择最适合自己计划的路线吗？难道他们在游记中恰巧没有提到的主教我们就可以认为是不存在的吗？

景教教会的活动也延续到这段值得纪念的时期。Barhebraeus 在古希腊历 1590 年（公元 1279 年）记载了下列事件："这年呼罗珊 Tūs 城的主教是位名为西门（Simeon），姓为'Kālij 之子'的人。大主教 Dinha 擢升他为中国的主教，但他在去中国之前就表现出对大主教的反抗。于是大主教去阿塞拜疆（Adhurbaijan）的 Ashnu（Ushnaj）城，命令主教到他那里去一趟。[3]"

《印度历史》[4] 这份文献告诉我们，1503 年景教总主教 Elijah 五世晋升了下列大主教：雅巴拉哈，Dinha 和雅各，并且派他们去印度、中国和爪哇。

3. 遗迹和碑铭

这里仅就叙利亚文史料，做如下分析：

A. 大秦景教流行中国碑（西安府碑）

以对非常著名的西安府石碑的研究作为这部分内容的开始，是再合适不过了。自

[1] 《圣经地理》（*Bibliotheca Geograph.*），阿拉伯语，Goeje 编，第六卷第 28，29，205，206 页。

[2] In op. suprà. laud.，p. 157.

[3] Chron. Eccles，iii. 449.

[4] Assem. B. O.，iii. 591，sq.

从该石碑于1625年3月在盩厔城附近出土以来，许多评论家已对碑文进行了编辑、翻译及评介。据我们所知，这方面最新最完备的著作是佐伯好郎教授的《中国境内的景教石碑》(S. P. C. K. 1916)。据此书，我们试图就石碑中叙利亚文部分做如下分析：

(a)

(第265页，第5，14行)[1]杰出的学者们已写过许多文章来讨论石碑的修建时间，即希腊历1092年。与总主教Hnānishō去世的时间对照来看，该碑是在他在任时修建的。我们认为可用下列方式解决历法换算方面的困难：

叙利亚学者都知道这一事实：按照叙利亚教会的算法，古希腊历元年是从公元前309年至313年间开始的。但通过对叙利亚编年学家及史学家著作的仔细研究，我得出这样的结论：从给定的古希腊历日期减去311年不一定能得出可靠准确的公元纪年，这要视具体情况而定。因此，碑文中的古希腊历1092年可能对应公元779年至783年中的任一年份。Assemani及以后的一些史学家同意'Amr[2]的观点，他认为Hnānishō'总主教逝世的年代是古希腊历1089年，但是这位著名的信奉基督的阿拉伯作家所提供的日期并非总是完全可靠的，他在把复活节的日期换算成希腊历时就算错了。然而令人高兴的是年代学家Nisibin的Elijah给我们提供了伊斯兰历纪年，把我们带出希腊人纪年的复杂迷宫。据他记载[3]，Hnānishō'在伊斯兰历159年上任，任满四年后逝世。因此他应逝世于伊斯兰历163年。是年，提摩太继任(Elijah，同上，p. 184)。伊斯兰历159年始于公元775年10月31日，伊斯兰历163年始于公元779年9月17日。Māri[4]认为提摩太于伊斯兰历162年赴任。但我认为他犯了个小小的错误，用这个事实很容易解释清楚：伊斯兰历162年始于9月28日，也就是说，比景教教历第二年的开始只早两天，景教教历这年开始于9月30日黄昏或10月1日前夕。

Hnānishō'死后总主教职位空缺一年多，'Amr所提供的这则消息似乎毫无根据。确实，Barhebraeus[5]、Māri[6]、Elijah[7]等史学家一致认为提摩太晋升总主教(尽管有些暗中进行的意味)延迟了2到4个月，这是在东方选举总主教的正常停留期限。而且

[1] 参见佐伯好郎的著作。
[2] De Pat. Nestor. Comm., p. 37.
[3] Opus Chronologicum in C. S. C. O., Vol. vii. of the 3rd series, p. 183.
[4] De Pat. Nestor. Comm., p. 63.
[5] Chron. Eccles., ii. 166.
[6] De Patriar., p. 63.
[7] 同上。

所有史学家都同意 Hnānishō' 任满四年总主教。

确定了 Hnānishō' 逝世的准确年代,接着我们该解决公元 8 世纪古希腊历与伊斯兰历换算的问题。我们很高兴可以通过绝对正确的资料用可靠的方法来解决该难题。存于约翰·瑞兰兹图书馆的第四号叙利亚文手稿涉及《圣经》以及礼拜仪式事项,它是由一位中国抄写者根据存于北京的景教原稿抄录而成的。它可能最初就在那里写成,或更有可能是景教石碑中提到的传教士从中东带到那里的。因为它比该碑的建成只早 28 年(见下文)。幸运的是,手稿的末页上既注明了希腊纪年又有伊斯兰历年代。希腊纪年是用字母而不是用数字标明的,所记的希腊年代 1064 年与伊斯兰历 134 年相对应,它也是用字母而不是用数字表示的。这无疑证明了 8 世纪美索不达米亚和中国的景教徒用公元前 313 年,而不是用 310 或 311,甚至 312 年来换算古希腊纪年,因为只有从古希腊历 1064 年减去 313 年才得到伊斯兰历 134 年。这一及时发现使景教石碑所记的古希腊历 1092 年对应于公元 779 年,即总主教 Hnānishō' 逝世的那年。因此西安府的景教石碑建成于 779 年,而不同于现在所认为的 781 年,这样石碑的年代与 Hnānishō' 总主教的逝世时间相吻合。

(b)

(第 267 页,第 1 行)碑文第一行写着"约翰,执事和 Yadha"。人们把最后一词译成"和秘书"。这样的叙利亚语词是不存在的,而且我们认为这种译法是不可取的。Yadha 是 Ihidhāya"僧侣"一词的缩写,常出现在文章的首行。该词在该行采用缩写形式,是为了给叙利亚文后面的汉字留下空间。因此上面那行应译作"执事和僧侣约翰"。

(c)

(第 265 页,第 17—18 行)碑文中提到神父 Yazdbōzid 的名字,他是 Tahuristan 的 Balkh 城神父 Miles 之子,当时做 Kumdan(长安)的主教。叙利亚作家在人名后附加波斯语词缀 Sitān,来说明他出生、成长或生活在波斯东部,而不是波斯西部。波斯西部的叙利亚人使用"Beith Tahūrāye"这一词组来表示"Tahuristan"。无疑,石碑中以叙利亚语名记录的基督教传教士即使不是全部,也有大部分是波斯人。确实,景教教会大部分成员以及中坚分子总是来自我们今天称作"波斯"的这个民族。

B. 墓　碑

公元 1885 年,几位俄罗斯探险家首先发现西伯利亚南部俄省七河(Semicyecnensk)或比什凯克(Pishpek)与托克马克(Tokmak)城附近俄罗斯所属中亚地区的约属 13、14 世纪的两个景教公墓。据我所知,自那年起有 630 多块有叙利亚铭文的墓碑或被拍照或被送到了欧洲重要的博物馆，主要送到俄国。1886 年、1888 年和 1896 年 D. A. Chwolson 教授承担它们的解读工作，已将三部连续的著作交给圣彼得堡科学院。这些珍贵的著作奠定了后来研究的基础，其中俄罗斯学者 Kokowzoff 的报告最有价值，最为详细。迄今所发现的墓碑最早不超过 9 世纪中期，最晚约属于 14 世纪中期。参见《亚洲杂志》（第九编），1896 年，第八卷第 428 页和 *ZDMG* 第十四卷第 520 页至 528 页上 Nöldeke 的文章。

十字架形的墓碑在内蒙等地（《亚洲杂志》，（第九编），1896 年，第八卷，第 428 页至 429 页）也有发现，而且该国可汗 Nayan 是位基督徒，在他的旗帜上印有十字架。

上述碑文中所记日期采用景教教会的古希腊历纪年和突厥语-蒙古的十二生肖纪年：鼠、牛、虎、兔、龙、蛇、马、羊、猴、鸡、狗和猪。

在那个被世人遗忘的角落里的基督教社团肯定相当庞大，因为在 Chwolson 所刊布的约 300 人的墓碑中有 9 位副主教、8 位教会的法学和《圣经》翻译博士、22 位访问者、3 位评论家、46 位学者和一批数目惊人的神父。

该基督教团的人名对于研究突厥语人名学非常有意义。你会不时发现一些人名有希腊词源而不同于《旧约》和《新约》中的人物的名字，它们的独特之处在于 Kushtanz 的使用，Chwolson 认为它与 Constance 一样，是变化的复合词中的第二个词，所以我们常遇到这样的名字，例如 Mary Kushtaz、Rebecca Kushtanz、Saliba Kushtanz 等。这些人名的另一特点是叙利亚语抽象名词和具体名词的并用，显然这是由于该地区基督教教名贫乏而造成的。我们发现 Shlāma（“平安”）、Taibūtha（恩惠）、Shilya（宁静）、Shliha（“使徒”或“赤裸者”）、Simha（“光”）、Pisha（逾越）。有些人名还与他们或其父辈来自的国家有关。一位妇女名叫“中国人 Terim[1]”，一位神父名为“回鹘人 Banūs”，而且一位教外人名为“印度人 Sāzik”，另一位是“喀什噶里的 Kiamta”，还有一位是“蒙古人 Tatta”；另一位 periodeuta“Sāh-Malik”是 Tūs 城乔治的儿子；还有 6 人与“阿力麻里”城有关。所有这些人名暗示着中亚、远东地区信仰基督教的不同民族间保持着密切往来。如果没有这样的交往，我们就无法满意地解释这个事实：在一个公墓里同时葬有来自中国内地、印度、新疆、中亚、蒙古、中国东北、西伯利亚、波斯的人。

为了使读者对这些重要的墓碑有所了解，我们将列出其中五方墓志铭译文：

（Chwolson, Vol. iii. 18, No. 66）：“1623 年，猪年。可敬的长者神父彼得之墓。”

---

〔1〕“Terim”这个名字在碑文中经常出现，无疑是新疆著名的 Tarim“塔里木”河的名称的变体。

（Chwolson，Vol. i. 14 和 Vol. ii. 55）："1627 年，龙年，突厥语为'Lowū'。著名评论家和教师 Shliha 之墓。他用智慧之光照亮所有的修道院，他是令人敬畏的智慧的评论家 Peter 之子。他声如洪钟。愿我主将他纯洁的灵魂归在义人和神父们之中。愿他享受一切天上的福乐。"

（Chwolson，Vol. iii. 16，No. 52）："1616 年，突厥语纪年蛇年。蒙福的长者、优秀的神父、副主教 Sabrishō'之墓。他为教堂作出突出贡献。"

（Chwolson，Vol. iii. 14，No. 47）："1613 年，蒙福的长者、神父 Isaac 之墓。他为该城作出许多贡献。"

（Chwolson，Vol. iii. 16，57）："1618 年，羊年。信徒 Jeremiah 之墓。"

C. 有关礼拜仪规的文献残片

（a）

1905 年德国探险家冯·勒柯克在新疆发现《景教每日祈祷书》和《礼拜仪规》的部分残页。沙绍（Sachau）已将它们编辑并翻译发表在 Sitzung. d. kon. Preus. Akad. d. Wissen. 1905，pp. 964－973。

沙绍已证实大部分段落出自景教徒 Gazza 和 Hudhra 之手，并且确认这些有意义的文献中使用的字体属于 10 或 9 世纪，后者可能较前者更准确。沙绍所不能确定的段落在教会崇拜仪式书的许多手抄本中也有发现，甚至有些在 Bedjan 所出版的 *Breviarium Chadaicum*（巴黎，1886）一书中也得到证实。

（b）

在上引刊物第 973—978 页沙绍还发表了勒柯克在新疆的另一发现，它是一叶粟特语叙利亚文的基督教论说文文献。粟特语是中亚的中古波斯方言的一种。

还有一些比这个更重要的粟特语残片，也是用叙利亚文书写的，由 F. W. K. 缪勒发表在下面将讲到的《论文集》中。在该刊物第 87—88 页中还有用叙利亚语和叙利亚文写的《信经》，它是景教的官方书，一般认为是尼西亚公会的牧师们所写的。

（c）

与上述发现同样重要的是存于约翰·瑞兰兹图书馆的第四号叙利亚文手稿。它是 1727 年之前由中国人抄在中国纸张上的一个抄本，是一部关于古代叙利亚《圣经》和宗教仪规的书，1727 年仍保存在一位在北京的清朝官员手中。

中国抄写者所依据的原稿显然仍在中国。它标明的日期是希腊历 1064 年，伊斯兰历 134 年，在 Nisibin 大主教 Cyprian 在任期间写成。在题记中出现 Nisibin 大主教的名字,这似乎表明把原稿带入中国的传教士中至少有一位是在东叙利亚教会那个著名教区的管辖下。关于该手稿的详情参见《约翰·瑞兰兹图书馆叙利亚文手稿简要目录》。它既不是完整的《圣经》,也不是全面的礼拜仪规书,更不是纯粹的崇拜仪式书,它吸收了三者的精华,融《圣经》、礼仪、日祷为一体,便于传教士随身携带,满足他的各种需要。

(d)

在 Diarbekr 的 Chaldean (Nestorian Uniate)主教区的图书馆里有一本蓝底金字的《福音书叙利亚文文选》。Pognon[1] 发表了该文献的题记,文献的题记说明它完成于希腊历 1609 年(公元 1298 年),是献给皇后 Arangu 的,她的弟弟是信仰基督教的回鹘人 Ganatu-Uriyang 的可汗乔治。Blochet[2] 也讨论过该题记并且得出结论:这个名称代表着被称作乌梁海(Uriyān-gakit)的突厥语部落的强大联盟,而且 1298 年他们肯定已经成为基督徒[3]。

上面那位可汗可能就是马可·波罗所说的乔治可汗以及孟高维诺(Monte Corvino)提到的约翰可汗。1298 年他在蒙古遇害(《文选》正是在这年抄写的),留下了一个受孟高维诺之洗的婴孩。参见伯希和的著作,《通报》1914, p. 632 sq. 和《中国》, 196, iii., 15 (edit. Yule-Cordier)。

这里我们还要提到另一《景教福音文选》,Blochet 在巴黎所藏波斯语文献目录中叙述过它,它是公元 1374 年在撒马尔罕写成的。

最后我们不要忽视这个事实:中世纪在中亚、波斯和美索不达米亚有许多突厥语和蒙古语基督徒,景教赞美诗作家为了自己在蒙古人中的特殊利益,迫不得已写了许多赞美诗。因此,景教著名赞美诗人 Khāmis 谱写了 *Soghitha*,以"玛利亚之子降生在我们中间"开头,采用一行叙利亚文一行回鹘文的交替形式。下面还要提到的这首赞美诗也被收入 Khāmis 的其他手稿中。例如,参见 Wright 和 Cook 合著的《剑桥叙利亚文文献目录》,第二卷第 693 页。

(e)

在新疆吐鲁番附近出土的文献中有一些是该区景教社团所用的《福音文选》的残片,有的完整,有的残缺。这些吟诵诗一般与美索不达米亚和波斯的官方景教教会的完

[1] *Inscriptions Semitiques*, p. 137.

[2] 《蒙古史导论》(*Introduction al Histoire des Mongols*), 第 181 页。

[3] 参见拉施德,《史集》(Gibb. Mem.), 第 385 页等。

全一致。这些残片的年代不可能晚于10世纪,它们大部分是用叙利亚文写的,但是所用语言是中古波斯语的粟特方言,其中夹杂着一些叙利亚语句子。F. W. K. 缪勒对它们进行了整理和翻译,发表在前面提到的*Abhandlungen d. Preus. Akad. d. Wissen.*(1912, 1-111)。它们中有16处引文出自《马太福音》,19处引自《路加福音》,15处引自《约翰福音》,3处引自《哥林多前书》,1处引自《加拉太书》,而且与景教教会所用圣文完全一致。Burkit在其有趣的简短著作《摩尼教》中把该粟特语文选与景教官方用书进行了比较,见《摩尼教》,1925, pp. 121-123。

D. 摩尼教文献

这里我们不打算提到俄、德、法、英等国科学考察团近几年在中亚发现的所有摩尼教文献。P. Alfaric已在其指导性著作《摩尼文》(*Les Ecritures Manichéennes*, Vol. i, 1918, Vue Générale, 和Vol. ii., 1919, Etude Analytique)中对它们进行了全面列举和分类。Alfaric之后的唯一权威著作是勒柯克的《中亚晚期佛教》(*Die Buddhistische Spät. in Mittelasien*,1923)。然而我们只参考那些用叙利亚文写成并涉及基督教信仰的文献,因为这表明景教徒对摩尼教徒产生的影响。有些在前面已提到,其余的做如下划分:

(a)

1904年C. Salemann翻译了一份文献,发表在圣彼得堡皇家科学院的学报上。该文献是在吐鲁番出土的,约属9世纪,用汉字和叙利亚文写成。该叙利亚文残片非常重要,因为它的作者参考了现已失传的其他摩尼教著作。

(b)

在我们所研究的领域内最重要的作品无疑是F. W. K. 缪勒的*Handschriften-Reste in Estrangelo-Schrift aus Turfan*,发表在普鲁士科学院的《论文集》1904, pp. 1-117,第一部分八年后发表在同一刊物,而且上文C(e)中也提到了。

需要特别说明的是在残片的第34—37页中记载的耶稣受难和钉于十字架上的故事,而且其中所出现的《福音书》中的人名都使用了其叙利亚语形式。还须注意的是第70—73页上的摩尼教Sanctus中,表示"神圣"的词是叙利亚语"Kudhsha"的缩写形式"Kdhōsh"[1]。第94页中提到耶稣时,使用了叙利亚语常用词"Bar Maryam","玛利亚

〔1〕 在一份文献的第87页,"Turan"一词指突厥语人群。如果对这些文献的断代是正确的,那么该粟特语残片可能是最早用"Turaninas"指称突厥语人群的文献之一。

之子”。在景教仪式书中上述 *Sōghitha* 是关于基督教节日的，它以“玛利亚之子降生在我们中”开篇，而且每行都重复使用了这个常用词[1]。

这里我们不得不引用那些涉及耶稣受难和被钉十字架的片段。可惜那些片段残缺严重。我们用省略号表示缺损的地方。它的题目是《十字架受难节录》，开篇第一句话是“他若真是上帝之子”，接着写道[2]：

“彼拉多（Pilate）回答，‘我没有流上帝之子的鲜血’。然后官兵们接到彼拉多的命令：‘严守秘密……’。安息日那天，第一声鸡叫时他显现了，Maryam、Shalom 和 Arsāniyah，还有其他妇女一起带着哪哒香膏来了。走近墓地时，她们……看到亮光……，Maryam、Shalom 和 Arsāniyah 看见，天使对她们说：别在死者中寻找生者。想想在加利利耶稣对你们所说的话，‘他们要交出我并且把我钉在十字架上，但是第三天我将复活’。去到加利利把消息告诉西门和其他人。”

缪勒（同上，p. 109）认为这段叙述和真伪不明的《彼得福音书》一致，这段叙述的第一部分也许确实如此，但第二部分显然不是，而且《彼得福音书》从未对景教产生过影响，甚至在底格里斯河东岸它可能鲜为人知。因此我们认为上段摘录表明摩尼教徒引述了景教的著作。那些人名在形式和语音上带有清楚明显的景教特色，增加了这种观点的说服力。

缪勒[3]翻译了一本有趣的摩尼教赞美诗集的原本。有些诗确实受到基督教的影响，而且用叙利亚语 Ishō‘ Mshiha 表示“Jesus the Messiah”——“耶稣救世主”，它是一个不受那种影响就不会知晓的词组：

“我们愿歌颂你，耶稣，救世主……圣灵，我们愿赞美你……我们愿颂扬上帝……我是永存的圣灵。”

1905 年在吐鲁番北部布拉伊克（Bulayik）出土了一件残片，其中出现 Zawtai 这个名字，它是指使徒约翰之父西庇太（Zebedee）。在东叙利亚人或景教徒[4]中“B”音弱化成“V”，然后又变为“W”，该词于是读作“Zawdai”：

---

〔1〕 最近在东方获得的一件文献标号为 Mingana 129，也认为 *Sōghitha* 是由著名的景教圣歌作家 Khāmis 写的。

〔2〕 缪勒，*Handschrifter Rest.*，pp. 34 – 36。

〔3〕 见缪勒（Müller），《摩尼教赞美诗集之一叶》（*Ein doppelblatt aus einem Manich. Hymnenbucb*），载《普鲁士科学院论文集》，1913 年，第 28 页。

〔4〕 参见 A. Mingana 著《叙利亚语法书》：*Clef de la Langue Araméenne*，No. 3。

"第 18 条圣言—吉言。使徒 zawai[1] 这样说,噢,人子啊,你就像那从远处呼唤她走迷的牛犊的母牛。当牛犊听到母亲的呼唤,急快地奔回她身旁,因而避免了受伤害。你的……也如此……从远处……欢喜地……?"

"第 19 条圣言—凶言。使徒路加这样讲解：噢,人子,洗净你的手。在罪恶面前不要惧怕,保持纯洁的思想。心怀对上帝的敬爱并流露出来。"[2]

E. 中 亚 字 母

景教徒所用的叙利亚文导致了中亚和远东的许多字母如蒙文、满文和粟特文字母的形成。这一点众所周知,我们无须作过多讨论。现存的前两种文字是由回鹘文的最初形式演变而来,而回鹘文是在回鹘人基督教团的影响下,由景教叙利亚文发展而来。

F. 杂　　录

(a)

在美索不达米亚北部的摩苏尔城的一个私人家里我见到一个相当大的铁十字架,上面刻有叙利亚文和汉文铭文。叙利亚文写道：Sliba zkha"Crux vicit"(十字架已征服),但是我不懂汉字,它占的空间较小。该十字架可能是一位景教传教士或蒙古军队中信仰基督教的汉族士兵从中国带来的。

(b)

蒙古伊利可汗发行一种钱币,叫作"十字架钱币",上面有基督教刻字,"以圣父、圣子、圣灵,一神的名义"。阿八哈皇帝发行的迪拉姆钱币上,也有该刻字(参见《亚洲杂志》1896 年,第 9 卷第 7 期,第 514 页),而且阿鲁浑皇帝发行的一些钱币上也有该基督教刻字(见《亚洲杂志》,1896 年第 8 期,第 333 页)。甚至不信奉基督教的蒙古国王和可汗们也都尊敬景教徒,有事实作证,他们常在总主教面前脱帽致敬(同上,1881 年第 8 期 1 月刊)。

(c)

事实证明景教基督徒不仅对突厥语部族甚至对他们中的穆斯林也产生了影响。公元 1200 年在 Khiva 汗国, Bākirghān 的苏莱曼用突厥语或回鹘语谱写了一首关于圣母

[1] Alfaric (ii. 180)对这里的使徒 Zabdai 表示质疑,但下一条圣言中的"路加"暗示 Zabdai 是指使徒约翰。Bar"之子"一词被漏写了,因为抄写者常这样,而且东方人习惯于用父名称呼儿子,或用子名称呼父亲,这是大家都知道的,无须解释。

[2] 冯·勒考克,Ein Christliches ... Manuskriptfrangment in Sitzungsberichte of the Prussian Academy, 1909, pp. 1202, 1205 - 1208,可惜该文献残缺严重。

玛利亚之死的诗歌，其内容受到景教同类作品的影响（参见 *Congres des Orientalistes d'Alger*, 3rd part, 1907, p. 28 sq.）。

(d)

最后我们还要讲到一个事实。12 世纪末一位伟大的景教作家，*Gannath Bussāmé* 的作者曾受委托把基督教教义和《新旧圣经经文选》翻译解释给波斯、美索不达米亚的许多蒙古语、突厥语基督徒，因此他被称为"突厥语译者"。

中国和穆斯林史料不在我们讨论之列，但为了从中获得有关中世纪时基督教在中亚和远东的详细情况，我们推荐下列著作：巴托尔德（W. Barthold）的专论《中亚基督教》（*Christentums in Mittel Asien*），1901；Yule-Cordier《中国及通向中国的程途》（*Cathay and the way thither*）（Hakluyt Society），Vol. i. – iv. 1915 – 1916；Cordier，*Le Christianisme en Chine et en Asie sous les Mongols*，Leiden，1918；伯希和 *Chrétiens d'Asie Centrale*（《通报》，1914 年）。

二、叙利亚文写本说明

下面我们要给出一件叙利亚文文献的译文，通常认为它出自 Akhsnāya，即著名的一性论者 Philoxenus，Mabbug 的主教，他于公元 523 年在 Paphlagonia 的 Gangra 去世。他是一位杰出的叙利亚作家，更以《圣经》Philoxenian 版本的作者在神学学者中闻名。几乎所有参考文献中都或多或少地介绍过他的生平，但是本文作者认为自己是最后一位在 1920 年谈到他的生平及其关于《圣经》的工作的人[1]。

该文献为一折四式，其一半以上的内容涉及作者所处时代之前的基督教异说。他简述了他们关于基督教的主要观点以及历代公会对他们的指责。文献的第二部分概述了基督教在突厥语部族中的传播情况，内容新颖，远较第一部分重要。第一部分提到的异端学说有 Sabellius，Paul of Samosata，Arius，Eusebius of caesarea，Macedonius，Nestorius 和 Eutyches。当然主要是针对聂斯脱利和 Theodore of Mopsuestia，他无比憎恨他俩，因为正是景教徒把他逐出祖国 Garamea，并诬称他为"可恶的狼"[2]。现代文明还是做了好事：在欧洲一些国家开始清除宗教狂热，狂热分子借着宗教信仰的不同而逼迫、残害甚至杀害一个人，还自以为向上帝供奉祭品。公元 5、6 世纪时缺乏真正的

[1] A New Document on Philoxenus of Hierapolis, Expositor, 1920, pp. 149 – 160.

[2] Bābai the Great, quoted in our *Narsai Homiliae et Carmina*, Vol. i. p. 6 of the introduction.

基督精神,因此当时许多宗教作家,包括 Philoxenus 在内,文风都很严厉。

我们将给出文献这部分的译文而不作评论,自有对教会史和神学上的争议感兴趣的理论家来对其加以褒贬。这种争议曾在过去几个世纪君王涉足宗教事务时造成教会的分裂。由于作者生活的时代距离事件的发生已很遥远,不免会犯一些小的年代错误,并用与我们传统教育相异的观点阐明问题。一些能轻易辨别的错误我们没有纠正,以便留出空间充分展开第二部分,以此了解阿姆河彼岸基督教传播的情况。

一些批评家对该文献第一部分的真实可信性提出质疑,他们最有力的反驳理由是叙述上的混乱,即文献作者认为 Mopsuestia Theodore 和聂斯脱利是同时代人和同学。然而,Nau[1] 发表了 Barsalibi 反对景教徒的著作的摘要,证明这是抄写者有意以 Theodore 代替 Cyrus 的 Theodoret,这个疑点已澄清了。抄写者又大胆地把 Cyrus 改成 Mopsuestia,从而造成这样的误会,而且还把皇帝 Theodosius 的名字改成 Honorius。该文献认为聂斯脱利的祖先有波斯血统,可能由于景教徒也持此观点。词典编纂者 Bar ' Ali[2] 断定 Atak 是“聂斯脱利祖父 Addai 生活的村庄之名”。景教徒和雅各教派信徒观点一致,由此肯定我们的看法较可靠。最后我们还要补充一点,Philoxenus 的传记作者也将这封写给 Abū ' Afr 的信列在 Philoxenus 的著作目录中。我们在 1920 年出版了这部传记[3]。

我们无须过多讨论文献的真实性,我们只是不能简单地相信它出自 Philoxenus,至少不是出自在许多神学和神秘学著作中被我们熟知的 Philoxenus。我们所做的最宽容的假设是该文献若与他相关,肯定是在他年少时写的,它可代表这位精力充沛的天才在其才智达到成熟和完美状态之前的早期水平。

该文献不会因为不是 Philoxenus 所作而失去价值。公认的属于某位教会的神父的著作未必都确实是他本人所作的,同样被认为出自某位希腊、拉丁或叙利亚神父的文章也可能并非他所作,正如该文献不是 Philoxenus 写的一样,但不能因此而贬低作品本身的价值。有时抄写者为增加名不见经传的小册子的分量,受诱惑而附会它是著名作家所作;有时年轻无名的作家为引人注意,假托受人尊敬的知名作家之名著书。正是由于种种目的不纯的假冒者,几乎在所有宗教和政治团体的史料文献中都存在大量的真伪不明的手稿。

尽管该文献不是出自 Philoxenus,但它的年代仍较早。大英博物馆中有一份编号为

---

[1] Revue de l'Orient Chretien, 1909, p. 424 sq. , 同上,p. 301。

[2] PAYNE SMITH, Thesaurus Syriacus, i. 422 (Kashshisha 一词应理解为“祖父”而不是“长老”)。

[3] Expositor, 1920, p. 154.

14529[1] 的手稿，Wright 断定其年代属于公元 7、8 世纪，其中也有该文献有关聂斯脱利和 Eutyches 的那部分，而且已由 P. Martin 收在《亚美尼亚语实践与研究导论》（*Introductio practica ad studium linguae Arameae*，1873 年）中，同时 J. Tixeront 也把它翻译收录在 *Revue de l'Orient Chrétien*, 1903, 623 - 630[2]。编号为 17193 和 17134（见 Wright 的《目录》第 338 和 998 页）的大英博物馆手稿中也有这部分内容。然而，与我们翻译研究的该手稿相比，大英博物馆手稿有显著的差异和明显的疏漏。我们不打算讨论两者在文字上的差异。

该文献是写给 Hirah 的军队统帅 Abū ‘Afr 的一封信。在大英博物馆手稿中他的名字写作“Abu Naphir”，但在我们的手稿中写作 Abu（通常为 Abi）‘Afr。没想到我们手稿中的写法在 *Book of the Himyarites* 中得到了证实，这是本重要且有趣的叙利亚著作，它叙述了 Yaman 的殉道者的事迹，最近才出土，已由瑞典学者 A. Moberg 整理编辑[3]。Abu‘Afr 这个人名在该书中作为阿拉伯人名在 24 页 b 面（24b）上出现。在我们 1920 年出版的 Philoxenus 的传记中该人名写作 Abu Hafr[4]。然而穆斯林们传统上称他为 Abu Ya‘fur,[5] 并且列出他的家谱：b. ‘Alkamah, b. Mālik, b. ‘Adi, b. Dhumail b. Thaur, b. Asas, b. Rubay, b. Numārah, b. Lakhm。据阿拉伯史学家记载（同上），他继任 Numān b. Aswad 的统帅之位，在 Hirah 执政三年。该文献中的叙利亚人名 Abi ‘Afr 也可读作 Ab Ya‘fur，这样便与阿拉伯文史料保持一致。

我们的研究是以约翰·瑞兰兹图书馆第 59 号叙利亚文手稿（ff. 99a—107b）为底本的。据我们所知，只有该文献记载了这封 Philoxenus 写给 Abū‘Afr 信的全文，它注明的日期是 1909 年 1 月 29 日。但去年我们在东部见到文献的抄写者，执事 Matti，说他是从一件发现于 Tur Abdin 的羊皮手稿转抄过来的，他认为该手稿最晚属 11 世纪。以前本文作者曾把它收录在叙利亚文手稿集成中，编号为：Mingana 9。

文献中有关突厥语人群的那部分是我们研究的重点，它显然出自一位热忱的雅各布教派信徒。他急于表明，当阿姆河彼岸的基督徒们向泰西封（Ctesiphon）的景教大主教宣誓效忠时（他们如此做是由于环境的力量，主要是他们与安条克的大主教相隔太

[1] Wright 的《目录》，ii. 917 - 918。

[2] A. Vaxchalde, Three Letters, 1902, p. 30.

[3] The Book of the Himyarites ... A hitherto unknown Syriac work, Leipzig and Lund, 1924.

[4] Expositor, 1920, p. 154.

[5] Tabari, Annales, 1, 2, 900; Ibn Duraid, p. 266; Ibn al-Athir, Kāmil, i. 154（edit. Bulāk）.

远),他的教会,尤其是他在安条克的大主教,也在劝化突厥语部族皈依基督教上有一份功劳。当然这种见解的可信程度还有待斟酌。但无论如何都没有理由否认这个不容置疑的事实:使中亚和远东诸族信奉基督福音的荣耀以及在他们中以拿撒勒人耶稣的教导为基础传播西方文明的功劳,应全部归于景教教会。该教会具有坚持不懈的热忱和神奇的精神活力,它是世界上迄今为止最伟大的传道教会。甚至我们这些严苛的批评家、公正的调查者在几世纪后,仍不得不钦佩他们对于上帝、人类和自己职责的热爱,他们的爱鼓舞着那些谦逊的基督信徒、使徒 Addai 和托马斯的真正弟子。他们完全不顾生存环境的恶劣,在萨满男巫和袄教巫师的强烈反对和恶毒报复下,踏遍东半球所有的角落,传播他们所坚信的上帝真教的种子。所有荣耀归于他们!

文献中有些人名我们很难确定。他们属于中亚东部诸民族,其中四位是信仰基督教的可汗[1]: Gawirk, Girk, Tasahz 和 Langu。他们生活的国家叫作 Sericon,边境城市叫作 Karagūr[am],其可汗又称亦都护(Idīkūt),Karagūr[am]距离突厥语基督徒的住地有五天的路程。我们已尽力在注释中借助希腊、叙利亚、阿拉伯、波斯、突厥和蒙古等语言史料解释上述人名,但通过这些文献仍不能确认其中一些人名。可能通过汉文史料可以确定这些人名,但是我们根本不懂汉语,无法引用那些权威资料。

我们还打算增加一些注释来解释文献中的史料。读者可依此独立判断这些文献作者所提供的信息的价值。已有证据证实作者所引史料几乎在每个重要细节上都是真实可信的,但若能在汉文史料中也找到文献所提到的城市名和可汗名,它的可信度会更高。可惜我们不能利用第一手资料。

第二部分有关突厥语基督徒的内容与第一部分有关基督教异端的联系很松散。这可能是由于古代抄写者将完全不同的手稿拼合在一起。确实,如果把文献中"由于严酷的迫害,许多人偏离正道成为景教徒"和"这时时机已成熟,对波斯人所在国家中的基督徒的迫害愈演愈烈,在可恶的 Nisibin 的 Barsauli 的操纵下"这两句话放在一起,看起来是连续的,但这两句话中间的部分似乎是增添的。然而,我们不必多说,因为与前面的 Sabellius、Paul of Samosata、Arius 和 Macedonius 的异端学说的传播途径相比,聂斯脱利可能也经历了几乎相同的历程和相同的结局。

另外,以下的事实可作为"文献第二部分摘自另一份完全不同的文献"这一观点的证据。文献中写道:"他们的主教所在地是在上述异教徒的城市中。"但在文献的上文

〔1〕 所有人名中的元音都不确定。

中没有提到任何一座突厥部族城市。因此,该部分很可能是抄写者抄自另一手稿,然后在前面插入这段声称是 Philoxenus 所作的有关他之前的基督教异端的文献。因为该突厥部族城市的名称肯定出现在抄写者所省略的那份文献的前半部分中。

我们认为这种观点最终解决了有关文献自身的难题。确实,从眼前的文献来看,我们很难明白究竟什么促使 Philoxenus 告诉 Hirah 的军事统帅有关基督教在突厥部族中的传播情况。公元 5 世纪 Hirah 与突厥语部族有何利益冲突? 为什么 Philoxenus 在有关基督教异端的信中提到突厥语部族?

我们已看到在文献的前半部分抄写者把 Theodoret 写成 Theodore, 为了掩盖错误,更准确地说,为了自圆其说,将错就错,进而把 Cyrus 改成 Mopsuestia, Theodosius 改成 Honorius。在第二部分仍采用同样的误称。戏剧已开始上演,一方是雅各布教派信徒 Philoxenus 和 Abu ‘Afr,另一方是景教徒 Acacius 和 Barsauma。所有这些人都属同一时代,在剧中扮演不可缺少的角色。在设计好的剧情中,其他剧中人都陆续上场亮相,包括信奉基督教的突厥语部族。

突厥部族上演的场景是在 5 世纪,Acacius 任总主教期间。这似有可能但又不确定,因为我们认为该文献是在阿拉伯人入侵之后由雅各布教派的作家完成的。我们认为文中的阿拉伯语词"salm"是抄写者的误写,应是"sanim",意为"驼峰高的骆驼"。还有文中提到的割礼很可能是指穆斯林所行的。据说信仰基督教的突厥语部族的人杀死每个他们看到的像异教徒那样行割礼的人。5 世纪时在中亚基督教的拥护者不可能如此强盛以致去杀死碰到的每个异教徒。而且我们也没有理由假设异教的突厥语部族和鞑靼部族的任何部落实行割礼。据我们判断文献中提到的异教徒只能是穆斯林。

该文献完成于阿拉伯帝国时期的准确年代可能永远无法确定。依据 Shammas Matti(他熟悉大量的叙利亚语手稿,而且他所抄写的手稿多于他生前身后的任何一位学者),该手稿最晚属于 11 世纪上半叶,即 1040 年。因此我们把该文献完成的年代限定在公元 680—1000 年。既然如此,我们认为该文献大约在 730—790 年由一位住在巴格达的雅各布教派的作家完成。他提供的有关突厥语部族和鞑靼部族及其国家和民风的资料准确而有价值,这些大体确切的信息是他从一个为给本国晋升大主教而拜见景教总主教的突厥语使团那里得知的(见上文)。

该观点只是暂时的,一旦文中的人名得到确定,不免受其影响。但它除有内在合理性外,还能维护某些学者的观点,他们依据大英博物馆手稿的日期(Wright 断定其只可能早于而不可能晚于 8 世纪),而相信该文献是完整不可分的。文中使用的古代地理术语“Sericon”说明文献年代较早，见上文。

该文献的叙利亚作者从这个假定的突厥语基督徒使团或不为我们所知的其他资料获得了有关中国和突厥汗国的历史知识。实际上他讲述的事件发生在5世纪末和6世纪初，即公元455年和513年，这两年中历史记载的往来于华北和波斯之间的外交使团不少于十个。参见佐伯好郎的《景教石碑》(*The Nestorian Monument*)，第39—47页等，夏德，《中国和罗马的东方》(*China and the Roman Orient*)(passim)，和沙畹的那本名著。另一方面公元8世纪也因这样的使团而引人注意，我们从夏德和沙畹的著作中了解到在该世纪上半叶的公元701年、719年、732年和742年都有使团来往于西亚和东亚之间。

尽管该手稿暗示文献出自Philoxenus之手，我们仍试图讨论它成书于阿拉伯入侵之后的可能性。另一方面，我们必须承认就文献双重性而提出的假设很难成立，因为我们手中完整的文献和大英博物馆手稿中残缺的文献可能都由同一位作家所写。这一切都已明朗。但文献完成的准确年份或年代仍不甚清楚。这里依据内外种种根由，我们相信其年代可能在8世纪，或更准确可能是在公元730年和790年之间，这是景教教会在外国使团中显示特殊活力的时期。

我们已承认完全看不懂汉语及其文献，但这不能妨碍我们证实上述历史观点，我们可以求助于汉学家，其中至少有两位是从汉文史料讨论鞑靼人的。

前面已列出文中信仰基督教的国王之名。其中两个的辅音字母是TASHZ和LNGI。EH帕克(Parker)在《鞑靼千年史》中讲到一位名叫Tsz-i(即郭子仪)的突厥部族将军，公元756年在磨延啜(Maryencho)的帮助下他平息了安禄山(Amroshar)的叛乱。安禄山作为中国代表，指挥了镇压契丹的战争，后来他背叛了自己的皇帝主子。帕克还补充说“这位著名的Tsz-i将军”据说是景教基督徒。在佐伯好郎的《中国境内的景教石碑》(p. 55)中他被描写成一位“景教信徒”。他生活在公元697—781年，恰好我们的文献也属于这个时期。

上述对其身份的确认，合理且有可能。至于其他基督徒国王，我们在汉文文献中只找到一些不太有力的证据。就LNGI而言，将他与李渊(Li-Yūan)[1]联系在一起缺乏年代根据。李渊的父亲娶了独孤家族的一位景教派基督女信徒。他死后不久，在公元635年著名的景教传教士阿罗本(Olopen)[2]来到中国。此时这位女信徒的孙子做了

〔1〕 参见上引帕克之书，p. 194和上引佐伯好郎之书，pp. 204－208。

〔2〕 据估计，Olopen或Alopen表示下列叙利亚语词中的任何一个：Rabban“我们的导师”(僧侣的称号)，或Yahb-Alāha，意为“国父”或Abraham。见上引佐伯好郎之书，pp. 204－207。

皇帝，颁布了一项有利于基督教的政令。

至于文中提到的另两位基督教徒国王，即 GWRK 和 GRK，我们可联系到 Kuang（n 与 r 的交替很普遍），唐玄宗（Hsuan-Tsung）的儿子，他在 755 年和基督徒回鹘人的可汗之子雅各卜，还有将军郭子仪一起帮助皇帝平定了安禄山（An-Lu-shan）的叛乱（佐伯好郎，同上，p. 231）。

我们已确定文中四位基督徒突厥语国王中一位的身份，下面要进一步解决他们人数的问题。前面我们已说明突厥语-鞑靼部族的四个强大同盟：克烈、回鹘、乃蛮和蔑儿乞，大体上都信奉基督教。能否假设上述国王各是这些部落的可汗？作者若从年代角度考虑这个问题，则确乎如此，四位信仰基督教的国王大概可算同一时代的人，该假设至少有利于解决文献中的历史难题。若不能完全肯定蔑儿乞人信奉基督教，为凑齐四个，我们可加上后面提到的乌梁海人（Uriyān-gakit）。

下面是该手稿的影印本和译文。

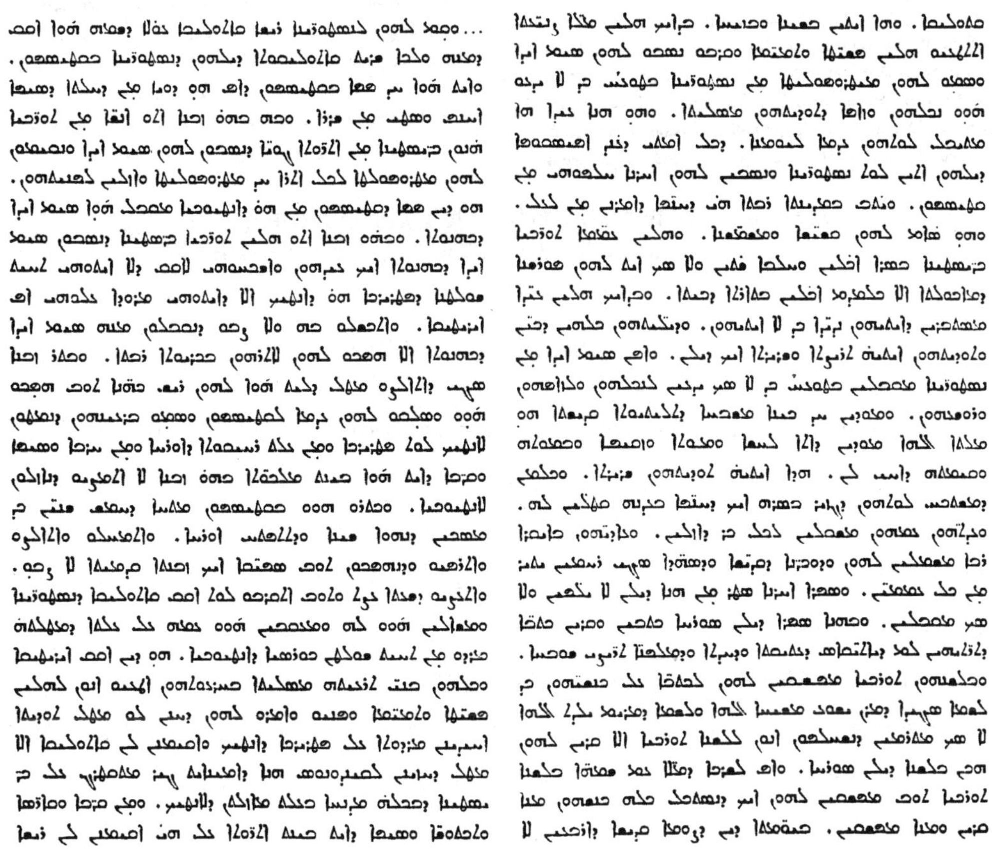

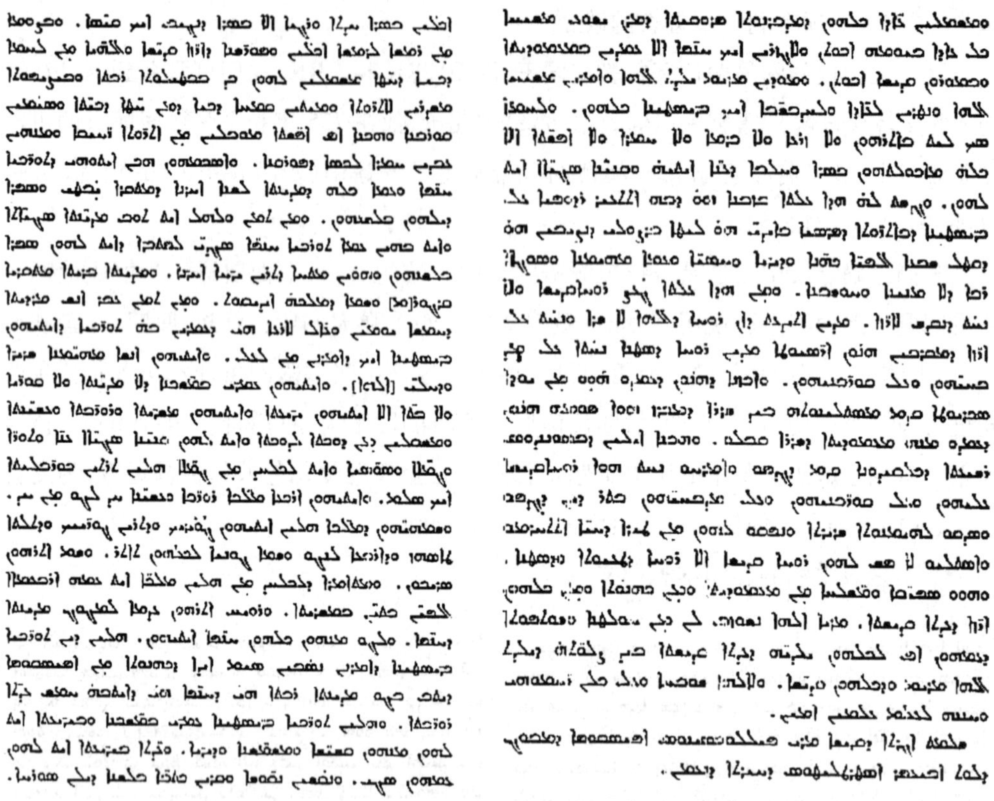

附录图版 3－1：有关早期基督教（尤其是景教）及其在中亚人中的信仰情况的叙利亚文写本，藏约翰·瑞兰兹图书馆。

三、叙利亚文写本译文

这是 Mabbūg 的 Mar Philioxenus 写给 Nu‘man 的 Hirta 的军事长官 Abi‘Afr 的信，信中讲到可恶的、受诅咒的聂斯脱利的故事。

致高贵、纯洁、敬爱上帝如亚伯拉罕，慷慨仁慈、周济穷人如约伯，如同俄巴底亚一样将基督之血所赎回的羊群从聂斯脱利——第二个耶洗别——的邪说中拯救出来的 Nu‘mān 的 Hirta 的军事统帅 Abi‘Afr：

Philoxenus，Mabbūg 的主教，以上帝耶稣基督的名义向您致以崇高的问候。

因为您在信中要求我告诉您圣医们在希腊的教会所做的一切，现在我告诉您所发生的一切并请您注意这个事实：神父们时常集会，清除荒谬的异端学说。

皇帝 Hadrian 在位时，Sabellius 起来反对上帝的教会，他亵渎神说三位一体的上帝只是一人，因此玛利亚是三位一体的上帝的母亲，神的三个位格一起经历了受难、死亡和钉于十字架的过程，我们得自圣坛的圣体和圣血也是三位一体的上帝的。四十三位主教在加拉太的 Ancyra 集会，把愚蠢的 Sabellius 从神的教会清除出去，因为他不愿放弃亵渎上帝的言论。

皇帝 Valerianus 在位时，Samosata 的保罗起来反对上帝的教会，他说上帝永活的儿子只是一位义人，一如他之前世人中的义人。主教们在安条克集会，诅咒 Samosata 的保罗，并把他逐出上帝的教会，因他不愿悔改。

常胜的君士坦丁（Constantine）皇帝执政期间，可恶的魔鬼 Arius 起来背叛上帝的教会，声称上帝之子只是一个被造之物。318 位神父在尼西亚集会，声讨 Arius，并把他逐出教会，因为他没有放弃亵渎上帝的言论。这些神父们规范了真正的信仰并制定了各种教规。

在皇帝小君士坦丁时期[1]，Casarea 的 Eusebius 背叛上帝的教会，他愚蠢地妄称圣子比圣父年轻。60 位主教聚集在罗马驱逐 Eusebius 出教会，他们起来诅咒他的观点。他放弃诋毁上帝人子的谬论，忏悔认罪并接受真理；于是东正教的神父们接受他入真正上帝的圣教。

Theodosius 大帝时期，Macedonius 起来反对上帝圣教，声称圣灵是被造之物。150 位主教在君士坦丁堡集会，驱逐 Macedonius，因他不愿放弃谬论。

而且还有一人名叫 Addai，籍贯是 Germanicia 城，就是今天的 Mar'ash。他的祖籍是 Dara 城附近的 Atak 村，他的妻子名叫 'Amalka。一天 Addai 和 Atak 村里的一位孕妇争吵，他抬手打了她；马上引起流产，男婴死了，这位妇女也危在旦夕。然后 Addai 立刻离开村庄，携妻子逃到 Suphanaians 国即今 Hataka 国。他们在那里暂住了一段时间，后又离开那里，来到 Samosata 城，定居于此。在该城中他们生了两个男孩，老大名叫 Ba'ilshmin[2]，老二名叫 Abiashūm。后来，Addai 和他的妻子去世了，皆葬于该城。

这两个男孩的双亲即 Addai 和他的妻子去世后，他们搬到 Germanicia 城即今 Mar'ash 城，并在此成家立业。Ba'ilshmin 生了男孩起名叫 Theodore，而 Abiashūm 的儿子名叫聂斯脱利（Nestorius）。孩子们长大后，父母送他们进学校学习希腊语，而且他们完全掌握了这门语言。

---

〔1〕 叙利亚人以此称呼 Constantius 皇帝。

〔2〕 在叙利亚语中指“朱比特”，字义为“诸天之主”。

然后他俩都去了雅典哲学家之城，专门学习哲学。在那里他们的同学都是君士坦丁堡城中达官显贵的子弟，这些人在皇帝Honorius恺撒(Cesar)面前赞扬吹捧Theodore和聂斯脱利的聪明才智和哲学观点。于是皇帝命令他们前往安提阿拜见大主教并接受任命，聂斯脱利为君士坦丁堡主教，Theodore为Mopsuestia主教。当他们升为主教，各在教区就任后，他俩开始败坏先知使徒和神父所传的正道，散布自己的邪说，他们狡猾地将上帝的独子分成两个位格。

Theodore和聂斯脱利之间来往的信件有七封。在信中Theodore讲道，耶稣基督是按照三位一体神的意愿由童女玛利亚所生的人，正如在创世纪时没有人类之前由泥土捏成的亚当一样；因为上帝的圣道时常住在他身上，如同在先知的身上一样；我们必须识别他身上的两种属性。孕育、诞生、洗礼和神意的安排归于玛利亚所生的这个人，而大能、奇迹、异能和神迹则归于时常住在他身上的上帝的圣道。这就是Theodore告诉给聂斯脱利的亵渎上帝的谬论。他俩对此意见一致。

当值得纪念的虔诚的Honorius皇帝逝世后，小Theodosius继承其位，然后这两个受人唾弃的可恶的鹰，聂斯脱利和Theodore居然公开表露他们谬误的教理。当常胜的Theodosius皇帝发觉他俩违背了正信的教义时，他下令召集220名主教在以弗所(Ephesus)城集会讨论。于是聂斯脱利给当时在Mopsuestia的Theodore送去第八篇论文，他写道：

“弟兄，去参加以弗所的宗教会议并且诅咒(anathema)我，请勿悲伤。弟兄，汝在会前咒骂我，但汝心中要坚守(我们的)信念，并且尽汝最大努力传给教会中的孩子们。确实，在《圣经》中‘诅咒’不止一种。吾主如此说来证实此点，‘爱我的人必遵守我的诫命’(《约翰福音》14章15节)，而且使徒保罗说：‘若有人不爱主，这人可诅可咒’[1](《哥林多前书》16章22节)。正如吾主所说，这种诅咒会落在不遵守吾主诫命的每一个人身上。使徒保罗讲到另一种诅咒，‘即使是天堂的天使对你们传福音，若所传的与我们传给你们的不同，他要受到教会的诅咒’(《加拉太书》1章8节)。避开这种‘诅咒’，弟兄，若可能，连提也不要提起。而且上帝对先知摩西说：‘以色列后代的所有“anathema”应归于亚伦和他的儿子’(《利未记》6章20节；《民数记》8章19节)。anathema指这里的‘祭物和还愿的献物’。嫩的儿子约书亚如是说：‘耶利哥城中的一切都是给主的anathema’，(《约书亚记》6章17节)即给主的‘祭物和还愿的献物’。而

[1] “诅咒”一词在叙利亚圣经的引文中常出现。

且使徒保罗说：‘为我弟兄，我骨肉之亲，就是自己被诅咒（anathema），我也愿意。’（《罗马书》9 章 3 节）因此，弟兄，诅咒我，就像保罗愿作他的子民的祭品，请勿悲伤。”

当 220 名主教参加宗教会议并声讨聂斯脱利时，Theodore 也咒骂，但这是聂斯脱利授意他这样做的。会散后，他们回到各自的国家和教区，这时卑鄙的 Theodore 开始把以前信奉的聂斯脱利的教义传入教会。他谱写了赞美诗《王的主显节》，背叛教会，公开宣扬三位一体是四人。他坚信基督只是一个人，这样说道：“基督，你的地位逊于雅各的众子，他们得罪了拣选你的圣父，招致住在你里面的圣子的烈怒和使你成圣的圣灵的愤恨。”又说：“称颂上帝的圣道，他降临并选中基督，第二位亚当，并且借着洗礼使他如稚子一样（纯洁）。”还在另一处说：“圣灵今日降临（在他身上？），因为他使年轻的大卫逃遁（在他的无辜面前？）[1]。”

很明显他在那首亵渎的赞美诗《王的主显节》中宣扬四人。他还据此题目写了分题诗，为了蒙骗遥远的教会，让他们偏离正信，以此使他们接受他荒谬的解释。他对（他们中）无知的人说：“兄弟，你应信奉基督，他教我们荣耀三位一体的神”；而且他以诡计将这（第四）人作为祈祷之首，因为他教他们在祈祷的末尾如此说唱：“感谢他，他使我们开口昼夜称颂永恒的主，他是圣三位一体的真像：父子和圣灵。”[2]

我们，这些坚信真理的人诅咒所有已赞成和将要赞成这荒谬教义的人，我们承认圣三位一体为一，并荣耀它，愿它被颂扬直至永远永远！阿门。我们驱逐那些人，他们公开承认 Valens（或 Valentinian）王为四位一体。Theodore 也被逐出圣教。

皇帝 Marcian 执政期间，Eutyches 起来反对圣教会，并说人子的肉体和他一起从天堂降临。567 名主教聚集起来把 Eutyches 逐出上帝的教会。罗马的 Leo 听到消息，写信给他们建议他们接受聂斯脱利和他荒谬的解释。不久，可恶的遭人唾弃的罗马总主教 Leo[3] 的信被宣读。听到这些，皇帝 Marcian 写信给他们，宣布所有拒绝 Leo 建议的人应离席就地而坐。因为他们留恋自己的职位，违背自己许过 36 次的誓约，不顾神父们的反对，同意 Leo 的建议。除了亚历山大城大主教 Dioscorus 之外他们都未离席，而他自愿站起来坐在地上。因为上帝的圣徒 Mar Dioscorus 不赞成他们，他们就流放了他，把他关在 Gangra 城，并晋升他的秘书 Proterius 接替他任亚历山大城主教。

当亚历山大城的居民听到这些，他们通过 Chalcedon 公会给 Marcian 皇帝呈交了一

---

〔1〕 节选的这段在上下文中难以理解。

〔2〕 该句中前几个词在 Breviarium Chaldaicum，ii. 75 可见到。

〔3〕 抄写者把该词误写为“malka”，意为“皇帝”，见下。

封信，信中写道："您做得很好，我们赞同"；但是那些不赞同 Chalcedon 公会的命令的神父、执事和信徒带着 Dioscorus 的弟子提摩太逃到阿比西尼亚（Kush）。秘书 Proterius 接替他主人 Dioscorus 的职位成为大主教后，凭借世俗力量和无情的利剑与追随他的主教们一起暴虐地管辖基督的群羊，甚至面对杀戮和流血，也无动于衷，这位做了大主教的秘书 Proterius，借着罗马士兵之手杀害了两万四千人，其中大部分是主教、修士、牧师和执事。

不久，他的暴行激起了亚历山大城居民对上帝的热心，他们闯进他的房间，用石头打他，把他杀死并拖出去抛进大海。那些跟随 Dioscorus 的弟子提摩太逃出亚历山大的神父、执事和信徒听说可恶的秘书死了，就返回来并恳求忠实的主教们推选提摩太为他们的大主教，因为他们听说圣徒 Dioscorus 在流放之中客死在 Gangra。于是阿比西尼亚主教们推举提摩太为大主教，但他害怕回到亚历山大城，因为他听说 Marcian 皇帝还健在。

Marcian 皇帝死后，Leo 继承王位，于是提摩太返回亚历山大，接替他老师 Dioscorus 的职位。亚历山大全体居民都拥护他，向他鞠躬致敬；同时他也为他们祈祷并宽恕了他们，因为他们已向上帝忏悔。但是那些与提摩太一起逃到阿比西尼亚的神父、执事和信徒中有些人不愿接纳亚历山大居民入教，并且说所有那些曾以某种方式赞同 Chalcedon 公会决定的人，没有权利作牧师和施洗，圣灵也不会降临他们的教会祝福其祭品。当四位卑鄙的牧师（其职业为律师）听到此消息时，他们拿出《福音书》放在修士以赛亚（Isaiah）头上，推举他为主教，从此他们被称为"Isaians Acephali"。意为"以赛亚的门徒"。

因为阁下[1]在第二封信中询问有关这些门徒是否公开承认自己身份的事，于是我写信告诉您我从神父的书中知道的这个故事。而且 318 位主教集会召开圣会时[2]，已宣布若 Samosata 的保罗的门徒愿意改过自新，接受正信，那么可让他受洗，然后与圣徒共享圣餐。圣会之所以颁布这条有关圣餐的命令是因为 Samosata 的保罗的追随者歪曲真理，公开传播谬误的教义，至今仍如此。有使徒保罗的话为证："树根若是圣洁，树枝也就圣洁了"（《罗马书》11 章 16 节），这里"树枝"就是对 Chalcedon 派的洗礼和任职。

[1] 指 Abu ‘Afr。
[2] 指尼西亚宗教会议。

若有人错误地坚持说在他们中还有圣洁虔诚的义人，因而不该都被诅咒，那么就让他回想罗得的故事，并且反省、审察：尽管他是所多玛城中唯一的义人，但上帝没有让他和罪恶的所多玛人一起毁灭，而将他引到山上。在所多玛发生的一切也在召开邪恶会议的 Chalcedon 发生了，那里的主教们践踏了神圣的神父们的诅咒，然而有一个人与这罪无干，他就是亚历山大主教 Dioscorus。他没有与他们同流合污，他公开宣称："我绝不参与你们的任何决定。"埃及的修士们也诅咒 Chalcedon 会议，并且他们用诅咒的火焰烧毁了它，因此它结不出任何果实。

罗得的妻子离开所多玛时，仍恋恋不舍，但上帝为了让她悔悟饶恕了她，但她仍执迷不悟，邪恶的贪念使她回头张望。此时，上帝严厉的惩罚立刻降临，她变成了盐柱子。如果她因回头而变成盐柱子，那么赞同罪恶的 Chalcedon 会议的人该受怎样的严惩和劫难？还有那些公开宣扬应受诅咒的亵渎神灵者名字的人，他们不仅是亵渎上帝的，而且还是迫害上帝的。

起初保罗常常迫害上帝的教会，没有讲到他迫害人。然而上帝质问他："扫罗，扫罗，你为何逼迫我？"他答道："主啊，你是谁？我不知道。"上帝的声音从天堂降临，说，"我是你逼迫的拿勒撒人耶稣。"(《使徒行传》9 章 4 至 5 节)。很明显保罗迫害的不是上帝而是使徒。但是他迫害圣徒就是迫害上帝。当神父在圣坛上祈祷时，圣灵降临，便解开上帝真道的奥秘。若祈求 Chalcedon 邪恶会议中亵渎神灵的人的名，则情况相反。

由于残酷的迫害和压制，许多人偏离正道成为景教徒。景教徒以邪恶的总主教 Akāk 为首，从那时起景教总主教府就设在泰西封〔1〕而且在那里还有一个可恶的叫 Papa 的人，他也是由于惧怕利剑而背叛真道成了异教徒〔2〕。

那时一些信奉基督教的突厥语部族〔3〕为给自己的国家确立大主教不远万里来到

---

〔1〕 Akāk(阿萨息斯 Acacius)是 485 年至 496 年东正教的总主教。正如作者所说，他是景教第一位总主教。见 Labourt, Le Christianisme, p. 145 sq.

〔2〕 Papa 是约在公元 290 年至 328 年间的总主教。他是尼西亚会议后首位东方总主教。作者写到他转变为异教徒，但这是带有雅各布教派倾向的判断。他遇到波斯帝国几位主教的为难，他们拒绝承认他的宗教权力，即通过君士坦丁皇帝和罗马帝国主教的调解，他被任命为总主教并进行改革，在此基础上拥有的权力。关于他最早最完善的叙述无疑是在我的《叙利亚史料》中 Mshiha-Zkha 的记载，见 i. pp. 119 - 123，而且我在注释中还分析了以前的史料。

〔3〕 根据柔克义(in. op. suprà laud., p. 109)，最早提到"突厥"的是《周书》(公元 557—581 年，即南北朝时的北周——译者)。前面提到的叙利亚编年史，成书早在 680 年，该词 Turkāyé"突厥"作为众人熟知的名称出现。而且依据 *Thesaurus Syr.* (col. 1453)，Būd 在 *Kal.* 和 *Dimin* 中用过该名称，他去世的时间不晚于 570 年。叙利亚史料比汉文史料似乎更早使用该名称。参见叙利亚作家以弗所的约翰的史书(第三部分，第六卷，第六章，二十三章等)，他死于 586 年，其中该名称为"Turkis"。许多叙利亚作家认为突厥人是"匈奴人"或"鞑靼人的后裔"。

泰西封，因为按惯例当在泰西封举行大主教授职礼。每个突厥语民众都当有一位大主教，授职礼结束后他们便一道返回。上文提到的那个泰西封的Papa以前只是传达安提阿总主教的任命。那一次当那些突厥语基督徒按惯例来接受任命时，他们发觉Akāk不再受安提阿总主教的管辖，并已背叛他，变成异教徒，因此他们非常生气，拒绝接受他的任命，失望而归。

不久他们便陷入悲伤，因为没有大主教。于是他们又来到泰西封，而且执意要去安提阿，拜见总主教。然而由于路途遥远，再加上当时强国之间冲突和战争频繁，他们自知无法去安提阿，就在泰西封停留了五年，希望局势稳定，道路重新开通。最后他们失去信心和勇气，又不愿像第一次那样空手而归，而且不能再耽延，于是他们去见景教大主教，请教他背叛安提阿总主教的理由。

然而异教徒Akāk与拥护其邪恶观点的人一起欺骗那些天真纯朴的人，回答道："我们脱离安提阿总主教自立大主教，不是为了信仰而是为了东方基督徒的安危，因为去安提阿访问被看作是对世俗统治者的不忠，所以我们不去那里〔1〕。另外，我们确立自己的大主教为了免遭国内的战争之苦，我们这一举动换来了平安。"那些纯朴的人为花言巧语蒙骗，接受景教徒的任命而确立了大主教，却仍蒙在鼓里，不知他们邪恶信仰的错误。而且此惯例流传至今。因为每当其主教去世，他们就去景教徒那里，从泰西封带回一位接替前任。其辖区在前面提到的异教徒的城里〔2〕，正是这里的主教任命他们的神父和执事。

这些信奉基督的突厥语部族吃肉饮奶，不忌食物，只要洁净新鲜。因此外人认为他们不洁，但事实并非如此。他们行为洁净，其信仰与我们一样纯正忠诚。虽然他们接受景教徒的任命，却仍诚心诚意，不知道那些人的奸诈虚伪。他们信仰三位一体为光辉的一体，与我们一样忠于神的三个位格，承认三位一体的三个位格中的耶稣，神之道，经历

〔1〕 作者反复讲到的东方惯例是东方大主教由安提阿总主教任命并且确定其辖区。早在景教传播之前，在东方每次按惯例选立大主教，他必须前往安提阿受命。后来由于波斯和拜占庭帝国之间的政治冲突而造成路途不畅，安提阿总主教放松对东方大主教的管理（Māri, loc. cit. p. 5; ʻAmr, loc. cit. p. 4; Barhebraeus, Chron. Eccl., ii. 26; Assemani, Bibl. Orient., iii. 51 sq），该传说似乎有几分事实根据，然而Mshiha-Zkha对此却一无所知。叙利亚作家Phenek的约翰在690年最早提到它（原文pp. 123－124；《叙利亚语史料》Vol. ii.）。令人不解的是自1908年发表以来，研究该课题的基督教史学家没有一位注意到它。这里有段译文提到该传说，事件发生在沙普尔二世（309—379）执政的初期阶段，"在此以前，叙利亚总主教区的权力移交给东方的Kōké（泰西封）教会，由于东西方帝国间存在着仇恨，战争频繁，许多主教在路途中被杀。杀人者指责他们是间谍，实际上是因为他们想流圣徒的血。教主为教友的罹难而悲伤，于是授命Kōké教会总主教依照宗教法典全权管理东方主教。"

〔2〕 作者未提到上述突厥语部落城镇的名字。见前言。我认为该"异教徒城市"是指"异教徒"穆斯林的首府巴格达（Baghdad）。

十字架受难，他以死亡和复活拯救了我们。这是他们忠诚的信念。

他们一见到像异教徒那样行割礼的人[1]就立刻将其杀死。他们无论在哪里辗转迁徙，总是随身携带圣坛。他们隆重地庆祝节日并且比其他民族更喜欢纪念圣徒和殉教者。除了我们的文字外，他们不学习也不接受其他文字，只用叙利亚人的语言写作和阅读圣书：《旧约》和《新约》，还有东正教的著作。他们在聚会时把圣书译成突厥语，但唯有圣主耶稣基督和圣母玛利亚的名字未作翻译，仍按叙利亚语诵读[2]。至于其他词语和名称则译成突厥语，以便民众理解。

大斋期间他们不吃鲜肉而吃肉干[3]，白日禁食，他们用小麦制成的面包做圣餐的圣饼。他们费尽周折从别国弄来小麦磨制的精白面，储藏起来以备此用，还从远方带回葡萄干制成圣餐用的酒。

他们的服饰与突厥语异教徒没有区别。城市居民操另一种语言 Yabatai 语[4]，他们的手稿用该语言抄写。向东两个月路程处有许多城市居住着异教徒，他们敬拜偶像，用自己的语文抄写手稿。边境城市名叫 Karagur[am][5]，其汗王的名号是亦都护(Idi-Kut)[6]。距此五公里处就是我们前面提到的突厥语基督徒的居住区。他们是虔诚的信徒，敬畏上帝的臣民，住在帐篷里，没有村庄城市也没有房屋。他们分成强盛的部落，四处游牧。

他们拥有许多财富：羊、牛、骆驼和马。骆驼像 Salm[7](?)有双峰。他们有四位

---

〔1〕 这可能指犹太人。如果文献写于阿拉伯人侵入后则指穆斯林，我认为这里是指穆斯林，古代突厥语人群和蒙古人显然从未行过割礼。“只有印度-日耳曼民族，蒙古人和芬兰乌戈尔人(那些已受穆罕默德主义影响的除外)是完全不晓得割礼的”(见 Hasting《民族与宗教百科全书》，第三卷第 659 页)。

〔2〕 该信息得到中亚出土的粟特语文献的证实。见前言。

〔3〕 Friar William(参见 Rockhill 的英文译本，p. 64)证实该信息：“因此若碰巧牛或马死了，他们立刻把肉割成窄条，挂在通风而且阳光充足的地方晾成肉干，不加盐，风干后没有异味。”柔克义在注释中还说：“蒙古人和西藏的游牧部落也晾制肉干，而且常生吃。”

〔4〕 它可能与突厥语族的古代方言“察合台语”有关。

〔5〕 我认为这是抄写者的错误，误把 Karakuram 或 Karakurum 抄成 Karagur。该叙利亚语词在结尾处被磨掉的字母可能是 mim。8 世纪下半叶(即我们判断该文献的成书年代)突厥语回鹘基督教徒在东亚势力强盛，首府在 Karakurum。见 Howorth 的《蒙古史》，第一卷第 21 页。

〔6〕 正如文中所引的“亦都护”是所有突厥语回鹘可汗的别称。志费尼在《世界征服者史》(i. 32 Gibb Mem.)中讲到突厥语回鹘人群用该名称称呼自己的可汗，意为“国家之主”。Barhebareus (Chron. Syr., p. 427, edit, Bedjan)也提到这些。在其《阿拉伯编年史》(*edit. of the Jesuits of Bedjan*, 1890, pp. 399 和 402)，该词误写成“Idi-Kūb”。另见拉施德的《史集》，p. 298 等。

〔7〕 它可能是阿拉伯语“sanim”，意为“驼峰高”的骆驼。

伟大的国王,彼此相隔很远,分别是：第一位 Gawirk[1],第二位 Girk[2],第三位 Tāsahz[3],第四位 Langu[4],他们有个通称“Tātar”[5],其国名为“Sericon”[6],据说他们在休整集合时每位国王有40万户人口。其国土辽阔,直到异教徒的城市 Magog[7],再向前居住的都是异教徒。但我们讲到的突厥语基督徒接受教区在异教徒的城中的主教的任命[8],该城中有五座大教堂。

这些突厥语基督徒住在帐篷里,有自己的神父、执事和修士。他们在帐篷里设有敬拜的地方,敲钟并且用我们的叙利亚语读圣书。他们与我们一样庆贺有关救世主耶稣基督的节日,不像异教徒那样行割礼,而是像我们这样以圣水和圣膏受洗礼。他们认为玛利亚是上帝的母亲,承认基督是上帝,与其他基督教徒一样过节日和主日。

他们的国家没有面包,没有麦田和葡萄园,也没有酒和葡萄干。他们的食物只有肉类和羊奶。他们有成群的羊[9]。

---

〔1〕 在前言中分析过该人名。这里可把后代相似的人名拿出来比较：Gaur-Khan,西域的鞑靼人(Tartars)和黑契丹(Kara-Khitai)可汗的称号。见志费尼(《世界征服者史》,Gibb. Mem.) i. 46 - 48, 52, 56, 57。还有贵由(Guyuk),成吉思汗的孙子(Barhebraeus,《叙利亚编年史》,p. 481)。志费尼(同上,ii. 86)说该词义为“王中王”。

〔2〕 该人名在前言中分析过。这里列出后代相似的人名：Garik, 或 Charik, Chūchi 可汗的儿子(拉施德的《史集》,p. 115)。再参考 Churika,拖雷的儿子(《世界征服者史》,p. 200)。

〔3〕 该人名在前言中提到过。后代相似的人名是 Tāisi,蒙古艾米尔和将军,志费尼在《世界征服者史》提到, i. pp. 113, 128, 136。再参见拉施德的《史集》(p. 466)“Tāishi”是中国北部国王的自称,《史集》(p. 584)。

〔4〕 该人名在前言中提到过。中国北部的一些词可解说它,参考 Yule-Cordier 所做的有关中国的索引 1916, iv. pp. 318 - 320。

〔5〕 最早提到 Tatar 之名是在公元 732 年。在鄂尔浑河发现的突厥碑文中讲到 Tokuz Tatar“九姓鞑靼”并刻有纪年。见汤姆森《鄂尔浑碑铭》98,126,140,和柔克义,cit., p. 113。至于 T'atun 一词可能指 Tatar 或者与它是同一词,Cordier 在对《马可·波罗游记》Yule 版本所作的《注释和补遗》中已讨论过,1920,p. 55。

〔6〕 “Sericon”是否与“Sariks”有某种联系？那些突厥语部落现住在 Panjdeh 和 Yulatan 附近,然而过去在中亚腹地。“Sericon”就是托勒密所说的“Seres”和“Serike”,这在前言中已讨论。

〔7〕 该文献的地理术语更加模糊不清,因为东西方的作家都把中亚的无名小国称作 Magog。Barhebraeus 在《叙利亚编年史》中有时把蒙古帝国称作“Magogians”帝国,而且在第 579 页(Bedjan 版本)他写到 Kaigatu 皇帝“当他被立为 Magog 帝国之首时”。作者并不知道蒙古和华北或中国的名称,把两者皆称为“Sericon”,在托勒密的地理著作中就用这个名称。叙利亚人米歇尔经常把突厥语人群称作“Magog 人”(i. 103;iii. 149 和 222 等)。

〔8〕 我们认为这是暗示巴格达。

〔9〕 关于突厥语人群和鞑靼人的饮食有史书佐证。见前言所引的叙利亚作者。如在柔克义所编史料中(op, cit. pp. 62 - 63)西方作家鲁布鲁克的叙述：“他们最常喝马奶,若有母马；还喝羊奶、牛奶和骆驼奶。他们没有酒,除非从外地运来或送给他们……他们的食物就是动物的尸体,还有牛群和羊群,只能是死尸。”卡宾尼也写道：“他们没有面包、油和蔬菜,只有肉,他们吃得很少,其他民族很难以此维持生命”(同上,pp. 63 - 64)。另见 Barhebraeus,《叙利亚编年史》,pp. 408 - 409。志费尼在《世界征服者史》i. 15 写道：“他们的食物是狗肉、鼠肉及其他死物,喝的是动物的奶(bahāim)。”叙利亚人米歇尔(iii. 52)说：“他们屠杀并且吃世上的走兽飞禽：家畜、野兽、爬虫、昆虫和禽鸟。他们还吃动物的尸体。”

这时时机已成熟,对波斯人国家里的基督徒的迫害愈演愈烈,在 Nisibin 的可憎的 Barsaula[1] 的操纵下,七千名神父、修士、圣职人员和大批虔诚的信徒被杀害。因此圣灵不再降临景教教徒的圣餐上。自从圣灵不再降临这些异教徒的圣餐上,降临在他们祭坛和圣餐中的灵是恶魔撒旦的灵。正如那些在 Judas Iscariot 堕落之前受其洗礼的人,他们因其所宣扬的真道确实受洗了,那些参加邪恶的 Chalcedon 会议的人也同样如此。确实,在他们咒骂并参加该会之前,圣灵常在他们中间及其圣餐、祭坛中降临,但是自从他们咒骂背叛真道,远离生命的羊栏之后,他们被诅咒驱逐,圣灵不再降临,只有恶魔撒旦的灵显现。他们还被剥夺了施洗、任命权及其他圣礼。愿主使我们和圣教会的所有孩子得救,在圣母玛利亚和所有圣徒的帮助下,避免与他们交流联系!荣耀归于上帝!愿他的仁慈恩惠降于我们所有人!阿门。

Mabbūg 主教 Mar Philoxenus 写给 Nu' man 的 Hirta 军事统帅 Abi' Afr 的信到此结束。

补注

(仅就本文原书第 323 和 325 页的内容)

根据 Ibn at-Tayib(他于 1043 年去世,见 Vat. MS. Borgia 153 fol. 198b in Sachau's Ausb., p. 24)的介绍, Meru, Herat, 撒马尔罕,印度和中国等主教区晋升为大主教区的时间比较早,Meru 由总主教 Isaac(399 – 410 年),其余的由总主教 Ishō'-Yahb(628—643 年)晋升。因此中国和撒马尔罕不仅是主教区还是大主教区,其时间比我们认定的可能要早一个多世纪。

(牛汝极、王红梅、王菲合译,译自 *Bulletin of the John Rylands Library Manchester*, Vol. 9, No. 2, July 1925, pp. 297 – 371。汉译文发表于《国际汉学》第十辑中,大象出版社 2006 年。收入本书时作了些修订。)

---

〔1〕 抄写者有意把 Nisibin 主教 Barsauma 之名写成 Barsaula;抄写 Barhebraeus 的教会史书(*Chron. Eccles.*, ii. 69)的人也常这样,Barhebraeus 计算 Barsauma 杀害的忠诚信徒有 7 700 人,本文献的作者却说是 7 000 名神父、僧侣、圣职人员和大批信徒。J. Labourt 在《波斯帝国的基督教》(*Christianisme dans l'Empire Perse*, p. 134 sq.)中已说明这是对景教传入波斯的历史的歪曲。近代雅各布教派的抄写者由于仍记恨 Barsauma,常把他的名字写作"Barsaula",并且像撒旦之名常被倒写。这纯粹是抄写者有意而为,与原手稿的著者无关。该文献的雅各布教派的抄写者,著名的 Shammas Matti 向我承认他一直这样而且还要这样抄写 Barsauma 之名,即便是转写景教文献。他说除此之外还能用什么办法区别这位 Barsauma 与圣徒 Barsauma 呢?

附录四　敦煌吐鲁番文献所记粟特语和突厥语基督徒[1]

西木斯-威廉姆斯(N. Sims-Williams)作

吐鲁番所藏绝大部分基督教文献都出于同一地点,即位于吐鲁番北部的布拉依克附近的 ShuiPang 废墟[2]。德国的第二支和第三支吐鲁番探险队在这里发掘出了一批残缺的手稿,无论从其内容上还是从对叙利亚文字的使用上判断,其中的大部分都显然是基督教文献。手稿中使用的主要是粟特语和叙利亚语,但也有四五十件回鹘语残片以及用其他几种语言书写的《诗篇》(*Psalms*)的部分章节: 一篇使用中古波斯语(巴列维字母)[3],一篇使用叙利亚语和新波斯语双语(叙利亚文字)[4],甚至还有一篇的第一行用了希腊语,写在它的粟特语译文上方[5]。在吐鲁番绿洲的其他地方,如阿斯塔那、高昌故城、Qurutqa 和吐峪沟等地还出土了极少的一部分叙利亚语、粟特语、突厥语和波斯语的基督教文献。

令人遗憾,迄今人们未在粟特本土发现任何基督教文献,尽管一直有基督徒在这一地区活动的事实意味着一定有文字材料的遗存,比如在距撒马尔罕 35 公里的乌尔古特(Urghut)附近发现的一批简短的岩石铭文,以及在片治肯特发现的一块刻有《诗篇》第一章第二节的瓦片,看来是书法习作。到 8 世纪时,景教和麦勒卡派(Melkite)的教堂都已在粟特建立。在公元 762 年,即哈里发 al-Manṣūr 将泰西封(Ctesiphon)的麦勒卡教主及其教徒迁移到塔什干的那一年之前,在河中地区似乎还没有任何关于麦勒卡教徒的记载[6],但这时景教徒早已颇具势力了: 从撒马尔罕发掘出的饰有景教十字架和

---

〔1〕 这是一篇名为《布拉依克出土的粟特语基督教手稿》的德文论文的英文修订稿(该论文发表在 1987 年 5 月柏林会议的会议录上)。

〔2〕 见 LE COQ, 1926, p. 88.

〔3〕 见 ANDREAS-Barr, 1933.

〔4〕 SUNDERMANN, 1974a.

〔5〕 见 SIMS-WILLIAMS, 1981, p. 442.

〔6〕 见 DAUVILLER, 1953, pp. 63 - 64.

其他一些基督教标志的骨罐的考古年代可前溯至7世纪或更早；而景教大主教对于这一地区的职权至迟在8世纪早期便已确立[1]。正如10世纪的Ibn Ḥawqal和13世纪的马可·波罗所证实的那样，景教势力曾在撒马尔罕延续了好几个世纪；后来直到15世纪才被Ulugh Bag实施的宗教迫害所破坏[2]。

与此同时，粟特移民似乎将基督教传入了七河地区，这一地区处于粟特东北，位于巴尔喀什湖和伊塞克湖之间。人们在这里发现了几方粟特碑铭，其中一方中出现的叙利亚语词'myn 'myn“阿门，阿门”和mlp'ny“导师”证实了它的基督教性质[3]。像在这个地区发现的许多其他粟特文碑铭中出现的人名一样，这位“导师”的名字是突厥语人名：yrwxtkyn“Yaruq tegin”。基督教在这一地区同样延续了好几个世纪，有曾在13世纪中期穿越这一地区的鲁布鲁克（Rubruck）的报告和托克马克（Tokmak）及比什凯克（今伏龙芝）附近的景教徒墓地中数以百计的镌刻于13至14世纪的叙利亚文和突厥语文的墓碑为证[4]。不过，这些墓碑碑文表明，在这一时期，这一地区的人口主要由说突厥语而非说粟特语的居民组成。

无疑，由于粟特和七河流域的基督徒们可能不懂叙利亚文，一部分基督教文献被译成了粟特文。但这样的文稿在两地均无发现。奇怪的是迄今为止，景教团体在粟特本土留下的唯一文字记录却是发现于遥远的拉达克（Ladakh）的一方简短的碑铭[5]。根据亨宁（Henning）的解释，它记载了约在841年或842年一位来自撒马尔罕的基督徒出使西藏的事迹[6]。然而，该铭文内容与宗教无关，其作者为基督徒的判断完全基于一个尚属可疑的假设，即岩石附近的景教十字图形附属于铭文。也许我们更有理由认为刻在同一岩石上的另一方尚未发表的粟特文铭文才出自基督徒之手，因为其中有wry trx'n pr βry n'm" t'ym"“（我）Urï tarxan，以上帝的名义来到（这儿）”的字句[7]。尽管作者用的是突厥语人名，他同样可能来自粟特，因为到8世纪初时突厥语人群已占了

〔1〕 见J. Dauviller, apud Pelliot, 1973, pp. 118－119.

〔2〕 有关撒马尔罕的教会的更详尽的史料见Colless, 1986及Sims-Williams, Christianity in Central Asia and Chinese Turkestan（即将发表于《伊朗百科全书》）。

〔3〕 mlp'n'的从格相当于叙利亚语的mlpn'（malfānā），参见Sims-Williams, 1988, p. 154. 此例应已被补充在其中。关于该碑铭的拓本见Livšic, 1988, p. 80。

〔4〕 Chwolson, 1890, 1897.

〔5〕 Müller, 1926，一个关于此碑铭和拉达克出土的其他粟特文碑铭的新版本正在编辑之中。

〔6〕 Henning, 1958, p. 54.

〔7〕 关于短语pr βry n'm“以上帝的名义”的意义见DTS. pp. 39－40；Urï“男孩，儿子”作为人名的使用见下文，p. 56（此处指原文页码——译者），文本A. 1. 7及Hamilton, 1986, p. 166 No. 34第5和17行中的“Bäg Urï”。将词首u拼作ω（而不是'ω-）是粟特语拼法。

那里人口的相当比例。

我们可以用亚美尼亚人海屯在 1307 年对花剌子模的有趣的描述来补充粟特的基督徒使用粟特语的证据之不足："这一地区的人被称作花剌子模人，他们是异教徒，没有自己的文字和法律。这里还居住着一些基督徒，被称为粟特人，有自己的语言和文字，他们的信仰类似于希腊人，并服从安条克（Antioch）的大主教。在教堂里他们以各种形式歌唱，并像希腊人一样作日课，但他们使用的不是希腊语。"[1] 从希腊式的仪式和安条克的大主教等来看，海屯显然指的是花剌子模的麦勒克教徒，关于他们在比鲁尼（al-Beruni）的著作中也有提及。但这些并不意味着他所提供的这条关于这些基督徒被称作粟特人并在礼拜仪式中使用自己语言的珍贵信息是错误的。我认为海屯所描述的基督徒很可能就是塔什干的麦勒克教徒的后裔，他们接受了当地语言并在再次移居到花剌子模之后仍继续被称为"粟特人"。如果这种假设成立，那么海屯的叙述便提供了粟特的麦勒克教徒在较早时期便将粟特语用于宗教仪式的旁证。其实，出自布拉依克的景教遗稿中有一份可能就与粟特的麦勒克教徒有关。这便是上文提到过的那份独特的残卷，所记《诗篇》第三十三篇的第一行警句用希腊文写成，然后是粟特文。粟特文译文与希腊文旧约圣经部分吻合，但同时也显示出受到古叙利亚文圣经译本的影响。它不像是景教的文献，其中关于希腊文旧约圣经的知识表明它可能出自麦勒克教徒之手。他们是唯一在宗教仪式中使用希腊语（叙利亚语除外）的叙利亚基督徒。由于没有其他证据证明麦勒克教徒曾在中国新疆活动，这些译文很可能是在粟特本土完成的，而吐鲁番绿洲中的粟特人无疑与本土一直保持着联系[2]。

就在 1905 年，德国第二次吐鲁番探险开始在布拉伊克发掘时，没有人会想到曾有这样一个重要的说粟特语的基督教团体存在。人们很快意识到这一大批粟特语基督教文献的语言学和文学价值，短短几个月后 E. Sachau 就出版了这种新的叙利亚文粟特语的变体的样本[3]；紧接着缪勒便声称他鉴定出译成粟特语的《新约》部分内容来自古叙利亚文圣经译本[4]。经缪勒鉴定并全部出版在他的《粟特文文献》第一卷（Soghdische Texte I）中的《新约》章节，以及由 Sundermann 接续缪勒补充的一些残

---

[1] 见 PELLIOT，1973，p. 117.

[2] 在布拉依克发现的一封叙利亚文书信草稿残片显然出自一位拜占庭的贵族之手（Maróth，1985），它进一步证明了中亚景教徒与卡尔西登（Chalcedonian）教会间的友好来往。

[3] SACHAU，1905，pp. 973 – 978.

[4] MÜLLER，1907，p. 260.

卷[1]的大部分内容都来自圣经选文集,其中还包括《福音书》和《保罗书信》的一部分。这样的圣经选文集被指定在教会的仪式中作宣读之用。它的大部分内容都是双语的,叙利亚语的原文和粟特语译文在其中逐词地交替出现。但有一件,恰巧也是保存最完好的,其中除了叙利亚文的标题和每一句前面介绍性的语词之外全部都是粟特文[2]。有一件单页的残片也是个例外:它的一面是用叙利亚文和粟特文书写的《马太福音》的开头,另一面却是空白。这说明它应是一本书的第一页,而这本书可能是《福音书》全书的双语手抄本,而不是圣经选文集[3]。不过,这部手稿的作者也可能空出了写本的第一面和最后一面;在布拉伊克发现的叙利亚语文献中就至少有一个这样的例子[4]。这样,这些残卷也有可能属于一本圣经选文集。

就我们所知的唯一被译成粟特语的《旧约》章节便是《诗篇》,已发现两种写本的残卷。一种有希腊文引文,我已判定其与粟特的麦勒克教会有关。另一种译自叙利亚文圣经译本,并将每一篇的第一句用叙利亚文和粟特文同时写出[5]。由于诗篇中还附有东叙利亚文标题,这部手稿显然属于景教。

除了这些圣经选文集和诗篇,布拉依克的粟特语基督教文献中几乎没有用于礼拜仪式的。缪勒发表的一部《尼西亚信经》(Nicene Greed)的粟特文本可能用于礼拜仪式,因为它和上文提到的景教诗篇同在一部手稿内[6]。Martin Schwartz 在他尚未出版的《粟特基督徒文献研究》(*Studies in the texts of the Sogdian Christians*)中鉴别出其中一页来自《生命之书》(*Book of Life*),可能是在教堂里纪念已故的信徒时作宣读之用[7]。然后我还要提到的是《三威蒙度赞》(*Gloria in excelsis Deo*)的粟特语译本[8],在敦煌也曾发现汉文译本[9]。景教传教士的活动有一个显著的特点,他们总是将叙利亚语用作宗教仪式中的主要语言,只在一些特殊的方面如赞美诗、诗篇和圣经读物中才

---

〔1〕 SUNDERMANN, 1974,1975,1981.

〔2〕 有人指出,双语圣经选文集比粟特语单语更早使用于礼拜仪式(参见 Sundermann,1981,p. 169,其中又参见 Baumstark, 1921, p. 11)。总之,圣经读本中同时使用了传统教会语言和当地语言。

〔3〕 见 SUNDERMANN,1981,p. 210.

〔4〕 T Ⅱ B26(见 Sachau,1905,pp. 970－973),也见于残片 T Ⅱ B18,一面是叙利亚文《箴言》9. 14—10. 12,另一面可能是文本第一面或最后一面原有的空白面,即前一页注释 2 中提到的书信草稿。

〔5〕 见 SCHWARTZ, 1974。

〔6〕 见 ST Ⅰ,pp. 84－88, 见 Schwartz, 1974, p. 257。

〔7〕 见 STSC,pp. 115－125。

〔8〕 见 C19,未发表, 被 HANSEN(1968. p. 98)错读为“Hymnenanfänge”。

〔9〕 MOULE, 1930, pp. 52－57.

使用当地居民的语言[1]。叙利亚语理所当然地是布拉依克的宗教仪式中使用的主要语言，在那里已发现了一些叙利亚语的诗篇、赞美诗集和祈祷书[2]。其中有的标有粟特文的礼拜规程[3]，表明当地的粟特教团成员抄写并使用了这些书籍。由于粟特人已在吐鲁番绿洲上生活了好几个世纪，粟特语已赢得当地通行土语的地位。这样，除了叙利亚语，显然粟特语也成为唱赞美诗、诗篇和朗读圣经读物的工具。

不像粟特语言和文字，中古波斯语和巴列维文字在吐鲁番地区的世俗社会中（或在任何萨珊帝国以外的地区）或许永远不会为人所用。因此，关于中国新疆的基督徒在进行宗教仪式时肯定曾使用中古波斯语的发现是令人吃惊的。证据有二：在布拉依克发现了用巴列维文字书写的诗篇；粟特基督徒使用中古波斯语词 Paywāg 作为回答牧师祈祷文的专门术语。Olaf Hansen 曾反复强调的布拉依克的宗教团体的波斯背景[4]，在粟特语中的其他一些中古波斯语借词中表现得更为鲜明，甚至包括“基督徒”这个词本身：trs’q，即“敬畏（上帝）者”。众所周知，伊朗的景教教会在被允许的有限范围内使用中古波斯语从事文学写作和主持宗教仪式[5]。比如据 Seert 的编年史中记载，5 世纪晚期 Rēw-Ardashir 的大主教区设拉子（Shiraz）的一位 Ma’nā 就用波斯语创作赞美诗（madrāše），布道演说（memre）和应答（ʿonyātā）以及其他一些作品供宗教仪式之用[6]。在 Dailam 的东叙利亚人圣约翰的传记中记载了一个特别的事件，至今仍有叙利亚语、阿拉伯语、粟特语的各种传本，其中有一段情节很能说明问题，在此我引用了 Brock 的译文：“如今讲波斯语和讲叙利亚语的弟兄们为了仪式的问题争吵起来了：波斯人说，‘既然我们处在波斯的统辖下，就该用波斯语背诵经文’，而叙利亚人说，‘我们的神父是讲叙利亚语的，因此为了这修道院的创建者我们也应该用叙利亚语背诵经文；再说我们也不懂得如何用波斯语去背诵’。”[7]由此看来，在布拉依克发现的巴列维文字的诗篇是伊朗的教会向这里输入影响的结果；在粟特语上升到教会用语的地位以前，吐鲁番绿洲上的基督教会最初将中古波斯语作为当地土语使用在宗教仪式中。

---

[1] 见 HAGE，1978。

[2] 见 SUNDERMANN，1974a，p. 442；SACHAU，1905，pp. 964 – 973。

[3] 见 C9+C50 和 C43+C43a，均未发表（参见 SUNDERMANN，1981，p. 170）。

[4] HANSEN，1966；1968，p. 94；1969.

[5] 见 BAUMSTARK，1922，pp. 105，114 – 115，131，206 – 207，215；Henning，1958，pp. 77 – 78；Brock，1982，p. 18.

[6] SCHER，1911，p. 117.

[7] BROCK，1981 – 2，p. 150.

另外，有一份叙利亚语和新波斯语的双语诗篇残卷一定出自吐鲁番，或者至少是河中地区，因为在波斯语文本中使用了一些特殊的字母和叙利亚字母一起拼写粟特语词[1]。在吐峪沟发现的唯一的另一件新波斯语叙利亚文药物学文献残片也是如此[2]。这些手稿的年代均晚于9世纪末，那时新波斯语开始取代粟特语成为粟特通行的口语[3]。正如亨宁所言，在中国新疆的粟特人可能因受家中亲属的影响而开始使用新波斯语；但一般而言，正如我们可以看到的，粟特人似乎更倾向于与占人口大多数的突厥语人群的融合，经历一段双语时期之后，突厥语占了优势，成为在中国新疆通行的混合语的主体。就我看来，这些出土于吐鲁番绿洲的极少数的新波斯语手稿很可能来自更西的地区，极有可能是河中地区，新波斯语书面语的发源地。如果是那样，这件叙利亚语-新波斯语的诗篇正是布拉依克的基督徒同他们在粟特的教友往来的又一明证。

在布拉依克的粟特语文献中有很多都提到禁欲主义和宗教生活，它们在文中出现得如此频繁，足以说明藏经地点曾是个修道院。这些关于每日七祷[4]、出世之道德、独居和静思的劝诫、布道和论述显然出自修道士而非槛外人之手[5]。从大量粟特文写本残卷如 Apophthegmata Patrum[6] 和 the Antirrheticus of Evagrius Ponticus[7]，埃及人 Macarius 和 Abba Isaiah 的作品[8]，以及 Dādišo 与 Qatrāyā 两人对 Abba Isaiah[9] 关于"Nānišo'"的天堂[10]的作品的评注来看，布拉依克的修道士们认为他们前世曾是埃及沙漠中的僧侣和隐士。

大量的圣徒传记也被译成粟特文，包括著名的使徒外传《彼得行记》(*Acts of Peter*)[11]，基督教的起源[12]和以弗所的眠者(Sleepers of Ephesus)[13]的传说，以及关

[1] 见 HENNING, 1958, p. 79; SUNDERMANN, 1974a, pp. 448 – 452.

[2] T Ⅱ Toyoq，未发表，参见 Boyce, 1960, p. 130。

[3] 见 HENNING, 1959, pp. 305 – 306; Lazard, 1975.

[4] 见 C85（未发表，引用在 SIMS-WILLIAMS, 1988, p. 151, s. v. 'dn'），参见 Vöö bus, 1960, pp. 142, 157 – 158，载有关于每日七祷的文章。

[5] 如：BT Ⅱ, pp. 69 – 77（关于隐居生活的三个阶段）；STSC, pp. 145 – 150（SCHWARTZ 解释其为"反对邪念的演说"）。由同一手稿中其他残卷来看，所谓"Daniel 残卷"（ST Ⅱ, pp. 532 – 534）可能与斋戒有关。参见 HANSEN, 1968, p. 98, No. 13。

[6] BTⅫ, pp. 124 – 136，或许还有 P. 186（残卷 B）；STSC, pp. 42 – 52。

[7] BTⅫ, pp. 168 – 182; pp. 165 – 167.

[8] BTⅫ, pp. 168 – 182; pp. 165 – 167.

[9] BTⅫ, pp. 78 – 86；也见下注。

[10] 另一未发表的手稿中也有 Dādišo 对 Isaiah 第二和第十四篇布道演说词的评注的节录。

[11] ST Ⅱ, pp. 528 – 531.

[12] 47 ST Ⅱ, pp. 513 – 521; pp. 520 – 522.

[13] BTⅫ, pp. 154 – 157.

于 Sergius 和 Bacchus〔1〕,Cyriacus 和 Julitta〔2〕,Eustathius〔3〕和 George〔4〕的殉教记,最后一个还同时被译成突厥语〔5〕。Werner Sundermann 指出〔6〕,吐鲁番所藏未发表的粟特文手稿中还有一些被认为是修道史上的重要人物的传记,如 Serapion(有两份手稿)〔7〕,Eugenius〔8〕和 Dailam 的约翰〔9〕的传记。这部关于在法尔斯(Fars)建立了两所修道院的约翰的传记只是有伊朗语写本的几部圣徒传记之一,此外还有《沙普尔二世统治下波斯殉教者记》(*Acts of the Persian martyrs under Shapur Ⅱ*)〔10〕和《Pethian 殉教记》〔11〕。但此类粟特语文本中最重要的无疑是巴尔沙巴主教(Bishop Baršabbā)以及木鹿(Marv)基督教化的传说,因为叙利亚语原本就像粟特语译本一样,仅能从布拉依克发现的残篇中得知其存在〔12〕。

除了上述有关圣经、礼拜仪式、禁欲主义及圣徒传记的文献外,布拉依克的藏稿中自然也有一些不那么容易划清类别的文本:"圣徒名单"〔13〕,对洗礼和圣餐仪式的解释〔14〕,叙利亚布道韵文的译文〔15〕,有关圣经方面的谜语集〔16〕,等等。事实上所有景教修道院中能有的在这里几乎都有。然而,这里却几乎没有任何实用的世俗文书,至多算上一个药方残片,一个关于预兆的文本,一个历法残卷和一个叙利亚文与粟特文的数字表。而在布拉依克及其附近的纯粹突厥语人群居住地库鲁特喀(Qurutqa)的为数不多的突厥语基督教手稿中,短期文书如私人信件和经济文书占了相当大的比例〔17〕。相比之下,前一种情况就更令人惊奇。

---

〔1〕 47 STⅡ,pp. 513－521;pp. 520－522.

〔2〕 TⅡB 60 N°13(未发表)。

〔3〕 BTⅫ, pp. 158－164.

〔4〕 HANSEN, 1941(也见 BENVENISTE,1943—5;GERSHEVITCH,1946).

〔5〕 Bang,1926.

〔6〕 W. SUNDERMANN, Byzanz und Bulayïq.

〔7〕 C3(STⅠ, pp. 34, 80－81 中节录其中两段),C27。

〔8〕 HANSEN 大致确定其为"Martyrium des Heiligen Miles" (1968, p. 96)。

〔9〕 见 SUNDERMANN,1976。

〔10〕 BTⅫ, pp. 137－153; Schwartz, 1970, pp. 391－394.

〔11〕 57 BTⅫ, pp. 31－68, 185.

〔12〕 STⅡ, pp. 523－528 (粟特语),559—564(叙利亚语)。

〔13〕 BTⅫ, pp. 101－109;pp. 101－109.

〔14〕 BTⅫ, pp. 101－109;pp. 110－120.

〔15〕 BTⅫ, pp. 87－100(Bābay bar Ṇsibnāye 所写的布道词"关于最后的邪恶时刻")STⅡ, pp. 535－538 (Ermahnungen zu christlicher Geduld); 也许还有 BTⅫ, pp. 121－123("关于上帝对万物的恩慈")。

〔16〕 W. SUNDERMANN,1988.

〔17〕 关于总的调查情况见 ZIEME,1974 (及 ZIEME,1977,1891a)。

我还要补充两点。其一,一部分粟特语文献中提到基督教团成员的名字,其中有许多是突厥语人名而没有一个可被证明是粟特语人名(见下面附录中的文本 A—D)。其二,吐峪沟的粟特语基督教文献中常出现词首 r 前加字母 aleph 的现象[1],在布拉依克的文献中也偶有出现[2],这是一种典型的突厥语式拼写和发音特征。

总之,事实表明,这些粟特语基督教文献的作者和读者们可能说突厥语。在修道院时代的末期,即那些短期文书所属的时期,突厥语可能已成为日常生活中使用的主要语言,尽管粟特语跻身叙利亚语之侧,作为文学和宗教仪式用语还保留有一席之地。

在千佛洞出土的一批 9 至 10 世纪的文献表明,曾有另一个可能使用粟特语和突厥语双语的基督教团体存在。正是在那里,几件汉语基督教文本也得以面世[3]。在敦煌没有发现突厥语基督教文献,唯一可确认的粟特语基督教文献是一件样式普通的文本的残卷,是在西方被称为 Sortes Apostolorum 之类的圣言书[4]。但几份出土于敦煌的世俗文书不仅由基督徒所写,而且其中也提到基督徒,包括牧师和修道士。其中之一是一位名为 Sargis (Sergius)的牧师的信,他在附言中嘱托一位有突厥语名字 El Bars 的朋友照顾修道士 David。信的内容主要有关商业事务,这位牧师表现得很积极,而且尽力遵照粟特人的传统方式——他们经商的能力是天下闻名的[5]。在敦煌出土的另外两件粟特语文书可能也出自基督徒之手,因为其中有 prβ(')y n'm “以上帝的名义”这样的话。一件仍是商业文书,另一件是书末题记[6]。还有一封信,其中提到的几个人可能是基督徒:一个有叙利亚语名字 Giwargis(乔治)的收信人;一个修道士,他的名字可能是粟特语(kwr'k?),或突厥语(küräg?),或汉语(kuang?);一个牧师,有粟特语名 Wanu-Čor 和叙利亚语头衔 reš' ẹdtā“会计、账房”(字面意思是“教会首脑”)[7]。这种反映在人名上的不同语言相混杂的特点正是文献本身的特色。这些文献主要用粟特语写成,但夹杂了许多突厥语和汉语词。其中还有很多不寻常的句法结构,像不及物动词

[1] 见 C33=T Ⅱ T21,未发表。

[2] 如:'rmy (C1, ll, 236 和 A14; C3=T Ⅱ B 13a, V29;粟特文,So. 12, 700=T Ⅱ B28, R6), 'ryncq (T Ⅱ B60 N°13, V9)。

[3] 见 MOULE,1930,pp. 52-64.

[4] N. SIMS-WILLIAMS, 1976, pp. 63-65. 与其最相似的是一本布拉依克出土的圣言书,见 Le Coq,1909, pp. 1205-1208, BANG, 1926, pp. 53-64, 及 Zieme,1977。

[5] DTS,文本 F(pp. 51-61, Pl. 11-12)。

[6] DTS,文本 A 和 D(pp. 23-30, Pl. 1-3, 及 pp. 39-40, Pl. 8),参见上文注释 13。

[7] DTS,文本 G(pp. 63-76, Pl. 13-16)。

形式的扩展，表明作者虽然用粟特语书写，却更惯于用突厥语思维[1]。同七河流域和吐鲁番文献相比，敦煌文献使我们更清楚地看到粟特基督徒不断被周围的突厥语人群同化并最终融合于其中的过程。几个世纪之后，当马可·波罗提到敦煌地区的突厥语景教徒时[2]，他所指的人们中可能也包括了这些粟特语文献中所记的基督徒的后代。

（王菲译，牛汝极校，汉文译文发表于《西域研究》1997年第2期上。收入本书时，一些词句作了修改，删除了附录部分的内容，尾注全部改为脚注。）

[1] DTS, pp. 10－11.
[2] Polo（Benedetto 编），1928，p. 44.

附录五　丝绸之路上的基督教艺术

克林凯特(H. -J. Klimkeit)作

有关基督教历史大部分未知的内容是有关叙利亚-波斯基督教从公元3、4世纪到13、14世纪的发展演变及其向蒙古、中国东北和内地的传播[1]。尽管萨珊伊朗教堂(纪元224—650年)和伊朗信仰伊斯兰教的寺院(7世纪)使用叙利亚语作为其教会语言,但逐渐自然而然地在组织上发展成为一个教会,随之从神学上也独立于西方,即拉丁和希腊教堂。这种独立情况已被公元5、6世纪在美索不达米亚各地召开的一系列宗教会议(纪元486年的Mar Adaq宗教会议和纪元497年、544年的宗教会议)作了概括性的报道。

实际上,大约在这个时期,确实出现了两个独立的教堂:一个是东方的景教教堂,其统治者——东正教的大主教,起先位于塞琉古,后在伊斯兰教时代又位于巴格达。另一个单一灵性论者(雅各拜特:叙利亚东正教)教堂在其大主教的监督下,分布在叙利亚北部和美索不达米亚北部的各个修道院里。这个教堂后来被称作Jacob Baradaeus(6世纪)。其中主要是景教教堂的僧侣和传教士把基督教义传播到了亚洲最东部和印度南部。今天在印度南部仍然存在着相当多的原基督教组织[2]。

有关景教东传的主要资料来源:第一是叙利亚文有关教会的叙述。这些叙述阐述了那些来自远至赫拉特、巴尔喀什湖、撒马尔罕、别失八里、汗八里(北京)的枢机主教和其他教士出席这些重要的基督教会议的情况[3]。第二是原始资料写本。这些资料主要发现于丝绸之路上的沙漠绿洲——吐鲁番和敦煌,北京也有发现。这些写本主要是叙利亚文、粟特文(伊朗东部方言)、回鹘文和汉文。许多的非叙利亚文文献也用叙

---

〔1〕 林悟殊翻译增订,1995。

〔2〕 有关这些教堂历史和发展的概要,请参见哈吉(W. Hage)《东Kotayam的叙利亚基督教》,1986;同上作者的(Non-chacedonen sischen kirchen Apostolische Kirchedes Ostens Nestorianer),刊于F. Heyer编辑的*Konfessionskunde*,柏林,1977年,第202-214页。

〔3〕 这些珍贵的材料,参见韩特(E. C. D. Hunter)《叙利亚基督教在中亚》,*ZRGG*第44期,1992年,第362—368页。

利亚文翻译了过来，尽管原有文献已有所演化[1]。这些文献对叙利亚基督教徒——主要是居住在修道院中心的基督教徒从文学方面作了广泛的描述。文献内容涉及从圣歌、祈祷文、礼拜仪式到埃及文写本、叙利亚教堂创世纪、教堂历史、书信甚至医学著作等。最有趣的是汉语写本，他们试图表达基督教败于佛教徒和道教徒言辞的内容。除了这些文献外还有大量的铭文（即源自巴尔喀什湖南部七河流域的墓志铭，内蒙和中国南部港口也有发现）。这些铭文主要是叙利亚文、突厥文（应为回鹘文——译者）和汉文[2]，其中最为著名的是西安（古长安）的西安府碑（即“大秦景教流行中国碑”）。该碑立于781年，叙述了基督教在中国150年的历史[3]。同样具有重大意义的是沿印度河谷和拉达克（Ladak，位于西藏与印度交界）地区的粟特文基督教铭文[4]。许多重要的文字记载也属第二种资料来源。如伊斯兰教历史学家 Ibn Haukal an Nadim 和比鲁尼[5]，以及发现了通往喀喇昆仑山和蒙古朝廷汗八里之路的圣方济会创始人的手稿，该手稿有助于我们了解中亚和中国基督教徒的生活[6]。

东方诸国景教基督教传播具有重要意义的是几个很著名的丝绸之路上的基督教艺术的范例。在这里只谈论其中的几个[7]。他们主要始于6至9世纪时期（即中国的唐朝时期）和13到14世纪（即蒙古时期）。尤其要谈这两个阶段里景教基督教沿丝绸之路的中心和蒙古权力的中心及其宗主国地区，包括中国兴盛的历史。有趣的是除了叙

[1] 见阿斯姆森（J. P. ASMUSSEN）有关这一资料的书评《伊斯兰教真正兴起之前中亚的粟特语和回鹘-突厥语基督教文献》，《印度学和佛教学研究——狄庸（J. W. de Jong）教授60岁诞辰纪念论集》，A. L. 海尔库斯等编辑，堪培拉，1982年，第11－29页；M. 玛若特《吐鲁番文献中心所藏叙利亚文手稿》，H. 科林哥尔与W. 松德曼编辑，《埃及 · Vorderasen · 吐鲁番》，柏林，1991年，第126—128页。N. 西木斯-威廉姆斯《吐鲁番敦煌的粟特语与突厥语基督教写本》，卡多纳主编（A. CADONNA）《吐鲁番和敦煌文献：丝绸之路上的文明汇聚》，佛罗伦萨，1992年，第43—61页，以及更早些的珍贵资料，现在的古典考察；阿 · 克 · 穆尔（A. C. Moule）《一五五〇年前的中国基督教史》，1930年；佐伯好郎（P. Y. SAEKI），《中国的景教文献和文物》第二版，东京，1951年。

[2] 见佐伯好郎《中国的景教文献和文物》第2版，东京，1951年，第408—429页。

[3] 同上，译文见第53—112页和 C. Y. Hsü 的新译文《中国的景教和景教文献》，《亚洲文化》，季刊第14期，1986年春，第41—81页。

[4] 参见N. 西木斯-威廉姆斯（N. SIMS-WILLIAMS），《上印度的粟特文写本》，《北部巴基斯坦古迹的初步报道》，《报道和研究》第一卷《印度河谷岩画和铭刻》，1989年，第131—137页。

[5] 这一材料由巴托尔德系统进行了评述。见 *Zur Geschichte des christentums in Mittel-Asien his zur mongolischen Eroberung*, Tübingen, Leipzig, 1901。

[6] 这一材料由道森（C. DAWSON）刊行：《蒙古行记》，伦敦-纽约1955年。并见特若勒（C. V. Troll），*Die Chinamission im Mittel-alter*，刊于 *Franzis-kanische Studien* 第48期，1966年，第109—150页；第49期，1967年，第22—79页。

[7] 经常讨论的高昌（吐鲁番绿洲）景教教堂壁画，这里不详述。参见勒柯克（A. von LE COQ）《高昌》1913年，Granz 1979年重版，图版7。

利亚以外，粟特基督教社会首先在地理上和理解上促进了景教基督教的发展，结果使突厥语部落和中国人成为这一信仰最可靠的支持者。景教基督教艺术开始逐渐表现于中亚和东亚的文学、艺术、语言学、哲学范畴和艺术表现形式之中。我们早就试图构拟亚洲的基督教，但没有太多的基于这样一个进程的清晰反映，只是基于亚洲基督教信仰的一种自然的表现形式。

从拉达克到蒙古甚或中国南部我们经常看到的最显著的特征是基督教的主要象征十字架和佛教甚至道教艺术形式的结合。这一方面最显著的特征是十字架在莲花座之上的构图。在佛教中，如同在印度世界，莲花象征纯洁，因为莲花出污泥而不染。因而虔诚的基督教徒们追求一种生活——超出了世俗的生活方式和植根于世界佛教发祥地的宗教信仰。因为与基督教的生存形式不同，他们追求的不是今世，只是今世的一种生存方式，然而精神方面超然于尘世的变化，尤其是把毒蚀心灵的罪恶的污水、邪恶和肮脏，像愤怒、嫉妒都摒弃了，心灵就能获得初始的纯洁和光芒。莲花以其复杂的象征意义表现了对世俗力量和邪恶的超越。这种象征用宗教艺术来表现，就是菩萨直立祷告或是端坐在莲花座之上。很自然基督教教徒通常以景教形式给予这种基本的象征以一席之地，不论菩萨或站或坐，都把十字架放在莲花之上。这与景教或基督教义一致，不是表现钉死于十字架之上的基督，而是留下大面积空白不加修饰，借以表现升天的基督。这一点也只有在信仰者的眼里才能看到[1]。

例证一（见附录图版 5 -1）标明 841 或 842 年的粟特文石碑旁的三个十字架。也许这块石碑独立于这三个十字架。石碑出自 Tankse Ladakh 处，可能建于 9 世纪。一定是途经这里的景教商人雕刻在石头上的。这个地点对长途跋涉的旅行者来说是个主要的十字路口。在这种情况下，其含义也就很明显了。然而十字架立于莲花之上，因为十字

〔1〕 景教强调基督具有人性和神性两重性，东部叙利亚的单一灵性论者只承认基督是“一性和一人格论”。在基督教景教文章里，贪婪的波斯（皇帝）大主教 Kosroes 询问他们：“他说：（我们）发誓只有一个耶稣基督。他是神的儿子，他的神性人性都没有被掩藏。当我们高呼基督为完美的神时，我们指的不是（基督教）三位一体（圣父、圣子、圣灵合为一神），而是三位一体的人格之一，即神这个词。当我们再把人的称呼给基督时，我们不是指所有的人，只是一个基督人格，显然耶稣基督拯救我们。因此，我们的耶稣基督生自他父亲的神性。他也是在最后的时刻生自圣母玛利亚的人性。他出生后仍保留着神性和有效的没有变化的人性，他也行了割礼继续生长（……）。他饥饿，他饥渴，他也吃也喝，并且也疲倦、睡觉，最后为了我们的缘故他把自己拿去送死，被钉于十字架上受难至死。但并没有丧失神性或者遭受（……）。他升天后，他和他的儿子在地球上生活了 40 天，把他的手和脚显示给他们（……），所以（……）他能使他们确信他的复活，他能证实我们复活的希望（……）既然使他被带到了天国，人性的基督人格不会消失或变化，而是保留在看不见的神性统一体内。（……）”（摘自 L. 阿布拉莫斯科，A. E. 古德曼《基督教文献景教集》第 2 卷，1972 年，第 91 页。至于说到他的神性，其中之一强调他是“既看不见又不可改变的”，同上书，第 89 页。）

架下的花瓣暗示其与亚美尼亚故事中的十字架基座有关。变化可能是在这里发生的，佛教徒们很可能看见了这些画上的莲花。

附录图版 5－1：粟特文和梵文题记旁的三个景教十字架，发现于克什米尔地区。

附录图版 5－2：房山发现的带十字架和莲花座的石雕，十字架横轴上下有叙利亚文题记。

附录图版 5－3：泉州第一个景教十字架，十字架和莲花座在一石柱之上。

例证二(见附录图版 5－2)出自中国的蒙古统治时期。十字架在莲花之上，其下可见道教的云雾象征。这件浮雕品出自房山，现藏于南京博物院。大理石块左右两侧雕刻着旺盛的植物，象征生活。

例证三（见附录图版 5－3）出自中国南部的一个港口刺桐（即泉州——译者注）。莲花之上的十字架以一个很大的柱子为根基，暗示柱子是莲花座上菩萨出现的地方。在这一例里，十字架明显代替了菩萨。

第四例（见附录图版 5－4）是描绘得更自然的莲花中央刻有简单花束的一个十字架的抄本。这本十字架抄本出自泉州府（中国南方）。以上三例证都是 13—14 世纪的文物[1]。

附录图版 5－4：崇祯十一年二月中发现于泉州水陆寺的十字架石刻，阳玛诺（Emmanuel Dioz S. J.）收入其《唐景教碑颂正诠》一书中。

附录图版 5－5：发现于七河流域的叙利亚文景教徒墓碑，年代为 1316 年。

在这里我们接着要介绍给大家一系列图版，包括各种墓碑、纪念碑。目前已知的有 600 多个。这些碑文叙述了 9 至 14 世纪期间基督教在东亚和中亚的发展史，时间跨度为 500 年。第一例（附录图版 5－5）是块非常典型的上面所提到的七河流域地区的墓碑。碑的周围是叙利亚文，景教十字架刻于碑铭中间。内容为："1672 年（即公元 1316 年），蚀年，突厥语纪年龙（luu）年，这是著名的（《圣经》）解说家和传道士并为所有修道院增添了光辉的施里哈（Sheliha）之墓。他是《圣经》解说家彼得（Peter）之子。他以其智慧而闻名。讲道时他声若洪钟。愿上帝把他智慧的灵魂与正直的人及其祖先们连在

〔1〕 佐伯好郎《中国的景教文献和文物》第 2 版，东京，1951 年，第 435 图和 436 图。

附录图版 5－6：发现于七河流域的叙利亚文景教徒墓碑，中间为十字架、莲花座、六层台基，还有两边的各一位天使，年代为 1301/1302 年，藏圣彼得堡艾尔米塔什博物馆。

一起。愿他足以分享一切荣誉"[1]。

这些系列中的第二例(见附录图版 5－6)是幅较为有名的墓碑艺术构图。构图里包含种种宗教文化因素，出自 14 世纪的七河流域。该图雕刻的是一个景教十字架安放在因袭某种风格的莲花之上，两侧是两个穿着汉人式样服装的天使。花的底座使人想起在粟特人地区发现的袄教祭火坛。叙利亚碑文为："亚历山大纪年 1613 年(即公元 1301 年/1302 年)，他们走了，远离了这个景教世界。他是(《圣经》)解说家，令人赞美的 Karia 之子"[2]。

第三例(见本书第八章图版 8－8)是块迄今为止尚未公布的墓碑。可能发现于中国的伊犁河谷(误，出土于泉州——译者注)[3]。其回鹘文碑铭的释义工作还未进行(哈密顿和牛汝极对该碑的研究论文刊于《亚洲杂志》，法文版，巴黎 1994 年第 1 期——译者注)。值得注意的是，十字架在莲花(镶在一个无从辨识的物体上)之上。其左侧和右侧紧靠着两个天使。这些人物以及他们所驾的云彩，很容易使人联想起佛教艺术中心——敦煌的飞天。

最后(见本书第七章图版 7－1)是一个颇为有名的三语碑铭，可能出自像古代中国南方刺桐那样的地方(误，出自扬州——译者)[4]。这是块高级军官之妻的墓碑。军官本人为操突厥语之人，在蒙古作战。《元史》提到他是位杰出人物[5]。至今尚未解读的叙利亚语和回鹘语碑文为(叙利亚文)："以耶稣基督的名义(回鹘语)，亚历山大帝王纪年 1629 年，突厥语纪年蛇年(即公元 1317 年)3 月 9 日，来自大都(北京)的首领 Samša(地区?)的妻子伊丽莎白夫人，33 岁身故。她的尸骨埋在此墓。愿她的

〔1〕 佐伯好郎《中国的景教文献和文物》第 2 版，东京，1951 年，第 414 图。

〔2〕 克莱恩(WASSILIOS KLEIN)介绍了一方来自中亚的叙利亚墓碑，其上有琐罗亚斯德教和中国佛教的主题图案：Ein syrischer Grabstein aus Zentralasien mit Zoroastrischen and chinesisch-buddhistischen Motivn。

〔3〕 这张图版由耿世民教授(北京)赠送，确切发现地址尚不清楚。

〔4〕 这幅拓片也为耿世民教授(北京)所赠。

〔5〕 根据耿世民教授的意见。

灵魂在天堂安息…… 愿她永享平安！愿她英名永存！阿门”[1]（西木斯-威廉姆斯与牛汝极合写的对该碑解读的文章，见《学术集林》，上海远东出版社，第 10 卷——译者注）。碑铭上的铭文很显眼。莲花之上的十字架旁有两个四翼的天使，各戴着一具镶有十字架图案的头巾样的头盔（即汉人的乌纱帽——译者注）。这幅图较罕见，迄今为止，还未发现与此相类似的构图。文中将提到的最后四个基督教艺术的例证最初起源于粟特。但是从某种程度上讲，他们是早期形式的回鹘语化变体。这与文献记载所描述的情况相符，有文献记载粟特人是最早皈依基督教（除摩尼教和佛教外）的中亚人，其后是操突厥语之人，来到东部粟特人地区及其邻近地区，并逐渐占了主导地位。七河流域墓碑的早期铭文是叙利亚文，先被粟特人使用，后被回鹘人用叙利亚体刻写突厥语。在这种同样的情况下也就可以说明前面两例是早期粟特艺术的突厥语传统模仿物。

在描述这些例证之前，应该解释的是：就粟特城市而言，考古学家已经开始了解释各种公元 6—8 世纪存在基督教事实的研究工作。最有说服力的证据可能是一枚钱币。现藏于圣彼得堡国立艾尔米塔什博物馆（参见附录图版 5 - 7：这是译者增加的图版，原文未附），由一个基督教政权发行。钱币的背面是一个景教十字架镶在珍珠环里——在古老的萨珊王朝，只有国王或城市里才能发行这种钱币。再者，在古老的粟特片吉肯特城废墟上发现了一枚陶片，上面写着叙利亚文——用叙利亚语 Peshitta 叙事体形式写的圣歌中的第一、二章节的一部分。标明时间为公元 7 或 8 世纪[2]。

附录图版 5 - 7：钱币的背面：一个景教十字架镶在珍珠环里，这是古老的萨珊王朝风格——此为译者增加的图版。

在把这些发现放在当时当地的历史背景下时，Paykowa 提出了其他几种证据。8

〔1〕 我感谢耿教授和土巴奇（Dr. JÜRGEN TUBACH）博士在解释这篇文章时给予的合作。根据耿教授的提示，汉文原文为，“岁次丁巳延祐四年三月初九日三十三岁身故五月十六日明吉大都忻都妻也里世八之墓”（这是译者根据原碑汉文铭文录下的——译者注）。

〔2〕 培克娃（A，PAYKOWA），《来自片吉肯特的粟特文陶片》，载《博物馆》第 92 卷，1979 年，第 159—169 页。

世纪，在粟特的西部边界地区的阿克-贝辛（Aq－Beshin）村就有一个基督教堂[1]。在这个广大的地区，在 Urghut 及其周围，还发现了大量的叙利亚基督教岩刻题记。

附录图版 5－8：粟特银盘，发现于乌拉尔山脉附近的 Malya Anikova 村。

此外，还发现了一些有趣的粟特基督教银质器皿的例证。尽管在遥远的地方，但是很明显起源于粟特或突厥-粟特传统。首先要提到的是一个银盘（附录图版 5－8），银盘是个薄平的圆盘状物，表现粟特城堡被包围的情景。这是在乌拉尔山脉附近的 Malya Anikova 村发现的。很可能是通过商人带到那儿去的。对此物件的分析表明：该圆盘是件古代文物的模仿物[2]（我们研究用的圆盘是用石膏仿制原件而成）。最主要的部分，即被包围的城堡，采用的浮雕是 8 世纪粟特艺术的特征。而那些细节则是雕刻在仿制的银质器皿上，体现 9—10 世纪的特色。所雕刻的人物，尤其是身穿战服的武士们，表现了一种粟特人和回鹘人因素的结合。这就表明，像七河这样一个地区就是银盘的产地。也就在这个地区，突厥部落葛逻禄，从西域出发，在 8 世纪末迁徙到基督教流行地区。

不论印度还是丝绸之路上的佛教艺术都是一致的。种种连续不断的故事发生的场景组成了一幅画面。这场景源自耶稣之书。组合成我们这幅画面的要素如下：

1. 旧约《约书亚书》第 2 章 1—16 节，在被围困的耶利哥（Jericho），有一个犹太间谍躲在娼妓喇合的房间（韵诗 1—6 节），从她的窗户向外观望。因为她的房间在城墙之外，而她住在城墙之内（韵诗第 15 节；参见第 18 和 21 节）。

2. 旧约《约书亚书》第 6 章第 4 和 15 节，扛着方舟和 7 个站在方舟前手拿 7 个公羊角喇叭的牧师（韵诗第 14 节）。第 7 天，他们要绕着这个城市转 7 次。牧师在吹喇叭

〔1〕 培克娃（A, PAYKOWA），《来自片吉肯特的粟特文陶片》，载《博物馆》第 92 卷，1979 年，第 101 页。关于阿克-贝辛的基督教堂，请参见克劳森（G. Chauson），《阿克贝辛-苏亚伯》，JRAS，1961 年，第 1—13 页。

〔2〕 这些和下面的信息见于［圣彼得堡（原列宁格勒）］艾尔米塔什博物馆的镶嵌器物收藏目录：A Effenberger 等著 *Spätantike und Früb-byzantinische Silbergefäfse aus der Staatlihchen Eremitage*，列宁格勒-柏林，1978 年，第 129—131 页。

（参见韵诗第 15 节）。牧师和他的喇叭在图画中看得很清楚。因此，这幅图画暗示了耶利哥的存在。

3. 旧约《约书亚书》第 10 章第 12—14 节，当主耶稣把亚摩利人交付给犹太人时（韵诗第 12 节），太阳和月亮还在天空上闪耀。图画中所描绘的顶部的两个天使暗示了这一点。其主题同样也是被围困的军事首领双手举向天空，与 6—8 世纪原件上的叙利亚文绘图上的画相似。

我已经指出这种特殊的战场与靠近左右两侧的武士们的组合（为了让粟特城堡代表耶利哥城）暗示了经常出现于龟兹佛教艺术的场景，即拘奢那揭罗（Kushanagara）。这个城市的各印度帝王保留着佛教的圣地[1]。然而人们可以断定出这种相似性。种种故事场景结合在一幅画上，一定是典型的佛教徒们的艺术表现方式[2]。

第二件有名的粟特基督教艺术品是个银盘（附录图版 5－9）。（像附录图版 5－8 一样）保存在圣彼得堡的国立艾尔米塔什博物馆里。最初是在 Perm 地区的 Grigorovskoe 村发现的。这个比较平直的盘子描画了基督的死亡和复活等相关场景。盘子的圆形装饰图案之间的三角形空白处的场景是：耶稣之死、埋葬、复活。可以看见左面三个战士守卫在基督的坟墓旁，右面是彼得对其主的否认和在狮穴的丹尼尔——这是个在叙利亚传统中经常与基督之死和复活有关的情景。这些情景在用福音体（Esṭrangelā）文字（从上至下）写成的叙利亚铭文中得到了解释，它们是《耶稣升天》、《鸡叫三遍之前西蒙·彼得对基督的否定》、《武士守卫墓

附录图版 5－9：粟特银盘，上面的图案描画了基督的死亡和复活等有关的场景。

〔1〕 这些和下面的信息见于（圣彼得堡［原列宁格勒］）艾尔米塔什博物馆的镶嵌器物收藏目录：A Effenberger 等著 *Spätantike und Früb-byzantinische Silbergefäfse aus der Staatlihchen Eremitage*，列宁格勒-柏林，1978 年，第 131 页。

〔2〕 斯林洛夫（D. SCHLINGNOFF），《中亚印度叙事画传说》，载 *Aksayanivi Essays Presented to Dr. Debala Mitra*，德里，1991 年，第 163—169 页；以及斯林洛夫有关印度和中亚的佛教艺术的其他论著。

附录图版 5－10：波斯风格的景教徒碗状物，6、7 世纪遗物。

地》，而且还有《耶稣之死》、《获得宽恕的强盗》、《他左边的强盗》、《玛利亚·玛格达林·玛利亚》、《天使》、《复活》，最后是《狮子》、《丹尼尔》和《复活》，圣像画中有趣的地方是玛利亚——西方传统中的圣母，常与上述情景有关，而这里却没有描绘。符合文献(新约)《使徒行传》第 1 章第 9 节的这个早期特点，很明显地保留在景教世界中，作为被看作是耶稣升天的附加物的上帝之母的组成部分。这是 5 世纪时西方世界所创造的。在典型的景教行为方式中，上帝之母的概念就这样被抛弃了(对景教徒来说，她只是基督的母亲)。斯米尔诺夫(J. I. Smirnov)已指出这个碗状物(附录图版 5－10)许多细微之处源自伊朗，可能最初是波斯的景教徒制作的。斯米尔诺夫说这种艺术的年代在 6、7 世纪。而这个盘子是萨珊王朝艺术的仿制品，可能出自 9、10 世纪的七河流域。

最有趣的要算是可能出自七河流域的某个教堂的一个香炉。该香炉描绘了最后的晚餐情景。基督坐在中间。

最后，是一件保存下来的带有景教十字架的很大场景的一部分。在十字架旁，可能站了 3 个捐赠者(附录图版 5－11)。人物刻画得比上面所提到的都要小，而且只有脚是完整的[1]。其背面是用叙利亚文福音体所写的粟特语铭文，但这只是文献的一个残片，不能帮助我们识别正面的图像。但有可能这是一件摩尼教艺术品。摩尼教也使用景教十字架标志。图中的捐赠者衣着是典型的公元 8、9 世纪中亚突厥部族女士们穿的服装。

来自中亚的突厥语人群向西迁徙时，推翻了哌哒(白匈奴)木鹿 Elijah 大主教的统治，并在他们中间赢得了皈依者。突厥部族中的大部分集团转而信仰基督教。西突厥的转变不是短时期的事情。因为中亚西突厥部落将要继续在景教史中起重要作用。公元 781 年，景教大主教提摩太(Timothy)一世(死于公元 791 年)在写给 Maronites Mar Maron 修道院修士的信中说："突厥可汗和他的领地几乎(所有的人)都抛弃了古代的

〔1〕 这幅画和艾尔米塔什博物馆有关这幅画的其他物件应归功于该馆东方部的 GRIGON SEMENOV 先生。

附录图版 5－11：粟特景教徒浮雕，残缺的十字架旁有三位突厥部族模样的女捐赠者，约 8、9 世纪遗物。

信仰而成为基督教徒[1]。他在他的信中请求我们给他的国家开辟一个大主教教区。而这一点我们已经做到了。”

有人认为与他的王国一道在 762 年左右皈依景教基督教的帝王是个回鹘统治者 Alp Qutluγ Bilgä 可汗。他把摩尼教定为回鹘国的国教。然而，他可能就是后来见于汉文史料的牟羽可汗[2]。

有种种例证表明若干突厥语部落和其他中亚部落，一离开他们的故地，就放弃他们原来的信仰而转向一个像基督教一样的宗教。基督教对处于一个新的社会和政治生活形势下的问题能做出一个更有意义的回答。当然，摩尼教和佛教也从中获益。有趣的是这样一些本土的社团，在转变为新的宗教世界不久就在文学和艺术方面自然而然地赋予这种新接受的信仰一种新的表现形式。在这方面，丝绸之路上的基督教艺术便成为一种普通的模式，并可能与其先前的宗教表现方式有所区别。

（牛汝极与彭燕合译，译文原发表于《新疆文物》1996 年第 1 期。收入本书时对译文的个别地方作了改动。克林凯特原文的图版大多不清楚，本书的图版是作者从其他资料复制并重新加工制作的，还增加了一幅图版。）

---

〔1〕 有关中亚突厥部落的传统，我指的是上引韩特（E. C. D. HUNTER）的文章。

〔2〕 明甘那（A. MINGANA），《中亚和远东基督教的早期传播》，文载 *Bulletin of the John Rylands Library Manchester*, Vol. 9, 1925 年，第 305 页。

中日文参考文献

阿里木·朱玛什 1983:《高昌回鹘王国时代景教残卷研究》,刊《新疆社会科学研究》1983 年第 18 期,第 12—14 页。

博问 1951:《元代也里可温之研究》,刊《台湾学报》一卷,1951 年 2 月,第 181—217 页。

曹仕邦 1985:《唐代的崇一法师是"景教僧"吗?》,刊台北《幼狮学志》第 18 卷第 3 期,1985 年 5 月,第 1—8 页。

车炜堃 1971:《唐朝景教之危难时期及其衰亡原因》,刊台北《国立编译馆馆刊》创刊号(第 1 卷第 1 期)1971 年 10 月 10 日,第 59—71 页。

陈达生主撰 1984:《泉州伊斯兰教石刻》,宁夏—福建人民出版社。

陈高华编,1986,《元代维吾尔、哈剌鲁资料辑录》,新疆人民出版社。

陈弘法译 1992,(苏) 马·戈尔曼著:《西方蒙古史研究》,内蒙古教育出版社,1992 年。

陈怀宇译 1999,(丹麦) 阿斯姆森著:《前伊斯兰时代中亚粟特语和回鹘突厥语基督教文献概述》,刊任继愈主编《国际汉学》第 4 辑,大象出版社,1999 年,第 345—366 页。

陈怀宇 2012:《景风梵声:中古宗教之诸相》,宗教文化出版社,2012 年。

陈静 1983:《基督教在甘肃早期传播史事发隐》,刊《西北民族研究》1983 年第 2 期。

陈静波:《基督教入泉州及其影响》,刊《泉州鲤城文史资料》第 6、7 辑。

陈开俊等译 1981:《马可波罗游记》,福建科学技术出版社,1981 年。

陈垣 1962:《二十史朔闰表》,中华书局,1962 年。

陈垣 1977:《元史研究》,九思出版社,1977 年。

陈垣 1970:《元西域人华化考》,北平励耘书屋,1934 年;台北世界书局,1970 年 6 月。

陈垣 1980:《元也里可温考》,原刊《东方杂志》第 15 卷第 1—5 号,1918 年,收入

《陈垣学术论文集》第1辑，北京中华书局，1980年，第1—56页。

成振国1985：《新疆阿力麻里古城又发现一块基督教叙利亚文刻石》，刊《文物》1985年第1期，第50页。

戴淮清1989a：《关于大秦及景教的种种误解》，刊香港《明报月刊》1989年7月号，第92—94页。

戴淮清1989b：《揭开大秦景教的秘密》，刊香港《明报月刊》1989年3月号，第88—91页。

邓宏伟、张文芳1992：《阿伦斯木古城遗址》，刊《内蒙古文物考古》1992年第1、2期，第133—138页。

丁韪良1913：《天道溯源》（中卷附西安景教碑文），1913年天津排印本。

董佑诚：《大秦景教流行中国碑跋》，见《董立方文》甲集，董立方遗书本。

段晴2000a：《敦煌新出土叙利亚文文书释读报告》，刊彭金章、王建军编《敦煌莫高窟北区石窟》第1卷，文物出版社，2000年，第382—389页。

段晴2000b：《敦煌新出土叙利亚文书释读报告》（续篇），刊《敦煌研究》2000年第4期，第120—126页。

段玉明1993：《云南景教考》，刊《云南民族学院学报》1993年第4期，第58—63页。

方豪1969：《方豪六十自定稿》下册，1969年。

方豪1978：《国人对"也里可温"之再认识》，刊《食货月刊》复刊第8卷第6期，1978年，第249—263页。

方豪1954：《国人关于马可波罗之著作》，刊《中华日报书（图书）》5，1954年；《方豪六十自定稿》下册，1969年。

方豪1967：《评〈唐元二代之景教〉》，刊《现代学苑》4—10，1967年。

方豪1941：《唐代景教史稿》，刊《东方杂志》，1941年第16期。

方豪1944：《浙江外来宗教史略》，见该氏著《中外文化交通史论丛》第1辑，1944年，独立出版社发行。

方豪1988：《中国天主教史人物传》（上卷），中华书局，1988年。

方豪1953：《中西交通史》，台北，1953年，台北文化大学，1983年重排。

房若愚译1991，萨恒泰·松阿泰著：《历史上基督教在哈萨克民族中的传布》，原文为哈萨克文，刊《新疆社科经济》1991年第1期哈文版。

冯承钧 1935：《景教碑考》，商务印书馆，1935 年。

冯承钧译 1934，伯希和著：《景教碑中叙利亚文之长安洛阳》，《西域南海史地考证译丛》，1934 年，商务印书馆。

冯承钧译 1994，伯希和撰：《蒙古与教廷》，北京中华书局，1994 年。

冯承钧译 1995，伯希和著：《唐元时代中亚及东亚的基督教徒》，刊冯译《西域南海史地考证译丛一编》，商务印书馆，1934 年；北京中华书局，1958 年。

冯承钧译 1962：《多桑蒙古史》，上海中华书局，1932 年；北京中华书局，1962 年。

冯承钧译 1954：《马可波罗行纪》，北京中华书局，1954 年。

冯其庸 2007：《〈大秦景教宣元至本经〉全经的现世及其他》，刊《中国文化报》2007 年 9 月 27 日。

盖山林 1991：《阴山汪古》，内蒙古人民出版社，1991 年。

盖山林 1992：《元代汪古部地区的景教遗迹与景教在东西文化交流中的作用》，刊四川《亚洲文明论丛》，1986 年，第 148—155 页。

高永久 1997：《西域景教的传播与发展》，刊《西域古代民族宗教综论》，高等教育出版社，1997 年，第 263—288 页。

耿鉴庭 1963：《扬州城根里的元代拉丁文墓碑》，刊《考古》1963 年第 8 期，第 449—450 页。

耿升、郑德弟译 1998，（法）沙百里著：《中国基督徒史》，中国社会科学出版社，1998 年。

耿世民 2005：《古代突厥文碑铭研究》，中央民族大学出版社，2005 年。

龚方震 1983：《唐代大秦景教碑古叙利亚文字考释》，刊《中华文史论丛》1983 年第 1 辑。

龚天民 1972a：《汉译景教回鹘文经典》，刊《生命》291，1972. 12。

龚天民 1972b：《景教碑中的佛教用语解释》，刊《教牧》，1972. 7。

龚天民 1960：《唐朝基督教之研究》，香港，1960。

顾卫民 1993：《耶稣门徒多默来华传说的宗教意义》，刊《上海教育学院学报》1993 年第 2 期。

郭平梁、刘戈 1995：《中国边疆 · 民族历史研究指南丛书》，新疆人民出版社，1995 年。

哈密顿、牛汝极 1995：《泉州出土回鹘文也里可温（景教）墓碑研究》，《学术集林》

卷 5,1995 年 12 月，上海远东出版社。

哈密顿、牛汝极 1996:《赤峰出土景教墓砖铭文及族属研究》,《民族研究》1996 年第 3 期。

韩儒林 1981:《所谓“亦思替非文字”是什么字》,刊《考古》,1981 年第 1 期。

杭世骏:《景教续考》(道古堂集卷廿五)。

郝镇华译 1984,穆尔著:《一五五〇年前的中国基督教史》,北京中华书局,1984 年。

何高济译 1985:《鲁布鲁克东行纪》,北京中华书局,1985 年。

洪钧:《元史译文证补》,卷 29 附《景教考》。

洪业 1932:《驳景教碑出土于周至说》,刊北平《史学年报》第 1 卷第 4 期,1932 年,第 1112 页。

胡立初译 1934, 佐伯好郎著:《中国绥远出土之万字十字架徽章》,刊济南《齐大季刊》第 3、5 合期,1934 年,第 187—194 页。

华涛译 2010,(塔)M. S. 阿西莫夫、(英)C. E. 博斯沃斯(主编):《中亚文明史》(第四卷上),中译出版社,2010 年。

黄天柱 1978:《关于古基督教传入泉州的问题》,刊泉州《海交史研究》1978 年创刊号,第 41—42 页。

黄文弼 1983:《新疆考古发掘报告》,文物出版社,1983 年。

黄文弼 1963:《元阿力麻里古城考》,刊《考古》1963 年第 10 期,第 555—561 页。

黄夏年、梁晓俭 1996:《唐代景教四则》,刊《贵州社会科学》1996 年第 6 期,第 45—50 页。

江上波夫 1951:《汪古部的景教系统及其墓石》,《东方文化研究所纪要》第 2 卷,昭和二十六年。

江文汉 1982:《中国古代基督教及开封犹太人》,知识出版社,1982 年。

蒋松岩译 1989,山本澄子著:《中国的基督教和祖先崇拜》,刊北京《世界宗教资料》1989 年第 1 期,第 28—34 页。

蓝琪译 1998,(法) 勒内 · 格鲁塞著:《草原帝国》,商务印书馆,1998 年。

李伯毅 1994:《唐代景教与大秦寺遗址》,刊《文博》1994 年第 4 期,第 35—38 页。

李经纬 1983:《回鹘文景教文献残卷〈巫师的崇拜〉译释》,刊《世界宗教研究》,1983 年第 2 期,第 143—151 页。

李少兵译 1992：《连接东西方的基督教》，刊《内蒙古文物考古》1992 年第 1、2 期，第 139—142 页。

李圣华、刘楚堂 1950：《耶稣基督在中国古籍之发现》，香港春秋杂志社，1950 年。

李文田：《论景教碑》。

李逸友 1977：《呼和浩特市万部华严经塔的金元明各代题记》，刊《文物》1977 年第 5 期，第 55—64 页。

李玉昆、杨钦章、陈达生 1986：《泉州外来宗教文化之研究》，刊《世界宗教研究》1986 年第 4 期。

李则芬 1977：《马可波罗游记索隐》（上. 下），刊《东方杂志》卷 11 第 4、5 期，1977 年。

李兆强 1964：《初期教会及中国教会史》，香港基督教辅侨出版社，1964 年。

李贞明 1951：《景教碑后的中国基督教史料》，载《中华基督教会合一堂银禧纪念特刊》，1951 年。

李之藻：《读景教碑书后》，见《阳玛诺唐景教碑颂正诠》。

梁漱溟 2010：《中国文化的命运》，中信出版社，2010 年。

梁子涵 1954：《冯承钧景教碑考里的一点错误》，刊《大陆杂志》第 9 卷第 12 期，1954 年，第 28、32 页。

梁子涵 1957：《唐代景教文献》，刊《大陆杂志》第 14 卷第 11 期，1957 年，第 19—23 页；第 12 期，第 23—32 页。

梁子涵 1963：《唐代景教译经考》，刊《大陆杂志》第 27 卷第 10 期，1963 年，第 12—19 页。

林悟殊、荣新江 1992：《所谓李氏旧藏敦煌景教文献二种辨伪》，刊《九州学刊》1992 年 4 月第 4 卷第 4 期，第 19—34 页。

林悟殊、殷小平 2008：《经幢版〈大秦景教宣元至本经〉考释》，刊《中华文史论丛》2008 年第 1 辑。

林悟殊：《敦煌遗书〈大秦景教宣元本经〉考释》，《九州学刊》敦煌专号（3）。

林悟殊 1988a：《泉州“摩尼教墓碑石”为景教墓碑石辨》，刊《文物》1988 年第 8 期（总 387 期），第 82—85 页。

林悟殊 1988b：《富冈谦藏氏藏景教〈一神论〉真伪存疑》，刊《唐研究》第 6 卷，2000 年，北京大学出版社，第 67—86 页。

林悟殊译 1987，刘南强著：《华南沿海的景教徒和摩尼教徒》，刊《海交史研究》1987 年第 2 期。

林悟殊翻译增订，克林凯特著，1995，《达·伽马以前中亚和东亚的基督教》，台湾淑馨出版社、浙江人民出版社。

林悟殊 1997：《景教在唐代中国传播成败之我见》，刊《华学》第三辑，紫禁城出版社，1997 年。

林悟殊 2003：《唐代景教再研究》，中国社会科学出版社，2003 年。

林仰山 1943：《唐代景教文献》，刊《香港大学学生会刊》1943 年第 7 期。

刘光汉：《景教源流》，见《刘申叔遗书·读书随笔(中)》。

刘光义 1966：《蒙古元帝室后妃信奉基督教考》，刊《大陆杂志》第 32 卷第 2 期，1966 年，第 54—59 页。

刘伟民 1962：《唐代景教之传入及其思想之研究》，刊香港《联合书院学报》第 1 期，1962 年 6 月，第 1—64 页。

刘阳 1994：《最早的汉译景教文献与翻译中的误解误释》，刊《中国翻译》1994 年第 4 期，第 51—53 页。

刘义棠 1966：《释也里可温》，刊《边政学报》第 1 卷第 5 期，1966 年，第 33—34、43 页。

刘义棠 1997：《维吾尔宗教信仰研究》，刊其论文集《维吾尔研究》(修订版)，正中出版社，台湾，1997 年，第 463—473 页。

刘迎胜 1996：《蒙古时期西域的基督教》，刊余太山主编《西域文化史》，中国友谊出版公司，1996 年，第 290—316 页。

刘迎胜 1983：《蒙元时代中亚的聂思脱里教分布》，刊《元史及北方民族史研究集刊》第 7 期，1983 年。

刘迎胜 1995：《丝路文化·草原卷》，浙江人民出版社，1995 年，第 197—215 页。

刘迎胜 1994：《西北民族史与察合台汗国史》，南京大学出版社，1994 年。

刘仲康 1988：《景教在新疆的传播及其影响》，刊《新疆社会科学研究》1988 年第 11 期。

罗锡为 1967：《唐代景教探微》，刊《信义宗》卷 1，1967 年第 8 期，第 49 页。

罗香林 1951：《唐代三教讲论考》，刊《东方文化》(香港大学半年刊)第 1 卷第 1 期，1951 年 1 月。

罗香林 1958:《景教徒阿罗憾为武则天皇后营造天枢考》,刊《清华学报》新 1 卷第 3 期,1958 年 9 月。

罗香林 1962:《景教与中国文化》,刊《新亚文化讲座录》,1962 年。

罗香林 1965:《景教入华及其演变与遗物特征》,刊《华冈学报》第 1 卷第 1 期,1965 年 6 月。

罗香林 1966a:《吕祖与景教之关系》,刊《景风》第 11 期,1966 年 8 月。

罗香林 1966b:《唐元二代之景教》,香港中国学社,1966 年。

罗香林 1967:《唐代景教之传入、发展与遭禁》,刊《景风》第 14 期,1967 年 8 月。

罗炤 2007:《洛阳新出土〈大秦景教宣元至本经及幢记〉石幢的几个问题》,刊《世界宗教研究》2007 年第 4 期。

罗致平译 1984,(苏)巴托尔德著:《中亚突厥史十二讲》,中国社会科学出版社,1984 年。

马合木德 · 喀什噶里 1984:《突厥语词典》(维文版),第 3 卷,新疆人民出版社,1984 年,第 318 页。

马淑贞等 1993:《基督教传教士在蒙古诸汗国和元代的活动》,刊《内蒙古师大学报》1993 年第 3 期。

马文宽、李兰琴 1995:《"马可 · 波罗游记"所录中国基督教初考》,刊陆国俊、郝名玮、孙成木主编《中西文化交流先驱——马可 · 波罗》,商务印书馆,1995 年,第 185—202 页。

马幼垣 1967a:《景教所用之二佛教称谓》,刊香港《景风》14,1967 年。

马幼垣 1967b:《中国景教史译丛》,刊香港《景风》15,1967 年。

梅村 1992:《中国基督教史的黎明时代》,刊《文物天地》1992 年第 3、4 期。

A. 明甘那,《基督教在中亚和远东的早期传播》,牛汝极、王红梅、王菲译,《国际汉学》任继愈主编,第十辑,第 84—127 页,大象出版社,2006 年。

明义士 1934a:《汇印聂克逊先生所藏青铜十字序》,刊济南《齐大季刊》第 3、5 合期,1934;《马哥波罗时代中国的基督教》,同上刊,第 169—186 页。

明义士 1934 b:《青铜十字分部编次例(附索引表)》,同上刊,第 163—168 页。

明义士 1934 c:《青铜十字图表》,同上刊,第 115—162 页。

莫法有 1993:《基督教传温州之始》,刊《世界宗教研究》1993 年第 3 期。

那顺孟和译 1979 a,(日)佐伯好郎著:《论内蒙古百灵庙附近的景教遗迹》,刊

《文物考古参考资料》1979 年第 1 期,第 24—37 页。

那顺孟和译 1979 b,(日)佐伯好郎著:《再论百灵庙附近的景教遗迹》,刊《文物考古参考资料》1979 年第 1 期,第 38—44 页。

聂克逊 1934:《青铜十字图》,刊济南《齐大季刊》第 3、5 合期,1934 年,第 4—114 页。

牛汝极、彭燕译 1996:(德)克林凯特著:《丝绸之路上的基督教艺术》,刊《新疆文物》1996 年第 1 期,第 96—102 页。

牛汝极 1997:《维吾尔古文字与古文献导论》,新疆人民出版社,1997 年。

牛汝极 1999a:《泉州叙利亚-回鹘双语景教碑再研究》,刊《民族语文》1999 年第 3 期,第 33—34 页。

牛汝极 1999b:《叙利亚文和回鹘文景教碑铭文献在中国的遗存》,刊《欧亚学刊》创刊号,1999 年,中华书局,第 172—180 页。

牛汝极 2000:《中国突厥语景教碑铭文献概说》,刊《民族语文》2000 年第 4 期,第 62—67 页。

牛汝极 2002:《莫高窟北区发现的叙利亚文景教-回鹘文佛教双语写本再研究》,《敦煌研究》2002 年第 2 期,第 56—63 页。

牛汝极 2003a:《阿尔泰文明与人文西域》,新疆大学出版社,2003 年。

牛汝极 2003b:《从出土碑铭看泉州和扬州的景教来源》,《世界宗教研究》2003 年第 2 期,第 73—79 页。

牛汝极 2003c:《20 世纪非汉文维吾尔史料文献整理研究的回顾与展望》,《中国西北边疆》(电子期刊)2003 年第 1 期。

牛汝极 2004:《泉州新发现的一件叙利亚文景教碑铭》,《西域研究》2004 年第 3 期,第 91—93 页;又载《中国维吾尔历史文化研究论丛》第 4 辑,新疆人民出版社,2006 年。

牛汝极 2005:《元代景教碑铭和文献中的叙利亚文突厥语语音系统分析》,《民族语言》2005 年第 3 期,第 48—55 页。

牛汝极等 2006a:《文化的绿洲——丝路语言与西域文明》(合著),新疆人民出版社,2006 年 6 月。

牛汝极 2006b:《吐鲁番出土景教写本综述》,《新疆大学学报》2006 年第 4 期,第 57—59 页,封三;人大复印报刊资料《宗教》2006 年第 6 期全文转载。

牛汝极 2006c：《哈密顿：我心中的大师伯希和》，《中国西北边疆》（电子期刊）2006 年第 2 期。

牛汝极 2007a：《福建泉州景教碑铭的发现及其研究》，《海交史研究》2007 年第 2 期，第 1—48 页。

牛汝极 2007b：《新疆阿力麻里发现的叙利亚文景教徒碑铭研究》，《西域研究》2007 年第 1 期，第 74—80 页。

牛汝极 2010：《成吉思汗及其家族对景教的态度与内蒙古的景教遗存》，刊薛正昌主编《成吉思汗与六盘山国际学术研讨会论文集》，甘肃人民出版社，2010 年，第 149—167 页。

牛汝极 2012：《中亚七河地区突厥语部族的景教信仰》，《中国社会科学》2012 年第 7 期，第 163—181 页。

荣新江 2014：《敦煌景教文献写本的真与伪》，刊张小贵主编《三夷教研究——林悟殊先生古稀纪念论文集》，兰州大学出版社，2014 年，第 268—289 页。

潘绅 1925：《景教碑文注释》，铅印本，1925 年。

彭金章、王建军 2000a：《敦煌莫高窟北区石窟》，文物出版社，2000 年。

彭金章、王建军 2000b：《敦煌莫高窟北区洞窟所出多种民族文字文献和回鹘文木活字综述》，刊《敦煌研究》2000 年第 2 期，第 154—159 页。

彭金章 2013：《敦煌新近发现的景教遗物》，刊《敦煌研究》2013 年第 3 期，第 51—57 页。

钱稻孙译，羽田亨著：《景教经典序听迷诗所经考释》，刊《北平北海图书馆月刊》第 1 卷第 6 号，第 433—456 页。

钱念劬：《归潜记》，丁编之一。

钱谦益：《景教考》，见《牧斋有学集》卷 44。

钱润道：《书景教流行中国碑后》，见 Havret《西安景教碑附录》。

饶宗颐 1983：《说“亦思替非”、“迭屑”与“也里可温”》，刊香港《语文杂志》1983 年 12 月第 11 期，第 65—67 页。

任冠、魏坚 2022：《2021 年新疆奇台唐朝墩景教寺院遗址考古发掘主要收获》，刊《西域研究》2022 年第 3 期，第 106—113 页。

沈福伟 1988：《中西文化交流史》，上海人民出版社，1988 年；第 2 版，2006 年。

沈毓元 1984：《关于元代泉州方济会主教等事补遗》，刊《世界宗教研究》1984 年第

2 期,第 66 页。

宋剑华 1989:《略论基督教在中国的传播》,刊《理论学习月刊》(福州)1989 年第 10 期。

孙巧兰 1965:《唐代景教传流考》,刊台北《新时代》第 5 卷第 3 期,1965 年,第 34—86 页;第 5 卷第 4 期,第 32—34 页。

唐世民 1984:《基督教在新疆的传播》,刊《新疆社会科学》1984 年第 4 期。

田卫疆 1993:《丝绸之路上的古代行旅》,新疆青少年出版社,1993 年,第 150—171、175—192 页。

佟洵 1999a:《北京最古老的基督教教堂——房山景教十字寺》,刊:佟洵主编《基督教与北京教堂文化》,中央民族大学出版社,1999 年,第 225—237 页。

佟洵 1999b:《基督教在中国的传播与发展》,刊:佟洵主编《基督教与北京教堂文化》,中央民族大学出版社,1999 年,第 23—39 页。

佟洵 2000:《也里可温在蒙元帝国的传入及消亡原因初探》,刊《中央民族大学学报》2000 年第 3 期,第 27 卷,第 65—69 页。

王昶:《金石萃编》卷一百零二,引有关景教碑之文七则(1. 林侗:《来斋金石刻考略》;2. 叶奕苞:《金石录补》;3. 毕沅:《关中金石记》;4. 钱大昕:《潜研堂金石文跋尾》(卷七);5. 钱大昕:《景教考》(有学集卷四十四);6. 杭世骏:《道古堂文集》卷二十五《景教续考》;7. 王昶按语)。

王敬义译 1965,卡来爱尔维斯(Cary-Elwes Columba)著:《明前来华的传教士》,台北,华明书局,1965 年。

王静 1999:《15 世纪前西域的基督教》,刊周伟洲、王欣主编《西北大学史学丛刊》(第 2 辑),三秦出版社,1999 年,第 191—203 页。

王平先译 2018,(日)松井太著:《榆林窟第 16 窟叙利亚字回鹘文景教徒题记》,刊《敦煌研究》2018 年第 2 期,第 34—39 页。

王勤金 1989:《元延祐四年也里世八墓碑考释》,刊《考古》1989 年第 6 期,第 553—554、573 页。

王瑞明 1994:《孟高维诺东来的历史背景》,刊《世界宗教研究》1994 年第 3 期。

王瑟 2021:《唐朝墩古城遗址见证了东西方文化的交流与交融》,刊《光明日报》2021 年 10 月 12 日。

王湘云译 1992,(匈)乌瑞著:《景教和摩尼教在吐蕃》,刊中国敦煌吐鲁番学会主编《敦煌吐鲁番学研究译丛》，甘肃人民出版社，1992 年，第 56—72 页。

王晓华 1992：《江上波夫考察阿伦斯木古城随记》，刊《内蒙古文物考古》1992 年第 1、2 期，第 130—132 页。

王尧 1994：《吐蕃景教文书及其他》，刊《西藏文史考信集》，1994 年，第 208—224 页。

王永生 1988：《试论拉班·扫马出使欧洲及其影响》，刊《新大学报》1988 年第 3 期，第 52—59 页。

王志浩等执笔 1992：《伊金霍洛旗石灰沟发现的鄂尔多斯式文物》，刊《内蒙古文物考古》1992 年第 1、2 期，第 91—96 页。

王治心 1940：《中国基督教史纲》，上海文海出版社，1940 年。

魏长洪、何汉民编 1994：《外国探险家西域游记》，新疆美术摄影出版社，1994 年。

魏坚等执笔 1997a：《达茂旗木胡儿索卜嘎墓群的清理发掘》，刊魏坚主编《内蒙古文物考古文集》第 2 辑，中国大百科全书出版社，1997 年，第 713—722 页。

魏坚等执笔 1997b：《乌审旗三岔河古城与墓葬》，刊魏坚主编《内蒙古文物考古文集》第 2 辑，中国大百科全书出版社，1997 年，第 723—733 页。

魏源：《海国图志》卷 26、27，引有关景教碑之文三则：1. 南怀仁：《坤舆图说》卷下，2. 俞正燮：《癸巳类稿》卷 15（第 18 页天主教论），3. 徐继畬：《瀛环志略》第 3 卷第 32 页。

吴昶兴 2015：《大秦景教流行中国碑：大秦景教文献释义》，橄榄（香港）出版有限公司，2015 年。

吴其昱 1986：《景教三威蒙度赞研究》，刊《“中央研究院”历史语言研究所集刊》第 57 本第 3 部分，1986 年，第 411—438 页。

吴文良 1957：《泉州宗教石刻》，北京科学出版社，1957 年；吴幼雄增订本，2005 年。

吴相湘 1965（主编）：《唐景教碑附》，见《天学初函》第一册（学生书局），1965 年。

吴相湘 1966（主编）：《景教流行中国碑颂正诠》，见《天主教东传文献续编》第 2 册（学生书局），1966 年。

吴幼雄 1988：《福建泉州发现的也里可温（景教）碑》，刊《考古》1988 年第 11 期，第 1015—1020 页，图版 1—8。

西木斯-威廉姆斯、牛汝极 1997：《扬州出土突厥语-汉语-叙利亚语合璧景教徒墓碑研究》，刊王元化主编《学术集林》卷十，上海远东出版社，1997 年，第 357—379 页。

夏鼐 1979:《扬州拉丁文墓碑和广州威尼斯银币》,刊《考古》1979 年第 6 期,第 532—537、572 页。

夏鼐 1981:《两种文字合璧的泉州也里可温(景教)墓碑》,刊《考古》总第 172 期,1981 年第 1 期,第 59—62 页。

夏鼐译 1983,(意大利)培忒克著:《扬州拉丁文墓碑考证》,刊《考古》1983 年第 7 期。

向达 1933:《唐代长安与西域文明》,1933 年初版,1957 年再版,三联书店。

徐光启:《景教堂碑记》,见《徐光启集》卷 12,第 531—553 页。

徐光启:《铁十字,天启丁卯六月朔书》,见 Havret《西安景教碑附录》。

徐苹芳 1986:《元大都也里可温十字寺考》,刊《中国考古学研究——夏鼐先生考古五十年纪念论文集》(一),文物出版社,1986 年第 309—316 页。

徐苹芳 1992:《北京房山十字寺也里可温石刻》,刊《中国文化》1992 年第 7 期,第 184—189 页。

徐晓鸿 2020:《唐代景教文献与碑铭释义》,宗教文化出版社,2020 年。

徐宗泽 1938:《中国天主教传教史概论》,上海圣教杂志社,1938 年。

许倬云 2015:《华夏论述:一个复杂共同体的变化》,台湾远见天下文化出版股份有限公司,2015 年。

许倬云 2017:《万古江河》,湖南人民出版社,2017 年。

阳玛诺 1927:《唐景教碑颂正诠》,1878 年(清光绪四年),上海慈母堂刻本;上海土山湾印书馆,1927 年第 3 版。

杨富学 1989:《宋元时代维吾尔族景教略论》,刊《新疆大学学报》,1989 年 3 月,第 32—39 页。

杨富学 1997:《敦煌本突厥文 Ïrq 书跋》,刊《北京图书馆馆刊》1997 年第 4 期,第 104—105 页。

杨富学译 2000,(德)茨默著:《1970 年以来吐鲁番敦煌回鹘文宗教文献的整理与研究》,刊《敦煌研究》2000 年第 2 期,第 168、173 页。

杨镰 1998:《马祖常·元诗史的也里可温》,刊其著作《元西域诗人群体研究》,新疆人民出版社,1998 年,第 331—357 页。

杨钦章、何高济 1978:《泉州新发现的元代也里可温碑述考》,刊《世界宗教研究》1987 年第 1 期。

杨钦章、何高济 1983：《对泉州天主教方济各会史迹的两点浅考》，刊《世界宗教研究》1983 年第 3 期，第 148—151 页。

杨钦章 1984a：《泉州景教石刻初探》，刊《世界宗教研究》1984 年第 4 期。

杨钦章 1984b：《试论泉州聂斯脱里教遗物》，刊《海交史研究》1984 年总第 6 期。

杨钦章 1988：《南中国"刺桐十字架"的新现》，刊《世界宗教研究》4，1988 年。

杨钦章 1992：《元代南中国沿海的景教会和景教徒》，刊《中国史研究》1992 年第 3 期。

杨钦章译 1989，(英) 约翰·福斯特著：《刺桐城墙的十字架》，刊《海交史研究》，1989 年第 2 期。

杨荣志 1895：《景教碑文纪事考证》，1895 年；1901(光绪 27 年)，湖南思贤书局重刻本。

杨森富 1957：《景教僧阿罗本其人其事》，刊《现代学苑》5 卷 7 期，1957 年 7 月，第 19—20 页。

杨森富 1959：《景教僧伊斯佚闻》，刊《现代学苑》7 卷 12 期，1959 年 12 月，第 29—30 页。

杨森富 1968a：《景教经典的佛教用语变义考》，刊台北《中华学术院天主教学术研究所学报》1968 年第 1 期。

杨森富 1968b：《元朝的景教》，刊香港《景风》17，1968 年。

杨森富 1968c：《中国基督教史》，台湾商务印书馆，1968 年。

杨森富 1969：《景教经典和当代教会信条》，刊《学风》23，1969 年。

杨森富 1970：《景教会名的思想背景研究》，刊高雄《智慧杂志》2—4，1970 年。

杨森富 1971a：《见于景教碑中的风俗信仰》，刊《圣经报》，1971 年。

杨森富 1971b：《景教碑中的福音》，刊《圣经报》，1971 年。

杨森富 1971c：《景教尊经中的〈三际经〉——在华景教与摩尼教之相互影响探讨之一》，刊《辅大神学论集》8，1971 年。

杨森富 1971d：《摩尼教中文经典中的耶稣》，刊《道风》72，1971 年。

杨森富 1977：《唐元两代基督教兴衰原因之研究》，刊《基督教入华百七十年纪念集》(宇宙光)，1977 年。

杨森富 1995：《唐元两代基督教兴衰原因之研究》，刊刘小枫主编：《"道"与"言"——华夏文化与基督文化相遇》，上海三联书店·学林出版社联合出版，1995 年，第43—73页。

杨志玖 1997：《唐代的景教》，刊《历史教学》1997年第4期，第13—14页。

姚景安编，1982：《元史人名索引》，中华书局，1982年，第513—514页。

叶道义、志诚 1986：《泉州再次发现八思巴文基督教碑》，刊《海交史研究》1986年第1期。

殷小平、林悟殊 2008：《经幢若干问题考释》，刊《中华文史论丛》2008年第2辑。

于贵信 1988：《关于基督教在中国传播的几个问题》，刊《史学集刊》1988年第2期。

余太山 1996（主编）：《西域通史》，中州古籍出版社，1996年。

曾毅公 1959：《北京石刻中所保存的重要史料》，刊《文物》1959年，第16—20页。

札奇斯钦 1970：《蒙古的宗教》，刊其论文集《蒙古史论丛》（上册），台湾，学海出版社，1970年，第81—87页。

张伯龄 1985：《〈大秦景教流行中国碑〉述考》，刊《文博》1985年第5期。

张传玺 2019：《中国古代政治文明讲略》，北京出版社，2019年。

张奉箴 1970：《福音流传中国史略》，台北辅仁大学，1970年。

张济猛 1958：《日本学者与景教经典》，刊《东西文化》二十卷，1958年1月，第50—55页。

张乃翥 2007：《跋洛阳新出土的一件唐代景教石刻》，刊《西域研究》2007年第1期。

张铁山、赵永红 1993：《古代突厥文〈占卜书〉译释》，刊《喀什师范学院学报》1993年第2期，第31—42页。

张铁山 2000：《叙利亚文文书中回鹘文部分的转写和翻译》，载彭金章、王建军编《敦煌莫高窟北区石窟》第1卷，文物出版社，2000年，第391—392页。

张锡彤、张广达译 2007，（俄）巴托尔德：《蒙古入侵时期的突厥斯坦》，上海古籍出版社，2007年。

张晓华 1997：《景教东渐初探》，刊《史学月刊》1997年第6期，第85—90页。

张星烺 1977：《中西交通史料汇篇》，北平辅仁大学，1930年；北京中华书局，1977年。

张之宜：《大秦景教流行中国碑探微》，刊《远景》3、4、6，1972。

赵崇民等译 2000，克罗恩、土巴奇著：《敦煌出土叙利亚文基督教文献》，刊敦煌研究院编《敦煌研究文集——敦煌研究院藏敦煌文献研究篇》,甘肃民族出版社,2000 年,493—509 页。

赵崇民译 1994,(德)克林凯特著:《丝绸古道上的文化》,新疆美术摄影出版社,1994 年。

照那斯图 1994:《元代景教徒墓志碑八斯巴字考释》,刊《海交史研究》1994 年第 2 期,第 119—124 页。

正茂 1993:《元代汪古部基督教浅深》,刊《内蒙古社会科学》1993 年第 6 期。

郑连明 1965:《中国景教的研究》,台湾基督教长老教会,1965 年。

郑炜明、罗慧 2015:《十字符号的启示——元代景教青铜十字架的认知史及其新诠释》,香港大学饶宗颐学术馆,2015 年。

郑学稼 1972:《中国化的大秦景教》,刊《中华文化复兴月刊》第 5 卷第 10 期,1972 年,第 17—27 页;第 11 期,第 44—51 页。

志诚、叶道义 1986:《泉州发现也里可温安哆呢嗯碑》,刊《海交史研究》1986 第 1 期。

周菁葆 1994:《西域景教文明》,刊《新疆文物》1994 年第 1 期,第 66—75 页。

周联华 1975:《基督教信仰与中国》,台北,1973 年初版,1975 年再版。

周良宵注,吕浦译 1983,道森编,约翰鲁布鲁克、普兰诺·加宾尼著:《出使蒙古记》,中国社会科学出版社,1983 年。

周良宵、顾菊英 1993:《元代史》,上海人民出版社,1993 年,第 754—761 页。

周良宵 1981:《元和元以前中国的基督教》,刊《元史论丛》第 1 辑,北京中华书局,1981 年,第 137—168 页。

周清澍 1984a:《汪古部与成吉思汗家族世代通婚的关系》,刊《蒙古史论文选集》第 1 辑,1984 年,第 129—155 页。

周清澍 1984b:《历代汪古部首领封王事迹》,刊《蒙古史论文选集》第 1 辑,1984 年,第 117—128 页。

周清澍 1979:《汪古部事迹·汪古部统治家族》,刊《中国蒙古史学会成立大会纪念集刊》,1979 年,呼和浩特。

周燮藩 1995:《景教传播的几个特征》,刊《文史知识》1995 年第 12 期,第 43—49 页。

周燮藩 1991:《中国的基督教》,商务印书馆,1991 年。

周祯祥 1993：《从景教碑所镌僧寺看中西交通和基督教在中国的传布》，刊《文博》1993 年第 5 期。

周祯祥 1994：《关于"景教碑"出土问题的争议》，刊《文博》1994 年第 5 期，第 42—50 页。

周祯祥 1996：《浅识景教几个叙利亚文字考释之歧异》，刊《文博》1996 年第 6 期，第 16—26 页。

周祯祥 1993：《元代景教徒扫马和马可》，刊《西北大学学报》1993 年第 2 期。

朱炳耀 1991：《拉班·扫马和马可西行纪简介》，刊《新疆社科论坛》1991 年第 1 期，第 75—76 页。

朱江 1985：《基督教文化东传扬州史略》，刊《海交史研究》1985 年第 2 期，第 26—30 页。

朱江 1986：《扬州发现元代基督教徒墓碑》，刊《文物》1986 年第 3 期，第 68—69 页。

朱谦之 1993：《中国景教》，1993 年，北京东方出版社。

朱维之 1946：《大秦景教三威蒙度赞及尊经考》，刊《基督教丛刊》第 14 期，1946 年。

朱维之 1947：《景教经典一神论》，刊《基督教丛刊》第 18 期，1947 年。

佐伯好郎 1935：《景教の研究》，东方文化学院东京研究所，昭和十年。

佐伯好郎 1939：《论内蒙古百灵庙附近的景教遗迹》，《东方学报》第 9 册，东京，1939 年，第 49—89 页（《内蒙百灵庙附近に於ける景教の遗迹に就いて》，《东方学报》[Toho Gakuho]，Vol. 9，Tokyo 1939，pp. 49－89）。

佐伯好郎 1941：《再论内蒙古百灵庙附近的景教遗迹》，《东方学报》第 11 册，东京，1941 年，第 160—175 页（《再び百灵庙附近に於ける景教遗迹に就いて》，《东方学报》[Toho Gakuho]，Vol. 11，Tokyo 1941，pp. 160－175）。

佐伯好郎 1943：《支那基督教の研究》1—5 卷，春秋社，1943 年。

缩略语(Abbreviations)

AA	*Acta Antiqua Academiae Scientiarum Hungaricae.*
AM	*Asia Major.*
AoF	*Altorientalische Forschungen.*
AOH	*Acta Orientalia Academiae Scientiarum Hungaricae.*
APAW	*Abhandlungen der Preussischen Akademie der Wissenschaften.*
AR	*Arbeitsmaterialien zur Religionsgeschichte.*
BAIS	*Bulletin de l'Académie Impériale des Sciences de St. -Pétersbourg.*
BSOAS	*Bulletin of the School of Oriental and African Studies.*
BT	Berliner Turfantexte.
CAJ	*Central Asiatic Journal.*
DTS	N. Sims-Williams & J. Hamilton, *Documents turco-sogdiens du IX*^{e}-*X*^{e} *siècle de Toen-houang*, 1990, London.
EDPT	Sir G. Clauson, 1972, *An Etymological Dictionary of Pre-Thirteenth Century Turkish.*
HO	*Handbuch der Orientalistik.*
JA	*Journal Asiatique*, Paris.
JAOS	*Journal of the American Oriental Society.*
JRAS	*Journal of the Royal Asiatic Society.*
JRH	*The Journal of Religious History.*
MAIS	*Mémoirs de l'Académie Impériale des Sciences de St. Pétersbourg.*
MIO	*Mitteilungen des Instituts für Orientforschung.*
OCA	*Orientalia Christiana Analecta.*
OCP	*Orientalia Christiana Periodica.*
SPAW	*Sitzungsberichte der Preussischen Akademie der Wissenschaft.*
ST I	Müller, 1913.

ST II	Müller-Lentz, 1934.
TKLA	*Protokoly Zasedanii i Soobshcheniya Chlenov Turkestanskago Kruzhka Lyubitelei Archeologii* (Proceedings of the Szssions and Reports of the Members of the Turkestan Circle of Amateur Archaeologists). Tashkent.
TRE	*Theologische Realenzyklopädie.*
TT (I－X)	*Türkische Turfan-Texte.*
ZAS	*Zentral-Asiatische Studien.*
ZAW	*Zeitschrift für Alttestamentliche Wissenschaft.*
ZDMG	*Zeitschrift der Deutschen Morgenlândischen Gese llschaft.*
ZKG	*Zeitschrift für Kirchengeschichte.*
ZMR	*Zeitschrift für Missionswissenschaft und Religions-wissenschaft.*
ZRGG	*Zeitschrift für Religions-und Geistesgeschichte.*

西文参考文献

ABBELOOS, J. B. and Lamy, T. J. (ed. & trans.), 1872 - 1877. *Gregorii Barhebraei Chronicon Ecclesiasticum*. 3. vols. in 2. (Louvain).

ALBAUM, L. I. u. BRENTJES, B., 1972. *Wächter des Goldes, Zur Geschichte und Kultur mittelasiatischer Völker vor dem Islam*, Berlin.

ALBAUM, LAZAR. Israelowitsch u. BRENTJES, Burchard, 1976. *Zur Geschichte und Kultur mittelasiatischer Völker in islamischer Zeit*, Berlin.

ALBIRUNI, The Chronology of Ancient Nations. Translated by C. Eduard Sachau, 1879.

ALMOND, P. C. 1986. "The Medieval West and Buddhism", *The Eastern Buddhist*, N. S. 19/2, pp. 85 - 101.

AMADOU, ROBERT, 1959. "Chorévêques et périodeutes", in: *L'Orient syrien* 4, pp. 233 - 240.

AMITAI-PREISS, Reuven, 1995. *Mongols and Mamluks, The Mamuluk-Ilkanid War, 1260 - 1281*. Cambridge University Press.

ANDREAS, F. C. & BARR, KAJ, 1933. "Bruchstücke einer Pehlevi-Übersetzung der Psalmen", *SPAW*, 1933, pp. 91 - 152.

ANTES, PETER. 1985. *Christentum-Eine Einführung*, Stuttgart.

ARLOTTO. A., 1970 - 1971. "Old Turkic Oracle Books", *Monumenta Serica* 29, pp. 685 - 696.

ARNAÏZ, GREGOIRE, 1927. "Sur les croix anciennes trouvées dans la ville de Tsiuen tcheou, Province de Fou kien", in: *Bulletin Catholique de Pékin* 14, pp. 65 - 71.

ASIMOV, M. S. and Bosworth, C. E. 1998. *History of Civilizations of Central Asia*. Volume IV, The Age of Achievement, AD 750 to the end of the fifteenth century. Part One, The historical, social and economic setting, Paris: UNESCO publ.

ASMUSSEN, J. P. 1975. "Iranische neutestamentliche Zitate und Texte und ihre textkritische Bedeutung", *AoF* 2, pp. 79 – 92.

ASMUSSEN, J. P. 1982. "The Sogdian and Uighur-Turkish Christian Literature in Central Asia before the Real Rise of Islam. A Survey", in: L. A. Hercus et al (edd.), *Indological and Buddhist Studies.* Volume in Honour of Professor J. W. de Jong on his Sixtieth Birthday. (Canberra), pp. 11 – 29.

ASMUSSEN, JES. P., 1966. "Der Manichäismus als Vermittler literarischen Gutes", in: *Temenos* 2, pp. 5 – 21.

ASSEMANI, J. S., 1725. *Orienialis*, III. 1. Rome: Congregatio de Propaganda Fidei, 1725; repr. Hildesheim: Olms, 1975.

ATIYA, AZIZ S., 1968. *A History of Eastern Christianity*, London 1968.

AUFHAUSER, JOH. B., 1922, *Christentum und Buddhismus im Ringen um Fernasien*, Bonn (Bücherei der Kultur und Geschichte 25).

AZARPAY, GUITTY. 1981. "Sogdian Painting, The Pictorial Epic", in: *Oriental Art*, With contributions by A. M. BELENITSKIJ, B. I. MARSHAK, and Mark J. DRESDEN, Berkeley.

BADGER, G. P., 1841 – 1852. *The Nestorians and their Rituals.* 2 vols, London.

BAGHESTANI, SUSANNE, 1997. *Metallene Compartimentsiegel aus Ost-Iran, Zentralasien und Nord-China.* Archäologie in Iran und Turan, Band 1, Verlag Marie Leidorf GmbH-Rahden/Westf, p. 427.

BAIPAKOV, KARL u. NASYROV, RAKIP, 1991. *Along the Great Silk Road*, Ed. by OLGA TALANOVA, Alma-Ata.

BAJPAKOV, K. M., 1992. "Nouvelles données sur la culture sogdienne dans les villes médiévales du Kazakhstan" (avec une note additionnelle par F. GRENET), in: *Studia Iranica* 21, pp. 33 – 45 u. pl. 2 – 9.

BALARD, M., 1983. "China, I. China, Byzanz und Europa", in: *Lexikon des Mittelalters*, Bd. 2, München, pp. 1827 – 1830.

BANG, W. & von GABAIN, A., 1929. *Türkische Turfan-Texte I*, p. 241.

BANG, W., 1926. "Türkische Bruchstücke einer nestorianischen Georgspassion", in: *Le Muséon* 39, pp. 41 – 75 u. 5 Tafeln.

BARFIELD, THOMAS. J., 1989. *The Perilous Frontier, Nomadic Empires and*

China, Oxford (Studies in Social Discontinuity).

BARTHOLD, V. V., 1970. Translated with a note on iconography by J. M. ROGERS: "The Burial Rites of the Turks and the Mongols", in: *Central Asiatic Journal* 14, pp. 195 – 227.

BARTHOLD, W. (BOYLE, J. A.), 1960. "Balāsāghūn", in: *The Encyclopaedia of Islam*, Bd. 1, Leiden (Nachdruck 1986), p. 987.

BARTHOLD, W., 1901. *Zur Geschichte des Christentums in Mittel-Asien bis zur mongolischen Eroberung*, Berichtigte und vermehrte deutsche Bearbeitung nach dern russischen Original, Hrsg. v. Rudolf STÜBE, Tübingen.

BARTHOLD, W., 1913. "Awliyā-Atā", in: *Enzyklopaedie des Islām*, Bd. 1, Leiden, p. 538.

BARTHOLD, W., 1913. "Balāsāghūn", in: *Enzyklopaedie des Islām*, Bd. 1, Leiden, p. 639.

BARTHOLD, W., 1928. *Turkestan down to the Mongol Invasion*, 3rd ed. with an additional chapter, Karachi 1981 (1. Aufl. 1928).

BARTHOLD, W., 1935. *12 Vorlesungen über die Geschichte der Türken Mittelasiens*, Deutsche Bearbeitung von Theodor Menzel, Berlin (Nachdruck Hildesheim 1962).

BARTHOLD, W., 1962. *Four Studies on the History of Central Asia*, Translated from the Russian by T. MINORSKY, Bd. 1, Leiden (Erstdruck 1956).

BARTHOLD, W., 1968. *Turkestan down to the Mongol Invasion* (E. J. Gibb Memorial Series, New Series, V). tran. T. Minorsky, ed. C. E. Bosworth, London: Luzac & Co., ltd.

BARTHOLD, W., SPULER, B., PRITSAK, O. 1960. "Almaligh", in: *Encyclipaedia of Islam*, Bd. 1, Leiden (Nachdruck 1986), 418 f.

BASILOW, W. N., 1995. *Das Schamanentum bei den Völkern Mittelasiens und Kasachstans*, Berlin (Mittelasiatische Studien 1).

BAUER, W. (ed.), 1960. *China und die Fremden*. (Munich).

BAUM, WILHELM & WINKLER, DIETMAR W., 2000. *The Church of the East: A Concise History*. Routledge Curzon, Taylor & Francis Group, London and New York.

BAUMER, CHRISTOPH, 2008. *The Church of the East: An Illustrated History of*

Assyrian Christianity. I. B. Taoris & Co. Ltd, Reprinted in 2008, London and New York.

BAUMSTARK, A., 1915. "Neue soghdisch-nestorianische Bruchstücke", in: *Oriens Christianus N. S.* 4 (1915), pp. 123 - 128.

BAUMSTARK, A., 1922. *Geschichte der syrischen Literatur.* (Bonn, 1922, repr. Berlin, 1968).

BAZIN, LOUIS, 1991. *Les systèmes chronologiques dans le monde turc ancien*, Budapest (Bibliotheca Orientalis Hungarica 34).

BAZIN, LOUIS, 1994. "État des discussions sur la pénétration du bouddhisme et du manichéisme en milieu turc", in: *Itinéraires d'Orient, Hommages à Claude CAHEN*, Textes réunis par Raoul CURIEL et Rika GYSELEN, Bures-sur-Yvette (Res Orientales 6), pp. 229 -240.

BEAZLEY, C. RAYMOND (ed.), 1903. *The Texts and Versions of John de Plano Carpini and William de Rubruquis as Printed for the First Time by Hakluyt in 1598 together with Some Shorter Pieces*, London.

BECKER, HANSJAKOB U. ŪHLEIN, HERMANN, 1997. *Liturgie im Angesicht des Todes, Judentum und Ostkirchen*, 2 Bde., St. Ottilien (Pietas Liturgica 9 u. 10).

BECKWITH, CHRISTOPHER, I., 1987. *The Tibetan Empire in Central Asia, A History of the Struggle for Great Power among Tibetans, Turks, Arabs, and Chinese during the Early Middle Ages*, Princeton, N. J.

BEDJAN, M. (ed.), 1980. *Gregorii Barhebraei Chronicon Syriacum.* (Paris).

BEDJAN, PAUL (ed.), 1895. *Histoire de Mar Jab-alaha, Patriarche, et de Raban Sauma*, Éd. par 2e éd., revue et corrigée, Paris.

BELTZ, WALTER, 1997. "Zur religiösen Tiefenstruktur des mittelasiatischen Manichäismus", in: *4. Internationaler Kongreβ zum Manichäismus in Berlin*, im Druck.

BENVENISTE, E., 1964. "Le vocabulaire chrétien dans les langues d'Asie Centrale", in: *Problemi attuali di scienza e di cultura, Atti del convegno internazionale sul tema: L'Oriente cristiano nella storia della civiltà* (Roma 31 marzo - 3 aprile 1963/Firenze 4 aprile 1963), Roma (Accademia Nazionale dei Lincei 361, Quaderno 62), pp. 85 - 92 (Nachdruck in: Études Sogdiennes, Wiesbaden 1979 (Beiträge zur Iranistik 9), pp. 308 - 314).

BERGDOLT, KLAUS, 1994. *Der Schwarze Tod in Europa, Die Große Pest und das Ende des Mittelalters*, München.

BERNARD, H., 1935. *La découverte des Nestoriens mongols aux Ordos et l'histoire ancienne du christianisme en Extreme-Orient.* Dossiers de la commission synodale de Pékin (Tientsin).

BERNARD, HENRI, 1935. "La découverte de Nestoriens Mongols aux Ordos et l'Histoire ancienne du Christianisme en Extrême-Orient", in: *Collectanea Commissionis Synodalis, Dossiers de la Commission Synodale, Digest of the Synodal Commission* 8, Peiping, pp. 431 – 467, 538 – 572; als Monographie: Tientsin.

BETHUNE-BAKER, J. F., 1908. *Nestorius and His Teaching: A Fresh Examination of the Evidence with Special Reference to the Newly Recovered Apology of Nestorius (The Bazaar of Heraclides)*. Cambridge: University Press, 1908.

BISCIONE, RAFFAELE, 1985. "The So-called 'Nestorian Seals', Connection between Ordos and Middle Asia in Middlelate Bronze Age", in: *Orientalia losephi Tucci memoriae dicata, Edenda curaverunt G. GNOLI et L. LANCIOTTI*, Bd. 1, Roma (Serie Orientale Roma 561), pp. 95 – 109 u. Pl. III – XXV.

BLOCHET, E., 1910. *L'Histoire des Mongols de Fadl Allah Rashid Ed-Din*, Leyden et London.

BLOCHET, E., 1928. "Deux résidents mongols en Chine et en Asie Centrale, de Tchinkkiz Khaghan à Khoubilai", in: *Bulletin of the School of Oriental Studies* 4 (1926 – 1928), pp. 257 – 268 (Nachdruck 1964).

BLOCHET, E., 1926. "La conquête des États nestoriens de l'Asie Centrale par les shiïtes, Les influences chrétienne et bouddhique dans le dogme islamique", in: *Revue de l'Orient Chrétien* 25 (1925/1926), pp. 3 – 131 (Nachdruck New York 1966).

BLOCHET, EDGAR, 1930. "Christianisme et Mazdéisme chez les Turks orientaux", in: *Revue de l'Orient Chrétien* 27 [= 3. série, t. 7] (1929 – 1930), pp. 31 – 125.

BÖKENKAMP, MANFRED, 1937. "Nestorianische Ruinen in der Mongolei", in: *Atlantis* 9 (1937), pp. 53 – 55.

BOMBACI, ALESSIO, 1965 u. 1966. "Qutluγ Bolzun!", in: *Ural-Altaische Jahrbücher* 36 (1965) pp. 284 – 291 u. 38 (1966) pp. 13 – 43.

BONEBAKKER, S. A., 1986. "Kudāma b. Dja'far", in: *The Encyclopaedia of Islam*, Bd. 5, Leiden, pp. 318 – 322.

BONIN, CHARLES-EUDES, 1900. "Note sur les anciennes chrétientés nestoriennes de l'Asie centrale", in: *JA* 15 (1900), pp. 584 – 592.

BORBONE, PIER GIORGIO, 2005. "Some Aspects of Turco-Mongol Christianity in the Light of Literary and Epigraphic Syriac Sources", in: *Journal of the Assyrian Academic Society*, Vol. 19, No. 2, pp. 5 – 20.

BORBONE, PIER GIORGIO, 2006. "I blocchi con croci e iscrizionesiriaca da Fangshan", *Christiana OrientaliaPeriodica*, vol. 72, 2006, pp. 167 – 187.

BORST, ARNO, 1991. *Die Katharer, Mit einem Nachwort von Alexander PATSCHOVSKY*, 5. Aufl., Freiburg (Nachdruck 1997) (Herder Spektrum 4025).

BOSWORTH, C. E., 1971. "Ilek-Khāns or Karakhānids", in: *The Encyclopaedia of Islam*, Bd. 3, Leiden (Nachdruck 1986), pp. 1113 – 1117.

BOSWORTH, C. E., 1971. "Ili", in: *The Encyclopaedia of Islam*, Bd. 3, Leiden (Nachdruck 1986), p. 1120.

BOSWORTH, C. E., 1978. "Ḳarluḳ", in: *The Encyclopaedia of Islam*, Bd. 4, 1, eiden (Nachdruck 1990), p. 658.

BOSWORTH, C. E., 1997. "Sūyāb", in: *The Encyclopaedia of Islam*, Bd. 9, Leiden, p. 913.

BOTTINI, 1992. " Due lettere inedited del patriarcha Mar Yahballaha III (1281 – 1371)", *Revista degli studi oriental*, 1992, pp. 239 – 256.

BOYLE, JOHN A., 1972. "Turkish and Mongol Shamanism in the Middle Ages", in: *Folklore* 83 (1972), pp. 177 – 193.

BOYLE, J. A., 1962. "Juvaynī and Rashīd al-Dīn as Sources on the History of the Mongols", in: *Historians of the Middle East*, Ed. by BERNARD LEWIS and P. M. HOLT, London (Historical Writing on the Peoples of Asia 4), pp. 133 – 137.

BOYLE, JOHN A., 1963. "Kiriakos of Ganjak on the Mongols", in: *Central Asiatic Journal* 8 (1963), pp. 199 – 214.

BOYLE, JOHN A., 1971. *The Successors of Genghis Khan*, Translated from the Persian of Rashīd al-Dīn, New York.

BOYLE, JOHN ANDREW (trans.), 1958. *'Ala-ad-Din 'Ata-Malik Juvaini, The History of the World-Conqueror*, Translated from the text of Mirza Muhammad Qazvini, 2 Bde., Manchester 1959.

BRENTJES, BURCHARD, 1991. "Klimaschwankungen, Umweltveränderungen und Geschichte in Zentralasien", in: *Hallesche Beiträge zur Orientwissenschaft* 16 (1991), pp. 5-31.

BRETSCHNEIDER, E., 1910. *Mediæval Researches from Eastern Asiatic Sources, Fragments towards the Knowledge of the Geography and History of Central and Western Asia from the 13th to the 17th Century*, 2 Bde., London (Nachdruck Osnabrück 1987).

BRINCKEN, ANNA-DOROTHEE VON DEN, 1973. *Die "nationes Christianorum orientalium" im Verständnis der lateinischen Historiographie, Von der Mitte des 12. bis in die zweite Hälfte des 14. Jahrhunderts*, Köln (Kölner historische Abhandlungen 22).

BROCK, SEBASTIAN P., 1978. "Syriac Inscriptions: A Preliminary Check List of European Publications", in: *Annali dell'Istituto Orientale di Napoli* 38, N. S. 28 (1978), pp. 255-271.

BROCK, SEBASTIAN, 1994. "The church in the Sasanian Empire and its absence from the Councils in the Roman Empire", in: *Syriac dialogue: first non-official consultation on dialogue within the Syriac tradition* (Vienna: Pro Oriente, 1994), pp. 69-85.

BROCK, SEBASTIAN, 1996a. "The 'Nestorian' Church: a Lamentable Misnomer". in: *Bulletin of the John Rylands Library*, 1996 (78), pp. 23-25.

BROCK, SEBASTIAN, 1996b. "The christology of the Church of the East: some considerations", in: *The traditions and heritage of the Christian East*, eds A. V. Muraviev and D. Afinogenov (Moscow: Indrik, 1996), pp. 159-179.

BROCK, SEBASTIAN P., 1997. *A Brief Outline of Syriac Literature.* St. Ephrem Ecumenical Research Institute, Kerala, India 1997.

BROWN, MARK, W., 1933. "The Romance of Nestorian Crosses", in: *Chinese Recorder, Journal of the Christian Movement in China* 64/2 (1933), pp. 76-82.

BROWNE, L. E., 1933. *The Eclipse of Christianity in Asia from the Time of Mohammed till the Fourteenth Century.* (Cambridge, 1933, repr. New York, 1967).

BRYDER, P., 1985. *The Chinese Transformation of Manichaean Terminology.*

(Lund, Sweden).

BRYDER, PETER, 1988. "Where the Faint Traces of Manichaeism Disappear", in: *Altorientalische Forschungen* 15 (1988), pp. 201 – 208.

BUDGE, E. A. WALLIS, 1928, *The Monks of Kûblâi Khân, Emperor of China, or The History of the Life and Travels of Rabban Sâwmâ, Envoy and Plenipotentiary of the Mongol Khâns to the Kings of Europe, and Markôs, who as Mâr Yahbhâllahâ III became Patriarch of the Nestorian Church in Asia*, London 1928, Nachdruck, New York 1973.

BUDGE, Sir E. A. W. (ed.), 1893. *The Book of Governors: The Historia Monastica of Thomas*, Bishop of Marga A. D. 840. 2 vols. London.

BUDGE, Sir E. A. W., 1903. The Book of Bees.

BUDGE, Sir E. A. W., 1928. *The Monks of Kubilai Khan, Emperor of China.* London.

BUDGE, Sir E. A. W., 1932. *The Chronography of Gregory Abué Faraj* (Bar Hbraeus).

BURKITT, C., 1904. *Early Eastern Christianity.*

BURKITT, F. C., 1923. The Early Syriac Lectionary System, *The Proceedings of the British Academy*, Vol. XI, 1 – 19.

BURKITT, F. C., 1925. "A New Nestorian Monument in China", in: *The Journal of Theological Studies* 22 (1921), p. 269.

CARPINI, JOHANNES VON PLANO, 1997. *Kunde von den Mongolen 1245 – 1247*, Übers., eingel. u. erl. v. Felicitas SCHMIEDER, Sigmaringen (Fremde Kulturen in Alten Berichten 3).

CARRINGTON, L., 1957. "Westerners and Central Asians in Yuan China", in: *Oriente Poliano*, Rome, pp. 1 – 22.

CARY-ELWES, C. 1957. *China and the Cross.* "Studies in Missionary History". London and New York.

CHABOT, J. B., 1902. *Synodicon Orientale ou Recueil de synodes nestoriens, Publié, traduit et annoté*, Paris.

CHABOT, J.-B. (ed.), 1902. *Synodicon Oriental ou receuil synodes nestoriens.* (Notices et Extraits des Manuscrits de la Bibliotheque Nationale et autres Bibliothèques,

37, Paris).

CHABOT, J.-B., 1895. "Histoire de Mar Jabalaha III, patriarche des Nestoriens (1281 - 1317) et du moine Rabban Cauma", *Revue de l'Orient latin*, vols. 1 et 2, et à part, Paris.

CHABOT, J.-B., 1895. *Histoire de Mar Jabalaha III, Patriarche des Nestoriens (1281 -1317), et du moine Rabban Çauma, Ambassadeur du roi Argoun en Occident (1287)*, Traduité du syriaque et annotée par, Paris 1895 (Erstdruck in: Revue de l'Orient Latin 1 (1893), pp. 567 - 610, 2 (1894), pp. 73 - 143, 235 - 304, 566 - 638).

CHABOT, J.-B., 1899. "Les eveques Jacobites du VIIIe au XIIIe siecle, d'apres la Chronique de Michel le Syrien", *Revue de l'Orient Chrétien* 4, pp. 444 - 451; 495 - 511; 5 (1900), pp. 605 - 636; 6 (1901), pp. 189 - 220.

CHABOT, J.-B., 1899 - 1910. *Chronique de Michel le Syrien patriarche Jacobite d'Antioche (1166 - 1199)*, 4 Bde., Paris (Nachdruck 1963).

CHABOT, J.-B., 1906. "Contribution à l'onomastique Syriaque", *JA*, Vol. 10, No. 8, pp. 286 - 293.

CHABOT, J.-B., 1906. "Éclaircissements sur quelques points de la littérature syriaque, VIII. Contribution à l'onomastique syriaque", in: *JA* 10. sér. 8 (1906), pp. 286 - 293.

CHARBONNIER, Jean, 1992. *Histoire des chrétiens de Chine*. par Jean Charbonnier. Paris, (Impr. en Belgique).

CHAVANNES, L., 1897. "Le nestoriennes et l'inscription de Kara-balgasoun", *JA*, No. 1, pp. 43 - 85.

CH'EN YUAN, 1938. "On the damaged tablets discovered by M, D. Martin in Inner Mongolia", *Monumenta Serica* (3), 250 - 256.

CHMELNIZKIJ, SERGEJ, 1989. *Zwischen Kuschanen und Arabern, Die Architektur Mittelasiens im V. - VIII. Jh.*, Ein Rückblick in die Kulturgeschichte der Sowjetunion, Berlin.

CHRISTIAN, D. & BENJAMIN, C. (ed.), 1998. *Worlds of the Silk Roads: Ancient and Modern, Proceedings from the Second Conference of the Australasian Society for Inner Asian Studies* (A. S. I. A. S.), Macquarie University, September 21 - 22, 1996,

Tournhout (Silk Road Studies 2).

CHRISTIANS, NA BOSTOKE, 1998. *The State Hermitage Museum, Christians in the Holy Land, The Art of the Melchites and Other Denominations of Orthodox Church*, St.-Pétersbourg.

CHWOLSON, D., 1886. *Syrische Grabinschriften aus Semirjetshi.* Mémoires de l'Académie Impériale des Sciences de St.-Péterbourg, VIIe Série. Tome XXXIV, No. 4. (St. Petersburg).

CHWOLSON, D., 1890. *Syrisch-Nestorianische Grabinschriften aus Semiretschie*, Nebst einer Beilage: Über das türkische Sprachmaterial dieser Grabinschriften von W. Radloff, mit drei phototypischen Tafeln und einer ebensolchen, von Julius Euting ausgearbeiteten Schrifttafel, St.-Pétersbourg (Mémoires de l'Académie Impériale des Sciences de St.-P étersbourg, VIIe série, Tome XXXVII, No. 8).

CHWOLSON, D., 1897. *Synsch-Nestorianische Grabinschriften aus Semiretschie.* Neue Folge. Vorgelegt der Akademie am 28. Februar 1896. l'Academie Imperiale des Sciences de St.-Pétersbourg.

CLAUSON, GERARD, 1961. "Ak Beshim-Suyab", in: *Journal of the Royal Asiatic Society of Great Britain and Ireland (1961)*, pp. 1–13.

CLAUSON, GERARD, 1964. "Turks and Wolves", in: *Studia Orientalia* 28 (1964), pp. 3–22.

COLLESS, BRIAN E., 1986. "The Nestorian Province of Samarqand", in: *Abr-Nahrain* 24 (1986), pp. 51–57.

CORDIER, H., 1917. "Le christianisme en Chine et en Asie centrale sous le Mongols", *T'oung Pao* XVII, pp. 45–113.

COSTAZ, LOUIS, 1963. *Dictionnaire Syriaque-Français*, Beyrouth.

COSTAZ, LOUIS, 2002. *Dictionnaire Syriaque-Franxçais / Syriac-English Dictionary*, Troisième Edition, Beyrouth.

COWLEY, 1911. "Another Unknown Languages from Eastern Turkistan", *Journal of the Asiatic Society*, p. 159.

CZEGLÉDY, K. 1966. "Das sakrale Königtum bei den Steppenvölkern", in: *Numen* 13 (1966), pp. 14–26.

D'ELIA, P. M., 1941. *The Catholic Missions in China*. (Shanghai).

DAUVILLIER, J. (ed.), 1974. "Les Arméniens en Chine et en Asie centrale au Moyen Age", dans: *Mélanges de sinologie offerts à M. Paul Demiéville*, Bibiothèque de l'Institut des hautes étudis chinoises; Vol. 20, pp. 1 – 17.

DAUVILLIER, J., 1948. "Les provinces chaldéennes de l'extérieux au moyen age"; in: *Mélanges au R. P. Ferdinand Cavallera*, Toulouse, p. 291, note 131.

DAUVILLIER, J., 1953. "L'expansion de l'eglise Syrienne en Asie Centrale et en Extreme-Orient", *Revue dis études byzantines*, XI, pp. 62 – 87.

DAUVILLIER, J., 1956. "Guillaume de Rubrouch et le communautés chaldéennes d'Asie centrale", *L'Orient Syrien*, II, pp. 223 – 242.

DAUVILLIER, J., 1957. "Byzantins d'Asie Centrale et d'Extreme-Orient", *L'Orient Syrien*, I, pp. 76 – 87.

DAUVILLIER, JEAN, 1948. "Les Provinces Chaldéennes ' de l'Extérieu r' au Moyen Age", in: *Mélanges offerts au R. P. Ferdinand Cavallera doyen de la Faculté de Théologie de Toulouse à l'occasion de la quarantième année de son professorat à l'Institut Catholique*, Toulouse, pp. 260 – 316.

DAUVILLIER, JEAN, 1952. "Guillaume de Rubrouck et les communautés chaldéennes d'Asie centrale au Moyen Age", in: *Annuaire de l'École de Législations Religieuses* 2 (1951 – 1952), pp. 36 – 42.

DAUVILLIER, JEAN, 1956. "Les croix triomphales dans l'ancienne Eglise chaldéenne", in: *Eléona Oct. 1956*, pp. 11 – 17.

DAUVILLIER, JEAN, 1957. "Guillaume de Rubrouck et les communautés chaldéennes d'Asie centrale au Moyen Age", in: *L'Orient syrien* 2 (1957), pp. 223 – 242.

DAUVILLIER, JEAN, 1976. "L'archéologie des anciennes églises de rite chaldéen", in: *Parole de l'Orient* 6 – 7 (1975 – 1976), pp. 357 – 386.

DAUVILLIER, JEAN, 1983. *Histoire et institutions des Églises orientales aux Moyen Age*, London.

DAWSON, C. (ed.), 1980. *The Mongol Mission*. (London and New York, 1955). NEW ed.: *Mission to Asia: Narratives and Letters of the Franciscan Missionaries in Mongolia and China in the Thirteenth and Fourteenth Centuries*. Spiritual Masters Series.

London.

DAXELMÜLLER, Ch., 1989. "Friedhof", A-B. Lateinischer Westen, B. Mittelalter, III. Volkskunde, in: *Lexikon des Mittelalters*, Bd. 4, München, p. 927.

DESREUMAUX, A., 1991. *Répertoire des bibliothèques et des catalgues de manuscrits syriaques*, Paris.

DESREUMAUX, A., 2000. Stèles syriaques nestoriennes, *Bulletin des musées et monuments Lionnais*, N. 2－3, pp. 58－73.

de VRIES, W., 1951. "Die syrisch-nestorianische Haltung zu Chalkedon", *Das Konzil van Chalkedon, I* (Wurzburg: Echter Verlag, 1951).

DICKENS, MARK, 2009. "Syriac Gravestones in the Tashkent History Museum", in: *Hidden Treasures and the Intercultural Encounters: Studies on the East Syria Christianity in China and Central Asia*, Dietmar W. Winkle, Li Tang, eds., Lit Verlag. Wien and Berlin 2009.

DICKENS, MARK, 2010. "Nestorius did not intend to argue that Christ had a dual nature, but that view became labeled Nestorianism", in: *Popular Controversies in World History: Investigating History's Intriguing Questions*, Publisher: ABC-CLIO. cf: https://www.researchgate.net/publication/340449733.

DIETERICH, K., 1912. *Byzantinische Quellen zur Lander-und Volkerkunde (5－15. Jahrhundert)*. Vol. I, Leipzig.

DODGE, BAYARD (ed. and trans.), 1970. *The Fihrist of al-Nadīm, A Tenth-Century Survey of Muslim Culture*, 2 Bde., New York.

DOERFER, G., 1967. *Türkische und mongolische Elemente im Neupersischen* I. 15, Wiesbaden.

DRAKE, F. S., 1936－1937. "Nestorian Monasteries of the T'ang Dynasty and the Site of the Discovery of the Nestorian Tablet", *Monumenta Serica* 2, pp. 293－340.

DRAKE, F. S., 1935. "The Nestorian Gloria in Excelsis Deo", *The Chinese Recorder* 66, pp. 291－300.

DRAKE, F. S., 1935. "Nestorian Literature of the T'ang Dynasty I－III", *The Chinese Recorder* 66, pp. 608－617; 677－687; 738－742.

DRIJVERS, H. W., 1989. "Thomasakten", in: W. Schneemelcher (ed.),

Neutestamentliche Apökryphen in deutscher Übersetzung, Vol. II. 5th ed. (Tübingen), pp. 288 – 367.

DRIJVERS, HAN J. & HEALEY, JOHN F., 1999. *The Old Syriac Inscriptions of Edessa and Osrhoene, Texts, Translations and Commentary*, Leiden (Handbuch der Orientalistik, Abt. 1, Bd. 42).

DRIVER, G. R. & HODGSON, LEONARD, 1925. *The Bazaar of Heracleides, Newly Translated from the Syriac and Edited with an Introduction, Notes & Appendices*. Oxford: Clarendon Press, 1925.

DUNLOP, D. M., 1946. "The Karaits of Eastern Asia", in: *Bulletin of the School of Oriental and African Studies* 11 (1943 – 1946), pp. 276 – 289.

DŽUMAGULOV, C., 1963 – 1987. *Epigrafika Kyrgyzy*, I – III, Akedemya Nauk kyrgyzskoe CCP, Frunze 1963, 1982, 1987.

DŽUMAGULOV, C., 1968. "Die syrisch-türkischen (nestorianischen) Denkmäler in Kirgisien", *MIO* 14, p. 470.

DŽUMAGULOV, C., 1971. Yazik Syro-Türkskyx (Nestoryanskyx) Pamiyatnykov Kyrgyzyy, Frynze.

EFFENBERGER, ARNE & SEVERIN, HANS-GEORG, 1992. *Das Museum für Spätantike und Byzantinische Kunst*, Hrsg. v. Staatliche Museen zu Berlin, Mainz.

EGAMI NAMIO, 1952. "Olon-Sume et la découverte de l'église Catholique Romaine de Jean De Montecorvino", *JA*, Tome CCXL, No. 2, pp. 155 – 167.

EGGEBRECHT, ARNE (ed.) etc., 1989. *Die Mongolen und ihr Weltreich*, Mainz.

ELIAS, N. (ed.), 1895. *A History of the Moghuls of Central Asia Being the Tarikh-i-Rashidi of Mirza Muhammad Haidar, Dughlát*, An English Version with comm., notes and map. The Translation by E. D. ROSS, London 1972 (Erstdruck 1895).

ENGEMANN, J., 1989. "Friedhof, A-B. Lateinischer Westen, A.. Spätantike/Frühchristentum", in: *Lexikon des Mittelalters*, Bd. 4, München, p. 923.

ENGEMANN, J., 1989. "Grab, -formen, -mal, A. Westen, II. Kunstgeschichte, 1. Frühchristliche Zeit", in: *Lexikon des Mittelalters*, Bd. 4, Mlünchen, p. 1623.

ENGEMANN, J., 1997. *Deutung und Bedeutung frühchristlicher Bildwerke*, Darmstadt.

ENOKI, K., 1964. "The Nestorian Christianism in China in Medieval Time according to Recent Historical and Archaeological Researches". In: *Problemi Attuali di Scienza e di Cultura. Atti dei Convegno Internazionale sul Tema: L' Oriente Cristiano nella storia della civilta.* (Roma 31 marzo-3 aprile 1963 / Firenze 4 aprile 1963), Roma 1964 (Accademia Nazionale dei Lincei 361, Quaderno 62), 45 – 77 u. 83, Tafeln I – IX, Karten I – II, pp. 45 – 81.

ERDMANN, FRANZ VON, 1841. *Vollständige Übersicht der ältesten tuerkischen, tatarischen und mogholischen Voelkerstaemme nach Raschid-ud-Dins Vorgange*, Kasan.

ESIN, EMEL, 1980. *A History of Pre-Islamic and Early-Islamic Turkish Culture*, Istanbul (Supplement to the Handbook of Turkish Culure, Series 2, Volume 1/b).

FËDOROV, M. N. & MOKEEV, A. M., 1996. "Eine silberne Schale des 11. Jahrhunderts aus Kyrgyzstan", in: *Eurasia Antiqua* 2, pp. 485 – 492.

FIEY, J. M., 1988. "Esquisse d'une bibliographie le patriarche turco-mongol Yahwalaha III (1281 – 1317) et son maître Rabban Bar Sawma, envoyé du Khan Arghun au pape et aux princes européens en 1287 – 1288", in: *Proche-Orient Chrétien* 38, pp. 221 – 228.

FIEY, J. M., 1993. "Pour un Oriens Christianus novus", *Répertoire des diocèses Syriaques orientaux et occident*, Stuttgart (Beiruter Texte und Studien 49).

FLÜGEL, GUSTAV (ed.), 1862. *Mani, seine Lehre und seine Schriften, Ein Beitrag zur Geschichte des Manichäismus, Aus dem Fihrist des Abûlfaradsh Mubammad ben Ishak al-Warrâk, bekannt unter dem Namen Ibn Abi Ja'kub an-Nadim, im Text nebst Übersetzung, Commentar und index zum ersten Mal hrsg.* v. Gustav FLÜGEL, Leipzig 1862.

FORTE, A. 1992. "Chinese State Monastries in the Seventh and Eighth Centuries", in: *Berichte des Kulturwissenschaftlichen Instituts der Universität Kyōtō* (Das mir vorliv gende Offprint enthâlt nicht das Titelblatt des Buches), Ed. by Kuwayama SHÔSHIN, Kyôtô 1992, Appendix 2, pp. 213 – 258.

FORTE, A., 1994. An Ancient Chinese. Monastery Excavated in Kirgiziya, in: *Central Asiatic Journal*, 41 – 57; Errata corrige: 282.

FOSTER, J., 1939. *The Church of the T'ang Dynasty*. London.

FOSTER, J., 1954. "Crosses from the Walls of Zaitun", *JRAS*, Parts 182, pp. 1 - 25, pl. I - XVII.

FOY, 1904. Die Sprache der türkischen Turfan-fragmente, *Sitzungsberichte der Preuss. Akade,ie*, p. 1390.

FRANCKE A. H., 1925. Felseninschriften in Ladakh, in: *Sitzungsberichte der preussischen Akademie der Wissenschften*, Philosophisch-historische Klasse, Berlin 1925, pp. 366 - 368 u. Taf. 2.

FRANKE, H., 1998. "Zu einigen christlichen Personennamen in Texten der Yüanzeit", in: *ZDMG* 148, pp. 315 - 322.

FRANKE, O., 1948. *Geschichte des Chinesischen Reiches. Eine Darstellung seiner Entstehung, seines Wesens und seiner.* Entwicklung bis zur neuesten Zeit. Vol. IV: Der konfuzianische Staat II. Krisen und Fremdvölker. Berlin.

FRANZ R. Von, 1996. *Die chinesische Innengrabinschrift für Beamte und Privatiers des* 7. *Jahrhunders*, Stuttgart (Münchener ostasiatische Studien 74).

FRYE, R. N., 1984. *The History of Ancient Iran.* (Handbuch der Altertumswissenschaften 3,7,1). Munich.

GARBE, R., 1914. *Indien und das Christentum.* Tübingen.

GARDAZ, G., 1999. "In Search of Islam in Kyrgyzstan", in: *Religon* 29 (1999), pp. 275 - 286.

GARLLARD, L., 1893. *Croix et Swastika en Chine*, Shanghai 1893 (Nachdruck 1975) (Variétés Sinologiques 3).

GENG, SHI-MIN, KLIMKEIT, H.-J., Jens, LAUT, P. 1996. Eine neue nestorianische Grabinschrift aus China, in: *Ural-Altaische Jahrblicher* N. F. 14 (1996), pp. 164 - 175.

GENSICHEN, H.-W., 1979. "Christliche Mission in Asien", *TRE* 4, Berlin, New York, pp. 173 - 195.

GERNET, J. 1988. *Die chinesische Welt, Die Geschichte Chinas von den Anfärigen bis zur Jetztzeit*, Frankfurt/Main 1988 (Originaltitel: Le Monde chinois, Paris 1972).

GERSHEVITCH, ILYA, 1946. "Sogdian Compounds", in: *Transactions of the Philological Society* 1945, London 1946, pp. 137 - 149.

GHARIB, B., 1995. *Sogdian Dictionary*, *Sogdian-Persian-English*, Tehran 1995.

GIBB, H. A. 1971. *The Travels of Ibn Balttuta A. D. 1325 – 1354*, Translated with revisions and notes from the Arabic text edited by C. Defrémery and B. R. SANGUINETTI by H. A. Gibb,, Bd. 3, Cambridge 1971.

GIGNOUX, PHILIPPE, 1986. *Noms propres sassanides en moyen-perse épigraphique*, Wien (Iranisches Personennamenbuch, Bd. 2: Mitteliranische Personennamen, Faszikel 2).

GILLMAN, IAN, & KLIMKEIT, H.-J., 1999. *Christian in Asia before 1500.* Curzon 1999.

GISMONDI, MARIS, 1897. *Amri et Slibae De Patriarchis Nestorianorurn Commentaria*, Pars latera, Versio latina, Roma.

GOEJE, M. J. De (ed.), 1877. *Bibliotheca geographorum*, *arabicorum*, Bd. 3: AI-Mokaddasi, Descriptio imperfi moslemici, pars secunda, Leiden.

GOEJE, M. J. De, 1889. *Kitâb al-Masâlik wa'l-Mamâlik (Liber viarum et regnorum) auctore Abu'l-Kâsim Obaidallah ibn Abdallah ibn Khordadhbeh et excerpta e Kitab al-Kharadj auctore Kodâma ibn Dja'far quae cum versione gallica edidit*, *indicibus et glossario instruxit*, Leiden (Bibliotheca geographorum arabicorum 6).

GOLZIO, K.-H., 1985. *Regents in Central Asia since the Mongol Empire.* Cologne (Arbeitsmaterialien zur Religionsgeschichte 12).

GOODRICH, L. C., 1957. "Recent Discoveries at Zayton", *JROS*, Vol. 77, pp. 161 –165. Also in: Herbert Franke (ed.), *Akten des Vierundzwanzigsten Internationalen Orientalisten-Kongresses München*, *September 1957*, Wiesbaden, pp. 624 – 625.

GOODRICH, L. C., 1967. "A canon from the end of the Ming Period", *Journal of Hong Kong*, Band. VII, pp. 152 – 157, 2 pl.

GORSENINA, SVETLANA, 1999. "Premiers pas des archéologues Russes et Français dans le Turkestan Russe (1870 – 1890): Méthodes de recherche et destin des collections", *Cahiers du Monde russe*, 40/3, Juillet-septembre, pp. 365 – 384.

GRAF, DAVID, 1996. "The Roman East from the Chinese Perspective". Les Annales Archeologiques Arabes Syriennes, *Revue d'Archéologie et d'Histoire*, Vol. XLII. Special Issue Documentting the Activities of the International Colloquium: Palymra and the Silk Road. Syrian Arab Republic, pp. 199 – 213.

GRENET, FRANTZ, 1984. *Les pratiques funeraires dans l'Asie centrale sédentaire de la conquête grècque à l'islamisation*, Paris (Centre National de la recherche scientifique, Centre de recherches archéologiques, Publications de l' U. R. A. 29, Memoire 1).

GRENET, FRANTZ, 1988. *L'Asie Centrale préislamique*, *Bibliographie critique* 1977 – 1986, Téhéran (Abstracta Iranica 3).

GROENBECH, K., 1939 – 1940. "Turkish Inscriptions from Inner Mongolia", *Monumenta Serica* 4., pp. 305 – 308.

GROPP, G., 1974. *Archiologische Funde aus Khotan. Chinesisch Ostturkestan.* Die Trinkler-Sammlung im Übersee-Museum Bremen. Bremen.

GROUSSET, R., 1929. *Histoire de l'Extrême-Orient*, Tome deuxième, Paris.

GRUÉRET-LAFERTÉ, MICHÈLE, 1994. *Sur les Routes de l'Empire Mongol. Ordre et rhétorique des relations de voyage aux XIIIe et XIVe siècles.* Paris.

GUILLAUME DE RUBROUCK: Voyage dans l'empire mongol: 1253 – 1255 / Guillaume de Rubrouck,...; trad. [du ms.] et commentaire de Claude et Ren Kappler... Paris: Payot, 1985.

HAGE, W., 1969. "Das Nebeneinander christlicher Konfessionen im mittelalterlichen Zentralasien", *ZDMG*, Supplementa 1: 17. Deutscher Orientalistentag. Vorträge, Part 2. Wiesbaden, pp. 517 – 525.

HAGE, W., 1969. "Der Anteil der Iranier an der Ausbreitung des Christentums nach Zentralasien". *XVII. Deutscher Orientalistentag vom 21. bis 27. Juli 1968 in Würzburg. Vorträge.* Teil 3. Ed. W. Voigt. Wiesbaden, pp. 1032 – 1035.

HAGE, W., 1970. *Untersuchungen zum Leben der Christen Zentralasiens im Mittelalter. Habilitationsschrift.* Marburg.

HAGE, W., 1973. "Die oströmische Staatskirche und die Christenheit des Perserreiches", *ZKG* 84, pp. 174 – 187.

HAGE, W., 1976. "Christentum und Schamanismus. Zur Krise des Nestorianertums in Zentralasien", in: *Traditio-KrisisRenovatio aus theologischer Sicht. Festschrift für Winfried Zeller zum* 65. *Geburtstag*. Ed. B. Jaspert and R. Mohr. Marburg, pp. 114 – 124.

HAGE, W., 1977. "Nonchalcedonensische Kirchen. Apostolische Kirche des Ostens

(Nestorianer)", in: F. Heyer (ed.), *Konfessionskunde*. Berlin, New York, pp. 202 - 214.

HAGE, W., 1978. "Der Weg nach Asien: Die ostsyrische Missionskirche", in: K. Schäferdiek (ed.), *Die Kirchen des Frühen Mittelalters*. Kirchengeschichte als sionsgeschichte, Vol. II /1. Munich, pp. 360 - 393.

HAGE, W., 1978. "Einheimische Volkssprachen und syrische Kirchensprachen in der nestorianischen Asienmission", in: Gernot Wiessner (ed.), *Erkenntnisse und Meinungen* 2. (Göttinger Orientforschungen I: Reihe Syriaca, Bd. 17). Wiesbaden, pp. 131 - 160.

HAGE, W., 1982. "Religiöse Toleranz in der nestorianischen Asienmission", in: T. Rendtorff (ed.), *Glaube und Toleranz, Das theologische Erbe der Aufklärung*. Gütersloh, pp. 99 - 112.

HAGE, W., 1983. "Kulturelle Kontakte des ostsyrisch-en Christentums in Zentralasien", *OCA*, 221. Rome, 143 - 154.

HAGE, W., 1987. "Jakobitische Kirche", *TRE* 16, Berlin, New York, pp. 474 - 485.

HAGE, W., 1987. "Das Christentum in der Turfan-Oase. Zur Begegnung der Religionen in Zentralasien", in: W. Heissig and H.-J. Klimkeit (edd.), *Synkretismus in den Religionen Zentralasiens*. Wiesbaden, pp. 46 - 57.

HAGE, W., 1988. *Syriac Christianity in the East*. (Mōrān 'Eth'ō 1). Kottayam.

HAGE, WOLFGANG, 1980. "Kulturelle Kontakte des ostsyrischen Christentums in Zentralasien", in: *III. Symposium Syriacum* 1980, *Les contacts du monde syriaque avec les autres cultures*, Éd. par R. LAVENANT, Roma 1983 (Orientalia Christiana Analecta 221), pp. 143 - 159.

HAGE, WOLFGANG, 1983. "Yahballaha III.", in: *Gestalten der Kirchengeschichte, Hrsg. v. Martin GRESCHAT*, Bd. 4: Mittelalter II, Stuttgart, pp. 92 - 101.

HAGE, WOLFGANG, 1994. "Nestorianische Kirche", in: *Theologische Realenzyklopädie*, Bd. 24, Berlin, pp. 264 - 276.

HAGE, WOLFGANG, 1996. "Crosses with Epigraphs in Medieval Central and East Asian Christianity", in: *The Harp* 8/9 (1995 - 1996), pp. 375 - 382.

HALÉVY, J. 1890. "De l'introduction du Christianisme chez les tribus turques de la Haute-Asie à propos des inscriptions de Sémirjetschie, par MM. Chwolson et Radloff", dans: *Revue de l'Histoire des Religions* 22, pp. 289 – 301.

HAMBIS, L., 1954. "Notes sur quelques sceaux-amulettes nestorienns en bronze", *Bulletin de l'Ecole Française de l'Extrêm Orient*, Vol. 44, pp. 483 – 525.

HAMBIS, L., 1957. "A Propos des sceaux-amulettes *nestorienns*", *Arts Asiatiques Revue Trimestrielle*, Vol. 3, fascicule 4, pp. 279 – 286.

HAMBIS, LOUIS, 1961a. "Ak-Bešim et ses sanctuaires", in: *Académie des inscriptions et belles-lettres*, *Comptes rendus des séances de l'année* 1961, Paris, pp. 124 – 138.

HAMBIS, LOUIS, 1961b. "Les cimetières de la région de Zaiton", in: *Académie des inscriptions et belles-lettres*, Comptes rendus des séances de l'année 1960, Paris, pp. 213 – 221.

HAMILTON, J., 1972. "Le texte Turc en charactères Syriaques du grand sceau cruciforme de Màr Yabhallàhà Ⅲ", *Journal Asiatique* 260, pp. 155 – 170.

HAMILTON, J., 1975. "Le Colophon de l'ïrq bitig", in: *Turcica*, No. VII, 1975, pp. 7 – 19.

HAMILTON, J., 1986, Manuscrits ouïgour du IXe – Xe siècle de Touen-Houang, textes étabis, traduits, et commentés par James Hamilton. I: XXIV + 206 pages, II: pp. 207 – 352 + 1 carte dépliante, 81 pl. De fac-similiés; glossaire, Paris.

HAMILTON, J., 1988. *Les Ouïghurs: À cinq dynasties d'après les documents Chinois*. Collège de France, Institut des Hautes Études Chinoises, 1988 (réimpression).

HAMILTON, JAMES & NIU, Ru-Ji, 1994. "Deux inscriptions funéraires turques nestoriennes de la Chine orientale", dans: *JA* 282 (1994), pp. 147 – 164.

HAMMOND, C. E., 1879. *The Ancient Liturgy of Antioch and other Liturgical Fragments being an Appendix to Liturgies Eastern and Western*, Oxford.

HANSEN, O., 1969. "Der Anteil der Iranier an der Ausbreitung des Christentums nach Zentralasie", in: 17. Deutscher Orientalistentag (Würzburg 1968), Vortrilge, Teil 3. *ZDMG* Supplementa 1, 2. Wiesbaden, pp. 1032 – 1035.

HANSEN, O., 1968. "Die buddhistische und christliche Literatur", *HO*, Ⅰ, 4, 2.

Leiden and Cologne, pp. 77 – 99.

HANSEN. O., 1941. "Berliner Sogdische Texte 1". *APAW*, Nr. 10. Berlin.

HANSEN. O., 1965. "Die Literatur der Sogdier", in: *Die Literaturen der Welt in ihrer mündlichen und schriftlichen Überlieferung*. Ed. W. von Einsiedel. Zürich, pp. 929 – 932.

HANSEN. O., 1966. "Über die Verschiedenen Quellen der christlichen Literatur der Sogder", in: *Iranian Studies Presented to Kaj Barr on his Seventieth Birthday*, June 26, 1966. Ed. J. P. Asmussen and J. Laessre. Copenhagen, pp. 95 – 102.

HAVRET, H., 1897. "La stèle chrètienne de Si-ngan-fou", *Variètès sinologiques* 12.

HECKEN J. Van, 1955. "Les réuctions catholiques au pays des Ordos", *Neue Zeitschrift für Missionswissenschaft*, Vol. 11, pp. 105 – 285.

HEISSIG, W., 1970. "Die Religionen der Mongolei", in: G. Tucci and W. Heissig, *Die Religionen Tibets und der Mongolei*. Die Religionen der Menschheit 20. Stuttgart, pp. 296 – 428.

HELLER, Joh. EV., 1897. *Das Nestorianische Denkmal in Singan Fu*. Mit zwei zinkographirten tafeln. Separatabdruck aus dem IL Bande des Werkes: "Wissenschafiliche Ergebnisse der Reise des Grafen B. Szechenyi in Ostasien (1077 – 1880)". Budapest.

HJELT, A., 1909. "Drei syrisch-nestorianische Grabinschriften", in: *Annales Academiae Scientiarum Fennicae*, ser. B, t. 1, No. 2, Helsinki, 1 – 11 u. 3 Tafeln.

HSÜ, C. Y., 1986. "Nestorianism and the Nestorian Monument in China", *Asian Culture* 14, 1 (Spring), pp. 41 – 81.

HUNTER, E. C. D.: "Conversion of the Turkic Tribes to Christianity" (forthcoming).

HUNTER, E. C. D., 1992. "Syriac Christianity in Central Asia", *ZRGG* 44.

HUNTER, E. C. D., 1989 – 1991. "The Conversion of the Kerait to Christianity in AD 1007", *ZAS* 22., pp. 142 – 163.

Iain Gardner, Samuel Lieu and Ken Parry, *From Palmyra to Zayton*: Epigraphy and Iconography, Silk Road Studies Ⅹ, Brepoles 2005.

IVANOFF, 1913, Documents de la ville Hara-Hoto, dans *les comptes rendus de l'Académie des Sciences* (russe), p. 813.

JACKSON, PETER (tr.), 1990. *The Mission of Friar William Rubruck*. London: Hakluyt Society.

JANSMA, T., 1975. "The Establishment of the Four Quarters of the Universe in the Symbol of the Cross. A Trace of an Ephraemic Conception in the Nestorian Inscription of His-an-fu", *Studia Patristica* 13 (Texte und Untersuchungen [Berlin] 116), pp. 204 – 209.

KANNOOKADAN, P., 1991. *The East Syrian Lectionary: An Historico-Liturgical Studies*, Rome, pp. 1 – 215.

KAUFHOLD, HUBERT. 1996. "Anmerkungen zur Veroeffentlichung eines syrischen Lektionarfragments", *ZDMG*, Vol. 146, No. 1, pp. 49 – 60.

KAWERAU, P., 1972. *Das Christentum des Ostens*. (Die Religionen der Mensehheit 30). Stuttgart.

KAWERAU, PETER, 1983. *Ostkirchengeschichte, Bd. 1: Das Christentum in Asien und Afrika bis zum Auftreten der Portugiesen im Indischen Ozean*, Louvain (Corpus Scriptorum Christianorum Orientalium. 451).

KIDD, B. J., 1927. *The Churches of Eastern Christendom from A. D. 451 to the Present Time*. London.

KLATT, N., 1982. *Literarkritische Beitrilge zum Problem christlich-buddhisscher Parallelen*. Arbeitsmaterialien zur Religionsgesehieh. te 8, Cologne.

KLEIN, WASSILIOS & TUBACH, JÜRGEN, 1994. "Ein syrisch-christliches Fragment aus Dunhuang/China", *ZDMG*, Band 144, Heft 1, pp. 1 – 13.

KLEIN, WASSILIOS (ed.), 1992. "Mani", in: *Große Religionsstifter: Zarathustra, Mose, Jesus, Mani, Muhammad, Nānak, Buddha, Konfuzius, Lao Zi*, Peter ANTES, München, pp. 72 – 90.

KLEIN, WASSILIOS (ed.), 1994. "Christliche Reliefgrabsteine des 14. Jahrhunderts von der Seidenstraβe", in: *Acta des VItum Symposium Syriacum* 1992, René LAVENANT, Roma (Orientalia Christiana Analecta 247), pp. 419 – 442.

KLEIN, WASSILIOS, 1995. "Zentralasien", in: *Einleitung in die Missionsgeschichte, Tradition, Situation und Dynamik des Christentums*, Hrsg. v. Karl MÜLLER u. Werner

USTORF Stuttgart 1995 (Theologische Wissenschaft 18), pp. 121 – 130.

KLEIN, WASSILIOS, 1996. "Jahballaha III"., in: *Lexikon für Theologie und Kirche*, Bd. 5, Freiburg, p. 710.

KLEIN, WASSILIOS, 1998. " Nestorianische Inschriften in Kirgizistan: Ein Situationsbericht", in: *Symposium Syriacum VII* (*Orientalia Chistiana Analecta* 256), Uppsala University, Department of Asian and African Languages 11 – 14 August 1996. (ed.) René Lavenant, S. J. Roma 1998. pp. 661 – 669.

KLEIN, WASSILIOS, 2000. *Das Nestorianische Christentum an den Handelswegen Durch Kyrgyzstan bis zum 14, Jh.* Silk Road Studies III, Bropols.

KLEIN, WASSILIOS, 2001. " A Christian Heritage on the Northern Silk Road : Archaeological and Epigraphic Evidence of Christianity in Kyrgyzstan", in: *Journal of the Canadian Society of Syriac Studies*, Vol. 1, pp. 85 – 100.

KLEIN, WASSILIOS, 2002. " Syriac Writings and Turkic Language according to Central Asian Tombstone Inscriptions," in: *Hugoye*, Vol. 5, No. 2. (参见: http://syrcom. cua. edWHugoye/V015N02/HV5N2Klein. html).

KLEIN, WASSILIOS, 2004. " Les inscriptions syriaques des republiques d'Asie centrale", in: Les inscriptions syriaques (Etudes syriaques 1), ed. F. Briquel Chatonnet, M. Debié and A. Desreumaux. Paris: Geuthner, pp. 125 – 141.

KLIMKEIT, H. -J., 1985. "Buddha als Vater", *Fernöstliche Weisbeit und christlicher Glaube*, ed. H. Waldenfels and T. Immoos. Mainz, pp. 235 – 259.

KLIMKEIT, H. -J., 1986. *Die Begegnung von Christentum, Gnosis und Buddhismus an der Seidenstraβe*. Rhein. Westf. Akad. d. Wiss. Vorträge G 283. Opladen.

KLIMKEIT, HANS-JOACHIM, 1979. "Das Kreuzessymbol in der zentralasiatischen Religionsbegegnung, Zum Verhältnis von Christologie und Buddhologie in der zentralasiatischen Kunst, Hans-Joachim Schoeps zum 70. Geburtstag", in: *Zeitschrift für Religions-und Geistesgeschichte* 31 (1979), pp. 99 – 115.

KLIMKEIT, HANS-JOACHIM, 1979. "Qut: Ein Grundhegriff in der zentralasiatischen Religionsbegegnung", in: *Humanitas Religiosa, Festschrift für Haralds Biezais zu seinem 70. Geburtstag dargehracht von Freunden und Kollegen*, Stockholm, pp. 252 – 260.

KLIMKEIT, HANS-JOACHIM, 1981. " Christentum und Buddhismus in der innerasiatischen Religionsbewegung", in：*Zeitschrift für Religions-und Geistesgeschichte* 33 (1981), pp. 208 - 220.

KLIMKEIT, HANS-JOACHIM, 1993. *Christian Art on the Silk Road*, Künstlerischer Austausch-Artistic Exchange, Akten des XXVIII. Internationalen Kongresses für Kunstgeschichte Berlin, 15. - 20. Juli 1992, Hrsg. v. Thomas W. GAEHTGENS, Berlin, pp. 477 - 488.

KLIMKEIT, HANS-JOACHIM, 1995. "Die frühe Religion der Türken im Spiegel ihrer inschriftlichen Quellen", in：*Zeitschrift für Religionswissenschagt* 3 (1995), pp. 191 - 206.

KLYASHTORNY, S., 1987. "The Ancient Turkic Religion：Its Reconstruction and Genesis", in：*Information Bulletin, Ed. By UNESCO, For the Study of the Cultures of Central Asia*, Moscow pp. 44 - 52.

KOKOWZOFF, 1905. Christlich-syrische Grabinschriften aus Almalik, dans les *Mémoires de la Société archéol., sectin orientale* (russe), Tome XVI, St-Péterbourg, p. 197.

KOKOWZOFF, 1907. "Quelques nouvelles pierres tombales de l'Asie Centrale", dans le *Bulletin de l'Académiedes Sciences* (russe), 1907, p. 427.

KOKOWZOFF, 1909. Sur l'épigraphie syro-turque, dans le *Bulletin de l'Académiedes Sciences* (russe), p. 777, remarque.

KOMROFF, M., 1928. *Contemporaries of Marco Polo*. New York.

KOSHELENKO, G., 1960. "The Beginnings of Buddhism in Margiana", *AA* 14, pp. 176 - 182.

KOZHEMIAKO, P. N., 1976. "Kirghiz Soviet Socialist Republic, Historical Survey", in：*Great Soviet Encyclopedia*, A Translation of the Third Edition, Bd. 12, NewYork, pp. 484 - 488.

KOZLOFF, 1923. *Mongolie, Amdo et la ville morte Hara-Hoto*, Leningrad.

LABOURT, J., 1904. *Le Christianisme dans l'Empire Perse*.

LATHAM, RONALD (tr.), 1958. *The Travels of Marco Polo*. London：Penguin Books.

LATOURETTE, K. S. 1938 - 1940. *A History of the Expansion of Christianity*. 13

vols. New York and London.

LATOURETTE, K. S., 1929, *A History of Christian Missions in China.* (New York, repr. Taipei, 1966).

LATTIMORE, OWEN, 1934. "A Ruined Nestorian City in Inner Mongolia", *The Geographical Journal*, LXXXIV, No. 6 (December), pp. 481 - 497; also in his collected papers: *Studies on Frontier History. Collected Papers* 1928 - 1958. Mouton & Co, Paris 1962, pp. 221 - 240.

LE COQ, ALBERT VON, 1909. "Ein christliches und ein manichaisches Manuskriptfragment in türkischer Sprache aus Turan Chinesisch-Turkistan", *SPAW*, pp. 1202 - 1218, pl. XIII - XIV.

LE COQ, ALBERT VON, 1913. *Chotscho, Facsimile-Wiedergaben der wichtigeren Funde der ersten Königlich Preussischen Expedition nach Turfan in Ost-Turkistan*, Berlin (Nachdruck Graz 1979, Ergebnisse der Kgl. Preussischen Turfan Expeditionen).

LE COQ, A. von, 1919. *Kurze Einführung in die uigurische Schriftkunde*, Mitteilungen des Seminars für Orientalische Sprachen, Westasiatische Studien, pp. 101f.

LE COQ, A. von, 1922. "Türkische Manichaica aus Chotscho. III. Nebst einem christlichen Bruchstück aus Bulayiq". *APAW*, 1922, Nr. 2, pp. 48 - 49.

LE COQ, A. von, 1926. *Auf Hellas Spuren in Ostturkistan.* Leipzig 1926.

LESLIE, D. D., 1981 - 1983. "Persian Temples in T'ang China", *Monumenta Serica* 35 (1981 - 1983), pp. 225 - 303.

LIEU, S. N. C., 1980. "Nestorians and Manichaeans on the South China Coast", *Vigiliae Christianae* 34, pp. 71 - 88.

LIEU, S. N. C., 1985. *Manichaeism in the Later Roman Empire and Medieval China: A Historical Survey.* Manchester and Dover, N. H.

LIEU, SAMUEL N. C., 1992. *Manichaeism in the Later Roman Empire and Medieval China*, Tübingen (Wissenschaftliche Untersuchungen zum Neuen Testament 63).

LIEU, SAMUEL N. C., 1998. *Manichacism in Central Asia and China*, Leiden (Nag Hammadi and Manichaean Studies 45).

LIGETI, L., 1972. "Les sept monastères Nestoriens de Mar Sargis", *AOH* 26, pp. 169 - 178.

LITVINSKY, BORIS A., 1999. *Die Geschichte des Buddhismus in Osttürkestan*, Wiesbaden (Studies in Oriental Religions 44).

LIU TS'UN-YAN, 1976. "Traces of Zoroastrian and Manichaean Activities in Pre-T'ang China", in: idem, *Selected Papers from the Hall of Harmonious Wind.* Leiden, pp. 3-55.

LOPEZ, R. S., 1975, Omnia debita et legata relicta per dictum quindam Jacobum in dicto suo testamento quod dicitur dictum fuisse et scriptum in partibus Catagii per Dominicum Illionis, *Su e giu per ma storia di Genova*, Genova 1975, pp. 184-185.

MACLEAN, A. J., 1894. *East Syrian Daily Office*, London.

MACLEAN, A. J. & Browne, W. H., 1892. *The Catholicos of the East and his People*, London.

MACLEAN, A. J., 1901. *A Dictionary of the Dialects of Vernacular Syriac: As Spoken by the Eastern Syrians of Kurdistan Northwest Persia and the Plain of Mosul*, Oxford.

MALOV, S. E., 1951. *Pamiyatliki Drevnetyurkskoy Pismennosti*, M-L, Moskowa.

MARÓTH, M., 1983. "Ein Brief aus Turfan", *AoF* 12, pp. 283-287.

MARÓTH, M., 1984. "Ein Fragment eines syrischen pharmazeutischen Rezeptbuches aus Turfan", *AoF* 11, pp. 115-125.

MARTIN, D., 1938. "Preliminary Report on Nestorian Remains north of Kueihua, Suiyuan", *Monumenta Serica* 3, pp. 232-249.

MATROD, HENRI, 1908. "Le voyage de Frère Guillaume de Rubrouck (1253-1255)", in: *Etudes Franciscaine* 19 (1908), Bruxelles 1909.

MATROD, HENRI, 1912. "Notes sur le voyage en Mongolie du Frère Jean de Plan-Carpin (1245-1247)", in: *Etudes Francis-caine* 27 (1912), Paris 1936.

MEHLHOSE, R., 1969. "Nestorianische Texte aus China, XVII, Deutscher Orientalistentag, Vorträge". Teil 2. *ZDMG*, Suppl. 1, Teil 2. (Wiesbaden), pp. 443-449.

MINGANA, A., 1925. "The Early Spread of Christianity in Central Asia and the Far East: A New Document", *Bulletin of the John-Rylands-Library Manchester*, 9, pp. 297-371.

MINGANA, A., 1926. "A Charter of Protection Granted to the Nestorian Church in A. D. 1138, by Muktafi II, Caliph of Bagdad", *Bulletin of the John-Rylands-Library, Manchester* (10), pp. 127–133.

MINORSKY (ed. et trans.), HUDUD AL-'ĀLAM, 1937. "*The Regions of the World*", A Persian Geography 372 A. H. – 982 A. D., Translated and explained by V. MINORSKY with the preface by V. V. BARTHOLD (1930) translated from the Russian, London 1937 (E. J. W. Gibb Memorial Series, New Series 11).

MODE, MARKUS, 1991/92. "Sogdian Gods in Exile Some Iconographic Evidence from Khotan in the Light of Recently Excavated Material from Sogdiana", in: *Silk Road Art and Archaeology*, Bd. 2, Kamakura, pp. 179–214.

MOFFETT, SAMUEL HUGH, 1991. *A History of Christianity in Asia*. Vol. I, Beginning to 1500. Harper, San Francisco.

MONTGOMERY, J. A., 1927. *The History of Yaballaha III*, Nestorian Patriarch, and of his Vicar, Bar Sauma, Mongol Ambassador to the Frankish Courts at the End of the Thirteenth Century, Translated from the syriac and annotated by James A. MONTGOMERY, New York 1927 (Records of Civilization, Sources and Studies 8), Nachdruck New York 1966.

MORAVCSIK, G., 1958. *Byzantino-turcica I: Die byzantinsischen Quellen der Geschichte der Turkvölker*. 2nd ed. Berlin. Berliner Byzantinisch Arbeiten, Bd. 10.

MORGAN, David, 1986. *The Mongols*, Basil Blackwell.

MOSTAERT, A., 1934: "Ordosica", *Bulletin of the Catholic University of Peking* 9, November, pp. 1–96.

MOULE, A. C., 1957. *Quinsai with Other Notes on Marco Polo*. Cambridge University Press.

MOULE, A. C. and Pelliot, P. (edd.), 1938. *Marco Polo, The Description of the World*. Vol. 1, London.

MOULE, A. C., 1930. *Christians in China before the Year 1550*. London, New York and Toronto, repr. New York 1972.

MOULE, A. C., 1931. "The Use of the Cross among the Nestorians in China", *T'oung Pao* 28, pp. 78–86.

MOULE, A. C., 1933. "The Nestorians in China", *JRAS*, pp. 116 – 120.

MOULE, A. C., 1940. *Nestorians in China.* Some Corrections and Additions (Sinological Series 1), London.

MÜLLER, F. W. K., 1913. Soghdische Texte, I. *APAW* 1912, Nr. 2, Berlin.

MÜLLER, F. W. K. and W. Lentz, 1934. Soghdische Texte II, *SPAW* 1934, Nr. XXI. Berlin, pp. 504 – 607.

MÜLLER, F. W. K., 1908. "Die Anbetung der Magier, ein christliches Bruchstück", in: *Uigurca I*, pp. 3 – 10, pl. I – II.

MURAYAMA, S., 1963. "Die syrisch-nestorianische Grabinschriften aus Pailing Miao und Ch'üan-zhou", *Transaction of the International Conference of Orientalists in Japan*, No. VIII, 1963, pp. 22 – 25.

MURAYAMA, S., 1964a. "Eine nestorianische Grabinschrift in Türkischer Sprache aus Zaiton", *UAJb* 35, pp. 394 – 396.

MURAYAMA, S., 1964b. "Über die nestorianischen Grabinschriften in der Inneren Mongolei und in Sildehina", *Problemi attuali di Scienza e di Cultura. Atti di Convegno Inter nazionale sul Tema: L'Oriente Cristiano nella storia della civilità.* (Accademia Nazionale dei Lincei 1964, nr. 62). Rom, pp. 77 – 81.

NAU, F., 1913. "L'Expansion Nestorienne en Asie", *Anuuales du Musée Guimet*, *Bibliothèque de Vulgarisation en 1913*, Paris, pp. 193 – 384.

NAU, F., 1913. "Les pierres tonbales nestorennes du Musée Guimet", *Revue de l'Orient Chré tien*, Vol. 18, pp. 1 – 35, 325 – 327.

NIU RUJI, 2003, *Inscriotions et Manuscrits nestoriens en écriture syriaque découverts en Chine* (*XIIIe–XIVe siècles*), Thèse de doctorat d'École Priatique des Hautes Edutes (Directeur de Recherche: Prof. Georges-Jean Pinault), Année universitaire 2002 – 2003, Lille-Theses ISSN: 0294 – 1767, Doctorat Nouveau Regime 03/EPHE/4052, © A. N. R. T. Universite de Lille Ⅲ, 1342. 45686/05.

NIU RUJI, 2004a, A New Syriac-Uighur Inscription from China: (Quanzhou, Fujian Province), in: *Journal of the Canadian Society for Syriac Studies*, Vol. 4, 2004. University of Toronto, Canada, pp. 60 – 65.

NIU RUJI, 2004b, The Uighur Inscription in the Mausoleum of Mar Behnam (Iraq), with Amir Harrak, in: *Journal of the Canadian Society for Syriac Studies*, Vol. 4, 2004. University of Toronto, Canada, pp. 66 – 72.

NIU RUJI, 2004c, Les inscriptions syriaques de Chine (avec Alain Desreumoux etc.), Dans: *Études Syriaques* 1, *Les inscriptions syriaque*, éditér par F. Briquel Chatonnet, M. Debié et A. Desreumoux, Geuthner, Paris, France, Nov. 2004, pp. 143 – 153.

NIU RUJI, 2005, Nestorian Grave Inscriptions from Quanzhou (Zaitun), China, *Journal of the Canadian Society for Syriac Studies*, Vol. 5, 2005. University of Toronto, Canada, pp. 51 – 67.

NIU RUJI, 2006a, Uighur Studies in China, in the electronic journal: *China's Northwestern Borderland*, No. 1, 2006.

NIU RUJI, 2006b, Nestorian Inscriptions from China (13th – 14th Centuries), in: Collectanea Serica: *Jingjiao: The Church of the East in China and Central Asia*, ed. By Roman Malek, Sankt Augustin, Steyler Verlag, Nettetal, Germany, 2006, pp. 209 – 242.

NIU RUJI, 2009. "A Comparative Study in the Nestorian Inscriptions from Semirechie, Inner Mongolia and Quanzhou", in: *Hidden Treasures and Intercultural Encounters*, *Studies on East Syriac Cgristianity in China and Central Asia*, ed. By Dietmar W. Winkler and Li Tang, Orientalia-Patristica- Oecumenica vol. 1, Lit Verlag, Wien – Berlin 2009. pp. 101 – 108.

NIU RUJI, 2010. *La Croix-lotus: Inscriptions et Manuscrits nestoriens en écriture syriaque découverts en Chine* (*XIII*^e – *XIV*^e *siècles*). Shanghai Classics Publishing House.

NIU RUJI, 2013. "A Nestorian Tombstone with Syriac Inscriptions from Central Asia", in: *From the Oxus River to the Chinese Shores*, *Studies on East Syriac Christianity in China and Central Asia*, Edited by Li Tang & Dietmar W. Winkler, Lit Verlage GmbH & Co. KG, Wien – Berlin – Münster, 2013, pp. 93 – 98.

NÖLDEKE, T., 1886. "Rez. zu Syrische Grab-Inschriften aus Semirjetschie ... von D. Chwolson ... 1886", in: *Oesterreichische Monatsschrift für den Orient* 12 (1886), pp. 227 – 229.

OLDENBOURG, 1914, *Matériaux d'iconographie bouddhique de Hara-Hoto*, St-Péterbourg.

ÖHRIG, BRUNO, 1988. *Bestattungsriten alttürkischer Aristokratie im Lichte der Inschriften*, München (Münchner Ethnologische Abhandlungen 8).

PALMER, ANDREW, 1987. "A Corpus of Inscriptions drom Tūr 'Abdīn and Environs", in: *Oriens Christianus* 71 (1987), pp. 53 – 139.

PALMER, ANDREW, 1988. "The Epigraphic Diction of Tūr 'Abdīn and Environs", in: *Oriens Christianus* 72 (1988), pp. 114 – 123.

PAYKOVA, A. V., 1979. "The Syrian Ostracon from Panjikan"t, in: *Le Muséon* 92 (1979), pp. 159 – 169.

PEINTINGER, FRANZ X., 1991. "Fund eines christlichen Grabsteins in Yangzhou (1344)", in: *Chinablätter 18 (1991), Themenheft: In Memoriam Achim Hildebrand*, Gesammelte Aufsätze hrsg. v. Achim MITTAG, pp. 65 – 72.

PELLIOT, P., 1923. "Les Mongols et Papauté", *Revue de l'Orient Chrétien*, 3e Série T. III(XXIII), Nos 1 et 2 (1922 – 1923), pp. 3 – 30.

PELLIOT, P., 1924. "Les Mongols et Papauté II", *Revue de l'Orient Chrétien*, 3e Série T. VI(XXIV), Nos 3 et 4, pp. 225 – 335.

PELLIOT, P., 1924. "Les Mongols et Papauté III, *André de Lingjumzau*", *Revue de l'Orient Chrétien*, 3e Série T. VIII(XXVIII), Nos 1 et 2 (1931 – 1932), pp. 3 – 84.

PELLIOT, P., 1930. "Christianity in Central Asia in the Middle Ages", *JRCAS* 17, pp. 301 – 312.

PELLIOT, P., 1931a. "Chrétiens d'Asie Centrale et d'Extrême-Orient", *Toung Pao* 28, pp. 623 – 644.

PELLIOT, P., 1931b. "Sceaux-Amukettes de bronze avec Croix et colombes: Provenant de la Boucle du fleuve jaune", *Revue des Arts Asiatiques*, 28, pp. 1 – 3, pl. 8.

PELLIOT, P., 1959, *Notes on Marco Polo*, *I. Paris.*

PELLIOT, P., 1973. "Mār Ya(h) bhallāhā, Rabban Saumā et les Princes Öngüt chrétiens", in: P. Pelliot, *Recherches sur les Chrétiens d'Asie Centrale et d'Extrême-Orient*. (Oeuvres Posthumes de Paul Pelliot). Paris, pp. 237 – 288.

PELLIOT, P., 1973. *Recherches sur les Chretiens d'Asie Centrale et d'Extreme-Orient*. Dauvillier, J. et Hambis, L. (ed.), Paris.

PELLIOT, P., 1996. *L'inscription nestorienne de Si-ngan-fou*. ed. with supplements by Antonino Forte. Kyoto: Scuola di studi sull'Asia orientale; Paris: Collège de France, Institut des Hautes études chinoises.

PIGOULEWSKY, N., 1935 – 1936. "Fragments syriaques et syro-turcs de Hara-Hoto et de Tourfan", *Revue de l'Orient Chrétien*, troisième série, Tome X (XXX), 30e volume, pp. 3 – 46.

POGNON, H., 1907. *Inscriptions sémitiques de la Syrie, de la mésopotamie et de la région de mossoul*, Paris.

POPPE, N., 1965. "A Middle Turkic Text of the Apostle's Creed", *Monumenta Serica* 25, pp. 273 – 306.

RACHEWILTZ, I., 1971. *Papal Envoys to the Great Khans*. London.

RADLOFF, W., 1928. *Uigurische Sprachdenmäler. Materialen mach dem tode des Verfassers mit Ergänzungen von S. Malov herausgegben*. Leningrad: Verlag der Akademie der Wissenschaften der USSR, Nr. 59.

RAMSTEDT, G. J., 1951. "Reste des Nestorianismus unter den Mongolen", *JSFO* 55, pp. 40 – 46.

Renaudot, E., 1847. *Liturgiarum Orientalius Collectio*, Vol. 2, Frankfurt, pp. 572 – 626.

RICARD DE MONTCROIX (nom relig.), 1997. *Peregrination en Terre sainte et au Proche-Orient*; Lettres sur la chute de Saint-Jean-d'Acre par Ren Kappler. Paris: H. Champion, (impr. en Suisse). 271 p.: couv. ill. en coul.; 22 cm. Textes et traductions des classiques francais du Moyenage; 4). Titre (s) orig.: "Liber peregrinationis; Epistolae quinque commentatoriae de perditione Acconis". Texte latin et trad. francaise en regard. Trad. francaise seule pour: Epistolae quinque commentatoriae de perditione Acconis.

RICHARD, J., "Essor et declin de l'Eglise catholique de Chine au XIVe siècle", *Bulletin de la Société des Mission-Etrangères de Paris*, Hong Kong, pp. 1 – 9.

RICHARD, J., 1956. "Les missions chez les Mongols aux XIIIe et XIVe siècles", in: *Histoire universelle des missions catholiques*, Bd. 1: Les missions des origines au XVIe siècle, Paris, pp. 173 – 195.

RICHARD, J., 1957. "La mission en Europe de Rabban Cauma et l'Union des

Eglises", dans: *XII. Convegno Volta. Oriente e Occidente nel medioevo*. Accade,ia dei Lincei, Roma, pp. 162 – 167.

RICHARD, J., 1969. "Le début des Relations entre la Papauté et les mongils de Perse", *JA*, Tome 237, pp. 291 – 300.

RICHARD, J., 1969. "The Mongols and the Franks", Journal of Asian History, Vol. 1, No. 1, pp. 45 – 57.

RICHARD, J., 1977. "Sur les pas de Plancapin et de Rubrouch: la lettre de Saint Louis à Sartaq", *Journal des Savants*, pp. 49 – 61.

RICHARD, J., 1977. *La Papauté et les missions d'Orient au Moyen Age*. Collection de l'Ecole française de Rome, 33.

RICHARD, J., 1980. "Le discours missionnaire: l'exposition de la foi chrétienne dans les lettre des papes aux Mongols", *Prédication et propagande au Moyen age Islam*; Byzance; Occident: Penn-Paris-Dumbarton Oaks Colloquia; III, Session des 257 – 269 octobre, Presses Universitaire de France, pp. 257 – 269.

RICHARD, J., 1982. "Le Christianisme dans l'Asie Centrale", *JAH* 16, pp. 101 – 124.

ROCKHILL, W. W. (trans and ed), 1900. *The Journey of William of Rubruck to the Eastern Parts of the World, 1253 – 1255*, as narrated by himself, with two accounts of the earlier journey of John of Pian de Carpine. London, repr. London, 1941: Works issued by the Hakluyt Society 2,4.

ROSENFIELD, J. M., 1967. *The Dynastie Arts of the Kushans*. (Berkeley and Los Angeles).

Roman Malek, S. V. D. (ed), *The Chinese Face of Jesus Christ*, Vol. 1, Monumenta Serica Monograph Series L/1, Sankt Augustin 2002.

ROSENKRANZ, G., 1937. "Die älteste Christenheit in China in den nestorianischen Quellenzeugnissen der Tang-Zeit", *ZMR* 52, pp. 133 – 226; 241 – 280.

ROSENKRANZ, G., 1938. *Die älteste Christenheit in China in den Quellenzeugnissen der Nestorianer-Texte der Tang-Dynastie*. Berlin.

ROUX, JEAN-PAUL, 1984. "Les religions dans les sociétés turco-mongoles", in: *Revue de l'Histoire des Religions* 201 (1984), pp. 393 – 420.

ROUX, JEAN-PAUL, 1984. *La religion des Turcs et des Mongols*, Paris (Bibliothèque Historique, Collection d'Histoire des Religions).

ROUX, JEAN-PAUL, 1986. "La tolérance religieuse dans les empires turco-mongols", in: *Revue de l'Histoire des Religions* 203 (1986), pp. 131 – 168.

RUBRUC, GUILELMUS DE, 1984. *Reisen zum Großkhan der Mongolen, Von Konstantinopel nach Karakorum* 1253 – 1255, Neu bearb. u. hrsg. v. Hans D. LEICHT, Stuttgart (Alte abenteuerliche Reiseberichte).

SACHAU, E., 1915. *Chronik von Arbela.*

SACHAU, E., 1918. "Die Christianisierungslegende von Merw", in: W. Frankenberg and F. Küchler (edd.), *Abhandlungen zur semitischen Religionskundes und Sprachwissenschaft.* /Festschrift Wolf Wilhelm Graf von Baudussin/. *ZAW*, Beiheft 33, Giessen.

SACHAU. E., 1905. "Litteratur-Bruchstiicke aus Chinesisch-Turkistan", *SPAW* 1905, Berlin, pp. 964 – 978.

SACHAU, E., 1919. *Zur Ausbreitung des Christentums in Asien. APAW*, Nr. 1, Berlin.

SAEKI, Y., 1937. *The Nestorian Documents and Relics in China.* (1st ed. Tokyo 1937, 2nd ed. Tokyo, 1951).

Salaville, S., 1932. *Liturgies Orientales*, Notions générales, éléments principaux, *BCSR* 47, Paris 1932. Edition d'anglais: *An Introduction to the Study of Eastern Liturgies*, London 1938.

SAUNDERS, J. J., 1988. "The Decline and Fall of Christianity in Medieval Asia", *JRH* 512, pp. 93 – 104.

SCHWARTZ, M., 1967. *Studies in the Texts of Sogdian Christians*, (PhD thesis, University of California), Berkeley.

SCHWARTZ, M., 1974. "Sogdian Fragments of the Book of Psalms", *AoF* 1, pp. 257 – 261.

SCOTT, P. M., 1930. "Some Mongol Nestorian Crosses", in: *The Chinese Recorder* 61 (1930), pp. 104 – 108 u. Tafel.

SEGAL, J. B., 1970. *Edessa*, "*The Blessed City*", Oxford.

SERRUYS, H., 1963. "Early Mongols and the Catholic Church", *Neue Zeitschrift für Missionswissenschaft*, Vol. 19, pp. 161 - 169.

SIMS-WILLIAMS, N., 1976. "The Sogdian Fragments of the British Library", in: *Indo-Iranian Journal*, No. 18, 1976, pp. 63 - 64.

SIMS-WILLIAMS, N., 1981. "Syro-Sogdica I: An Anonymous Homily on the Three Periods of the Solitary Life", *OCP* 47, pp. 441 - 446.

SIMS-WILLIAMS, N., 1982. "Syro-Sogdica II: A metrical Homily by Babay bar NsibnAye 'On the final evil hour'", *OCP* 48, pp. 171 - 176.

SIMS-WILLIAMS, N., 1985. *The Christian Sogdian Manuscript C2.* (*Berliner Turfantexte XII*), Berlin.

SIMS-WILLIAMS, N., 1988. "Syro-Sogdica III: Syriae Elements in Sogdian", in: *A Green Leaf.* Papers in Honour of Professor Jes P. Asmussen. (Acta Iranica 28), (Leiden,), pp. 145 - 156.

SIMS-WILLIAMS, NICHOLAS, 1992a. "Christianity iii: In Central Asia and Chinese Turkestan", in: *Encyclop ædia Iranica*, Bd. 5, Costa Mesa Cal., pp. 530 - 534.

SIMS-WILLIAMS, NICHOLAS, 1992b. "Sogdian and Turkish Christians in the Turfan and Tunhuang Manuscripts", in: *Turfan and Tun-huang: The Texts, Encounter of Civilizations on the Silk Route*, Hrsg. v. Alfredo CADONNA, Firenze, pp. 43 - 61.

SIMS-WILLIAMS, N., 2002. "Christianity in Central Asia and Chinese Turkestan", Sims-Williams, N. and Yarshater, E. eds. (2002) *Encyclopaedia Iranica.* Bibliotheca Persica Press (New York).

SINOR, D., 1957. "John of Plano Carpini's Return from the Mongols. New Light from a Luxemburg Fragment", *JRAS*, pp. 193 - 216.

SLUTSKIY, S. S., 1889. "Semirechenskiya nestorianskiya nadpisi", in: *Drevmosti Vostochnyya*, I, *vyp.* No. 1, (1889), pp. 1 - 66.

SMITH, R. P., 1901, *Thesaurus Syrianicus.* Oxford.

SMITH, R. P., 1998 reprinted. *A Compendious Syriac Dictionary* Indiana, first edition 1903, Oxford University Press.

SPULER, B., 1961. "Die nestorianische Kirche", in: *Religionsgeschichte des Orients in der Zeit der Weltreligionen*, Leiden (Handbuch der Orientalistik, Abt. 1, Bd.

8, Abschn, 2), pp. 120 – 169.

STEWART, J., 1928. *Nestorian Missionary Enterprise. The Story of a Church on Fire*. (Edinburgh).

SUNDERMANN, W., 1974. "Einige Bemerkungen zum syrisch-neupersichen Psalmenburchstilk aus Chinesisch-Turkistan", in: *Mémorial Jean de Menasce*. Ed. Ph. Gignoux and a Taffalzoli. Louvain, pp. 441 – 492.

SUNDERMANN, W., 1974a. "Nachlese zu F. K. Müller's '*Soghdischen Texten I*'" 1,2,3 Teils, *AoF* 1, 1974, pp. 217 – 255; *AoF* 3, 1975, pp. 55 – 90; *AoF* 8, 1981, pp. 169 – 225.

SUNDERMANN, WERNER, 1994. "Iranische Personennamen der Manichäer", in: *Die Sprache* 36 (1994), pp. 244 – 270.

SUNDERMANN, WERNER, 1995. "Soghdisch *xwšt'nc 'Lehrerin'", in: *Acta Orientalia Academiae Scientiarum Hungaricae* 48 (1995), pp. 225 – 227.

BARNETT, SUZANNE WILSON & FAIRBANK, JOHN KING, 1982, Christianity in China: Early Protestant Missionary Writings, Harvard University Press.

TAYLOR, W. R., 1938. "Nestorian Crosses in China", in: *The American Journal of Semitic Languages and Literatures* 55 (1938), pp. 56 – 60.

TAYLOR, W. R., 1941. "Syriac MSS. Found in Peking, CA. 1925", in: *Journal of the American Oriental Society*, Vol. 61, pp. 91 – 97.

TEGIN, TALAT, 1993. *Ïrq Bitig. The book of Omens.* Harrassowitz Verlag, Wiesbaden.

THACHER, T. W., 1967. "A Nestorian Gravestone from Central Asia", *Durham University Journal*, March, pp. 94 – 106.

THACKSTON, WHEELER M., 1999. *Introduction to Syriac.* Ibex Publisher, Inc. Bethesda, Maryland.

THOMPSEN, E. A., 1946. "Christian Missionaries among the Huns", in: *Hermathena. A Series of Papers on Literature, Science and Philosophy*, No. LXVII. Dublin and London, pp. 73 – 79.

TROLL, C. W., 1966 – 1967, "Die Chinamission im Mittelalter", *Franziskanische Studien* 48 (1966), pp. 109 – 150 and 49 (1967), pp. 22 – 79.

TSUI CHI, 1943 – 1946. Mo Ni Chiao Hsia Pu Tsan. "The Lower (Second) Section of the Manichaean Hymns", *BSOAS* 11, pp. 174 – 219.

URAY, G., 1983. "Tibet's Connection with Nestorianism and Manichaeism in the 8th – 10th Centuries", in: E. Steinkellner and H. Tauscher (edd.), *Contributions of Tibetan Language, History and Culture*, Vol. 1: Proceedings of the Csoma des Körös Symposium held at Velm-Vienna, Austria, 13 – 19. Sept. 1981. Vienna, pp. 399 – 492.

URAY, G., 1987. "Zu den Spuren des Nestorianismus und Manichilismus im alten Tibet (8 – 10. Jh.)", in: W. Heissig and H.-J. Klimkeit (edd.), *Synkretismus in den Religionen Zentralasiens.* (*Studies in Oriental Religions 13*), Wiesbaden, pp. 197 – 206.

VASARY, I., 1988. "Orthodox Christian Qumans and Tartars of the Crimea in the 13th – 14th Centuries", *CAJ* 32, pp. 260 – 271.

VERMEULEN, P., 1967. "Péricopes bibliques des Eglises de langue syriaque II", in *L'Orient Syrien* 12, 1967, 338 (Teil I: pp. 211 – 240; Teil II: pp. 371 – 388: Teil III: pp. 525 – 548).

VINE, A. R., 1937. *The Nestorian Churches. A Concise History of Nestorian Christianity in Asia from the Persianschism to the Modern Assyrians.* London.

von GABAIN, A. 1959. "Die Sprache des Codex Cumanicus", *Philologiae Turcicae Fundamenta* I, ed. J. Deny et al. Wiesbaden, pp. 46 – 73.

von GABAIN, A., 1973. *Das Leben im uigurischen Königreich von Qočo* (*Textband*). Otto Harrassowitz · Wiesbaden 1973.

von GABAIN, A. 1979. *Einftihrung in die Zentralasienkunde*, Darmstadt.

WHITE, WILLIAM C., 1930. "Mongol Nestorian Crosses", in: *The Chinese Recorder* 61(1930), p. 391.

WHITE, WILLIAM C., 1930. "Some Mongol Nestorian Crosses", in: *The Chinese Recorder* 61 (1930), p. 251.

YANG, QIN ZHANG, 1994. "Nestorian Churches and their Followers along the Southern China Coast in the Yuan Dynasty", in: *Andrea da Perugia, Atti del convegno (Perugia, 19 settembre 1992) a cura di Carlo SANTINI*, Roma (Eurasia 1), pp. 105 – 128.

YIH, T. D. 1996. "Hidden Christian/Nestorian Symbols on Chagatayid Coins from

Zinjiang: fact or fantasy?", in: *Newsletter of the Oriental Numismatic Society* 150 (1996), pp. 21 – 24.

YONAN, G., 1978. *Assyrer heute* (Hamburg/Wien: Gesellschaft fur bedrohte Volker, 1978).

YOUNG, R. F., 1989. "Deus unus or dei plures sunt? The function of inclusivism in the Buddhist defence of Mongol folk religion against William of Rubruck (1254)", *Journal of Ecumenical Studies* 26, pp. 40 – 137.

YOUNG, W. G., 1974. *Patriarch, Shah and Caliph. A Study of the Relationships of the Church of the East with the Sassanid Empire and the Early Caliphates up to 820 A. D. with Special Reference to Available Translated Syriac Sources.* Rawalpindi.

YULE, Sir H., 1913 – 1916. *Cathay and the Way Thither.* Being a Collection of Medieval Notices on China. (Transl. and ed.), Revised ed. by H. Cordier. 4 vols. London.

ZHANG, GUANGDA., 1994. La Chine et les civilisations de l'Asie Centrale du VIIe au XIe siècle: Collège de France, Chaire internationale, 14 janvier.

ZIEME, P., 1974. "Zu den nestorianisch-türkischen Turfantexten", in: G. H. Hazei and P. Zieme (ed.), *Sprache, Geschichte und Kultur der altaischen Völker.* Berlin, pp. 661 – 668.

ZIEME, P., 1977. Zwei Ergimungen m der christlich-türkischen Handschrift T II Bl, *AOF* 5, pp. 271 – 272.

ZIEME, P., 1981. "Ein Hochzeitssegen uigurischer Christen", in: K. Röhrborn and H. Brands (edd.), *Scholia, Beiträge zur Turkologie und Zentralasienkunde.* / Festschrift Annemarie von Gabain zum 80. Gebrutstagl. Wiesbaden, pp. 221 – 232.

ZIEME, P., 1990. *Die Stabreimtexte der Uiguren von Turfan und Dunhuang.* Studien zur alttürkischen Dichtung. Budapest.

ZIEME, PETER, 1992. "Die Geschichte Zentralasiens in einer neuen Gesamtschau", in: *Orientalische Literaturzeitung* 87(1992), pp. 118 – 126.

ZIEME, PETER, 1996. "Alexander According to an Old Turkish Legend", in: *Convegno internazionale sul tema: La Persia e l'Asia centrale da Alessandro al X secolo (Roma, 9 – 12 novembre 1994)*, Roma (Atti dei Convegni Lincei 127), pp. 25 – 37.

ZIEME, PETER, 2019. "Notes on a Bilingual Prayer book from Bulayik", in: *Hidden Treasures and Intercultural Encounters, Studies on East Syriac Christianity in China an Central Asia*, Lit, (eds.) Dietmar W. Winkler & Li Tang, Orientalia-Patristica-Oecumneica vol. 1, pp. 167 – 180.

牛汝极论著目录

一、专 著 类

1.《新疆文化的现代化转向》(合著),兰州大学出版社,2012 年。

2. *La Croix-lotus: Inscriptions et Manuscrits nestoriens en écriture syriaque découverts en Chine* (*XIIIe - XIVe siècles*), Shanghai Classics Publishing House, 2010.(《十字莲花:中国出土叙利亚文景教碑铭文献研究(公元 13—14 世纪)》[法文版,博士论文])

3.《十字莲花:中国元代叙利亚文景教碑铭文献研究》,上海古籍出版社,2008 年。

4.《文化的绿洲——丝路语言与西域文明》(合著),新疆人民出版社,2006 年。

5.《阿尔泰文明与人文西域》,新疆大学出版社,2003 年。

6.《回鹘佛教文献》,新疆大学出版社,2000 年。

7.《维吾尔古文字与古文献导论》,新疆人民出版社,1997 年。

8.《沙州回鹘及其文献》(与杨富学合著),甘肃文化出版社,1995 年。

9.《乌孜别克文化史》,载集体合著大型学术著作《中国少数民族文化史》(合著),辽宁人民出版社,1994 年。

10.《古代突厥语引论》(30 万字,内部油印教材),新疆大学教材科,1986 年。

二、主 编 类

1. 主编《中国西北边疆》第 1 辑,科学出版社,2009 年。

2. 主编"边疆民族研究丛书"(出版九部),新疆大学出版社,2003 年至 2007 年。

3. 主编《阿尔泰学论丛》第一辑(与李祥瑞合编),新疆大学出版社,1994 年。

三、论 文 类

2024 年

1.《昆仑根脉——中华民族"合一共命"的精神家园》,《中华民族共同体研究》2024 年第 6 期。

2.《“合一共命”：中华民族共同体的本质特征》,《统一战线学研究》2024年第6期。

3.《华夏魂系昆仑》,《新疆日报》2024年10月31日理论版。

4.《正确认识新疆历史 塑造“合一共命”的中华民族共同体》,《新疆日报》2024年10月8日理论版。

5.《丝绸之路上回鹘人的中华文化观》,《北方民族大学学报》2024年第5期。

6.《高昌回鹘人佩戴的一件东方教会叙利亚语护身符》,《世界宗教文化》2024年第1期。

7.《高昌回鹘汗国的东方教会叙利亚文〈圣经〉文库》,《国际汉学》2024年第2期。

2023 年

1.《从考古发现看东方教会在中亚和高昌回鹘地区的传播》,《西域研究》2023年第3期。

2.《突显共同性：铸牢中华民族共同体意识的灵魂》,《新疆社科论坛》2023年第6期。

2022 年

1.《推进中华民族共同体基础问题研究》,《今日新疆》2022年第14期。

2.《中华定天山,复兴崛起间》,《新疆文艺界》2022年第3期。

3.《牢牢把握新时代爱国统一战线的历史方位和重要使命》,《民主》2022年第11期。

4.《夯实中华民族共同体意识的根基》,《中国民族报》2022年2月15日理论版。

2021 年

1.《敦煌景教文献的发现及其对丝绸之路宗教研究的启示》,《世界宗教文化》2021年第1期。

2.《积极构筑中华民族共有精神家园》,《人民政协报》2021年9月24日第3版。

2020 年

1. “History is a Mirror：On the Spread of Nestorianism in China from the Newly Discovered Bronze Mirror with Cross-Lotus and Syriac Inscriptions”, *The Church of the East in Central Asia and China*, eds. S. N. C. Lieu & Glen Thompson, Brepol 2020.

2.《文化润疆：让中华民族共同体意识更加牢固》,《人民政协报》2020年11月12日第8版。

3.《增强认同重在提升心灵共情能力》,《中国民族报》2020 年 12 月 8 日第 1 版。

2019 年

1.《普及国家通用语言文字是边疆安全的基石》,《西部发展研究》2019 年第 2 期。

2018 年

1.《助力农村电子商务发展 打造西部精准扶贫引擎》,《西部发展研究》2018 年第 1 期。

2017 年

1.《中亚“双泛”思潮呈现“双化”势头》,《新疆社会科学》2017 年第 1 期。

2.《新发现的十字莲花景教铜镜图像考》,《西域研究》2017 年第 2 期。

2016 年

1.《天山：亚洲文明交汇的轴心》,《西域研究》2016 年第 1 期(该文被《新华文摘》2016 年第 10 期全文转载)。

2.《建构中国民族语言研究的国际话语秩序》,《新疆师范大学学报》2016 年第 1 期。

3.《不断提高参政议政水平适应新常态》,《民主》2016 年第 8 期。

2015 年

1.《从借词看粟特语对回鹘语的影响》,《新疆师范大学学报》2015 年第 1 期(该文被人大复印资料《语言学》2015 年第 5 期全文转摘)。

2. “The Tianshan Mountain Range: The Pivotal Line of Converging Asian Civilizations”, *Journal of Asian History*, Vol. 49, No. 1 – 2, 2015, Harrassowitz Verlag, Wiesbaden.

3. “Myth and Mystery: The Yada ‘Rain-making’ Cult among the Uighurs”, *Eurasian Studies III*, Asia Publishing Nexus and Museum of Braila Istros, 2015.

4.《坚持党的领导与依法治国的有机统一》,《民主》2015 年第 4 期。

5.《提高劳动者素质是推进工业现代化的迫切需要》,《人民政协报》2015 年 5 月 6 日。

2014 年

1.《守住水资源的红线》,《中国政协》2014 年第 9 期。

2.《以丝绸之路精神拓展丝绸之路经济带》,《今日新疆》2014 年 3 月下。

3.《加强和改进西部地区高中阶段教育工作》,《民主》2014 年第 3 期。

2013 年

1.《自信圆“中国梦” 自强做“新疆人”》(与刘成合著),《新疆师范大学学报》2013 年第 1 期。

2.《现代文化方略是实现人的现代化的有效途径》,《思想政治工作研究》2013 年第 1 期。

3. “A Nestorian Tombstone with Syriac Inscriptions from Central Asia”, *From the Oxus River to the Chinese Shores, Studies on East Syriac Christianity in China and Central Asia*, Edited by Li Tang & Dietmar W. Winkler, Lit Verlage GmbH & Co. KG, Wien - Berlin - Münster, 2013.

2012 年

1.《中亚七河地区突厥语部族的景教信仰》,《中国社会科学》2012 年第 7 期。

2.《新疆文化强区面临的挑战和实现路径探究》,《新疆师范大学学报》2012 年第 1 期。

3. “80 TBI 774b: A Sanskrit - Uigur Bilingual Text from Bezeklik” (with Dieter Maue), *Studies on the Inner Asian Languages*, XXVII, Osaka, The Society of Central Eurasian Studies, 2012.

2011 年

1.《近十年海外中国景教研究综述》,《宗教学研究》2011 年第 3 期。

2.《试论“现代文化”的理论与实践》,《新疆师范大学学报》2011 年第 3 期(此文被《高等学校文科学术文摘》[2011 年第 4 期]和《新华文摘》[2011 年第 17 期]观点摘录)。

3.《现代文化与新疆精神思辨》,《今日新疆》2011 年第 12 期。

4.《实现“环塔”城镇群战略加快新疆南部城镇化建设步伐》,《中国城市经济》2011 年第 4 期。

2010 年

1.《实施城市优先发展战略加快新疆城市化进程的构想》(与黄达远合著),《新疆社会科学》2010 年第 3 期。

2.《新疆“环塔”区域新型城镇化建设的挑战与出路》(合著),《新疆师范大学学报》2010 年第 4 期。

3.《成吉思汗及其家族对景教的态度与内蒙古的景教遗存》,薛正昌主编《成吉思汗与六盘山国际学术研讨会论文集》，甘肃人民出版社，2010 年。

2009 年

1.《充分挖掘丝路文化资源 加快发展新疆文化产业》，《新疆社会科学》2009 年第 1 期。

2.《中国与中亚景教研究新信息与新成果》，《世界宗教研究》2009 年第 3 期。

3.《跨文化视角：龟兹历史与人类文明》，《西域研究》2009 年第 3 期。

4.《〈突厥语大辞典〉写本的流传》，《北方民族大学学报》2009 年第 3 期。

5.《认同视域下的国家文化安全》，《新疆师范大学学报》2009 年第 1 期。

6. "A Comparative Study in the Nestorian Inscriptions from Semirechie, Inner Mongolia and Quanzhou", *Hidden Treasures and Intercultural Encounters*, *Studies on East Syriac Cgristianity in China and Central Asia*, ed. By Dietmar W. Winkler and Li Tang, Orientalia-Patristica- Oecumenica vol. 1, Lit Verlag, Wien – Berlin 2009.

7. "A Discovery of Nestorian Inscriptions from Almaliq, Xinjiang, China", *Hidden Treasures and Intercultural Encounters*, *Studies on East Syriac Cgristianity in China and Central Asia*, ed. By Dietmar W. Winkler and Li Tang, Orientalia-Patristica- Oecumenica vol. 1, Lit Verlag, Wien – Berlin 2009.

8.《跨文化视角：欧洲认同理论对中国西部民族地区的启示》，《中国西北边疆》第 1 辑，科学出版社，2009 年。

9.《中国与中亚国家良好周边和跨境合作》（英文），《中国西北边疆》第 1 辑，科学出版社，2009 年。

10.《丝路语言：开启西域文明的钥匙》，《中国西北边疆》第 1 辑，科学出版社，2009 年。

11.《一件柏孜克里克出土梵语-回鹘语双语文献考释》（与迪特尔·毛艾[Dieter Maue]合著），张定京、阿不都热西提·亚库甫主编《突厥语文学研究——耿世民教授八十华诞纪念文集》，中央民族大学出版社，2009 年。

2008 年

1.《中和共建与认同重构——新疆稳定问题研究之一》，《西北民族研究》2008 年第 4 期。

2.《新疆大学建设"中亚一流大学"构想》（与王振权合著），《新疆大学学报》2008 年第 3 期。

2007 年

1.《新疆阿力麻里发现的叙利亚文景教徒碑铭研究》,《西域研究》2007 年第 1 期。

2.《福建泉州景教碑铭的发现及其研究》,《海交史研究》2007 年第 2 期。

2006 年

1. "Nestorian Inscriptions from China (13th – 14th Centuries)", *Jingjiao: The Church of the East in China and Central Asia*, ed. By Roman Malek, St. Augustin: Institut Monumenta Serica, 2006.

2.《吐鲁番出土景教写本综述》,《新疆大学学报》2006 年第 4 期(人大复印报刊资料《宗教》2006 年第 6 期全文转载)。

3.《泉州新发现的一件叙利亚文景教碑铭》,《中国维吾尔历史文化研究论丛》第 4 辑,新疆人民出版社,2006 年。

4.《〈突厥语词典〉的文化语言学价值》,校仲彝主编《〈突厥语词典〉研究论文集》,新疆人民出版社,2006 年。

5.《〈突厥语词典〉第一卷新疆地名研究》(与牛汝辰合著),校仲彝主编《〈突厥语词典〉研究论文集》,新疆人民出版社,2006 年。

6.《〈突厥语词典〉第三卷地名译释》(与牛汝辰合著),校仲彝主编《〈突厥语词典〉研究论文集》,新疆人民出版社,2006 年。

7.《各国收藏研究吐鲁番出土回鹘文世俗文书简况》,殷晴主编《吐鲁番学新论》,新疆人民出版社,2006 年。

8.《哈密顿：我心中的大师伯希和》,《中国西北边疆》(电子期刊)2006 年第 2 期。

9. "Uighur Studies in China", in the electronic journal: *China's Northwestern Borderland*, No. 1, 2006.

2005 年

1. "Nestorian Grave Inscriptions from Quanzhou (Zaitun), China", *Journal of the Canadian Society for Syriac Studies*, Vol. 5, University of Toronto, Canada.

2.《元代景教碑铭和文献中的叙利亚文突厥语语音系统分析》,《民族语文》2005 年第 3 期。

2004 年

1. "A New Syriac-Uighur Inscription from China: (Quanzhou, Fujian Province)", *Journal of the Canadian Society for Syriac Studies*, Vol. 4, University of Toronto,

Canada.

2. "The Uighur Inscription in the Mausoleum of Mar Behnam (Iraq)", with Amir Harrak, *Journal of the Canadian Society for Syriac Studies*, Vol. 4, University of Toronto, Canada.

3. "Les inscriptions syriaques de Chine" (in French), Dans: *Etudes Syriaques*, Paris, France, Nov. 2004.

4.《泉州新发现的一件叙利亚文景教碑铭》,《西域研究》2004 年第 3 期。

2003 年

1.《从出土碑铭看泉州和扬州的景教来源》,《世界宗教研究》2003 年第 2 期。

2.《20 世纪非汉文维吾尔史料文献整理研究的回顾与展望》,《中国西北边疆》(电子期刊)2003 年第 1 期。

2002 年

1.《敦煌榆林千佛洞第 12 窟回鹘文题记》,《新疆大学学报》2002 年第 1 期。

2.《莫高窟北区发现的叙利亚文景教-回鹘文佛教双语写本再研究》,《敦煌研究》2002 年第 2 期。

3.《敦煌吐鲁番回鹘佛教文献与回鹘语大藏经》,《西域研究》2002 年第 2 期。

4.《元代畏兀儿人使用八思巴字概述》(与照那斯图合著),《西北民族研究》2002 年第 3 期。

5.《回鹘藏传佛教文献》,《中国藏学》2002 年第 2 期。

2001 年

1.《回鹘佛教归属未定典籍》,《语言与翻译》2001 年第 4 期。

2. "A Fragment of a Buddhist Refuge Fomula in Uighur in the Pelliot Collection", *Silk Road Studies V: De Dunhuang a Istanbul*, *Hommage à James Hamilton*, Brepoles 2001.

2000 年

1.《蒙古文-八思巴字〈五守护神大乘经·守护大千国土经〉元代印本残片考释》(与照那斯图合著),《民族语文》2000 年第 1 期。

2.《莎车喀喇汗朝阿拉伯语文书与福乐智慧学研究》,买买提敏·玉素甫等编《论伟大的学术里程碑〈福乐智慧〉》,新疆人民出版社,2000 年。

3.《国外近年中亚研究学术刊物介绍》,《新疆大学学报》2000 年第 1 期。

4.《西域语言接触概说》,《中央民族大学学报》2000 年第 4 期。

5.《中国突厥语景教碑铭文献概说》,《民族语文》2000 年第 4 期。

6.《一件回鹘文皈依三宝愿文译释》(与 Peter Zieme 合著),《中亚学刊》第五辑,新疆人民出版社,2000 年。

7.《各国收藏研究吐鲁番出土回鹘文世俗文书简况》,《吐鲁番学研究》创刊号,2000 年第 1 期。

8.《巴黎所藏回鹘文文献概述》,《庆祝吴其昱先生八秩华诞敦煌学特刊》,文津出版社,2000 年。

1999 年

1.《泉州叙利亚-回鹘双语景教碑再研究》,《民族语文》1999 年第 3 期。

2.《叙利亚文和回鹘文景教碑铭文献在中国的遗存》,《欧亚学刊》创刊号,中华书局,1999 年。

3.《读〈敦煌社邑文书辑校〉》,《首都师范大学学报》1999 年第 3 期。

4.《伯希和藏品中一件回鹘文皈依佛教三宝愿文研究》,《敦煌研究》1999 年第 4 期。

5.《莎车出土的喀喇汗朝阿拉伯语法律文书与〈福乐智慧〉研究》,《西域研究》1999 年第 3 期。

6.《近三年国外突厥语研究概况》,《语言与翻译》1999 年第 4 期。

7.《一部接触语言学理论的力作》,《满语研究》1999 年第 2 期。

8.《〈突厥语大词典〉的文化语言学价值》,《西北民族研究》1999 年第 2 期。

1998 年

1. "Inscriptions ouigour des grottes bouddhiques de Yulin" (with J. Hamilton), *Journal Asiatique*, No.1, 1998.

2.《榆林窟回鹘文题记译释》,《敦煌研究》1998 年第 2 期。

3.《维吾尔学系统工程构想及国外维吾尔学研究的最新情况》,《中国维吾尔历史文化研究论丛》第 1 辑(汉文和维文两种版本),新疆人民出版社,1998 年。

4.《回鹘佛教文学中的譬喻故事文献》,马大正、杨镰主编《西域考察与研究续编》,新疆人民出版社,1998 年。

1997 年

1.《国外对维吾尔文献的收藏及研究》,《西域研究》1997 年第 2 期。

2.《现代维吾尔语方言土语的划分与历史人文地理》,《语言与翻译》1997 年第 2 期。

3.《日本的维吾尔史学与文献研究(下)》,《中国边政》(台湾)1997 年第 1 期。

4.《“第 35 届亚洲与北非研究国际会议”西域研究论题》,《西域研究》1997 年第 4 期。

5.《扬州出土突厥语-汉语-叙利亚语合璧景教徒墓碑研究》(与西木斯-威廉姆斯合著),《学术集林》(卷十),上海远东出版社,1997 年。

1996 年

1.《赤峰出土景教墓砖铭文及族属研究》(与哈密顿合著),《民族研究》1996 年第 3 期。

2.《法国突厥学研究》,《语言与翻译》1996 年第 1 期。

3.《我国的维吾尔文字文献研究概况》,《西域研究》1996 年第 1 期。

4.《日本的维吾尔史学与文献研究(上)》,《中国边政》(台湾)1996 年第 4 期。

5. “The Buddhist Refuge Formula: An Uigur Manuscript Dunhuang” (with Peter Zieme), *Türk Dilleri Arastirmalari*, 6 (1996), Ankara.

1995 年

1.《泉州出土回鹘文也里可温(景教)墓碑研究》(与哈密顿合著),《学术集林》(卷五), 上海远东出版社,1995 年。

2.《敦煌回鹘文书法艺术》(与杨富学合著),《甘肃民族研究》1995 年第 1 期。

3.《维吾尔文字学发凡》(与程雪飞合著),《语言与翻译》1995 年第 3 期。

4.《新疆地名的语言特质》,《新疆大学学报》1995 年第 1 期。

5.《法国中亚研究的机构和学者》,《中国边政》(台湾)1995 年第 1 期。

6.《回鹘文〈牟羽可汗入教记〉》,赵国栋、刘宾编《上古至高昌汗国时期文学》(“维吾尔族古典文学大系”卷 1),新疆人民出版社,1995 年。

7.《摩尼文〈敦煌回鹘书法艺术摩尼教徒忏悔词〉》(与杨富学合著),赵国栋、刘宾编《上古至高昌汗国时期文学》(“维吾尔族古典文学大系”卷 1),新疆人民出版社,1995 年。

1994 年

1. “Deux inscriptions funeraires turques nestoriennes de la Chine Orientale” (with J. Hamilton), *Journal Asiatique*, No. 1, 1994.

2.《敦煌出土早期回鹘语世俗文献译释》(与杨富学合著),《敦煌研究》1994年第4期。

3.《地名与新疆多民族风俗》,《语言与翻译》1994年第3期。

4.《再论新疆的双语地名》,《语言与翻译》1994年第4期。

5.《瑞典的维吾尔文献资料及维吾尔研究综览》,《新疆文物》1994年第1期。

6.《德国的维吾尔学研究》,《新疆地方志》1994年第2期。

7.《法国所藏维吾尔学文献文物及其研究》,《西域研究》1994年第2期。

8.《维吾尔学研究的丰碑——〈回鹘文契约文书集成〉评介》,《西域研究》1994年第4期。

9.《法国内亚语文研究机构》,《民族语文》1994年第4期。

10.《阿尔泰学的内涵、面临的问题及其前景》(与李祥瑞合著),李祥瑞、牛汝极主编《阿尔泰学论丛》第一辑,新疆大学出版社,1994年。

11.《山田信夫等著〈回鹘文契约文书集成〉评介》,《民族学报》(台湾)1994年第1期。

12.《〈中国民族语言学论纲〉评介》,《新疆大学学报》1994年第4期。

1993年

1.《新疆双语地名的类型及其成因》,《语言与翻译》1993年第3期。

2.《台湾的维吾尔研究》,《新疆大学学报》1993年第3期。

3.《七件回鹘文佛教文献研究》,《喀什师院学报》1993年第1期。

4.《论新疆地名传说的特点、类型和主题》,《西北民族研究》1993年第1期。

5.《五件回鹘文摩尼教文献考释》(与杨富学合著),《新疆大学学报》1993年第4期。

6.《从察合台语文献看汉文化与伊斯兰文化的接触》,《西域研究》1993年第4期。

1992年

1.《新疆多民族的历史变迁与新疆地名的"土壤分析"》,《地名知识》1992年第5期。

2.《从新疆地名看历史上的移民》,《西域研究》1992年第3期。

3.《回鹘文摩尼教寺院文书释文的几处商榷》(与杨富学合著),《西北史地》1992年第4期。

4.《试论维吾尔语名词的数及其历史演变》,《语言与翻译》1992年第1期。

5.《六件9—10世纪敦煌回鹘文商务书信研究》,《西北民族研究》1992年第1期。

6.《突厥文起源新探》,《新疆大学学报》1992年第4期。

1991年

1. "Altaic Studies in China", *Turkish Linguistics Post*, No. 5, 1991, Gemany.

2.《回鹘文〈善恶两王子故事〉研究》,《新疆文物》1991年第1期。

3.《敦煌研究院珍藏的一页回鹘文残卷》(与杨富学合著),《敦煌研究》1991年第2期。

4.《从两件回鹘文残卷看早期维吾尔诗歌特点》,《新疆大学学报》1991年第4期。

5.《〈13—14世纪西域回鹘文世俗文书导论〉评介》,《中国敦煌吐鲁番学会研究通讯》1991年第2期。

1990年

1.《新疆地名中的文化透视》(2),《地名知识》1990年第1期。

2.《维吾尔文字历史演变原因考》,《新疆大学学报》1990年第1期。

3.《新疆的民族文字与民族文化》,《西北民族研究》1990年第1期。

4.《也说"巴格西"一词》,《语言与翻译》1990年第2期。

5.《〈突厥语大辞典〉第三卷中亚地名研究》(与牛汝辰合著),《西北史地》1990年第2期。

6.《从一份摩尼文文献谈高昌回鹘的几个问题》(与杨富学合著),《喀什师范学院学报》1990年第4期。

7.《突厥学家G. 雅林及其著述》,《突厥语研究通讯》1990年第2期。

8.《新著〈突回研究〉评介》,《新疆社科情报》1990年第3期。

9.《评〈中国边疆史研究〉》,《新疆社科情报》1990年第11期。

10.《汉文-回鹘文双语体〈佛说温室洗浴众僧经〉残片考释》,《吐鲁番学研究专辑》(内部出版)。

1989年

1.《四件敦煌回鹘文书信文书》,《敦煌研究》1989年第1期。

2.《新疆地名中的文化透视》(1),《语言与翻译》1989年第2期。

3.《四封9—10世纪的回鹘文书信译考》,《新疆大学学报》1989年第2期。

4.《12件敦煌回鹘文文献译释》,《新疆社科研究》1989年第1期。

5.《维吾尔古代书法》,《新疆艺术》1989年第5期。

6.《摩尼文与摩尼文突厥语文献》,《新疆社科情报》1989 年第 11 期。

7.《“马太效应”与“文化贫血”》,《新疆日报》1989 年 3 月 22 日。

8.《社会进步与伦理发展的二律背反》,《新疆日报》1989 年 4 月 26 日。

1988 年

1.《突骑施钱币考》,《中国钱币》1988 年第 3 期。

2.《从语言探寻新疆的文化》,《新疆大学学报》1988 年第 3 期(《人大报刊复印资料》全文转载)。

3.《试论维吾尔文字发展的特点》,《中央民族学院学报》1988 年第 6 期。

4.《维吾尔语麦盖提方音述略》,《喀什师范学院学报》1988 年第 4 期。

1987 年

1.《古代突厥文〈翁金碑〉译注》(与牛汝辰合著),《喀什师范学院学报》1987 年第 3 期。

2.《察合台文历史文献〈热夏提王传〉(片段)注译》(与牛汝辰合著),《新疆大学学报》1987 年第 4 期。

3.《牟羽可汗与摩尼教》(与杨富学合著),《敦煌学辑刊》1987 年第 2 期。

4.《揭开世界文化之谜的钥匙》,《乌鲁木齐晚报》1987 年 12 月 6 日。

5.《英文版〈新疆史话〉简介》,《新疆社科情报》1987 年第 4 期。

6.《哈密顿新著〈9—10 世纪敦煌回鹘文文献汇编〉》,《新疆社科情报》1987 年第 5 期。

1986 年

1.《疏勒名称试辩》(与牛汝辰合著),《地名知识》1986 年第 4 期。

2.《维吾尔语附加成分的分类及其特点》(与阿布都热西提·亚库甫合著),《新疆师范大学学报》(维文版)1986 年第 1 期。

3.《〈磨恩新疆维吾尔谚语民歌集〉评介》,《新疆社科情报》1986 年第 8 期。

4.《刘义棠〈西域同文志校注〉评介》,《新疆社科情报》1986 年第 10 期。

5.《英文版〈突厥语辞典〉评介》,《民族研究情报资料摘编》1986 年第 5 期。

1985 年

1.《〈突厥语大词典〉的地理学价值》(与牛汝辰合著),《辞书研究》1985 年第 1 期。

2.《新疆兄弟民族习俗概览》,《开拓》创刊号,1985 年。

3.《〈古代突厥语文献选注〉评介》,《新疆社科情报》1985 年第 9 期。

1984 年

1.《试论伊斯兰教的传播对维吾尔书面语的影响》(与牛汝辰合著),《新疆大学学报》1984 年第 2 期。

2.《“七”和“四十”与新疆兄弟民族习俗》(与牛汝辰合著),《民族文化》1984 年第 4 期。

1983 年

1.《汤姆逊简介》,《突厥语研究通讯》1983 年第 2 期。

1982 年

1.《现代维吾尔语语气词初探》(与牛汝辰合著),《新疆大学学报》1982 年第 1 期。

四、译著类:

1. A. Mingana 著,《基督教在中亚和远东的早期传播》(与王红梅、王菲合译),《国际汉学》第十辑,大象出版社,2006 年。

2. H.-J. Klimkeit 著,《丝绸之路上的基督教艺术》(与彭燕合译),《新疆文物》1996 年第 1 期。

3. J. Hamilton 著,《丝绸之路上纺织业术语的东西方借用》(与王红梅合译),《西北民族研究》1996 年第 1 期。

4. G. Clouson 著,《突厥语波罗米文文献》,《喀什师范学校学报》1995 年第 2 期。

5. J. Hamiltin 著,《敦煌回鹘文写本的年代》(与王菲合译),《西域研究》1995 年第 3 期。

6. N. Poppe 著,《阿尔泰语和乌拉尔语复数词尾研究》,李祥瑞、牛汝极主编《阿尔泰学论丛》第一辑,新疆大学出版社,1994 年。

7. E. G. Pulleyblank 著,《柯尔克孜族称考》(与黄建华合译),李祥瑞、牛汝极主编《阿尔泰学论丛》第一辑,新疆大学出版社,1994 年。

8. D. Sinor 著,《古代内亚的骑士及其军事装备》(与黄建华合译),李祥瑞、牛汝极主编《阿尔泰学论丛》第一辑,新疆大学出版社,1994 年。

专 名 索 引

John Foster　42

Laut　32,135,136

阿拉伯　4(增订版说明),12(代序),1(前言),2(前言),1(语音系统描述),36-38,48,59,145,182,185,186,189,223,225,230,246,247,257-260,269,276

阿拉伯文　5(前言),1(语音系统描述),34-38,241,245,257

阿剌忽都　20

阿力麻里　12(代序),3(前言),5(前言),4,5,68-71,73-77,93,131,181,185,186,188-192,194,197,198,200,203,246,249,293,295,300

阿斯塔那　7,272

阿兀剌编帖木剌思　18,78,80,83

艾布盖河　16

安东尼　33,141

鞍山　43,122

敖伦苏木　3(前言),15-20,22,48,83,86,92,101,104,110-113,117,121,130,212

奥登堡　14

奥剌憨　31,80,81

奥剌罕　31,80,81,123,136

八思巴文　4(前言),25,26,33,176-179,305

巴克斯塔尼(S. Baghestani)　8(代序),15,311

巴列维　6,182,183,187,225,272,276

白彦敖包苏木　22

百灵庙　12(代序),3(前言),15-17,20,24,25,78,79,83,84,86,88-92,94-113,121,122,129,132,148,298,299,307

百灵庙文管所　6(前言),16,18,79,96,98,99,111-113

邦格(Bang)　8,10,11,183,278,279,311

包头　4(前言),6(前言),14,110,124

保罗　5(代序),6(代序),12,53,55,56,264-267,275

北京　6(代序),7(代序),12(代序),4(前言),7(前言),5,18,26,27,29,30,82,118,122,127,131,134,135,185,188,234,245,248,250,281,286,293-296,301-303,305-307

贝格曼　14

毕其格图好来　16,22,87-89,91,107,121,130,212

柏林印度艺术博物馆　4(前言),9
波斯　1(增订版说明),2(增订版说明),4-5(增订版说明),5(代序),1-5(前言),1(语音系统描述),2,6,8,14,44,45,48,49,123,124,130,144,164,182,183,185,187,203,223-225,227,228,230,232,236,237,241,244,248-252,255,256,258,260,267,268,271,272,276-278,281,283,290
伯希和(Pelliot)　1(代序),8(代序),11(代序),2(前言),2,14,82,103,104,120,121,124,135,145,151,241,251,255,273,274,294,300,335,338
布拉依克　5-7,9-11,49,182,183,272,274-279
车场村　27
城子乡　26,117
赤峰　12(代序),3(前言),4(前言),26,114-118,122,124,127,128,131,132,205,209,295
勅赐十字寺碑记　27,28
崇福司　31,32,184
茨默(Zieme)　5(增订版说明),3(前言),7(前言),8-10,44,45,49,59,60,120,136,174,183,278,279,303,345,346
村山　42,169
达尔罕茂明安联合旗　4(前言),15,16,21-23,99,130
达鲁花赤　5(前言),31,78,80,81,83,123,136,138
大都　2(增订版说明),11(代序),30,81,124,132,134,135,185,187,189,286,287,303
大秦景教流行中国碑　4(增订版说明),9(代序),11(代序),3(前言),1,28,49,50,123,125,181,182,242,246,282,293,302,305
大英博物馆　4(代序),5(代序),4(前言),13,193,195,226,256,257,259,260
丹徒　31,80,81,123,136
德宁路　22
地安门外　30
定谦　4
东胜　8(代序),4(前言),14,124,234,245
东岳山　37,38
段晴　6(代序),13,56,61-65,293
敦煌　1(代序),3-7(代序),9(代序),10(代序),12(代序),3(前言),5(前言),6(前言),2,12,13,49,53,56,62,117,131,132,183,272,275,279-282,286,293,296,299-303,305,306
多米尼(Domini)　33,140
鄂尔多斯　8(代序),9(代序),14,15,130,212,302
房山　4(前言),26,27,45,49,117,118,127,131,132,208,284,301,303
丰州　25,46

冯平山博物馆　8（代序），9（代序），14，123
佛教　5（代序），6（代序），9-11（代序），13（代序），2，27，45，47-50，56，57，60，76，93，118，145，169，184，186，242，252，282-284，286-289，291，294，298，299，304
福建　12（代序），3（前言），4（前言），33，131，139，170，178，185，203，205，292，300，302
辅仁大学　29，305
盖山林　3（前言），16-18，20-24，44，78，83，84，86-92，94-107，117，121，122，132，294
高昌故城　7，272
格伦贝克（K. Groenbech）　24，25，326
葛玛丽（von Gabain）　5（增订版说明），3（前言），8，121，135，311，344，345
耿世民　4（代序），32，44，135，136，286，294
广安门外　29
哈密顿（J. Hamilton）　5（增订版说明），3（代序），4（代序），11（代序），12（代序），2-5（前言），7（前言），26，34，42，58，59，118，126，132，136，152，164，174，175，193，205，207，209，210，273，286，294，295，300，308，328
韩百诗（L. Hambis）　8（代序），14，15，82，135，145，186，328，338
汉文　1（代序），2（代序），9（代序），12（代序），3（前言），1，2，12-14，17，18，20，23，25，26，32，41，42，44，49，56，65，78-80，93，132，135，138，139，145，151，154，157，168-170，176，177，179，181，254，258，260，267，275，280-282，287，291，299
杭州　31，185
黑城（黑水城）　6（代序），12（代序），14，44，50，131
后茂　37，38，176
呼和浩特　4（前言），25，78，83，93，95，108，109，114，131，296，306
忽必烈　11（代序），12（代序），30，31，130，136，170，184，189，212，234，235
怀都　20
黄奋生　20
黄文弼　4，5，14，17，68，70-72，197，198，295
回鹘　5（增订版说明），6（代序），11（代序），12（代序），2-6（前言），1（语音系统描述），6，8，11，13，14，24，25，32，42，44，46，48-50，56，57，59，75，81-83，88，93，113，115，119-122，124，126，131，132，134，135，137-139，142，145，149，154，157，164，168-170，173，176-178，181，183，185，186，191-194，200，201，203，234-237，242，245，249，251，254，261，269，272，281，282，286-288，291，292，299
回鹘基督徒婚礼上的颂词　9

回鹘文　5(增订版说明),6(代序),12(代序),3(前言),4(前言),1(语音系统描述),4,6,8-14,18,25,26,34,42,56,57,59,61,69,78,79,82,83,93,117,118,120,122,124,127,128,131,136,139,142,145,152,174,175,191,203,205,251,254,281,282,286,294,295,299-301,303,305
霍城　3(前言),4(前言),7(前言),4,5,69,73,131,181,186,246
霍城文管所　5
基督　1-7(增订版说明),1(代序),3-6(代序),9-12(代序),1-3(前言),6(前言),1,2,6,8,13,30-36,38-40,43-51,56,77,81,88,118,122-125,127,131,134,137,139,145,149,151,170,176,181-184,186-188,190,194,195,203,223-234,236,237,239-244,246-256,258-262,264-279,281-283,285-299,301,302,304-307
基督徒　1(增订版说明),2(增订版说明),4(增订版说明),6(增订版说明),9-11(代序),6(前言),2,49,70,75,80,86-88,96,99,100,102,105,122,123,135,176,181-184,186-191,193,203,224-229,231-237,249,251,254,255,257,258,260,261,268-270,272-277,279,280,294
加拉太　5(代序),12,53,55,56,252,263,264
嘉靖　27,33
榎一雄(Kazuo Enoki)　18,24,169,323
江上波夫(Egami Namio)　16-18,20,24,83,295,302,322
江苏　12(代序),3(前言),31,33,131,139,185
金厝尾　37
金胜寺　1
津头埔　36,37,168
晋江　33,36
景教　1(增订版说明),4(增订版说明),5(增订版说明),1-13(代序),1-6(前言),1(语音系统描述),1-18,20-24,26,27,29-34,37,38,41-53,56,71,75-77,80,83,90,117,118,120-125,127-132,134,136-139,142,145,155,164,168,169,173-175,180-195,198,203,205,225,227-229,231,232,234-236,240-255,257-260,262,267,268,270-276,278,281-287,290-307
景教徒　3(代序),7(代序),8(代序),10(代序),11(代序),3-6(前言),1(语音系统描述),4,5,9,14,18,20,22-27,29,31-36,38-42,44,45,51,53,54,61,68-70,76-78,82,83,93,97,104,106,107,114,117,118,120,123,124,128-132,135,136,139,142,154,164,170,174,176,178,180,181,183-195,199-201,225,228,235-237,248,250,252-256,258,259,267,268,272-274,280,

285,286,289,290,297,298,300-302,304,306,307
净州路　20
靖恭坊　30
旧约　26,118,126,140,249,269,274,275,288,289
喀拉浩特　14
喀特林(Katerin)　33,139,140
考夫诰德(Kaufhold)　13,53,54,330
克莱恩(Klein)　5(代序),6(代序),12,13,44,45,49,51,53,76,148,189-193,286,330,331
克林凯特(Klimkeit)　6(前言),32,50,77,120,135,136,281,291,297,299,306,324,325,327,331,332,344
科特维奇　14
科兹洛夫　14
克烈　11(代序),12(代序),30,186,211,231,232,234,236,237,261
库鲁特喀　5,7-10,278
拉德洛夫(Radloff)　8,10,120,319,328,339
拉丁　1(增订版说明),11(代序),2(前言),4(前言),33,118,125,132,139-141,185,244,256,281,294,303
拉铁摩尔(Lattimore)　17,333
剌实思　20
喇嘛庙　20
勒柯克(Le Coq)　6-11,183,250,252,272,279,282,333
李经纬　9,10,295
莲花池　29
辽宁　43,122
马丁(Martin)　17,23,24,318,334
马洛夫(Malov)　9,10,334,339
马罗特(Maróth)　8,10,11,274,334
马太　3(代序),10,252,275
马天民　31,80,123,136
马薛里吉思(Mar Sargis)　31,49,123,129,136,184,211,333
马札罕　20
蒙哥　12(代序),4(前言),30,81,130,184,187,212,233,234
蒙古　2(增订版说明),9(代序),11(代序),12(代序),2-7(前言),14-18,21,22,24-26,45,48-50,77-79,81-83,93,95,108,109,111-113,115,117-119,121,122,124,125,127-131,138,154,180,181,183-185,187,193,195,203,223,228,231,233-237,240-245,249,251,254,255,258,269,270,281-284,286,292-294,296-298,300,302,305-307
蒙古文　3(前言),14,17,25
明义士(Menzies)　8(代序),14,298
莫高窟　1(代序),8(代序),13,293,299,300,305
木胡儿索卜嘎　15,21,22,96,98,130,212,302
穆斯林　35,37,39,60,182,186,188,

190,203,225,230,232,234,235,237,240,254,255,257,259,268,269
乃颜 31,122
南京 29,127,284,297
内蒙古考古研究所 18,79,93,95,108,109
尼克森(Nixon) 8(代序),14,124
牛汝极 5(增订版说明),6(代序),11(代序),12(代序),2-5(前言),12,14-16,18,19,21-26,32,34,37,39-46,48,49,51-53,57,63,69,73-76,78,79,83,93-95,98,99,108-116,118,125-132,136,142,143,146,148,155,157,159,164,169,174-179,183,185,186,192,193,197,201,204-213,215,271,280,286,287,291,294,295,298-300,302,328,336,337
女真文 25
女直 31
跑马场 29
葡萄沟 6
普兰诺·加宾尼(Plan Carpin) 30,306,334
七河 2(增订版说明),12(代序),3-6(前言),5,45,49,51,68,69,71,76,90,93,104,106,107,134,135,139,174,181,183,185-188,190,192,193,195,196,198,199,201,203,248,273,280,282,285-288,290,300
祈祷 3(增订版说明),5(代序),6(代序),12(代序),13(代序),7,45,46,49,52,55,56,129,170,203,236,250,265-267,276
祈祷文 12(代序),9-11,182,232,240,276,282
契丹文 25
怯连口 18,78
泉州 5(增订版说明),12(代序),3-5(前言),32-36,38-46,49,51,117,120,122,131,132,142,143,145,146,148,149,151,155,157-159,164,168-171,173-180,203,205,284-286,292,294-296,299,300,302-306
泉州海外交通史博物馆 7(前言),39-41,142,143,146,149,155,157,159,169,176-179
热那亚 33,139
仁凤街 37,38
容媛 17
撒马尔罕 31,81,129,136,170,182,185,187-190,233,235,240,241,243,251,271-273,281
塞拉菲·莫雅 33
三盆山崇圣院碑记 27,28
色厝尾 37,38,40,41
宋德曼(Sundermann) 7(前言),6,7,55,69,174,272,274-278,343
厦门 4(前言),33,37,42,169,174,177,178
圣方济各会 40,41

圣经　3（增订版说明），4（增订版说明），5（代序），6（代序），12（代序），3（前言），2，7，12，13，26，47，55-57，63，65，77，118，126，140，195，198，200，223，230，232，246，248-251，255，264，274-276，278，285，286，304
圣墓　37
诗篇　6（代序），7（代序），12（代序），6，7，13，26，56，57，61，63，64，118，126，182，183，272，274-277
十字架　8（代序），9（代序），4（前言），6（前言），2，12，14，19-22，26-29，32-34，36，38-44，48，55，68，69，71，73-78，83，86-88，92-94，97-106，108-113，117，118，121，122，125，127-132，142，149，154，158，170，175-179，182，187，190，194，195，197，228，229，232，234，236，249，252-254，263，269，272，283-287，290，291，295，304，306
十字寺　21，26，27，30-32，45，49，80，127，301，303
使徒　1（增订版说明），5-7（增订版说明），1（代序），3（代序），5（代序），6（代序），10，12，49，53，55，61，139，224，226，239，249，253，254，258，264-267，277，290
术安　20
斯坦因　3（代序），4（代序），14，244
斯文赫定　14
四子王旗　12（代序），3（前言），4（前言），22-24，93-95，100，102，103，105，106，108，109，130，131，212
松山区　4（前言），26，117
粟特　2（增订版说明），2，48，182，183，252，272-277，279，280，283，286-289，291
粟特文　3（代序），4（代序），12，56，254，273-279，281-284，287
粟特语　3（代序），3（前言），6（前言），1（语音系统描述），6，8，10，55，60，69，120，136，168，174，182，183，186，203，250，252，269，272-280，282，290，292
唆鲁和帖尼（莎儿合黑塔泥）　12（代序），30，48，130，184，211
太平江州　31，123，136
唐妃娘娘阿吉剌　30
天使　6（前言），2-4，33，34，38，40，41，55，76，132，142，149，157，158，170，175，177，194，227，253，264，286，287，289，290
天主教　1（增订版说明），1（代序），31，41，125，136，139-141，188，293，302-304
通淮门　36，41，158，168
铜饰牌　8（代序），14
铜印　15，123
突厥　2（增订版说明），4（代序），126，181，182，185，225-232，238，243，258-260，267，270，282，288，290，291，294，298，303，305

突厥语　2(增订版说明),3(代序),6(前言),59,82,104,109,134,145,154,157,167,173,174,181-183,186,187,189,191,193,200,226-228,231,232,235,237,240-242,249-252,254,255,257-261,267-270,272,273,277-280,282,283,285-287,290-292,298-300,302

吐鲁番　3(增订版说明),5(增订版说明),3(前言),4(前言),6(前言),5-11,14,43-46,49-51,55,131,145,182,183,187,194,251-253,272,274,276-278,280-282,299,301-303

吐峪沟　7,272,277,279

拖雷　30,129,130,170,184,233,270

万部华严经塔　25,296

汪古　11(代序),12(代序),2(前言),5(前言),18,20,25,44,45,47-49,78,83,84,86-88,121-124,129,138,184,187,210,294,295,306

王傅德风堂碑记　17

王墓梁　3(前言),17,22-24,48,78,79,83,84,86,88-113,130,148,154,212

威廉·鲁布鲁克(William of Rubruck)　30,186,187,232,235-237,245,246,270,273,295,306,330,340,345

畏吾儿　11(代序),12(代序),5(前言),6(前言),25,47,121,124,138,139,178,180,185-187,203

窝阔台　30,184

乌兰图格苏木昭河　22

乌鲁木齐　7(前言),5,245

巫师的崇拜　8,295

吴唵哆呢(Wu Antonius)　168,169

吴文良　4(前言),33-38,40-43,142,143,148,155,159,164,169,177-179,302

午门城楼　30

西安碑林　1,125

西北科学考察团　14,17,22

西木斯-威廉姆斯(Sims-Williams)　3(代序),3(前言),6(前言),7(前言),6-9,11,32,182,183,272,273,277,279,282,287,302,308,342

西夏文　13,14

西游录　4

西域　3(代序),11(代序),3(前言),5(前言),6(前言),2,43,81,121-123,145,170,176,185,243,244,270,280,288,292,294,297,299-303,305,306

西域水道记　4

希腊　1-3(增订版说明),6(增订版说明),7(增订版说明),11(代序),2(前言),5(前言),26,48,73,86,118,122,125,127,128,130,134,144,148,154,158,162,164,174,184,191,193,196-198,200,228,237,240,243,244,246-251,256,258,262,274,275,281

希腊语　3(增订版说明),5(增订版说明),11(代序),2(前言),6,185,244,

263,272,274
析津志　30
锡拉木伦河　22
夏厝山　37
夏鼐　33,42,43,139,140,168,169,303
显佑宫　30
忻都　132,135,137-139,287
新疆　12(代序),3-5(前言),7(前言),4,12,45,46,48,68,69,73,93,119,131,181,182,186,187,189,191,197,240,242,245,249-251,274,276,277,291-295,297-303,306,307
新疆博物馆　5,69,75,76,128
新疆图志　4
熊自得　30
徐炳昶　14
徐松　4
叙利亚　1-7(增订版说明),6(代序),12(代序),1-5(前言),1,6-8,10,11,13,32,34,42,45-53,55,56,70,75,76,83,86-88,90,96,97,99,102,105,109,111,112,120,125,126,131-136,142,144,145,151,154,157,162-164,170,173,176,181,182,184,186,188,189,191,193-195,197,199,203,224-228,230,231,233,235,238,240,243-245,247-253,255-260,263,264,267-270,272-279,281-283,286-289,299,301,302
叙利亚文　2(增订版说明),5(增订版说明),5-8(代序),11(代序),12(代序),2-7(前言),1,4-14,18,20,22,24-26,29,30,32,33,39,41-51,53,55,56,61-63,68-76,78-80,83,86-89,91-93,95,97-116,118,120-122,124-132,134,139,142,145,146,148,149,151,154,155,157-159,164,165,168-171,186,188,191-195,197-201,203,223,226-228,241-248,250-252,254,255,257,262,272-275,277,278,281,282,284-287,289,290,293,294,299,300,305,307
延祐　31,32,80,132,138,176,287,301
扬州　12(代序),3-5(前言),31-33,44,46,76,80,81,93,117,120,122,123,131,132,136,138-141,168,185,235,236,286,294,299,302,303,307
扬子　31,80,123,136
阳玛诺(Emmanuel Diaz)　33,38,45,285,296,303
耶律公神道之碑　22
耶律子春　24
耶稣会士　33
也里可温　4(增订版说明),5(增订版说明),1(代序),5-7(代序),11-13(代序),1(前言),2(前言),6(前言),12,27,30-32,42,45,80,81,122,123,128,168,169,175,176,181,184,204,205,241,292-294,297,300-303,306
也里世八　32,132,134,135,137-139,

287,301
伊丽莎白　32,75,76,93,135,286
伊利翁尼(Ilionis)　33,140,141
伊宁　4(前言),5,76,191,194
伊斯兰教　11(代序),5(前言),33-36,38,176,181,182,184,185,187,188,223,234,281,282,292
伊万诺夫(Ivanoff)　14,329
亦集乃　14
永乐大典　30
余逊　17
鱼厝尾　37
元典章　31,80,136
赞美诗　6(代序),7,30,45,49,50,53,55,56,225,226,230,244,251,253,265,275,276
张铁山　4(代序),13,56,305
长春真人西游记　4
赵万里　30
镇江　31,136,185,189
至顺镇江志　31,45,49,81
中国历史博物馆　197
中亚　2(增订版说明),5(增订版说明),11(代序),12(代序),2-6(前言),2,6,31,44-48,50,51,76,119,124,129,134,136,139,144,174,181,182,185-195,203,223-226,230,232,234,237,240,241,244,246,248-252,254,255,258,259,262,269,270,274,281-283,285-287,289-292,294,295,297,298,300
中亚探险队　6
周口店　27
宗仁寺　1
佐伯好郎(Saeki)　1(代序),6(代序),3(前言),1,2,9,11,18,24,25,28-30,32,33,43,48,77,117,121,123,132,192,195,242,243,247,260,261,282,285,286,295,298,299,307

图书在版编目(CIP)数据

十字莲花 ：中国元代叙利亚文景教碑铭文献研究 /
牛汝极著. -- 增订版. -- 上海 ：上海古籍出版社，
2025. 8. -- ISBN 978-7-5732-1682-3

Ⅰ. B976

中国国家版本馆 CIP 数据核字第 2025BM6860 号

十字莲花：中国元代叙利亚文景教碑铭文献研究(增订版)

牛汝极　著

上海古籍出版社出版发行

(上海市闵行区号景路 159 弄 1-5 号 A 座 5F　邮政编码 201101)

(1) 网址：www. guji. com. cn

(2) E-mail：guji1@guji. com. cn

(3) 易文网网址：www. ewen. co

江阴市机关印刷服务有限公司印刷

开本 787×1092　1/16　印张 26. 5　插页 6　字数 466,000

2025 年 8 月第 1 版　2025 年 8 月第 1 次印刷

ISBN 978-7-5732-1682-3

B · 1473　定价：149. 00 元

如有质量问题，请与承印公司联系